Roesler, Stiegler (Hrsg.)

Philosophie in der Medientheorie

Alexander Roesler, Bernd Stiegler (Hrsg.)

PHILOSOPHIE IN DER MEDIENTHEORIE

Von Adorno bis Žižek

Wilhelm Fink

Bibliografische Information der Deutschen Nationalbibliothek

Die Deutsche Nationalbibliothek verzeichnet diese Publikation in der Deutschen Nationalbibliografie; detaillierte bibliografische Daten sind im Internet über http://dnb.d-nb.de abrufbar.

(Wilhelm Fink GmbH & Co. Verlags-KG, Jühenplatz 1, D-33098 Paderborn)

Internet: www.fink.de

Einbandgestaltung: Evelyn Ziegler, München
Printed in Germany.
Herstellung: Ferdinand Schöningh GmbH & Co. KG, Paderborn

ISBN 978-3-7705-4625-1

Inhalt

Vorbemerkung

Die Geschichte der Beziehung zwischen Philosophie und Medientheorie ist die Geschichte einer oft eigentümlich selektiven und mitunter entstellenden Rezeption der Philosophie seitens der Medientheorie. Es scheint, als hätte sich in der Medientheorie ein eigener philosophischer Kanon etabliert, der keineswegs jenem der traditionellen Philosophiegeschichte entspricht. Dies gilt sowohl für die Auswahl der Theoretiker als auch für jene der Texte. Wenn man die noch recht kurze Geschichte der Medientheorie betrachtet, so fällt auf, daß eine Vielzahl von philosophischen Theorien gar nicht oder bestenfalls am Rande rezipiert wird (man denke etwa an weite Teile der antiken oder der analytischen Philosophie, aber auch an den Empirismus, den deutschen Idealismus, an Schopenhauer oder Kierkegaard, um nur einige wenige zu nennen). Andere hingegen erscheinen in zahlreichen Texten und Theorien – und dies in aktiver Bezugnahme wie auch in konsequenter Absetzung. Zudem zeigt sich, daß viele der Theorien auf nur wenige Theoriesegmente oder Texte reduziert werden, die dann wie Versatzstücke durch die Theorien wandern. So wurde etwa Descartes für nahezu alle Übel der Gegenwart verantwortlich gemacht: Er war für die Trennung der „two cultures" verantwortlich, hat die Geschlechterrollen in Stein gemeißelt, die Wahrnehmung verstellt usf. Oder so wurde Benjamins Kunstwerk-Aufsatz als diagnostische Verfallsgeschichte gedeutet und in ein Modell der Medienentwicklung verwandelt, das – geschichtsphilosophisch gewendet – zur Folie einer Deutung der Mediengeschichte insgesamt wurde. Viele weitere Beispiele wären hier anzuführen. Nicht selten kann in der Rezeptionsgeschichte eine paradigmatische Deutung ausgemacht werden, die dann die weiteren Lektüren maßgeblich bestimmt. Im Feld der Medientheorie kommt es, so könnte man sagen, zu einer internen Kanonisierung, die ihrerseits nicht ohne Auswirkungen für die Medientheorie als solche war – zumal die Philosophie für die Medientheorie fraglos von herausragender Bedeutung war, die ohne sie und ohne ihre Impulse kaum denkbar ist. Die Beziehung zwischen Philosophie und Medientheorie ist, in einem Wort, geprägt durch eine konstitutive Ambivalenz.

Der vorliegende Band versucht, diese eigentümliche Rezeption in Form von Porträts darzustellen und zu analysieren. Jedes Porträt stellt die Grundgedanken der jeweiligen Denker vor und läßt sich daher auch als eine allgemeine Einführung in dessen Gedankengebäude lesen. Allerdings liegt der Schwerpunkt auf denjenigen Elementen des Werks, die entweder in der Medientheorie ein Rolle spielen könnten oder eine Rolle gespielt haben. Der erste Aspekt ermöglicht es somit, vergessene, übersehene oder bisher nicht weiter fruchtbar gemachte Ansätze in den Fokus zu rücken, aus denen sich möglicherweise Gewinn für eine Theorie der Medien schlagen ließe. In diesem Sinn will der vorliegende Band Anregungen geben, die Klassiker einer erneuten Lektüre zu unterziehen und wieder produktiv in die Debatte einzubringen. Der zweite Aspekt liegt auf einer Bestandsaufnahme der Rezeptionsgeschichte. Hier werden die Verkürzungen, Deformierungen und Entstellungen in ihrem einschränkenden wie auch in ihrem mitunter produktiven Charakter in den Blick genommen. Es geht, mit anderen Worten, darum, die theoretischen Impulse der Philosophie im Rahmen einer Rezeptionsgeschichte in den Blick zu nehmen, die für die Medientheorie von konstitutiver und theorieleitender Bedeutung war – auch und gerade wegen ihren Um- und Fehldeutungen der philosophischen Vorgaben. Das sind die beiden Aspekte, die in den einzelnen Beiträgen mit jeweils unterschiedlicher Gewichtung, die von der spezifischen Rezeptionsgeschichte abhängig ist, verfolgt werden.

Ausgewählt sind dabei die unseres Erachtens wichtigsten philosophischen Positionen. Berücksichtigt wurden – mit Luhmann und Lacan – ebenfalls zwei Theoretiker, die auch im Rahmen der philosophischen Debatten eine zentrale Rolle spielen. Nicht aufgenommen wurden hingegen – wie etwa u. a. Flusser, Baudrillard oder Virilio – all jene medientheoretischen Positionen, die im Rahmen der Medientheorie eine eigene philosophische Theorie zu skizzieren unternommen haben, die jedoch innerhalb der Philosophie ohne größere Resonanz blieb. In diesem Sinn verläuft die Richtung des vorliegenden Bands von der Philosophie zur Medientheorie, nicht aber umgekehrt.

Ein Porträt, das letzte, erfordert vielleicht eine besondere Bemerkung. Hier geht es scheinbar zunächst um den Philosophen in den Medien statt um die Philosophie in der Medientheorie. Wenn man jedoch genauer liest, dann stellt sich dieses Porträt nicht unbedingt als das „wahre" Porträt heraus; es gibt ein anderes, unsichtbares Porträt, das in der Struktur des ersten Porträts impliziert ist und das unsere Wahrnehmung des Porträts rahmt, wobei sich diese beiden Porträts nicht überlappen. Der entscheidende Gehalt wird nicht im lesbaren Teil wiedergeben, sondern liegt in der Verschiebung der beiden Porträts gegeneinander, in der Kluft, die sie trennt. Darauf wollten wir an dieser Stelle hinweisen, um das rechte Verständnis dieses Textes zu ermöglichen.

Die Medientheorie speist sich aus vielen Quellen, doch ist die Philosophie vielleicht die erste der Wissenschaften gewesen, die methodisch und kritisch über die Rolle von Medien nachgedacht hat. Daß sie im Laufe der Jahrhunderte dieses Nachdenken nicht zu einer systematisch ausgearbeiteten Disziplin wie z. B. Ontologie, Metaphysik, Logik oder Erkenntnistheorie entwickelt hat, läßt sich vielleicht dadurch erklären, daß Medien erst eine derartige Bedeutung im gesamten Alltagsleben übernehmen mußten, um in den philosophischen Blick zu geraten. In diesem Sinne hoffen wir, daß die Richtung von der Philosophie zur Medientheorie auch wieder zur Philosophie zurück verläuft und eines Tages ein Band erscheint, der dem Einfluß von Medientheoretikern in der Philosophie nachgeht.

Unser Dank gilt allen Beiträgerinnen und Beiträgern dieses Bandes und nicht zuletzt Lea Heim, die die Manuskripte durchgesehen und bearbeitet hat.

Konstanz und Frankfurt am Main im Juni 2008
Alexander Roesler und Bernd Stiegler

DETLEV SCHÖTTKER

Theodor W. Adornos Beiträge zur Medientheorie „Erkennendes Hören“ als Programm

Durch Fernsehsendungen von Opern-Gala-Aufführungen wird nichts besser.

Adorno, *Oper und Langspielpatte*, 1969

Man kann Adornos Einstellung zu Medien aus der Perspektive der neueren Medienwissenschaft als überholt bezeichnen, doch kommt man an der Tatsache nicht vorbei, daß er in Zusammenarbeit mit Max Horkheimer eine der wirkungsvollsten Medientheorien des 20. Jahrhunderts entwickelt hat, die bis Ende der achtziger Jahre produktiv weitergeführt wurde. Im Mittelpunkt steht die Kritik der Massenmedien. Um die Abhängigkeit der Artefakte von wirtschaftlichen Interessen zu betonen, haben Adorno und Horkheimer in der *Dialektik der Aufklärung* (1947) den Begriff der Kulturindustrie geprägt. Deren Erzeugnisse werden allerdings nicht mit Blick auf ihren ästhetischen Stellenwert, sondern ihre psychischen und gesellschaftlichen Folgen beurteilt. Nicht Werke, sondern Bewußtseinsformen stehen im Mittelpunkt der Medientheorie Adornos. Grundlage der Analyse ist die marxistische Ideologiekritik, die die Widersprüche zwischen Sein und Bewußtsein bzw. Realität und Vorstellung aufdecken will. Danach produzieren Massenmedien „falsches Bewußtsein“, täuschen also Menschen über ihre gesellschaftliche Lage hinweg.

Durch die Orientierung am Marxismus ist die Medienkritik Adornos Teil einer Gesellschaftstheorie, die ohne Kunsttheorie nicht denkbar ist. Denn das bedeutende Kunstwerk zeichnet sich nach Adornos Auffassung durch Verweigerung gegenüber der kapitalistischen Gesellschaft und seiner Kulturindustrie aus. Es bringt deren Widersprüche bewußt oder unbewußt zur Darstellung und repräsentiert damit das Ideal der Autonomie. „Negativität“ und „Autonomie“ sind zentrale Kategorien der Ästhetik und Philosophie Adornos, die in seinen Hauptwerken, der *Negativen Dialektik* (1966) und der ein Jahr nach seinem Tod erschienenen *Ästhetischen Theorie* (1970), umfassend dargelegt werden. Diese Kategorien sind wiederum von Adornos Leidenschaft für die Musik der Klassik und der klassischen Moderne (Zwölftonmusik) geprägt, auf die auch Kunst- und Medientheorie bezogen sind. Während die bildende Kunst und die Architektur kaum eine Rolle spielen, wird die Dichtung – ohne Medienreflexion – der Musik angenähert, wie Adornos Aufsatzsammlung *Noten zur Literatur* (1958-1965) zeigt.

Soweit kann man von einem Konsens der Adorno-Interpreten, ob Anhänger oder Kritiker, sprechen. Schaut man jedoch die einschlägigen Texte genauer an, dann erschöpfen sich Adornos Beiträge zur Medientheorie keineswegs in der Kritik an der Kulturindustrie. Vielmehr hat er seit den zwanziger Jahren immer wieder detaillierte Arbeiten zu einzelnen Massenmedien wie Schallplatte, Film und Rundfunk verfaßt,[1] die in der Adorno-Literatur und der Medienwissenschaft kaum beachtet wurden, weil sie durch die Rigorosität der Urteile über die Kulturindustrie an den Rand gedrängt worden sind. In diesen Beiträgen liefert Adorno erhellende Einsichten über Speicher-, Verarbeitungs- und Vermittlungsfunktionen von Medien, die den Erwartungen der neueren Medienwissenschaft gerecht werden.[2]

---

1 Adornos Texte zu Medientheorie und Medienästhetik (chronologisch in Auswahl mit Angaben zu Erstveröffentlichung, Nachdrucken und Abdruck in den *Gesammelten Schriften*): *Nadelkurven* (1928 in *Musikblätter des Anbruch* und 1965 verändert in *Phono*; GS 19, 525-529); *Chaplin* (1930 in *Frankfurter Zeitung*, 1967 in *Ohne Leitbild*; GS 10.1, 362-363). *Die Form der Schallplatte* (1934 in *23* [Wiener Musikzs.]; GS 19, 530-534); *Über Jazz* (1936 in *Zeitschrift für Sozialforschung*, 1964 in *Moments musicaux*; GS 17, 74-18); *Über den Fetischcharakter in der Musik und die Regression des Hörens* (1938 in *Zeitschrift für Sozialforschung*, 1956 in *Dissonanzen*; GS 14, 14-50); *On Popular Music* (1941 in *Studies in Philosophy an Social Science*, 17-48; nicht in GS); *A Social Critique of Radio Music* (1945 in Kenyon Review; nicht in GS); *Kulturindustrie* (1947 in *Dialektik der Aufklärung*, Neuausg. 1969; GS 141-191); *Komposition für den Film* (zus. mit Hanns Eisler, engl. Ausg. 1947 und dt. Ausgabe 1949 ohne Adornos Namen, Neuausg. 1969 mit Namen beider, aber Änderungen Adornos); *Prolog zum Fernsehen* (1953 in *Rundfunk und Fernsehen*, 1963 in *Eingriffe*; GS 10.2, 507-517); *Fernsehen als Ideologie* (1953 in *Rundfunk und Fernsehen*, 1963 in Eingriffe; GS 10.2, 518-532); *Einleitung in die Musiksoziologie. Zwölf theoretische Vorlesungen* (1962, Neuausg. 1968); *Résumé über Kulturindustrie* (1963 im Hessischen Rundfunk, 1967 in *Ohne Leitbild*; GS 10.1, 337-345); *Über die musikalische Verwendung des Radios* (1963 in *Der getreue Korrepetitor*; GS 15, 369-401); *Zweimal Chaplin* (Teil I 1930, Teil II 1964 in *Neue Rundschau*, 1967 in *Ohne Leitbild*; GS 10.1, 363-366); *Über einige Relationen zwischen Musik und Malerei* (1965 in *Pour Daniel-Henry Kahnweiler*; GS 16, 628-642); *Filmtransparente* (1966 in *Die Zeit*, 1967 in *Ohne Leitbild*; GS 10.1, 353-361); *Thesen zur Kunstsoziologie* (1967 in *Kölner Zeitschrift für Soziologie und Sozialpsychologie* und in *Ohne Leitbild*; GS 10.1, 367-374); *Die Kunst und die Künste* (1967 in *Ohne Leitbild*; GS 10.1, 432- 453); *Wissenschaftliche Erfahrungen in Amerika* (1969 in *Neue deutsche Hefte und Stichworte*; GS 10.2, 702-738); *Oper und Langspielplatte* (1969 in *Der Spiegel*; GS 19, 555- 558); *Bildung und Fernsehen* (1970 aus dem Nachlaß in *Erziehung zur Mündigkeit*, hg. von Gerd Kadelbach, nicht in GS); *Zu einer Theorie der musikalischen Reproduktion* (2001 aus dem Nachlaß, hg. von Henri Lonitz, nicht in GS).

2 Adornos Arbeiten werden, soweit nicht anders angeben, nach den folgenden Ausgaben im Text mit Sigle sowie Band- und Seitenzahl zitiert: *Gesammelte Schriften*, hg. von Rolf Tiedemann, 20 Bde, Frankfurt/M. 1997 (GS); *Briefe und Briefwechsel*, hg. vom Theodor W. Adorno Archiv, Frankfurt/M. 1994 ff. (BB).

I. Musiksoziologe und Medientheorie

Es ist eines der großen Defizite der Kritischen Theorie, die sich seit Anfang der dreißiger Jahre im Umfeld des Frankfurter Instituts für Sozialforschung als gesellschaftsanalytisches Paradigma herausgebildet hat, daß ihre Protagonisten in der ersten, für die Theoriebildung entscheidenden Phase die Massenmedien nicht berücksichtigen wollten, obwohl diese Kunst, Kultur und Gesellschaft der Weimarer Republik verändert haben. Das gilt auch für Adornos Arbeiten, auch wenn er mit einigen Autoren eng befreundet war, die sich seit Mitte der zwanziger Jahre in Artikeln und Aufsätzen mit den Massenmedien und ihrem Einfluß beschäftigt haben, wie Walter Benjamin, Siegfried Kracauer oder auch Bertolt Brecht.[3] Im Gegensatz zu ihnen aber wollte Adorno nach publizistischen Anfängen, die in dieselbe Richtung weisen, zwischen Kunstwerken und Medien einen prinzipiellen Unterschied machen, obwohl sich dieser durch die Ausbreitung der technischen Medien seit Ende des 19. Jahrhunderts aufgelöst und zu neuen Darstellungsformen geführt hatte.[4]

Dieser Strukturwandel veränderte auch die traditionellen Künste, denen sich Adorno verbunden fühlte. Zeitungen wurden durch die großen Pressekonzerne nicht nur zu profitorientierten Massenblättern, sondern boten auch Schriftstellern und Wissenschaftlern Gelegenheit zur Publikation. Durch die Serienanfertigung kompakter Kleinbildkameras und die Verbesserung der Drucktechnik etablierten sich Fotojournalismus und illustrierte Zeitschrift, die nicht nur auf flüchtige Betrachter zielten, sondern auch zur Etablierung einer künstlerisch anspruchsvollen Photographie beitrugen. Mit der Produktion von Spielfilmen wuchs nicht nur die Zahl der Kinos (in Deutschland seit 1925 auf über 4000), sondern auch die Zahl künstlerisch anspruchsvoller Filme. Nachdem seit 1923 in Deutschland Hörfunksendungen ausgestrahlt wurden, vermehrte sich die Zahl der Rundfunkempfänger bis 1932 auf über vier Millionen, so daß Schriftsteller durch Lesungen und Musiker durch Konzerte ein neues Publikum fanden. Durch die Ausstattung von Grammophonen mit elektrischen Verstärkern und Lautsprechern konnten auch anspruchsvolle Kompositionen auf Schallplatten gehört werden. Wie bei Büchern gab es also bei allen Medien neben belangloser Massenware hochwertige Werke.

Es ist fast tragisch, daß Adorno diese Dialektik der Kulturindustrie nicht dauerhaft analysiert hat. Seit Ende der zwanziger Jahre hatte er einige medienanalytisch orientierte Beiträge zu Grammophon und Schallplatte verfaßt, die in Wiener Musik-Zeitschriften erschienen sind (GS 19, 525-534). Dann bemühte er sich ausschließlich um eine gesellschaftstheoretisch orientierte Ästhetik, die die Rezeption

---

3 Vgl. Detlev Schöttker (Hg.), *Von der Stimme zum Internet. Texte aus der Geschichte der Medienanalyse*, Göttingen 1999; Klaus Pias u. a. (Hg.), *Kursbuch Medienkultur. Die maßgeblichen Theorien von Brecht bis Baudrillard*, Stuttgart 1999.

4 Vgl. Kaspar Maase, *Grenzenloses Vergnügen. Der Aufstieg der Massenkultur 1850-1970*, Frankfurt/M. 1997, und Albert Kümmel/Petra Löffler (Hg.), *Medientheorie 1988-1933*, Frankfurt/M. 2002.

seit den siebziger Jahren geprägt hat.[5] Anlaß der Neuorientierung war neben einer philosophischen Habilitation (1931) vor allem Adornos Mitarbeit am Frankfurter Institut für Sozialforschung, das sein Freund Max Horkheimer seit 1929 leitete. Zwar wies Adorno in seinem Aufsatz *Zur gesellschaftlichen Lage der Musik*, der 1932 im ersten Heft der *Zeitschrift für Sozialforschung* erschien, noch darauf hin, daß „Radio und Tonfilm" auch vom „häuslichen Musizieren Besitz ergriffen" hätten, doch führte er diese Andeutung zum Kulturwandel durch Medien nicht aus, sondern wandte sich einer Fragestellung zu, die im Mittelpunkt seiner weiteren Analysen stehen sollte, nämlich der Frage, wie gesellschaftliche Widersprüche in der Musik zum Ausdruck kommen. „Wann immer heute Musik erklingt", so schreibt er, „zeichnet sie in den bestimmtesten Linien die Widersprüche und Brüche ab, welche die gegenwärtige Gesellschaft durchfurchen und ist zugleich durch den tiefsten Bruch von eben der Gesellschaft abgetrennt, die sie selber samt ihren Brüchen produziert" (GS 18, 729). Der soziale Status der Musik wird als ästhetisches Phänomen der Form aufgefaßt, nicht als Folge medialer Verwertungsformen in Konzertbetrieb, Schallplatten-Industrie oder Rundfunk.

In der *Zeitschrift für Sozialforschung* hat Max Horkheimer das veränderte Forschungsprogramm des Instituts bekannt gemacht. Die vorausgehenden Schwerpunkte zur Geschichte der Arbeiterbewegung und des Kapitalismus, die sein Vorgänger Carl Grünberg seit Gründung des Instituts im Jahr 1923 gesetzt hatte, wurden durch die Zusammenarbeit von Vertretern sozial- und geisteswissenschaftlicher Disziplinen (Philosophie, Ökonomie, Soziologie, Psychologie und Kunstwissenschaft) ersetzt. Ziel der Instituts-Arbeit war eine umfassende Theorie der kapitalistischen Gesellschaft, in deren Mittelpunkt die Frage stand, wie die bürgerliche Ideologie den Kapitalismus stabilisiert. Die Familie galt als Zentrum ihrer Vermittlung, so daß sie Gegenstand der historischen und empirischen Untersuchungen des Instituts wurde. Erich Fromm hatte dafür die theoretischen Grundlagen geschaffen und die Freudsche Psychoanalyse zu einer analytischen Sozialpsychologie ausgearbeitet, worauf Horkheimer besonderen Wert legte, wie sein *Vorwort* und sein Aufsatz *Geschichte und Psychologie* im ersten Heft der Instituts-Zeitschrift zeigen.[6]

Die Bereiche Kunst und Kultur vertrat neben Adorno, der keine besoldete Stellung am Institut hatte, der Literaturwissenschaftler Leo Löwenthal. Er verfaßte für das erste Heft der Instituts-Zeitschrift den Beitrag *Zur gesellschaftlichen Lage der Literatur*. Doch schreibt er nicht über Bücher als Waren und Medien. Wie in anderen Arbeiten des Instituts werden Kunst und Kultur als Ausdrucksformen von Ide-

5 Vgl. u. a. Burkhardt Lindner/W. Martin Lüdke (Hg.), *Materialien zur ästhetischen Theorie Theodor W. Adornos. Konstruktion der Moderne*, Frankfurt/M. 1980; Ludwig von Friedenburg/Jürgen Habermas (Hg.), *Adorno-Konferenz 1983*, Frankfurt/M. 1983; Claus-Steffen Mahnkopf u. a. (Hg.), *Mit den Ohren denken. Adornos Philosophie der Musik*, Frankfurt/M. 1998.

6 Vgl. Helmut Dubiel, *Wissenschaftsorganisation und politische Erfahrung. Studien zur frühen kritischen Theorie*, Frankfurt/M. 1978.

ologie aufgefaßt, so daß Form, Inhalt und Rezeption, nicht aber die mediale Verwertung der Künste Gegenstand der Analyse waren. „Denn die Ideologie", so gibt Löwenthal die Auffassung des Instituts wieder, „ist ein Bewußtseinsinhalt, der die Funktion hat, die gesellschaftlichen Gegensätze zu vertuschen und an die Stelle der Erkenntnis der sozialen Antagonismen den Schein der Harmonie zu setzen. Die Aufgabe der Literaturgeschichte ist zu einem großen Teil Ideologienforschung".[7]

Mit der Festlegung der Ideologievermittlung auf die Familie gerieten die kulturellen Veränderungen der Weimarer Republik aus dem Blick des Instituts für Sozialforschung, so daß sich die Ideologietheorie verselbständigte.[8] Während sich die Massenmedien (mit Telefon, Film, illustrierter Zeitschrift und Rundfunk) in Familie und Gesellschaft etablierten und die Wahrnehmungs- bzw. Verhaltensweisen ihrer Mitglieder veränderten, hielt das Institut am traditionellen Familienbild mit dem Wort des Vaters als Vermittler gesellschaftlicher Ideologie fest, wie die *Studien über Autorität und Familie* zeigen, die 1936 in Paris erschienen sind und die Ergebnisse der ersten Gemeinschafts-Untersuchung dokumentieren. Ausgewertet wurden sie im Exil, da Horkheimer den Hauptsitz des Instituts 1933 von Frankfurt nach New York verlegt hatte, wo es der Columbia University angegliedert wurde, während in Genf und Paris Zweigstellen blieben.[9]

Die große Bedeutung, die Film und Rundfunk für die ideologische Stabilisierung des Nationalsozialismus hatten, änderte die Forschungsrichtung des Instituts nicht. Mitte der dreißiger Jahre hatte Horkheimer zwar mit Siegfried Kracauer einen Aufsatz über „Masse und Propaganda" für die Instituts-Zeitschrift vereinbart, den er 1936 einreichte, doch ist er nicht erschienen, weil Adorno so starke Kürzungen und Veränderungen vornahm, daß Kracauer den Abdruck untersagte.[10] Das Manuskript ist verschollen, ging vermutlich aber in eine Studie ein, die Kracauer seit 1940, dem Jahr seiner Übersiedelung nach New York, an der Film Library des Museum of Modern Art erarbeitete. Sie erschien 1942 unter dem Titel *Propaganda and the Nazi War Film*, wurde aber nur einem begrenztem Publikum zum Zwecke der psychologischen Kriegführung zur Verfügung gestellt, bis 1947 Kracauers Untersuchung zur Vorgeschichte des Nationalsozialismus im deutschen Film *From Caligari to Hitler* erschien.[11]

---

7 Leo Löwenthal, „Zur gesellschaftlichen Lage der Literatur", in: *Zeitschrift für Sozialforschung* 1 (1932), H. 1/2, S. 85-102, S. 95.

8 Vgl. Axel Honneth, *Kritik der Macht. Reflexionsstufen einer kritischen Gesellschaftstheorie*, Frankfurt/M. 1989.

9 Vgl. Rolf Wiggershaus, *Die Frankfurter Schule. Geschichte, theoretische Entwicklung und politische Bedeutung*, München/Wien 1986, S. 266 ff.

10 Vgl. Ingrid Belke/Irina Renz (Hg.), *Siegfried Kracauer 1899-1966*, Marbach 1989, S. 84-93.

11 Siegfried Kracauer, „Propaganda und der Nazikriegsfilm" (Anhang 1), in: ders., *Von Caligari zu Hitler. Eine psychologische Geschichte des deutschen Films*, Frankfurt/M. 1993, S. 321-395. Vgl. zu Kracauers Arbeit an der Film Library das Nachwort von Volker Breidecker in Siegfried Kracauer/Erwin Panofsky, *Briefwechsel*, hg. von V.B., Berlin 1996, S. 129-240.

II. Benjamins Kunstwerk-Aufsatz als Herausforderung

Kracauer war nicht der einzige, der Mitte der dreißiger Jahre die gesellschaftliche Bedeutung der Massenmedien und ihre Vereinnahmung durch den Nationalsozialismus dargestellt hat. Dies war auch ein Anliegen Walter Benjamins, wie sein Aufsatz *Das Kunstwerk im Zeitalter seiner technischen Reproduzierbarkeit* zeigt, der 1936 mit redaktionellen Kürzungen und Veränderungen auf französisch in der *Zeitschrift für Sozialforschung* erschien.[12] Benjamin stellt den Einfluß der technischen Medien auf die traditionelle Kunstauffassung und die Erfahrungsbildung am Beispiel des Films dar und geht am Schluß auf die – von ihm so genannte – „Ästhetisierung der Politik" durch Massenveranstaltungen und Massenmedien im nationalsozialistischen Deutschland ein. „Der Film", so schreibt er zum Wandel der Wahrnehmung, „entspricht tiefgreifenden Veränderungen des Apperzeptionsapparates – Veränderungen, wie sie im Maßstab der Privatexistenz jeder Passant im Großstadtverkehr, wie sie im geschichtlichen Maßstab jeder heutige Staatsbürger erlebt." Über die nationalsozialistische Propaganda in den „Wochenschauen" deutscher Kinos heißt es: „Kaders von Hunderttausenden lassen sich von der Vogelperspektive aus am besten erfassen. [...] Das heißt, daß Massenbewegungen, und so auch der Krieg, eine der Apparatur besonders entgegenkommende Form des menschlichen Verhaltens darstellen."[13]

Nachdem Adorno das Manuskript von Benjamin bekam, ging er in einem umfangreichen Brief vom 18. März 1936 detailliert auf die Darstellung ein und erhob Einwände gegen die Ausführungen zur Technik in den Künsten: „Sie unterschätzen die Technizität der autonomen Kunst und überschätzen die der abhängigen; das wäre vielleicht in runden Worten mein Haupteinwand" (BB 1, 173). Zuvor hatte Horkheimer die Streichung des ersten Kapitels zur Methode sowie des letzten zur „Ästhetisierung der Politik" durch einen redaktionellen Mitarbeiter in Paris veranlaßt, nahm aber die Streichung des letzten nach Protesten Benjamins wieder zurück, so daß dieser der Publikation schließlich resigniert zustimmte. Da Benjamin den erweiterten deutschen Text, der Grundlage der Rezeption geworden ist, zu Lebzeiten nicht veröffentlichen konnte, war die zeitgenössische Auseinandersetzung mit den Thesen in Arbeiten Adornos und Horkheimers kaum nachvollziehbar, hatte aber für die Herausbildung ihrer Medientheorie große Bedeutung.

Bereits die beiden Beiträge, die Horkheimer und Adorno 1936 im zweiten Heft der *Zeitschrift für Sozialforschung* veröffentlicht haben, sind erste Reaktionen auf Benjamins Darstellung, auch wenn sie nicht durch Namensnennung als solche ausgewiesen waren. In seinem Aufsatz *Egoismus und Freiheitsbewegung* verwendete Horkheimer erstmals die Formel vom „affirmativen Charakter der Kultur", die der Ideologiekritik des Instituts kulturtheoretische Konturen gibt. Danach verwirk-

12 Vgl. zu Einzelheiten der Entstehungs-, Rezeptions- und Deutungsgeschichte den Kommentar in Walter Benjamin, *Das Kunstwerk im Zeitalter seiner technischen Reproduzierbarkeit und weitere Dokumente*, Kommentar von Detlev Schöttker, Frankfurt/M. 2007.

13 Ebd., S. 44 und S. 47 f.

licht das Bürgertum seine Ideale in der Kunst und verdeckt zugleich die Widersprüche der Realität.[14] Adorno stellte in seinem Beitrag *Über Jazz*, der unter dem Pseudonym Hektor Rottweiler erschien, Benjamins Ausführungen zu den ästhetischen Innovationen des Films seine Auffassung vom Jazz als reaktionärer Kunstform gegenüber, setzte aber Jazz mit Tanz- und Unterhaltungsmusik gleich. Darüber hinaus erweiterte er Horkheimers Affirmations-Theorie um eine Theorie der Manipulation, die die Medientheorie der Frankfurter Schule prägte. Er schreibt: „Die Kapitalkraft der Verlage, die Verbreitung durch Rundfunk und vor allem der Tonfilm, bilden eine Tendenz der Monopolisierung aus, die die Freiheit der Wahl einschränkt und weithin eigentliche Konkurrenz kaum zuläßt; der unwiderstehliche Propagandaapparat hämmert den Massen solang die Schlager ein, die er gut findet und die meist die schlechten sind, bis ihr Gedächtnis wehrlos ihnen ausgeliefert ist" (GS 17, 80). Ideologiekritik und Kritik der politischen Ökonomie werden in der Manipulationstheorie zusammengeführt, weil Massenmedien nach Adornos Auffassung von Monopolen beherrscht werden.

Einige Monate später nahm Adorno den Faden wieder auf und skizzierte in einem Brief an Horkheimer vom 23. November 1936 die Konzeption eines Sammelbandes, der den Titel „Die Kunst des Massenkonsums" tragen sollte. „Ich könnte mir vorstellen", so schreibt er, „daß ein solcher Band sehr stark wirkte". Darüber hinaus wäre er die erste „Anwendung der Theorie auf die *gegenwärtige* Gestalt der sogenannten ‚Kultur'" (BB 4, 225). Adorno hat das Desiderat der Kritischen Theorie also klar erkannt, konnte Horkheimer aber offenbar nicht überzeugen. Am 15. Mai 1937 wiederholte er den Plan in einem weiteren Brief. Danach sollte der Band neben Benjamins Kunstwerk-Aufsatz und seinem Jazz-Aufsatz Arbeiten von Kracauer, Sigfried Giedion und anderen über Rundfunk, Architektur, Zeitschriften und weitere Bereiche der Massenkultur enthalten (BB 4, 362-364). In einem Brief vom 2. Juli 1937 weihte er auch Benjamin in den Plan ein – als Titel nannte er „Massenkunst im Monopolkapitalismus" (BB 1, S. 258 f.) –, doch wurde das Projekt nicht realisiert.

III. Rundfunk-Projekt und *Dialektik der Aufklärung*

Allerdings knüpfte Adorno in veränderter Form an die Idee an, als er 1938 von London nach New York ging, um eine besoldete Stellung am Institut für Sozialforschung anzutreten. Hier entstand der Aufsatz *Über den Fetischcharakter in der Musik und die Regression des Hörens*, der noch im selben Jahr in der *Zeitschrift für Sozialforschung* erschien. Der Text war die theoretische Vorbereitung auf eine empirische

14 Max Horkheimer, *Egoismus und Freiheitsbewegung. Zur Anthropologie des bürgerlichen Zeitalters*, in: ders., *Gesammelte Schriften*, Frankfurt/M. 1988-1996, Bd. 4, S. 9-88, S. 94. Herbert Marcuse hat die von Horkheimer erwähnte Idee in seinem Aufsatz *Über den affirmativen Charakter der Kultur* ausgeführt, der 1937 im ersten Heft der Instituts-Zeitschrift erschien (S. 54-94).

Untersuchung über Interessen von Rundfunkhörern, an der Adorno auf Wunsch Horkheimers als Leiter des musikalischen Teils mitwirken sollte. Paul Lazarsfeld hatte die Untersuchung 1937 unter der Bezeichnung Radio Research Project mit Hilfe der Rockefeller Stiftung an der Universität Princeton begonnen und 1939 an die Columbia Universität verlegt. Bereits Ende der zwanziger Jahre führte er in Wien erstmals Untersuchungen zur Meinungsbildung großer Gruppen durch, darunter auch von Rundfunk-Hörern, so daß er der Rockefeller-Stiftung empfohlen wurde, die ihn im selben Jahr mit einem Stipendium in die USA holte, wo er an der Weiterentwicklung der empirischen Sozialforschung arbeitete.[15]

In seinem Aufsatz *Über den Fetischcharakter* hat Adorno seine Vorbehalte gegen die Fragestellung des Projekts, für dessen musikalischen Teil er zuständig war, zum Ausdruck gebracht. Die Argumentation ist umständlich und subtil zugleich, so daß die Auftraggeber damit kaum etwas anfangen konnten. Zeigen wollte er, daß die Meinungen von Rundfunk-Hörern durch einseitige Angebote vorab festgelegt seien. Hören im Rundfunk, so Adorno, sei das Hören von „Regredierten", das heißt „auf infantiler Stufe Festgehaltener" (GS 14, 34). Zur Erläuterung heißt es: „Regressives Hören tritt ein, sobald die Reklame in Terror umschlägt: sobald dem Bewußtsein vor der Übermacht des annoncierten Stoffes nichts mehr übrigbleibt als zu kapitulieren und seinen Seelenfrieden sich zu erkaufen, indem man die oktroyierte Ware buchstäblich zu seiner eigenen Sache macht. Im regressiven Hören nimmt die Reklame Zwangscharakter an" (GS 14, 35).

Adorno knüpft hier an den Jazz-Aufsatz und die dort skizzierte Manipulationstheorie an. Aber auch in der Praxis hat er aus seiner Auffassung keinen Hehl gemacht, so daß es zu Kontroversen mit Lazarsfeld und dessen Auftraggebern kam, die dazu führten, daß die Rockefeller-Stiftung die finanzielle Unterstützung des musikalischen Teils 1939 einstellte. „Adorno", so schreibt Lazarsfeld in seinen *Erinnerungen*, „wurde zum Symbol eines allgemeineren Problems. In einer Reihe von Mitteilungen, die ich im Frühjahr des Jahres 1938 an meine Mitdirektoren richtete, erklärte ich die Brillanz und Bedeutung von Adornos Ideen. Ich glaubte, zu diesem Mittel greifen zu müssen, da seine Interviews mit Leuten in der Rundfunkindustrie zu Beschwerden geführt hatten, in denen ihm einseitige Fragen und Verzerrungen der Antworten vorgeworfen wurden."[16]

Erste Ergebnisse des Rundfunk-Projekts sind 1941 im ersten Heft der *Studies in Philosophy and Social Science* erschienen (wie die englischsprachige Fortführung der *Zeitschrift für Sozialforschung* hieß), darunter auch Adornos Aufsatz *On Popular Music*. Der Verfasser übertrug eine Theorie Benjamins, nämlich die des Neuen als des Immergleichen, auf die Rundfunk-Musik, hielt sich aber mit der Bewertung

15 Vgl. Christian Fleck, *Transatlantische Bereicherungen. Zur Erfindung der empirischen Sozialforschung*, Frankfurt/M. 2007 (mit neuen Erkenntnissen zur Förderung Lazarsfelds auf der Basis von Quellenstudien).

16 Paul Lazarsfeld, „Eine Episode in der Geschichte der empirischen Sozialforschung: Erinnerungen", in: Talcott Parsons u. a., *Soziologie – autobiographisch. Drei kritische Beiträge zur Entwicklung einer Wissenschaft*, Stuttgart 1975, S. 147-225, S. 200.

zurück.[17] Während Horkheimer nur ein kurzes Vorwort für das Heft verfaßte, brachte er in seinem Beitrag *Art and Mass Culture*, der 1941 im zweiten Heft der Zeitschrift erschien, ebenfalls seine Ablehnung der Massenkultur zum Ausdruck und übernahm dabei Adornos Position. „Das Kunstwerk", so schreibt er unter anderem, „ist die einzig adäquate Objektivation der Verlassenheit und Verzweiflung des Individuums".[18]

Die Auseinandersetzungen über den musikalischen Teil des Rundfunkprojekts zeigen, daß bereits in den Anfängen der Medienforschung die Gegensätze zwischen kritischer und empirischer Sozialforschung auftraten, die später die Fronten im Positivismusstreit der deutschen Soziologie markierten, zu dessen Protagonisten Adorno gehörte.[19] In den *Thesen zur Kunstsoziologie*, die 1967 in der *Kölner Zeitschrift für Soziologie und Sozialpsychologie* erschienen sind und eine Auseinandersetzung mit der empirischen Musiksoziologie Alphons Silbermanns darstellen, betonte Adorno zwar ebenfalls die Notwendigkeit empirischer Untersuchungen für den Bereich der Massenmedien (GS 10.1, 368), doch sind am Institut für Sozialforschung, das 1949 in Frankfurt neu eröffnet und seit 1958 von Adorno – als Nachfolger Horkheimers – geleitet wurde, keine empirischen Studien zu Medien durchgeführt worden, so daß die Positivismus-Debatte in der Medienwissenschaft bis in die Gegenwart keine Resonanz fand.[20]

1968 hat Adorno seine Tätigkeit für das Rundfunk-Projekt in einem Beitrag mit dem Titel *Wissenschaftliche Erfahrungen in Amerika* verarbeitet. Zwar weist er auch hier auf die Notwendigkeit empirischer Studien hin, distanziert sich aber von den Bedingungen der Rundfunk-Untersuchung. „Im Rahmen des Princeton Project", so schreibt er, „war für kritische Sozialforschung wenig Raum. Dessen Charter, die von der Rockefeller Foundation stammte, stipulierte ausdrücklich, die Untersuchungen müßten sich im Rahmen des in den USA etablierten kommerziellen Rundfunksystems vollziehen. Das schloß ein, daß nicht dies System selbst, seine sozialen und ökonomischen Voraussetzungen und seine bildungssoziologischen

17 Theodor W. Adorno, „On Popular Musik", in: *Studies in Philosophy and Social Science* 9 (1941), H. 1, S. 17-48, hier bes. S. 17-26. Vgl. zu Benjamins Theorie Detlev Schöttker, „Fortschritt als ewige Wiederkehr des Neuen. Benjamins Überlegungen zu Ursprung und Folgen des Kapitalismus", in: Harald Hillgärtner/Thomas Küpper (Hg.), *Medien und Ästhetik. Festschrift für Burkhardt Lindner*, Bielefeld 2003, S. 103-118.

18 Max Horkheimer, „Neue Kunst und Massenkultur", in: ders., *Gesammelte Schriften*, Bd. 4 (Anm. 12), S. 419-438, S. 425.

19 Vgl. Theodor W. Adorno u. a., *Der Positivismusstreit in der deutschen Soziologie*, Darmstadt/Neuwied ^{6}1978 [zuerst 1969]. Vgl. zu den Zusammenhängen zwischen den Debatten der dreißiger und der sechziger Jahre Hans-Joachim Dahms, *Positivismusstreit. Die Auseinandersetzungen der Frankfurter Schule mit dem logischen Positivismus, dem amerikanischen Pragmatismus und dem kritischen Rationalismus*, Frankfurt/M. 1994.

20 In einer unveröffentlichten Replik auf Silbermanns Erwiderung in der *Kölner Zeitschrift* bekannte Adorno allerdings, daß ihn „eine Untersuchung über die Wirkung der Beatles" doch „ungemein" locken würde (GS 10.2, 813).

Folgen analysiert werden dürften. Ich kann nicht sagen, daß ich an jene Charter mich strikt gehalten hätte" (GS 10.2, 707).

Die deutlichste Distanzierung von der Massenkultur haben Horkheimer und Adorno in dem Kapitel „Kulturindustrie" vorgenommen, das im Zentrum ihres Buches *Dialektik der Aufklärung* steht. Entstanden ist der Text zwischen 1941 und 1944 in Los Angeles, wohin sich beide Verfasser zurückgezogen hatten, erschienen ist er 1947 in Amsterdam. Das Buch hat die Medientheorie der Frankfurter Schule wie keine andere Publikation geprägt, als 1969 eine Neuausgabe veröffentlicht wurde. Wie das Kapitel über die Kulturindustrie so ist die gesamte *Dialektik der Aufklärung* allerdings keine philosophische Untersuchung, sondern ein theoretisches Pamphlet. Es handelt sich um eine Generalabrechnung mit dem instrumentellen Rationalitätsbegriff der Aufklärung, der in der Moderne – vom Monopolkapitalismus über den Antisemitismus bis hin zum Faschismus – in die totale Beherrschung des Menschen umgeschlagen sei, so daß die Standards der Aufklärung wie Demokratie, Individualität und Menschenwürde ihre Gültigkeit verloren hätten.

Die Kulturindustrie wird als Teil der historischen Regression aufgefaßt, da sie einen universellen Verblendungszusammenhang herstelle. „Aufklärung als Massenbetrug" lautet der Untertitel des Kapitels zur Kulturindustrie, der die Medientheorie der *Dialektik der Aufklärung* auf den Begriff bringt. „Auch die technischen Medien untereinander", so eine der düsteren Zukunftsprognosen, „werden zur unersättlichen Uniformität getrieben. Das Fernsehen zielt auf eine Synthese von Radio und Film, die man aufhält, solange sich die Interessenten noch nicht ganz geeinigt haben, deren unbegrenzte Möglichkeiten aber die Verarmung der ästhetischen Materialien so radikal zu steigern verspricht, daß die flüchtig getarnte Identität aller industriellen Kulturprodukte morgen schon offen triumphieren mag, hohnlachende Erfüllung des Wagnerschen Traums vom Gesamtkunstwerk" (GS 3, 145). Dies ist keine analytische, sondern eine poetische Prosa, die gerade deshalb wirkungsvoller war als jede nüchterne Kritik an den Massenmedien.

Die Theorie der Kulturindustrie war jedoch nur eine Seite der medientheoretischen Überlegungen Adornos Anfang der vierziger Jahre. Fast zeitgleich arbeitete er mit Hanns Eisler, seinem Hausnachbarn in Los Angeles, der für Brechts Werke die Musik geschrieben hatte, an dem Buch *Komposition für den Film*. Die Arbeit wurde ebenfalls von der Rockefeller Stiftung finanziert. Zwar finden sich auch hier Argumente aus dem Fundus der *Dialektik der Aufklärung*, doch geht es den Verfassern in erster Linie um die Praxis der Filmmusik und die Möglichkeiten ihrer Verwendung, so daß die medialen Eigenheiten filmischer Bilder und ihrer musikalischen Ergänzung im Vordergrund stehen (GS 15, 7 ff.). Das Buch erschien 1947 in New York auf englisch und 1949 in Ostberlin auf deutsch, in beiden Fällen ohne den Namen Adornos, der offenbar Schwierigkeiten wegen Eislers Bekenntnis zum Kommunismus befürchtete. 1969 hat Adorno allerdings auch in Westdeutschland eine Ausgabe mit den Namen beider Verfasser und einem eigenen Nachwort veröffentlicht, in dem er eine Weiterführung der Arbeit mit Alexander Kluge ankündigte (GS 15, 145).

IV. Erneuerungen

Die Verdammung der Kulturindustrie in der *Dialektik der Aufklärung* führte dazu, daß die differenzierte Sicht auf die Massenmedien, die in *Komposition für den Film* und späteren Arbeiten Adornos zu beobachten ist, nicht angemessen wahrgenommen wurde.[21] Seit den fünfziger Jahren veröffentlichte Adorno eine Reihe von Arbeiten zur Massenkultur, die in Tageszeitungen und Zeitschriften erschienen sind, vor allem aber durch Nachdrucke in Essay-Bänden der *edition suhrkamp* bekannt wurden. Zwar liegt auch hier der Akzent auf Medienkritik, doch wird sie durch medienanalytische Überlegungen ergänzt. Der Band *Eingriffe* (1963) enthält zwei Beiträge zum Fernsehen, die 1953 in der Zeitschrift *Rundfunk und Fernsehen* publiziert wurden: *Prolog zum Fernsehen* und *Fernsehen als Ideologie.* Adorno kannte das Medium, das in Deutschland zu dieser Zeit eingeführt wurde, aus den USA, wo es seit den vierziger Jahren verbreitet war. In beiden Darstellungen greift er auf die Manipulationstheorie und die Begrifflichkeit der *Dialektik der Aufklärung* zurück. So heißt es im *Prolog*-Beitrag, daß das Fernsehen „ins umfassende Schema der Kulturindustrie" verfalle, da es „deren Tendenz" vorantreibe, „das Bewußtsein des Publikums von allen Seiten zu umstellen und einzufangen, als Verbindung von Film und Radio" (GS 10.2, 507).

Differenzierter sind die Beiträge zur Massenkultur, die 1967 in dem Band *Ohne Leitbild* (mit dem Untertitel *Parva Aesthetica*) übernommen wurden. In dem Aufsatz *Résumé über Kulturindustrie* bezieht sich Adorno konstruktiv auf die medientheoretischen Beiträge von Brecht und Benjamin aus den dreißiger Jahren (GS 10.1, 337 ff.). In dem Beitrag *Filmtransparente*, der Überlegungen zu einer Ästhetik des Films enthält, setzt er sich – wie in dem Aufsatz *Der wunderliche Realist* von 1965 – mit Kracauers *Theorie des Films* auseinander, die 1960 in den USA und 1964 auf deutsch erschienen war (GS 10.1, 353 ff. und GS 11, 388 ff.). Die Aufsätze zeigen nicht nur, daß Adorno die Arbeiten seiner Diskussionspartner vor und nach 1933 noch einmal gelesen hatte; es wird nun auch ein Diskussionszusammenhang erkennbar, der später dazu beitrug, daß der Einfluß der Medientheorie Adornos relativiert und schließlich in Frage gestellt wurde.

In der 1963 erschienenen, wenig beachteten Schrift *Der getreue Korrepetitor* deutet sich die neue Haltung Adornos gegenüber den Massenmedien an. Im letzten Kapitel mit der Überschrift „Über die musikalische Verwendung des Radios" skizziert er – trotz großer Vorbehalte – Möglichkeiten einer kritischen Nutzung des Mediums, die Schallplatte und Tonband einbezieht und wichtige Einsichten in deren mediale Eigenheiten gewinnt. Hier heißt es: „Die Fixierbarkeit der Musik und ihr Näherrücken an den Hörer, begünstigen Archive. Wird Musik, bis sie in den Lautsprecher gelangt und vollends dann in der Hörsituation, verdinglicht, so ist es die verdinglichte zugleich, die eine erkennende Haltung weniger erschwert als die lebendige, auratische Wiedergabe und das Ideal von Musik als einem schlecht-

21 Vgl. zur Wirkung und Stellung Adornos in der Nachkriegszeit Stefan Müller-Doohm, *Adorno. Eine Biographie*, Frankfurt/M. 2003.

hin Werdenden. Schon die Möglichkeit, das gleiche Stück auf einer Schallplatte beliebig oft anzuhören, auch bei einigem Geschick Teile herauszugreifen, fördert erkennendes Hören" (GS 15, 390).

Auch in anderen Beiträgen hat sich Adorno mit der Schallplatte als Medium beschäftigt und damit an Überlegungen der zwanziger Jahre angeknüpft. Die Langspielplatte hielt er 1969 sogar für eine „Revolution" im Vergleich zu aktuellen Opernaufführungen. „Ledig des faulen Zaubers", so schreibt er, „befreit sie sich zugleich von den Zufällen falscher Opernfeste. Sie erlaubt es, die Musik optimal darzustellen; ihr etwas von einer Kraft und Intensität zurückzugewinnen, welche in den Opernhäusern verschlissen ward. Versachlichung, nämlich Konzentration auf die Musik als wahre Sache der Oper, vermag mit einer Wahrnehmung sich zu verbinden, die dem Lesen vergleichbar ist, der Versenkung in einen Text, anstatt daß die Oper bestenfalls das täte, was ein Kunstwerk gerade nicht soll: den Hörer überreden" (GS 19, 557).

V. Weiterführungen und Brüche

Adorno übernimmt in diesen und weiteren Beiträgen Benjamins Auffassung, daß technische Medien die religiöse Reauratisierung der Kunst unterlaufen. Doch sind diese späten Versuche einer differenzierten Medienanalyse in den nachfolgenden Debatten nicht mehr wahrgenommen worden, so daß die Kritik der Kulturindustrie zur Basis der Rezeption wurde. Ausgelöst hat die Debatte vor allem Hans Magnus Enzensberger mit seinem Aufsatz *Baukasten zu einer Theorie der Medien*, der 1970, ein Jahr nach Adornos Tod, im *Kursbuch* erschien. Schon 1962 hatte er im ersten Band seiner gesammelten Essays mit dem Titel *Einzelheiten* den Vorschlag gemacht, den Begriff der „Kulturindustrie" durch den der „Bewußtseins-Industrie" zu ersetzen, um deutlich zu machen, daß Medien im Kapitalismus nicht nur die Kultur, sondern alle Bereiche des Lebens und Denkens prägen: „Mode und ‚Gestaltung', religiöse Unterweisung und Tourismus sind als Sparten der Bewußtseins-Industrie noch kaum erkannt und erforscht."[22]

Acht Jahre später wird die Kritik konkreter. Enzensberger orientiert sich nun an Benjamins Kunstwerk-Aufsatz, der 1963 durch einen Nachdruck in der *edition suhrkamp* bekannt geworden war, sowie an Brechts Artikel *Der Rundfunk als Kommunikationsapparat* von 1932, der durch einen Abdruck in den *Gesammelten Werken* (1967) zugänglich wurde. Im Gegensatz zu Benjamin ging es Enzensberger allerdings nicht um eine Erneuerung der Ästhetik als Medienästhetik, sondern um die Erneuerung der Medienpraxis, so daß er Brechts Konzeption des Rundfunks als demokratischer Kommunikationsform näher stand als Benjamins Theorie des Kunst- und Erfahrungswandels, auch wenn er den Kunstwerk-Aufsatz als Höhepunkt „marxistischer Medientheorie" bezeichnete. Enzensberger wollte die „Medi-

22 Hans Magnus Enzensberger, „Bewußtseins-Industrie", in: ders., *Einzelheiten I. Bewußtseins-Industrie*, Frankfurt/M. [8]1973, S. 7-17, S. 9.

en-Feindschaft der Neuen Linken" überwinden, die von Adornos Manipulationstheorie geprägt war, und einen „emanzipatorischen Mediengebrauch" anregen. Das Publikum sollte nicht mehr in eine Opferrolle gedrängt, sondern zum Medienakteur werden. „Ein revolutionärer Entwurf", so schreibt er mit Blick auf seine eigenen Überlegungen, „hat im Grunde einen jeden zum Manipulateur zu machen".[23] Die Theorie der totalen Manipulation wird hier durch die Utopie der totalen Kommunikation ersetzt und damit nicht weniger abstrakt als Adornos Kritik der Kulturindustrie.

Die historisch-soziologische Dimension der Medienanalyse, die in der Theorie der Kulturindustrie enthalten war, hat Enzensberger nicht interessiert. Präsent war sie allerdings in Jürgen Habermas' Buch *Strukturwandel der Öffentlichkeit* von 1962. Der Verfasser orientierte sich an Marx' Kritik der politischen Ökonomie, die das Institut für Sozialforschung seit den dreißiger Jahren zugunsten sozialpsychologischer Interessen verdrängt hatte und übertrug sie auf die Publizistik. Dies mag einer der Gründe gewesen sein, warum Adorno die Arbeit als Habilitationsschrift ablehnte, so daß sich Habermas in der Buchfassung nicht auf dessen Schriften bezog. Dennoch leitet die Theorie der Kulturindustrie die Analyse des Funktionswandels der Öffentlichkeit im sechsten Kapitel. Konkreter und präziser als in der *Dialektik der Aufklärung* heißt es hier über die Ausgrenzung individueller Meinungen aus den Massenmedien durch ökonomische Interessen von Privatpersonen: „Auf dem Wege vom Journalismus der schriftstellernden Privatleute zu den öffentlichen Dienstleistungen der Massenmedien verändert sich die Sphäre der Öffentlichkeit durch das Einströmen privater Interessen, die in ihr privilegiert zur Darstellung kommen. [...] In dem Maße, in dem aber die Öffentlichkeit für geschäftliche Werbung in Anspruch genommen wird, wirken unvermittelt Privatleute als Privateigentümer auf die Privatleute als Publikum ein. Dabei kommt, gewiß, die Kommerzialisierung der Presse der Verwandlung der Öffentlichkeit in ein Medium der Werbung entgegen."[24]

Habermas hat die sozialhistorische Analyse der Massenmedien nicht weitergeführt, sondern den Fluchtpunkt seiner Arbeit in einer sozialphilosophisch orientierten *Theorie des kommunikativen Handelns* gesucht, wie der Titel seines zweibändigen Hauptwerks von 1981 heißt. Medienanalysen nehmen hier keinen zentralen Stellenwert ein. Dennoch führt Habermas' Unterscheidung zwischen den „generalisierten Formen der Kommunikation", zu denen er auch die Massenmedien rechnet, und den nicht-sprachlichen „Steuerungsmedien" wie Geld oder Macht zu einer Kritik an Horkheimer und Adorno. „Gegen diese Theorie", so heißt es über die Kritik der Kulturindustrie, „lassen sich nicht nur die empirischen Bedenken erheben, die gegen stilisierende Übervereinfachungen stets ins Feld geführt werden können: daß sie ahistorisch verfährt und den Strukturwandel der Öffentlichkeit

---

23 Hans Magnus Enzensberger, „Baukasten zu einer Theorie der Medien", in: ders., *Palaver. Politische Überlegungen*, Frankfurt/M. 1974, S. 91-129, S. 115.

24 Jürgen Habermas, *Strukturwandel der Öffentlichkeit. Untersuchungen zu einer Kategorie der bürgerlichen Gesellschaft*, Neuwied/Berlin 1962, S. 225.

nicht berücksichtigt". Schwerer wiegt nach Habermas ein Einwand, der sich aus den Möglichkeiten von Massenmedien ergebe. „Sie lösen", so schreibt er, „Kommunikationsvorgänge aus der Provinzialität raumzeitlich beschränkter Kontexte und lassen Öffentlichkeit entstehen, indem sie abstrakte Gleichzeitigkeit eines virtuell präsent gehaltenen Netzes von räumlich und zeitlich weit entfernten Kommunikationsinhalten herstellen und Botschaften für vervielfältigte Kontexte verfügbar halten".[25]

Die Kritik der Kulturindustrie hat Dieter Prokop seit Ende der sechziger Jahre in Arbeiten zur Medienkonzentration und -manipulation weitergeführt und darüber hinaus Beiträge zur kritischen Massenkommunikationsforschung dokumentiert.[26] Oskar Negt und Alexander Kluge haben in ihrem Buch *Öffentlichkeit und Erfahrung* (1972) gefragt, wie aus einer bürgerlichen Medienöffentlichkeit eine proletarische hervorgehen könne und damit die Überlegungen von Habermas und Enzensberger weitergeführt.[27] Zugleich bemühte sich eine akademische Medienwissenschaft, die aus der Literaturwissenschaft hervorging, um die Analyse einzelner Medien, die auch die literarischen (wie Brief, Buch und Theater) umfaßte, ohne den Anspruch auf Medienkritik im Sinne Adornos aufzugeben.[28] Und schließlich bildete sich in der Politik- und Publizistikwissenschaft seit den achtziger Jahren eine neue Richtung der Medienkritik heraus, die Adornos ästhetische Leidenschaft nicht mehr kennt und dadurch wesentlich nüchterner urteilt.[29]

Ein deutlicher Bruch mit Adornos Theorie der Kulturindustrie setzte ein, als Ende der achtziger Jahre – durch die Rezeption der historischen Medienwissenschaft der Toronto Schule, die Wiederentdeckung der Medienästhetik der dreißiger Jahre und die Aneignung der Diskursanalyse – den Formen der Speicherung, Verarbeitung und Vermittlung von Informationen in Kunst und Kommunikation größere Aufmerksamkeit geschenkt wurde.[30] Dieser Bruch ist daran erkennbar, daß Adornos Arbeiten nicht mehr zitiert werden. In der Literaturwissenschaft zeigt sich dies früh in Friedrich Kittlers Buch *Aufschreibesysteme 1800/1900* (1985), in der Kulturwissenschaft in dem Band *Materialität der Kommunikation* (1988), den Hans Ulrich Gumbrecht und K. Ludwig Pfeiffer herausgegeben haben, und in der

---

25 Jürgen Habermas, *Theorie des kommunikativen Handelns*, 2 Bde., Frankfurt/M. 1981, Bd. 2, S. 573; vgl. ebd., S. 384 ff.

26 Vgl. Dieter Prokop, *Massenkultur und Spontaneität. Zur veränderten Warenform der Massenkommunikation im Spätkapitalismus*, Frankfurt/M. 1974; ders. (Hg.), *Massenkommunikationsforschung*, 2 Bde., Frankfurt/M. 1972/73; vgl. zuletzt ders., *Medien-Macht und Medien-Wirkung. Ein geschichtlicher Überblick*, Freiburg/Br. 1995.

27 Oskar Negt/Alexander Kluge, *Öffentlichkeit und Erfahrung. Zur Organisationsanalyse bürgerlicher und proletarischer Öffentlichkeit*, Frankfurt/M. 1972.

28 Vgl. Werner Faulstich (Hg.), *Kritische Stichwörter zur Medienwissenschaft*, München 1979.

29 Vgl. z. B. Thomas Meyer, *Mediokratie. Die Kolonisierung der Politik durch die Medien*, Frankfurt/M. 2001.

30 Vgl. Detlev Schöttker, „Vom Laut zum Cyberspace. Entwicklung und Perspektiven der Mediengeschichtsschreibung", in: ders. (Hg.), *Mediengebrauch und Erfahrungswandel. Beiträge zur Kommunikationsgeschichte*, Göttingen 2003, S. 9-36 (mit Bibliographie).

Medienwissenschaft in den *Ansichten einer künftigen Medienwissenschaft* (1988) von Rainer Bohn, Eggo Müller und Rainer Ruppert. Hier kommt erstmals jene Generation von Autoren zu Wort, die den Auszug der Medienwissenschaft aus den Kunstwissenschaften und die Anfänge ihrer akademischen Institutionalisierung getragen hat.

Man kann die Abkehr von der Medientheorie der Frankfurter Schule, deren Geschichte zur selben Zeit dokumentiert wurde,[31] als notwendigen Schritt zur Neuorientierung der Medienwissenschaft auffassen, kann den damit verbundenen Verzicht auf eine gesellschaftskritische Medienforschung aber auch bedauern. Wie immer man die Rolle der Medienkritik innerhalb der Medienwissenschaft aber auch bestimmen mag – von der Hand zu weisen ist die Gefahr nicht, daß einer Medienwissenschaft ohne Medienkritik die Unterschiede zwischen den Auffassungen der Individuen und denen der Massenmedien abhanden kommen, so daß eine deskriptive Rettung der Medientheorie Adornos nicht ohne Chance bleiben sollte.

31 Vgl. Michael Kausch, *Kulturindustrie und Populärkultur. Kritische Theorie der Massenmedien*, Frankfurt/M. 1988.

Nicolas Pethes

Walter Benjamin

Auch die Historiographie der Medientheorie ist eine Geschichte der Verknappungen. In einer ihrer gängigsten Versionen provozierten die neuen Medien, allen voran der Film, im ersten Drittel des 20. Jahrhunderts eine Reihe zeitdiagnostischer Kommentare, die aber erst im Werk des Philosophen und Kulturhistorikers Walter Benjamin (1892-1940) diejenige theoretische Durchdringung erfuhren, die es erlaubte, die Beschäftigung mit Medien im letzten Drittel des Jahrhunderts (und gestützt auf einen zweiten Autor, Marshall McLuhan) akademisch zu institutionalisieren. Benjamin erscheint damit als „allgegenwärtige Leitfigur der Medienwissenschaft in Deutschland“[1] und gilt auch international als Begründer der Medientheorie mit nahezu prophetischen Fähigkeiten: „Current media studies can enlist Walter Benjamin as one of their begetters. There is his pioneering aesthetic of photography; his brief but vividly suggestive consideration of the iconographic reproducability and mass dissemination of art [...]. Benjamin was among the very first intellectuals and cultural critics to master, to evaluate at its true measure, the role of the radio talk. Today, questions of authenticity and fac-similitude implicit in the new multi-media, an internet world of image and text, do represent some kind of fulfilment of Benjamin's inspired premonitions and I cannot suppress the hunch, only a hunch, that he will still give us instructions to approach the enormously difficult epistemological problems posed by the new world of Virtual Reality.“[2]

Nun läßt sich diese Festlegung der Medientheoriegeschichte auf einen Ursprungsautor angesichts der Vielzahl vorhergehender Mediendiskurse im allgemeinen[3] und Kinotheorien im besonderen[4] kaum halten. Hinzu kommt aber, daß diese Festlegung zumeist auf einige wenige Schriften Benjamins beschränkt wird, in der Hauptsache den Essay *Das Kunstwerk im Zeitalter seiner technischen Reprodu-*

---

1 Inge Münz-Koehnen, „Abschied vom Benjaminismus. Vier Bücher zur Historizität von Medientheorie“. Sammelrezension auf www.literaturkritik.de/public/rezension.php?rez_id=9894&ausgabe=200609 (9. 9. 2006).

2 George Steiner, „To speak of Walter Benjamin“, in: *Benjamin Studies 1*, Amsterdam/New York 2002, S. 13-23, S. 21 f.

3 Vgl. Albert Kümmel/Petra Löffler (Hg.), *Medientheorien 1888-1933. Texte und Kommentare*, Frankfurt/M. 2002.

4 Zu nennen wären zumindest Emilie Altenlohs *Zur Soziologie des Kinos* (1914), Hugo Münsterbergs *The Photoplay* (1916), Béla Balázs' *Der sichtbare Mensch* (1924) und Rudolf Arnheims *Film als Kunst* (1932).

zierbarkeit: „Alle medienästhetischen Überlegungen Benjamins münden in eine Theorie des Kinos.“[5]

Beide Verknappungstechniken ergänzen sich weniger, als daß sie einander auf eigentümliche Weise widersprechen: Denn der integralen Autorchiffre ‚Benjamin‘, die für eine genealogische Kontinuität in der Medientheorie steht,[6] ist eine Sichtweise auf Benjamins Werk entgegengesetzt, die dieses als durchweg fragmentarisch und uneinheitlich betrachtet und von einem Bruch zwischen metaphysischem Früh- und marxistischem Spätwerk ausgeht, der allererst die Möglichkeit einer Theorie materieller Medien eröffnet habe. Diese Beobachtung einer materialistischen Wende hat die jüngere Forschung relativiert, indem sie den Aspekt des Bruchs zur Struktur von Benjamins Denken selbst erklärt[7] und die Reduktion auf die materiellen Aspekte des Medialen durch eine Lesart des *Kunstwerk*-Aufsatzes als ästhetische Theorie vermeidet.[8] Für die Frage nach Benjamins Bedeutung für die Medientheorie ist damit allerdings noch wenig gewonnen: Der Ausgang vom Fragmentarismus bleibt der Debatte über den ästhetischen Stellenwert von Benjamins eigenem Werk verhaftet und erlaubt keine allgemeinen theoretischen Ableitungen. Und der Perspektivwechsel auf die Ästhetik im *Kunstwerk*-Aufsatz schließt – selbst, wenn man sie im Sinne von Benjamins wahrnehmungstheoretischem Ansatz als *aisthesis* liest – eine ganze Reihe medientheoretisch relevanter Aspekte wie Kommunikationsstrukturen, Verbreitungstechniken oder Zeitverhältnisse aus.

Man wird also sagen können: Indem die Medienwissenschaft sich auf einen Gründungsautor bezogen und aus dessen Werk wiederum nur einen kleinen Ausschnitt in den Blick genommen hat, kann eine auf Benjamin gestützte Medientheorie auf der einen Seite wesentliche Fragestellungen an die Medien nicht stellen, auf der anderen eine Reihe medientheoretisch relevanter Gesichtspunkte aus Benjamins Schriften nicht zur Kenntnis nehmen. Was aber, wenn man umgekehrt vorgeht, und anstatt Benjamins Schriften in medientheoretische und nicht medientheoretische zu unterteilen versucht, sie insgesamt als Bestandteile eines philosophischen Entwurfs zu lesen, dessen Argumente auf ihre medientheoretische Relevanz befragt werden können?

Die Grundzüge eines solchen philosophischen Entwurfs lassen sich Benjamins frühen Schriften entnehmen, die sich mit den Grenzen von Kants Erfahrungsbegriff und der weiteren Wirkung des deutschen Idealismus befassen. Benjamins phi-

---

5 Nobert Bolz/Willem van Reijen, *Walter Benjamin zur Einführung*, Frankfurt/M./New York 1991, S. 111. Vgl. Angela Spahr, „Der Verfall der Aura. Walter Benjamin“, in: Daniela Kloock/Angela Spahr, *Medientheorien. Eine Einführung*, München 1997, S. 13-37.

6 Vgl. Christian Schulte, *Walter Benjamins Medientheorie*, Konstanz 2005 und Detlev Schöttker, „Benjamins Medienästhetik“, in: Walter Benjamin, *Medienästhetische Schriften*, hg. von Detlev Schöttker, Frankfurt/M. 2002, S. 411-439.

7 Vgl. Detlev Schöttker, *Konstruktiver Fragmentarismus. Form und Rezeption der Schriften Walter Benjamins*, Frankfurt/M. 1999.

8 Burkhardt Lindner, „„Das Kunstwerk im Zeitalter seiner technischen Reproduzierbarkeit““, in: ders. (Hg.), *Benjamin-Handbuch. Leben – Werk – Wirkung*, Stuttgart/Weimar 2006, S. 229-251.

losophische Dissertation von 1919 fragt in diesem Zusammenhang nach den Umwandlungen von Fichtes Methode der Reflexion in der frühromantischen Konzeption der Kunstkritik. Die unendliche Tathandlung der Setzung des Ich wird dabei als Basis eines Kunstverständnisses begriffen, das die kritische Reflexion eines Kunstwerks zur Instanz von dessen notwendiger Ergänzung bzw. Vervollkommnung erklärt: „Jedes Werk ist dem Absoluten der Kunst gegenüber mit Notwendigkeit unvollständig, oder – was dasselbe bedeutet – es ist unvollständig gegenüber seiner eigenen absoluten Idee.“ (I 68)[9] So, wie die Hermeneutik jedes Werkteil auf das Ganze bezieht, beziehe sich jedes einzelne Werk auf die Idee der Kunst, und dieser Bezug ist der Prozeß der kritischen Reflexion: Während das einzelne Werk sich also, um überhaupt Form gewinnen zu können, gegenüber dem Absoluten der Kunst *begrenzen* muß, besteht die Aufgabe der Kunstkritik darin, es wiederum mit Blick auf dieses Absolute hin zu *entgrenzen.* Auf der einen Seite zielt dieser Reflexionsprozeß somit auf etwas Unerreichbares; insofern er aber aus diesem Grund nie zu einem Ende kommt, ist er auf der anderen Seite selbst unendlich und dem avisierten Absoluten auf diese Weise zumindest formal äquivalent: „Die Kritik ist also das Medium, indem sich die Begrenztheit des einzelnen Werks methodisch auf die Unendlichkeit der Kunst bezieht und endlich in sie übergeführt wird, denn die Kunst ist, wie es sich von selbst versteht, als Reflexionsmedium unendlich.“ (I 64)

Inwiefern ist dieser Gedankengang nun von einem über das philosophische und philologische Interesse an der frühromantischen Ästhetik[10] hinausgehenden Interesse? Zum einen, weil Benjamin der Kunstphilosophie um 1800 eine Denkfigur entnimmt, die sich in einer ganzen Reihe seiner späteren theoretischen Entwürfe nachweisen läßt. Zum anderen, insofern diese Denkfigur nicht nur wegen der expliziten Referenz auf den Begriff ‚Medium‘ einen grundsätzlichen Problemzusammenhang kommunikativer Vermittlung ins Licht rückt.

Bei Novalis ist ‚Medium‘ noch eine Metapher aus dem Bereich der Naturwissenschaften: So, wie chemische Reaktionen eines bestimmten Trägermediums bedürfen, ist auch die Reflexion auf ein ‚Medium‘ bezogen, das es trägt und befördert.[11] Dieses Medium, innerhalb dessen und auf das hin sich die Reflexion vollzieht, ist für die Frühromantiker das Absolute, in der Ästhetik also die Idee der Kunst. Und insofern diese Idee wie angedeutet erst durch die Unendlichkeit des Reflexionsprozesses abgebildet werden kann, ergibt sich für Benjamin eine „Einheit von Reflexion und Medialität“ (I 37). Daraus folgt schließlich, daß im Fall der Übertragung

9 Zitate aus Benjamins Schriften werden im laufenden Text unter Angabe der römischen Band- und arabischen Seitenzahl nachgewiesen aus: Walter Benjamin, *Gesammelte Schriften*, hg. von Hermann Schweppenhäuser/Rolf Tiedemann, 7 Bde., Frankfurt/M. 1972-1989.

10 Vgl. Manfred Frank, *Einführung in die frühromantische Ästhetik*, Frankfurt/M. 1988, zu deren Version bei Benjamin Uwe Steiner, *Die Geburt der Kritik aus dem Geiste der Kunst*, Würzburg 1989.

11 Vgl. die Nachweise in Nicolas Pethes, „‚In jenem elastischen Medium‘. Der Topos ‚Prozessualität‘ in der Rhetorik der Wissenschaften seit 1800 (Novalis, Goethe, Bernard)“, in: Jürgen Fohrmann (Hg.), *Rhetorik. Figuration und Performanz. DFG-Symposion 2003*, Stuttgart/Weimar 2004, S. 131-150.

von Reflexionsprozessen aus der Philosophie in die Ästhetik Kunst zum „Reflexionsmedium der Formen“ (I 86) der einzelnen Kunstwerke wird, aus deren (wiederum: unendlicher) Gesamtheit sich die Idee der Kunst zusammensetzt.

Diese Konstellation aus (beschränkter) Form und (entschränktem) Medium[12] interessiert Benjamin wie gezeigt vor allem hinsichtlich der Ausrichtung von ersterer auf letzteres: Die Auseinandersetzung mit einem Kunstwerk wird diesem erst gerecht, wenn es dessen immanentes und auf konkrete Referenzen bezogenes Verständnis (was Benjamin etwas später den jeweils aktuellen „Sachgehalt“ nennen wird) unterbindet und durch diese Verweigerung, eine Form auf eine einzige Bedeutung festzulegen, alle weiteren Deutungsmöglichkeiten weiter zuläßt und damit einen Bezug zur Unendlichkeit des Mediums herstellt (woraus sich erst der „Wahrheitsgehalt“ ergibt). Dieses Verhältnis zwischen Form, Medium und Deutung betrifft nun aber nicht nur die frühromantische Kunstkritik, sondern bildet einen grundsätzlichen semiotischen und kommunikativen Zusammenhang – und mithin eine medientheoretisch relevante Konstellation – ab: So, wie die „Kritisierbarkeit des Kunstwerks“ (I 108) Bedingung für seine Relation auf die Idee der Kunst ist, beschreibt Benjamin in seinem weiteren Werk sämtliche Stufen der Medienevolution stets dergestalt, daß die jeweils aktualisierte Form der Speicherung, Kommunikation oder Verbreitung von Zeichen von ihrer aktuellen Referenz abgelöst und auf einen Raum des Potentiellen bezogen wird.

Indem nun diese einzelnen Stufen anhand der entsprechenden Schriften Benjamins nachvollzogen werden, wird sich zeigen, daß man Benjamins Œuvre tatsächlich ein medientheoretisches Substrat entnehmen kann. Daß dieses Substrat aber auf einer grundsätzlichen philosophischen Denkfigur beruht und Benjamins Medienphilosophie daher ebensowenig auf die Beschreibung eines einzelnen Mediums reduziert werden kann, wie folglich eine auf die Theorie einzelner Medien zielende Medienwissenschaft sich auf Benjamin berufen sollte, soll dabei deutlich werden.

I. Sein und Sagen

Noch vor seiner Dissertation entwirft Benjamin in verschiedenen Texten und Briefen, vor allem aber in dem Aufsatz *Über Sprache überhaupt und über die Sprache des Menschen* (1916) eine Theorie, die das Grundproblem von Medialität, die zeichengestützte Repräsentation, betrifft. Benjamin nennt solche Repräsentation „Mitteilung“ und versteht diese grundsätzlich als Sprache. Daß dabei aber weder eine im engeren Sinne linguistische noch im weiteren kommunikationstechnologische Medientheorie im Hintergrund steht, macht Benjamins Ausgangsthese deutlich, der

---

12 Zur terminologisch und konzeptuell vergleichbaren Unterscheidung von Medium und Form als lose (und insofern potentiell unendlich rekonfigurierbare) bzw. feste (und damit aktualisierte, d. h. nicht mehr variierbare) Kopplung von Elementen bei Niklas Luhmann vgl. den Beitrag von Niels Werber in diesem Band.

zufolge alle Mitteilungen auf das „geistige Wesen" des Mitgeteilten zielen. Benjamin schließt hier an die Sprachmystik in der Tradition von Böhme, Hamann, aber auch Novalis an, wenn er ausführt, daß dieses geistige Wesen nichts außerhalb der Sprache Stehendes sei, auf das man mittels sprachlicher Zeichen verweisen könne, sondern „daß dieses geistige Wesen sich *in* der Sprache mitteilt, nicht *durch* die Sprache" (II 142). Sprache ist mithin kein Medium, das einen Inhalt lediglich transportierte, sondern, in Aufhebung der Unterscheidung zwischen Bezeichnendem und Bezeichnetem, ihr eigener Gehalt: „jede Sprache teilt sich *in* sich selbst mit, sie ist im reinsten Sinn das ‚Medium' der Mitteilung. Das Mediale, das ist die *Unmittel*barkeit aller geistigen Mitteilung, ist das Grundproblem der Sprachtheorie, und wenn man diese Unmittelbarkeit magisch nennen will, so ist das Urproblem der Sprache ihre Magie." (II 142 f.)

So wie der Medienbegriff in der Frühromantikarbeit keine Vermittlungsinstanz bezeichnet, sondern den unendlichen Reflexionsprozeß selbst, wird die Sprache auch hier insofern als Medium verstanden, als sie Substanz und Gehalt einer Mitteilung zugleich und in diesem Sinne als Medium unmittelbar ist.[13]

Daß Sprache auf diese Weise aber ihr eigener Gegenstand ist, bedeutet im Umkehrschluß, daß von den Dingen, über die man spricht, nur dasjenige mitgeteilt werden kann, was an ihnen sprachlich verfaßt – in Benjamins Worten: ihr „sprachliches Wesen" – ist: „Einen Inhalt der Sprache gibt es nicht; als Mitteilung teilt die Sprache ein geistiges Wesen, d.i. eine Mitteilbarkeit schlechthin mit." (II 145 f.) Nur der Mensch, der als namengebendes Wesen selbst wesentlich sprachlich ist – oder umgekehrt: dessen geistiges Wesen die Sprache ist –, vermag sich in diesem Sinne vollkommen mitzuteilen: Wenn er spricht, legt er im Sprechen sein geistiges Wesen als Sprechender offen.

Damit ist die erste Stufe der Medienevolution einerseits im Sinne der traditionellen Semiotik als Etablierung einer Differenz zwischen dem Umgang mit der Welt und einer zeichengestützten Bezugnahme auf diese Welt markiert. Andererseits aber beziehen sich diese Zeichen im Fall einer vollkommenen Sprache selbst auf Sprachliches und sind in dieser Weise unmittelbar. Eine solche Sprache ist dann „nicht nur Übersetzung des Stummen in das Lauthafte, sie ist die Übersetzung des Namenlosen in den Namen" (II 151).

Diese unmittelbare Verknüpfung von Namen und Benanntem projiziert Benjamin auf die Zeit vor dem biblischen Sündenfall zurück und beschreibt die tatsächlich gebrauchte Wortsprache als defizitär gegenüber dem verlorengegangenen Ideal einer Einheit von Medium und Botschaft. Der Begriff der „Übersetzung", der dabei als Grundoperation der Medialisierung eingeführt wird, ist zugleich Schlüssel zur einzig möglichen Wiederannäherung an das Ideal der reinen Namensprache mit den Mitteln der Wortsprache: Im Vorwort zu seiner Baudelaire-Übersetzung benennt Benjamin als *Aufgabe des Übersetzers* gerade nicht eine Übertragung eines sprachunabhängigen Sinns von einer Sprache in eine andere – eine solche Überset-

13 Wilfried Menninghaus, *Walter Benjamins Theorie der Sprachmagie*, Frankfurt/M. 1980, S. 17: „ein Medium ist das Element einer Darstellung, ohne doch deren Mittel zu sein."

zungstheorie beruht auf den kritisierten semiotischen Medientheorien, die Zeichen und Bezeichnetes strikt trennen. Statt dessen legt eine Übersetzung, insofern sie ebenso auf das Ideal der reinen Sprache bezogen ist, wie das Original, dieses Ideal als gemeinsamen Bezugspunkt offen: „Die wahre Übersetzung ist durchscheinend, sie verdeckt nicht das Original, steht ihm nicht im Licht, sondern läßt die reine Sprache, wie verstärkt durch ihr eigenes Medium, nur um so voller aufs Original fallen." (IV 18)

Auch im Fall der Übersetzung argumentiert Benjamins Sprachphilosophie mithin gegen eine Vorstellung, die Medien als Repräsentation eines außermedialen Gehalts versteht. Ganz im Gegenteil offenbare sich die Funktion der Sprache erst im Fall des „Nicht-Mitteilbaren" und das heißt, in der Verweigerung, sprachliche Zeichen als Mitteilung von etwas Außersprachlichem zu verstehen: „Ist jene letzte Wesenheit, die da die reine Sprache selbst ist, in den Sprachen nur an Sprachliches und dessen Wandlungen gebunden, so ist sie in den Gebilden behaftet mit dem schweren und fremden Sinn. Von diesem sie zu entbinden, das Symbolisierende zum Symbolisierten selbst zu machen, die reine Sprache gestaltet der Sprachbewegung zurückzugewinnen, ist das gewaltige und einzige Vermögen der Übersetzung. In dieser reinen Sprache, die nichts mehr ausdrückt, sondern als ausdrucksloses und schöpferisches Wort das in allen Sprachen Gemeinte ist, trifft endlich alle Mitteilung, aller Sinn und alle Intention auf eine Schicht, in der sie zu erlöschen bestimmt sind." (IV 19)

Das Potential von Sprache ist mithin immer dann ausgeschöpft, wenn sprachliche Zeichen nicht in einer außersprachlichen Referenz stillgestellt werden, sondern auf die ihnen eigene Struktur des Referierens selbst reflektieren: Das Symbolisierende zum Symbolisierten selbst zu machen bedeutet nichts anderes, als mit sprachlichen Zeichen auf die Zeichenhaftigkeit von Sprache zu verweisen und damit auf die Tatsache, daß man sie auf etwas beziehen könnte, ohne diese Potentialität in einer singulären und kontingenten Aktualisierung stillzustellen. Und hierin, in diesem Plädoyer für ein durch keine explizite Referenz beendetes (und in diesem Sinne unendliches) Kreisen um ein allen Sprachen gemeinsames, aber unerreichbares, Ideal, berührt sich Benjamins Sprachphilosophie mit seiner Rekonstruktion der Kunstkritik als Medium der Annäherung an die absolute Idee der Kunst: In beiden Fällen wird dieses Absolute – der Kunst oder der Sprache – nicht erreicht, sondern durch einen unendlichen Reflexions- oder Annäherungsprozeß strukturell simuliert. Medien, um diese gemeinsame Struktur von Benjamins Argumenten auf die Frage nach dem medientheoretischen Angebot seiner Philosophie zu beziehen, sind dann nicht als Technologien der Repräsentation zu verstehen, sondern Bezugssysteme, die ihr Potential nur so lange bewahren, so lange dieser Bezug nicht konkret umgesetzt wird.[14]

14 In der gleichen Weise entwirft Benjamin in der „Erkenntniskritischen Vorrede" zu *Ursprung des deutschen Trauerspiels* sowie in einem Brief an Florens Christian Rang vom 9. 12. 1923 das Konzept einer Geschichtsschreibung, die es vermeidet, Zusammenhänge explizit zu

II. Schrift und Bild

Benjamin entfaltet das Modell, dem zufolge die bloße Potentialität von Referenz aufrechterhalten wird, indem sie nicht aktualisiert bleibt, im Umfeld des Sprachaufsatzes in zwei kleineren Texten zur Unterscheidung von antiker Tragödie und barockem Trauerspiel: Diesen Unterschied beschreibt Benjamin, indem er den geschlossenen Schicksalszusammenhang des Mythos in der Tragik mit der Explizitheit des gesprochenen Wortes verbindet, während die Trauer im Trauerspiel gerade nicht sprachlich, sondern pantomimisch oder allegorisch, ausgedrückt werde: „Es ist in aller Trauer der tiefste Hang zur Sprachlosigkeit, und das ist unendlich viel mehr als Unfähigkeit oder Unlust zur Mitteilung. Das Traurige fühlt sich so durch und durch erkannt vom Unerkennbaren." (II 155)

Trauer wird damit zur literaturhistorischen Probe auf Benjamins Modell der Vermeidung konkreter Benennungen. In seinem zweiten Buch, *Ursprung des deutschen Trauerspiels*, an dem Benjamin fast zehn Jahre lang arbeitete, wird dieses Modell auf die nächste Stufe der Medienevolution ausgeweitet, insofern die Tendenz zur Sprachlosigkeit im Trauerspiel mit Schriftlichkeit in Verbindung gebracht wird. Diese Verbindung ergibt sich aus Benjamins Hinweis auf die zentrale Funktion der Allegorie im barocken Trauerspiel: Im diametralen Gegensatz zum Symbol, in dem der Bedeutungsgehalt stets in der Zeichenform präsent ist, handelt es sich bei Allegorien um bildlich-szenische Darstellungsformen, deren Bedeutung ihnen nicht unmittelbar entnommen werden kann. Auf diese Weise werden Allegorien aber gewissermaßen zum Paradefall des Aufschubs konkreter Zeichenverweise: Ihre jeweilige Bedeutung ist arbiträr und das heißt: sie ist nicht notwendig mit dem Zeichenkörper verbunden und kann folglich auch wieder verloren gehen. Indem nun im barocken Trauerspiel Ruinen, Sterbende und Anorganisches vorherrschen, reflektieren diese Allegorien als Bilder des Verfalls die vergängliche Struktur allegorischer Zeichen: „Wird der Gegenstand unter dem Blick der Melancholie allegorisch, läßt sie das Leben von ihm abfließen, bleibt er als toter, doch in Ewigkeit gesicherter zurück, so liegt er vor dem Allegoriker, auf Gnade und Ungnade ihm überliefert. Das heißt: eine Bedeutung, einen Sinn auszustrahlen, ist er von nun an ganz unfähig; an Bedeutung kommt ihm das zu, was der Allegoriker ihm verleiht." (I 359)

Die Allegorie ist mithin ein Zeichen, das nicht nur als Transportmittel einer Bedeutung sondern in seiner schieren Materialität beobachtet werden kann. Insofern diese Materialität zeichenhaft verfaßt ist, erweist sie sich unter dieser Beobachtung als potentiell bedeutsam, ohne aber auf eine Bedeutung festlegbar zu sein, und entspricht damit genau Benjamins Modell, demzufolge Medien sich einer eindeutigen Referenz zu verweigern haben. Es ist vielmehr die Zerstörung solcher konkreter Referenzen innerhalb eines historischen Prozesses, der allein die Potentialität

---

benennen: Erkenntnis entsteht aus der punktuellen Anordnung des Diskontinuierlichen, nicht in der Konstruktion von Entwicklungslinien und Kausalverhältnissen unter ihnen.

des Medialen aufrechterhält, und deshalb gilt vom Trauerspiel: „Im Geiste der Allegorie ist es als Trümmer, als Bruchstück konzipiert von Anfang an.“ (I 409)

Damit ist die Allegorie das bildliche Pendant zur Sprache der Trauer, die nur dort gültig ist, wo konkrete Wortsprache verstummt. Als ein solches Bild materialisiert sie sich Benjamin zufolge im Trauerspiel aber nicht nur in allegorischen Szenen auf der Bühne, sondern bereits in der medialen Verfaßtheit der Textvorlagen selbst. Denn die Absage der Allegorie an den symbolischen Ausdruck, wie ihn die Sprache suggeriert, manifestiert sich in der Materialität ihres „Schriftbilds“ (I 352 f.): „Dergestalt wird Sprache zerbrochen, um in ihren Bruchstücken sich einem veränderten und gesteigerten Ausdruck zu leihen. Das Barock hat in die deutsche Rechtschreibung die Majuskel eingebürgert. Nicht nur der Anspruch auf Pomp sondern zugleich das zerstückelnde, dissoziierende Prinzip der allegorischen Anschauung kommt darin zur Geltung.“ (I 382)

Seinen Anspruch, Verweigerung sprachlichen Ausdrucks zu sein, vermag das Trauerspiel in Benjamins Lesart mithin umzusetzen, indem es zur „Ostentation“ (I 355) der Arbitrarität medialer Zeichen wird. Als diese Ostentation fungiert eine Schrift, die sich nicht als Transportmedium der Lautsprache begreift, sondern „zum Bilde“ drängt (I 352) und auf diese Weise auf ihre bloße Materialität reflektiert. In Gestalt der „Stückelung der Graphik“ (I 361) allegorisiert die Schrift zudem die Vergänglichkeit aller Bedeutungen, die mit dieser Materialität verbunden werden. Auch Benjamins Theorie der Schrift fügt sich damit in diejenige argumentative Struktur, der zufolge Medien ihr Ausdruckspotential nur so lange bewahren, wie sie sich der Instrumentalisierung für eine eindeutige Sinnreferenz verweigern.[15]

III. Oralität und Buchdruck

Die bisherigen Ausführungen haben Benjamins philosophischen und ästhetischen Überlegungen diejenigen Aspekte entnommen, die mit Blick auf die materielle Seite von Laut- und Schriftkörpern als Beiträge zum Verständnis einer allgemeinen Struktur von Medialität gelesen werden können. Auf dieser Grundlage wird die folgende Betrachtung der ausdrücklich medienhistorischen Untersuchungen Benjamins den umgekehrten Weg gehen: Die im engeren Sinne medientheoretischen Aussagen werden nun auf denjenigen konzeptuellen Kern zurückzuführen sein, der sie mit den kunstphilosophischen Überlegungen ihres Autors verbindet. ‚Im engeren Sinne medientheoretisch‘ bedeutet dabei, daß Benjamin seine allgemeinen Überlegungen zur Zeichenstruktur auf konkrete medienhistorische Umbrüche

15 Vgl. auch Benjamins Ausführungen zur Bildlichkeit von Schrift in *Über das mimetische Vermögen* (1932) sowie Bettine Menke, *Sprachfiguren. Name – Allegorie – Bild nach Walter Benjamin*, München 1991, Nicolas Pethes, *Mnemographie. Poetiken der Erinnerung und Destruktion nach Walter Benjamin*, Tübingen 1999, und zu Benjamins eigener Schreibpraxis Davide Giuriato, *Mikrographien. Zu einer Poetologie des Schreibens in Walter Benjamins Kindheitserinnerungen (1932-1939)*, München 2006.

überträgt: War es bislang um die grundsätzliche Relation zwischen Sprache und Schrift gegangen, so thematisiert Benjamin in den 1930er Jahren zunächst die Konsequenzen der Ablösung oraler Kulturen durch den Buchdruck.[16]

Am prominentesten geschieht dies im Essay *Der Erzähler,* der den russischen Autor Nikolaj Lesskow als letzten Zeugen eines oralen Erzählkontinuums vorstellt, das durch die Ausbreitung des Buchdrucks unwiderruflich verloren gegangen sei: Während orale Tradierung sich in Kollektiven vollzieht, innerhalb derer das Erzählte stets mit Blick auf die jeweiligen Bedürfnisse der Gegenwart aktualisiert werden kann, ist die Literatur durch den Buchdruck von derartigen Kontexten abgeschnitten: „Der Erzähler nimmt, was er erzählt, aus der Erfahrung; aus der eigenen oder berichteten. Und er macht es wiederum zur Erfahrung derer, die seiner Geschichte zuhören. Der Romancier hat sich abgeschieden. Die Geburtskammer des Romans ist das Individuum in seiner Einsamkeit, das sich über seine wichtigsten Anliegen nicht mehr exemplarisch auszusprechen vermag, selbst unberaten ist und keinen Rat geben kann." (II 443)

An die Stelle des Rats, also des Vermögens des Erzählers, das Erzählte für den Zuhörer relevant zu machen, tritt in der Moderne zunächst der Roman, den die hermeneutische Tradition auf einen eindeutigen „Sinn" (II 455) festlegt, und dann die „Information" (II 444) im Zeitalter der Massenpresse. Die offene Struktur des Rats wird also ersetzt durch die historische und sachliche Eindeutigkeit und Präzision des Wissens, die aber nur um den Preis der Beziehungslosigkeit zu gewinnen sind.

Diese Gegenüberstellung belegt Benjamin begrifflich mit der Opposition von „Erfahrung" und „Erlebnis". Sie leitet sich aus der Beobachtung her, daß die technisierte Moderne den menschlichen Wahrnehmungsapparat mit derartig beschleunigten und intensivierten Eindrücken konfrontiert, daß diese sich nicht mehr zu einem begreifbaren Kontinuum fügen lassen, sondern als schockartig vereinzelte Sinnesdaten abgespeichert werden. Dem verlorengegangenen Vermögen, Zusammenhänge zwischen Einzeleindrücken zu stiften, das die „Erfahrung" ausgebildet hatte, steht das moderne „Erlebnis" isolierter Einzelereignisse entgegen, die sich zwar präzise ins Gedächtnis einschreiben, aber genau aufgrund dieser präzisen Datierbarkeit nicht mehr in einem sinnvollen Zusammenhang mit anderen Ereignissen wahrgenommen werden können.[17]

Indem Benjamin diese Gegenüberstellung auf die medienhistorische Differenz von mündlicher Erzählung und gedruckter Literatur überträgt, wird auch ihr Zusammenhang mit der grundsätzlichen Struktur von Medialität deutlich: In Gestalt des Romans mit seinem eindeutigen Sinn und des Nachrichtenzeitalters der präzi-

16 Vgl. Heiko Reisch, *Das Archiv und die Erfahrung. Walter Benjamins Essays im medientheoretischen Kontext*, Würzburg 1992 und Alexander Honold, „Erzählen", in: Michael Opitz/ Erdmut Wizisla (Hg.), *Benjamins Begriffe*, Frankfurt/M. 2000, Bd. 1, S. 363-398.

17 Vgl. hierzu Benjamins Essay *Erfahrung und Armut* (1933) sowie die Beiträge in Andrew Benjamin/Peter Osborne (Hg.), *Walter Benjamin's Philosophy. Destruction and Experience*, London/New York 1994.

sen Informationen gehorcht der Buchdruck der Logik einer referentiellen Semiotik. Orale Tradition hingegen zielt gar nicht auf den Inhalt des Erzählten, sondern auf seine immer wieder neue Beziehbarkeit auf die jeweilige Gegenwart der Zuhörerschaft. So, wie Erfahrung sich nicht auf konkrete Einzelereignisse reduzieren läßt, zielt auch das Erzählen auf „das Netz, welches alle Geschichten miteinander am Ende bilden" (II 453). Gegenstand des Erzählens ist daher das Weitererzählen selbst, nicht das Sinnkondensat einer einzigen Geschichte: „Geschichten erzählen ist ja immer die Kunst, sie weiter zu erzählen" (II 446 f.). Im Unterschied zum Buchdruck bewahren orale Kulturen das Potential dieser Weitererzählbarkeit und das heißt: Mündliche Erzählungen sind stets so angelegt, daß sie die Anschlußmöglichkeiten an immer neue Kontexte, innerhalb derer sie wiedererzählt werden, aufrechterhalten. In dieser Struktur kommen sie nun aber überdies mit den Ausführungen zur Referenzverweigerung und Unabschließbarkeit von Benjamins Modell der Kunstkritik, seiner Philosophie der Sprache wie seiner Theorie der Schrift überein: Auch Erzählen gewinnt sein mediales Potential aus der Verweigerung konkreter Bezüge und der damit weiter aufrechterhaltenen Potentialität seiner Referenzialisierbarkeit.

IV. Reproduktion und Geschichte

Man könnte an dieser Stelle den Eindruck gewinnen, Benjamins Diagnose der kulturellen Konsequenzen der Medienevolution artikuliere eine kulturkritische Position, die in den neuen Medien den Verfall des Potentials der alten beobachtet. Dieser Eindruck einer Verfallsgeschichte, dem dann ja auch weite Teile der Benjamin-Rezeption im Kontext der Frankfurter Schule Vorschub leisteten, scheint sich zu bestätigen, wenn man abschließend den Blick auf diejenigen Texte Benjamins zu den neuen Bildmedien richtet, die wie einleitend bemerkt zumeist als Kern seiner Medientheorie begriffen werden. Und tatsächlich fügt sich das zentrale Argument, Photographie und Film brächen als technisch reproduzierbare Bilder mit dem auratischen Konzept eines Originalwerks, gut in das bisher rekonstruierte medienphilosophische Modell, demzufolge das Potential von Medien nur dann ausgeschöpft werde, so lange sie nicht auf eine eindeutige Referenz festgelegt würden. Die Definition der Aura eines Kunstwerks, „einmalige Erscheinung einer Ferne, so nah sie sein mag" (I 479) zu sein, betont nichts anderes, als die damit einhergehende Unverfügbarkeit von Bedeutungsfülle, den sich dem Verstehen entziehenden Rest, der dazu führt, daß Kunstwerke über Jahrhunderte immer wieder aufs neue rezipiert und zu verstehen versucht werden. Photographie und Film dagegen suggerieren die vollständige Sichtbarkeit der Welt sowie das vollkommene Übereinstimmen zwischen repräsentierendem Medium und repräsentierter Welt und leisten durch diese ihre Eindeutigkeit nichts weniger als „die Liquidierung des Traditionswerts am Kulturerbe" (I 478): Nur, was sich der Rezeption nicht sogleich und vollständig erschließt, konstituiert überhaupt den Überlieferungszusammenhang weiterer Rezeptionsakte.

In *Kleine Geschichte der Photographie* von 1931 führt Benjamin diesbezüglich aus, wie das Foto eine Allianz von Kunst und Technik begründet, die den Authentizitätsanspruch der Werke auf den schockartig isolierten Augenblick und das Funktionale verschiebt. Und in *Das Kunstwerk im Zeitalter seiner technischen Reproduzierbarkeit*, dessen erste Fassung 1935 im Pariser Exil entsteht, wird hergeleitet, wie im bewegten Bild die Kamera derartig in die physische Realität der Welt eindringt, daß dem Zuschauer Distanz und Kontemplation, die die Rezeption auratischer Kunstwerke ausgemacht hatten, verunmöglicht würden, da die rasche Bilderfolge und die harten Montageschnitte auf geradezu taktile Weise an ihn heranrücken und zu einer „Rezeption in der Zerstreuung" (I 505) führen.

Allerdings verursachen die neuen Medien diese Verschiebungen nicht etwa. Vielmehr sind diese Verschiebungen, wie Benjamin in *Kleine Geschichte der Photographie* betont, als Umsetzung der modifizierten Wahrnehmungsbedingungen in der technisierten Arbeits- und Lebenswelt der Moderne zu verstehen.[18] Im *Kunstwerk*-Aufsatz konkretisiert Benjamin diese Wahrnehmungsbedingungen explizit als diejenigen der industriellen Massenproduktion: „So unterwarf die Technik das menschliche Sensorium einem Training komplexer Art. Es kam der Tag, da einem neuen und dringlichen Reizbedürfnis der Film entsprach. Im Film kommt die chockförmige Wahrnehmung als formales Prinzip zur Geltung. Was am Fließband den Rhythmus der Produktion bestimmt, liegt beim Film dem der Rezeption zugrunde." (I 630 f.)

Daraus ergibt sich auch die Wende, die Benjamin seiner Verfallsgeschichte auratischer Medien gibt: Indem die neuen Medien den Wahrnehmungsbedingungen der Gegenwart entsprechen, dienen sie auch der Schulung des Umgangs mit der modernen Wirklichkeit: „Die Rezeption in der Zerstreuung, die sich mit wachsendem Nachdruck auf allen Gebieten der Kunst bemerkbar macht und das Symptom von tiefgreifenden Veränderungen der Apperzeption ist, hat am Film ihr eigentliches Übungsinstrument." (I 505)

Indem zeitgemäße Kunst auf diese Weise nicht der Verschleierung der Realität Vorschub leiste, sei der Film dazu geeignet, der „Ästhetisierung der Politik" im Faschismus eine „Politisierung der Kunst" entgegenzusetzen (I 508). Mit anderen Worten: Gerade weil Kunst stets in Auseinandersetzung mit den wahrnehmungspsychologischen Bedingungen einer Zeit entsteht, kann sie in den 1930er Jahre nicht länger auratisch verfaßt sein, will sie nicht ihr gesellschaftspolitisches Potential verspielen. Und genau aus diesem Grund ist der Verlust von Erfahrung und Moderne nicht etwa als Verfallsgeschichte zu lesen, sondern als zeitgemäße Verschiebung der Relation von Medium und Wahrnehmung, deren destruktive As-

18 Benjamins Kinotheorie steht damit in der Nachfolge von Hugo Münsterberg, der als Autor von *Grundzüge der Psychotechnik* (1914) und *The Photoplay* (1916) den Konnex zwischen Kinematographie und Arbeitspsychologie repräsentierte: Vgl. Nicolas Pethes, *Spektakuläre Experimente. Allianzen zwischen Massenmedien und Sozialpsychologie im 20. Jahrhundert*, Weimar 2004, S. 39-47.

pekte Benjamin in *Erfahrung und Armut* auch als Befreiung von anachronistisch gewordenen Traditionen präsentiert.[19]

Obgleich also auch Benjamins Schriften zu Photographie und Film als Beiträge zur Ästhetik entstehen, entfernen sie sich durch diese funktionale Anbindung an das revolutionäre Programm eines marxistischen Kunstverständnisses denkbar weit von den philosophischen Konzepten zu Kunst, Sprache, Schriftbild und mündlicher Überlieferung in den bisher besprochenen Texten. Ist die in der Forschung übliche Zäsur zwischen einem metaphysischem Früh- und einem materialistischen Spätwerk Benjamins mithin gerechtfertigt? Und ist von Benjamins Medientheorie tatsächlich nur in Abgrenzung zu seiner Philosophie der Medialität zu sprechen?

Dem entgegenzuhalten ist, daß Benjamins Filmtheorie das Potential des neuen Mediums gerade nicht in der ‚auralosen' Präzision und Nähe photographischer Realaufzeichnungen sieht. Das Konzept eines in letzter Konsequenz revolutionären (weil bewußtseinsschaffenden) ‚Trainings' der menschlichen Wahrnehmungsapparatur leitet sich nicht aus dem schieren Sehen exakter Bilder ab, sondern vielmehr aus dem Effekt, daß diese Bilder gerade in ihrer Präzision und Geschwindigkeit äußerst fremd auf den Betrachter wirken. In Gestalt von Zeitlupen und Zooms verkehrt sich der Anspruch technisch reproduzierbarer Bilder, die Realität verfügbar zu machen, in den Eindruck radikaler Unvertrautheit: „So wird handgreiflich, daß es eine andere Natur ist, die zu der Kamera als die zum Auge spricht. [...] Ist es schon üblich, daß einer vom Gang der Leute, sei es auch nur im Groben, sich Rechenschaft ablegt, so weiß er bestimmt nichts von ihrer Haltung im Sekundenbruchteil, des Ausschreitens. Ist uns schon im Groben der Griff geläufig, den wir nach dem Feuerzeug oder dem Löffel tun, so wissen wir doch kaum von dem, was sich zwischen Hand und Metall dabei eigentlich abspielt, geschweige wie das mit den verschiedenen Verfassungen schwankt, in denen wir uns befinden. Hier greift die Kamera mit ihren Hilfsmitteln, ihrem Stürzen und Steigen, ihrem Unterbrechen und Isolieren, ihrem Dehnen und Raffen des Ablaufs, ihrem Vergrößern und ihrem Verkleinern ein. Vom Optisch-Unbewußten erfahren wir erst durch sie, wie vom Triebhaft-Unbewußten durch die Psychoanalyse." (I 500)

Der Aspekt der Unverfügbarkeit, der auratische Kunst im Sinne des Aufschubs eindeutiger Sinnreferenzen geprägt hatte, kehrt mithin genau durch diejenige Technik, die die auratisch Einmaligkeit der Werke durch das quasi-chirurgische Eindringen der Kamera in die Realität verabschiedet hat, in das Feld der Repräsentation zurück.

19 Benjamin spricht hier in einem nietzscheanischen Sinne von „neuem Barbarentum" (II 215). Vgl. Burkhardt Lindner, „Technische Reproduzierbarkeit und Kulturindustrie. Benjamins ‚Positives Barbarentum' im Kontext", in: ders. (Hg.), *„Links hatte sich noch einiges zu enträtseln ...". Walter Benjamin im Kontext*, Frankfurt/M. 1978, S. 180-223, zum Kunstwerk-Aufsatz grundsätzlich ders., „Benjamins Aurakonzeption: Anthropologie und Technik, Bild und Text", in: Uwe Steiner (Hg.), *Walter Benjamin 1892-1940. Zum 100. Geburtstag*, Bern/Berlin 1992, S. 217-249.

Auch die Filmbilder sind mithin nicht simple und eindeutige Repräsentation der Wirklichkeit, sondern bewahren einen Kern desjenigen Unkommunizierbaren, der Benjamin von seiner kunstphilosophischen Dissertation bis zur späten Geschichtsphilosophie beschäftigt hat. Allerdings bezieht sich diese Verweigerung an eine schiere semiotische Mitteilbarkeit hier nun auf die Beobachtung, daß diese Verweigerung im Fall des Films aus Verfremdungs- und Schockeffekten besteht, die auf seiner Struktur, aus einer Serie diskontinuierlicher Einzelbilder zu bestehen, beruht. In dieser Zerstückelung entspricht der Film aber gerade Benjamins eigenem Erkenntnismodell, in dem das herkömmliche Telos einer Rekonstruktion ganzheitlicher Zusammenhänge einer Konstellation diskontinuierlicher Elemente weicht.[20]

Auf diese Weise steht die politische Wende, die Benjamin seiner Medienphilosophie am Ende des *Kunstwerk*-Aufsatzes gibt, in einem ebenso unmittelbaren Kontext mit dem Motiv der Revolution in seinem letzten Text, den Thesen *Über den Begriff der Geschichte* von 1940, wie deren Modell von Geschichtlichkeit und Tradierung wiederum auf die Konzepte von Kunst und Kritik zurückgreift, die Benjamin in den 1910er- und 1920er-Jahren entworfen hatte. Innerhalb dieser Kunstphilosophie hatte Benjamin argumentiert, daß Tradition – das „Nachleben" der Werke – nur dann stattfindet, wenn diese Werke noch nicht vollendet seien und ihre kritische Rezeption und Relektüre mithin immer neue Anknüpfungspunkte fänden. Daraus resultierte ein Konzept der Kunstgeschichte, das sich nicht auf deutlich sichtbare Zusammenhänge, sondern eine diskontinuierliche Konstellation aus Werken stützte. Diese Abkehr von einer offiziellen Kulturgeschichte sichtbarer Zusammenhänge propagiert Benjamin auch in seinen 1940 skizzierten Thesen, und zwar auf der Grundlage der nun politisch motivierten Einsicht, daß die offizielle Kultur in ihrer Auswahl dessen, was kommuniziert und erinnert wird, die Opfer ihrer kulturellen Dominanz zum Schweigen gebracht hat: „Es ist niemals ein Dokument der Kultur, ohne zugleich ein solches der Barbarei zu sein. Und wie es selbst nicht frei ist von Barbarei, so ist es auch der Prozeß der Überlieferung nicht, in der es von dem einen an den andern gefallen ist." (I 696)

Für eine Medientheorie fruchtbar wird diese Geschichtsphilosophie, wenn man aus ihr die Unterscheidung zwischen einem offiziellen und einem inoffiziellen Mediengebrauch ableitet. Während der offizielle Gebrauch von Medien der Repräsentation der Kultur der Sieger dient, gilt Benjamins Interesse der paradoxen Figur einer Repräsentation des Unrepräsentierbaren, der die Medien immer dann gerecht werden, wenn sie durch eine Zäsur ihrer Lesbarkeit und Eindeutigkeit zum stummen Verweis auf dasjenige werden, was jenseits der Überlieferung und Sichtbarkeit liegt. Das „Bild der Vergangenheit" (I 695), wie Benjamin es in einer explizit me-

20 Dies vor allem in der „Erkenntniskritischen Vorrede" zu *Ursprung des deutschen Trauerspiels*, dort anhand der Unterscheidung von (geschlossenem) System und dem aus „Denkbruchstücken" (I 208) zusammengesetzten Traktat, der in seiner „Inkohärenz" und „Diskontinuität" einzig der „diskontinuierlichen Struktur der Ideenwelt" selbst zu entsprechen vermag (I 213).

dialen Metaphorik bezeichnet, ist in der Folge auch nicht stabilisierbar, sondern ergibt sich augenblickshaft, wenn eine gegenwärtige Situation eine vergangene Konstellation so aufruft, daß der vergessene Anspruch dieser Vergangenheit einen aktuellen Kontext findet.

Damit bedeutet Tradierung gerade nicht die schiere Speicherung von Daten, und Verstehen nicht, sich vereinnahmend in Vergangenes einzufühlen. Der philosophisch brisante Aspekt medialer Kommunikation liegt vielmehr im Augenblick der Sistierung des Transports von Information bei Aufrechterhalten der potentiell transportfähigen Kanäle – dasjenige also, was Benjamin während der Arbeit an den geschichtsphilosophischen Thesen in einer impliziten Rückkehr zur Terminologie seines Sprachaufsatzes als „Gedächtnis der Namenlosen" (I 1241) beschrieben und damit an die Notwendigkeit einer medialen Speicherung ohne explizite Adresse verwiesen hat.[21]

Daß das Problem der Medien für Benjamin eines der Unverfügbarkeit des Mitgeteilten ist, und das Problem der Überlieferung das des Schweigens derjenigen, die ihr zum Opfer gefallen sind – das alles bedeutet, daß Medien und ihre Theorie nicht in der Weise auf Dauer und Kontinuität angelegt sind, wie sie die Selbstverpflichtung der derzeitigen Medienwissenschaft auf die Leitfigur Benjamin glauben machen. Vielmehr sind sie gültig nur als in einem gegebenen Augenblick ‚aktuell' – und dieser Begriff impliziert, wie Benjamin in seinem Programm für die Zeitschrift *Angelus Novus* ausgeführt hat, nicht nur die machtvolle Präsenz eines Problems oder Gedankens, sondern zugleich „das Ephemere" (II 246), das diese jeweils radikal isolierte Aktualität medialer Mitteilung stets mit sich bringt.

21 In seinem Essay *Der destruktive Charakter* hat Benjamin für dieses Theorem einer Verweisung, die ihr Potential nur so lange bewahrt, so lange sie nicht aktualisiert wird, die Metapher von einem freien Platz geprägt, den man „braucht, ohne ihn einzunehmen" (IV 397).

Jörg Brauns

Ernst Cassirer als Medienphilosoph

Das Denken der Mannigfaltigkeit

„Es ist die Mannigfaltigkeit, die sich in der Vernunft selbst,
in ihren grundlegenden Richtungen und Fragestellungen findet,
was uns die Mannigfaltigkeit der Gegenstände erst vermittelt und deutet.“[1]

Nach langen Jahren des Vergessens und der Verdrängung wurde Ernst Cassirer (1874-1945) in letzter Zeit vor allem als Kulturphilosoph, aber auch als politischer Philosoph, für die Pädagogik, die Kunsttheorie und die Wissenschaftsphilosophie wiederentdeckt.[2] Kann die Lektüre seiner Werke in gleicher Weise die Medienphilosophie befruchten? Die faszinierende Breite seines Werkes – das von der Philosophiegeschichte über die Erkenntnistheorie bis zur Sprach- und Wissenschaftsphilosophie reicht, in dem sich Monographien zur Renaissance neben solchen zu den philosophischen Implikationen der Quantenphysik aber auch Aufsätze zu Kleist und zu Einstein finden, der Strukturalismus ebenso wie die Gruppentheorie reflektiert werden – gerade diese gewaltige Breite paßt gut zum avancierten Projekt einer Medienphilosophie, die mehr sein will als eine philosophische Disziplin zur Reflexion einzelner oder gar ausschließlich der neuen Medien. Die Vielfalt der Gegenstände und Themen erfaßt Cassirer – und das stellt seine zentrale Leistung dar – durch einen Leitbegriff, der in Korrelation zum Begriff des Mediums gedacht werden kann, dem der symbolischen Form.

Zudem finden sich schon seit längerem in der deutschen Medienphilosophie, etwa bei Krämer, Mersch und Engell[3] Bezüge zu Cassirer. Dennoch erscheint es

---

1 Ernst Cassirer, *Kants Leben und Lehre*, ECW 8, S. 145. Alle Werke Cassirers werden, soweit schon dort erschienen, im folgenden ausschließlich nach der Hamburger Werkausgabe (ECW) zitiert: Ernst Cassirer, *Gesammelte Werke: Hamburger Ausgabe*, Hamburg 1998 ff.

2 Auf Literaturangaben wird wegen der großen Fülle, die jede Auswahl hochselektiv machen würde, verzichtet. Eine sehr gute allgemeine Einführung bietet Massimo Ferrari, *Ernst Cassirer. Stationen einer philosophischen Biographie*, Hamburg 2003.

3 Siehe etwa Sybille Krämer, „Zentralperspektive, Kalkül, Virtuelle Realität“, in: Gianni Vattimo/Wolfgang Welsch (Hg.), *Medien-Welten Wirklichkeiten*, München 1998, S. 27-37; Dieter Mersch, *Was sich zeigt. Materialität, Präsenz, Ereignis*, München 2002; Lorenz Engell, „Ausfahrt nach Babylon. Die Genese der Medienkultur aus Einheit und Vielheit“, in: ders., *Ausfahrt nach Babylon. Essais und Vorträge zur Kritik der Medienkultur*, Weimar 2000; S. 263-303, vor allem S. 281 f.

angesichts einiger vehementer Ablehnungen und abfälliger Einschätzungen[4] auch problematisch, sich mit Cassirer zu beschäftigen. Begibt man sich damit nicht wieder in die Niederungen idealistischen „alteuropäischen" Denkens, in dem längst ausrangierte Begriffe wie „Geist" und „Idee" bewegt werden? Liegt dieses Denken nicht vor dem so oft beschworenen epistemischen Bruch, den das Auftauchen der elektronischen Medien erzeugt habe? Es überrascht daher, wenn Cassirer in einer aktuellen Übersichtsdarstellung neben den unbestrittenen Pionieren McLuhan und Shannon als wichtiger Begründer der Medientheorie vorgestellt wird: „... a third pillar of classical media theory is the philosophy of symbolic forms, articulated in the 1920s by Ernst Cassirer."[5] Dieser Pfeiler gründet tief in der philosophischen Tradition und steht in Cassirers Schriften – nicht immer explizit – in enger Verbindung zu Begriffen wie Medium, System, Relation und Funktion. „Medium" kann daher eher als ein operativer Begriff Cassirers bezeichnet werden, der ein Stück weit im „Schatten [s]einer Philosophie"[6] liegt.

Die damit einhergehende Unsicherheit und Unschärfe verdoppelt sich, wenn hier der Versuch unternommen werden soll, den Beitrag einer bestimmten Cassirer-Lektüre zu einer Medienphilosophie auszuloten. Denn die Definition dessen, was überhaupt Programm und Kern einer Medienphilosophie ausmacht, erscheint bis heute unsicher, wenn nicht sogar umstritten: „Medientheorie bezeichnet ein noch ungedecktes Programm."[7] Cassirer jedenfalls leistet, schon aus biographischen Gründen, dezidiert keinen Beitrag zu einer Medienphilosophie, die sich selbst historisch erst mit dem „epistemischen Bruch" der neuen Medien möglich und notwendig werden lassen will.[8] Viel eher, Cassirers Verankerung in der Philosophiegeschichte läßt es nicht anders zu, können in seinem Werk Traditionen einer Medienphilosophie freigelegt werden, die diese in den Rang einer „prima philosophia" rückt.[9]

In einem ersten Schritt sollen daher Quellen des medialen Denkens bei Cassirer skizziert werden. Der folgende zweite Abschnitt stellt Leitthesen einer Medienphilosophie im Sinne Cassirers auf. Schließlich sollen drittens einige Probleme be-

4 William Morris bezeichnete 1946 Cassirers Arbeiten als „eher suggestiv als wissenschaftlich". Siehe ders., *Zeichen, Sprache und Verhalten*, Düsseldorf 1973, S. 215, Fn. 1.

5 Arjen Mulder, *Understanding Media Theory. Language, Image, Sound, Behavior*, Rotterdam 2004, S. 8 f.

6 Vgl. zur Idee des „operativen Begiffs": Eugen Fink, „Operative Begriffe in Husserls Phänomenologie", in: ders., *Nähe und Distanz – phänomenologische Vorträge und Aufsätze*, Freiburg 1976; S. 180-204, S. 186.

7 Dieter Mersch, „Wort, Bild, Ton, Zahl – Modalitäten medialen Darstellens", in: ders. (Hg.), *Die Medien der Künste. Beiträge zur Theorie des Darstellens*, München 2003, S. 9-52, S. 9.

8 So etwa Stefan Münker, „After the Medial Turn. Sieben Thesen zur Medienphilosophie", in: Stefan Münker, Alexander Roesler, Mike Sandbothe (Hg.), *Medienphilosophie. Beiträge zur Klärung eines Begriffs*, Frankfurt/M. 2003, S. 16-25, S. 20.

9 In diesem Sinne auch Reinhard Margreiter, „Medien/Philosophie: ein Kippbild", in Münker u.a. (Hg.), *Medienphilosophie*, S. 150-171, S. 151 und S. 168.

nannt werden, deren Lösung mit und gegen Cassirer helfen könnte, das Feld der Medienphilosophie weiter zu bestellen.

I.

Die Werke der Philosophen Leibniz und Kant, die Beschäftigung mit den modernen Naturwissenschaften und der Mathematik, die Auseinandersetzung mit den Sprachwissenschaften – vor allem den Ideen Humboldts, sowie die Rezeption der Gestaltpsychologie und des frühen Strukturalismus beeinflussen Cassirers Philosophie der symbolischen Formen und damit seine implizite Medientheorie. Der folgende Abschnitt skizziert nur zum Teil eine werkhistorische Reihenfolge. Er liefert auch keine systematische Rangfolge, noch ist diese abschließend.

Cassirers ersten Beitrag zur Philosophie bildet das 1902 erschienene *Leibniz' System in seinen wissenschaftlichen Grundlagen.*[10] Bis heute gilt zudem seine Ausgabe von Leibniz' Hauptschriften[11] als maßgeblich. In der Beschäftigung mit Leibniz, auf den er auch später immer wieder verweist,[12] tauchen schon früh medienrelevante Begriffe und Themen auf. Dazu gehören das fundamentale Konzept der Relation, die Korrelation von Bild und Gegenstand, sowie der Symbol- und der Funktionsbegriff. In seiner Einleitung zu Leibniz' Schriften verweist Cassirer auf die zentrale Rolle der Logik und das Konzept der „Kombinatorik als Wissenschaft der ‚Formen des Geistes'" und „Disziplin der möglichen qualitativen Beziehungsformen"[13] – die Beziehung gehe für Leibniz jedem konkreten Inhalt voraus.

Ebenso hebt Cassirer hervor, daß bei Leibniz die Vorstellung einer von Erfahrung unabhängigen äußeren Welt zurückgewiesen werde, die Suche danach, sei die nach einem „metaphysischen Schattenbilde".[14] Substanz und Phänomen existieren nur in wechselseitiger Korrelation.[15] Welt ist allein das, was zur Darstellung kommt. Ein einfaches Widerspiegelungsmodell der Erkenntnis wird so unmöglich, die Realität der Phänomene wird – protokonstruktivistisch – davon abhängig, ob sie „in sich selber eine Ordnung bewahren und eine Verknüpfung aufweisen, wie sie den intelligiblen Wahrheiten entspricht."[16]

10 Ich unterschlage damit seine Dissertation zu Descartes, die als eine Art Einleitung in das Leibniz-Buch aufgenommen wurde.

11 Gottfried Wilhelm Leibniz, *Hauptschriften zur Grundlegung der Philosophie. Philosophische Werke in vier Bänden*, in der Zusammenstellung von Ernst Cassirer, Band I, Hamburg 1996.

12 Zentral etwa in der Einleitung zu Band I der *Philosophie der symbolischen Formen*, ECW 11, S. 15 f., und auch in Band III, ECW 13, S. 49 f.

13 Vgl. Einleitung in die *Hauptschriften*, S. XIX.

14 Vgl. ebd., S. LXIX.

15 Vgl. ebd., S. LXXXI.

16 Vgl. ebd., S. XCI.

Cassirer attestiert Leibniz damit den entscheidenden Schritt zur Überwindung der Abbildtheorie und zieht 1907 im zweiten Band des *Erkenntnisproblems*[17] eine Parallele zu den Formulierungen von Heinrich Hertz in dessen *Prinzipien der Mechanik*: „Wir machen uns innere Scheinbilder oder Symbole der äußeren Gegenstände, und zwar machen wir sie von solcher Art, daß die denknotwendigen Folgen der Bilder stets wieder die Bilder seien von den naturnotwendigen Folgen der abgebildeten Gegenstände."[18]

Cassirers Leibniz-Rezeption zeichnet so das Programm einer medienorientierten Philosophie vor. Hier taucht, wie Ferrari bemerkt hat, in einer Fußnote zum berühmten Briefwechsel Leibniz-Clarke auch zum ersten Mal die Formel von der „symbolischen Form" auf.[19] Ebenso sieht Cassirer in Leibniz' Philosophie die „Tendenz [...] den alten Seinsbegriff durch den Funktionsbegriff zu verdrängen."[20] Genau dieser Funktionsbegriff ist es, der später für Luhmanns Rezeption des Werkes von Cassirer zentral wird[21] und damit eine Grundlage für dessen funktionalistische Medientheorie liefert.

Nachdem sich schon ein großer Teil des zweiten Bandes des *Erkenntnisproblems* mit Kant beschäftigt hatte, widmet ihm Cassirer als Abschluß einer zehnbändigen Werkausgabe die Monographie *Kants Leben und Lehre*. Einen wichtigen Schritt zu Cassirers Form-Begriff stellt vor allem Kants Konzept des „tranzendentalen Schemas" als „Drittes, Mittleres" zwischen reinem Verstandesbegriff und sinnlicher Anschauung dar.[22] Die Bildung von Begriffen im Zuge des Erkenntnisprozesses wird nicht als Abstraktion, sondern *Konstruktion* gefaßt.[23] Hier vollziehe sich, wie Cassirer betont, die von Kant in der Einleitung zur *Kritik der reinen Vernunft* mit Bezug auf Kopernikus apostrophierte „Revolution der Denkart", die „Drehung des Zuschauers".[24] Der Begriff des Bildes und der des Schemas werden strikt voneinander getrennt, da sie sich in entgegengesetzter Weise auf die Realität beziehen: „Das ‚Schema' ist nicht der verblaßte Schemen eines wirklichen empirischen Objekts,

17 *Das Erkenntnisproblem in der Philosophie und Wissenschaft der neueren Zeit*, vier Bände, ECW 2-5.

18 Heinrich Hertz: *Die Prinzipien der Mechanik*, Gesammelte Werke Bd. III., Leipzig 1894, S. 1 f., zitiert bei Cassirer ECW 3, S. 138, Fn.1, siehe auch ECW 11, S. 4, ECW 16, S. 90.

19 *Hauptschriften*, Fußnote zu S. 173, Seite*19, Anmerkung 117; siehe auch Ferrari, *Ernst Cassirer*, S. 166.

20 ECW 1, S. 486, siehe dazu auch im zweiten Band des *Erkenntnisproblems*, ECW 3, S. 117.

21 „[...] das Thema ‚Funktion versus Substanz' hat mich interessiert. Da hat mich Cassirer damals beeindruckt." Interview mit Luhmann, in: Detlef Horster, *Niklas Luhmann*, München 1997, S. 25-47, S. 41.

22 ECW 11, S. 149 f.

23 „So ist das Schema nur der Ausdruck dafür, daß unsere reinen Begriffe nicht der Abstraktion, sondern der Konstruktion ihr Dasein verdanken; daß sie nicht Bilder und Abzüge der Gegenstände, sondern Vorstellungen eines synthetischen Grundverfahrens sind." ECW 3, 597 f.

24 ECW 8, S. 144.

sondern das Vorbild und gleichsam das Modell zu möglichen Gegenständen der Erfahrung."[25]

Mit dieser Verabschiedung der ontologischen Frage taucht bei Kant (wie bei Leibniz) die Idee der Funktion auf: „Was diesen Objektbegriff [Kants] charakterisiert, ist vor allem die Einsicht, daß von einem Objekt der Erkenntnis immer nur im Zusammenhang mit einer *Funktion* der Erkenntnis und korrelativ zu ihr gesprochen werden kann."[26] Mit diesem Funktionsbezug geht eine prinzipielle *Pluralität* des Erkenntnisvermögens einher, die sich aus den verschiedenen „Mitteln der Erkenntnis" ergibt. „Abgelöst von jeder Beziehung auf irgendein Mittel der Erkenntnis überhaupt verliert der Begriff des Seins jede feste inhaltliche Bedeutung."[27] Die Rückbindung von Subjektivität erfolgt nicht mehr an „menschliche Natur", sondern die Vielfalt der (wissenschaftlichen) Erkenntnismethoden.[28]

Cassirers Berufung auf Kant diente und dient oft dazu, ihn als Neu-Kantianer abzustempeln.[29] In dieser Ablehnung wirken Frontstellungen der 20er Jahre fort, die von der damals aufkommenden Lebensphilosophie ebenso aufgebaut wurden, wie von antisemitischen Kreisen, die sich gegen Cassirer und seinen Lehrer Cohen wandten. Kein Geringerer als Foucault jedoch sah Cassirers Auseinandersetzung mit Kant als unvermeidlich an: „Cassirer ist ‚Neukantianer'. Dieser Ausdruck steht [...] für die Tatsache, daß es sich für das abendländische Denken als unmöglich erwiesen hat, den von Kant herbeigeführten Bruch zu überwinden. Der Neukantianismus (und in diesem Sinne sind wir alle Neukantianer) ist die ständig wiederholte Forderung, diesen Bruch nachzuvollziehen – um seine Notwendigkeit zu begreifen und ihn ganz zu ermessen."[30]

Schon früh löst sich aus Cassirers Beschäftigung mit der Philosophiegeschichte als eigenständiges Gebiet die Wissenschaftstheorie,[31] die ihn bis ins hohe Alter beschäftigen wird. Sein Interesse gilt zunächst vor allem der Mathematik[32] und später

25 ECW 3, S. 598.

26 ECW 16, S. 120.

27 ECW 3, S. 618.

28 Vgl. ECW 8, S. 148.

29 Kittler schreibt etwa über den „Neokantianismus": [...] „eine Philosophenschule mithin, die ich fortan mit dem Schleier meiner Ignoranz oder Verachtung bedecken werde." Friedrich A. Kittler, *Eine Kulturgeschichte der Kulturwissenschaft*, München 2000, S. 134.

30 Michel Foucault, „Eine Geschichte, die stumm geblieben ist" [Rezension zu *La Philosophie des Lumières*, Paris 1966], in: ders., *Schriften in vier Bänden*, Band I, Frankfurt/M. 2001, S. 703-708, S. 705.

31 Harold Innis etwa liest Cassirer als Wissenschaftshistoriker: So wird in „Das Problem des Raumes" Band IV des *Erkenntnisproblems* mehrfach zitiert. Siehe ders., *Kreuzwege der Kommunikation*, hg. von Karlheinz Barck, Wien 1997, S. 147 ff.

32 Beginnend mit „Kant und die moderne Mathematik", in: *Kant-Studien* 12 (1907), S. 1-49. Auch in ECW, Bd. 9, S. 37-82, und dann vor allem *Substanzbegriff und Funktionsbegriff* (1910), ECW 6. Später auch im 3. Band der *Philosophie der symbolischen Formen* und dem 4. Band des *Erkenntnisproblems*.

auch der theoretischen Physik.[33] Dabei interessieren ihn vor allem die Grundlagenkrise der Mathematik und die Überwindung der klassischen Begrifflichkeit der Physik durch Relativitätstheorie und Quantenphysik.

Im Grundlagenstreit weist Cassirer sowohl Hilberts Formalismus, der in dessen emphatischen „am Anfang ist das Zeichen" gipfelt,[34] ebenso wie Weyls Intuitionismus, als einem dualistischen Weltbild verhaftet zurück. Mit seiner Konzeption des Symbolischen sei diese „metaphysische Zweiweltentheorie" überwunden,[35] da jene beide – mathematische und gegenständliche Welt – in einer gemeinsamen „Urschicht reiner Beziehungsformen" fundiert und die Mathematik als ein notwendiges Moment in einem dynamischen „Objektivationsprozess der Erkenntnis"[36] beschreibt. Bolz' Feststellung, daß sich die Mathematik die „metaphysische Suche nach dem Wesen der Dinge durch die Analyse ihrer Relationen [erspart]",[37] kann fast als Leitmotiv auf Cassirers Philosophie übertragen werden. Jenseits (nicht notwendig begrifflicher) relationaler Ordnungen treffen wir für Cassirer nichts mehr an, und haben wir auch nichts zu suchen: „Anders als durch das Medium der Gesetzlichkeit ist uns kein Gegenstand ‚gegeben' – und unsere Erkenntnis des Gegenstandes reicht genau so weit, als wir ihn durch bestimmte Beziehungen, durch exakte Funktionalgleichungen bezeichnen können."[38]

So richtet sich für Cassirer auch die Quantenphysik nicht auf „Dinge", „Zustände" und damit die „Bestimmung von Einzelereignissen, sondern die Bestimmung ganzer Systeme von Ereignissen".[39] Der methodische Weg führt dabei nicht von der Setzung bestimmter Realitäten zu Symbolen, sondern gerade umgekehrt: „Sie [die Physik] geht von der Aufstellung gewisser Symbole aus, die den Zustand und die dynamischen Variablen eines physikalischen Gebildes ausdrücken. [...] Auf die genaue Bedeutung der Symbole im Einzelfall braucht hierbei zunächst nicht eingegangen werden."[40] Die „Rettung der Phänomene" erfolgt erst in einem nächsten Schritt, ohne daß Symbol und Realität dabei jemals vollkommen zur Deckung kommen können. Die Grundlage für diese Konzeption hatte schon 1910 *Substanzbegriff und Funktionsbegriff* gelegt, in dem Cassirer den Relationsbegriff zur Grundlage jedes Dingbegriffs erklärt. Spezifiziert man Cassirers erkenntnistheoretische Ideen und setzt Medien als das ein, was als „vorausgehende Bedingung" die

---

33 Vor allem in der 1937 erschienenen Monographie *Determinismus und Indeterminismus in der modernen Physik. Historische und systematische Studien zum Kausalproblem*, ECW 19.

34 David Hilbert, „Neubegründung der Mathematik", Abhandlungen aus dem Mathematischen Seminar der Hamburger Universität, Bd. 1, 1922, S. 157-177, S. 162. Cassirer zitiert ihn ausführlich in Band III der *Philosophie der symbolischen Formen*, ECW 13, S. 436 ff.

35 ECW 13, S. 441 f.

36 Ebd., S. 442.

37 Norbert Bolz, *Am Ende der Gutenberg-Galaxis*, München 1993, S. 33.

38 ECW 19, S. 173.

39 Ebd., S. 230, S. 222.

40 Ebd., S. 234.

„allseitige Wechselwirkung der Dinge"[41] erst ermöglicht, wird erkennbar, daß hier der Ausgangspunkt einer fundamentalen Medienphilosophie liegen kann.

Wie Cassirer in seinem Aufsatz „Die Kantischen Elemente in Humboldts Sprachphilosophie" einleitend bemerkt, wurde das Fehlen der Sprache in Kants *Kritik der reinen Vernunft* oft bemängelt.[42] Cassirer versucht zu zeigen, daß Humboldt genau diese Lücke schließt. Humboldts Begriff der „inneren Sprachform" übernimmt dabei eine Brückenfunktion, er „leistet [...] auf dem Gebiet der Sprachphilosophie dasselbe, was der allgemeine Begriff der Form für die kritische Erkenntnislehre zu leisten hat: er stellt die endgültige Abwehr der bloßen Nachahmungs- und Abbildungstheorien dar, indem er die Bestimmung des Gegenstandes von der Art seiner gedanklichen Erfassung abhängig und in ihr gegründet sein läßt."[43] Die innere Sprachform löst somit die Sprache aus einem Widerspiegelungsmodell, „denn sie drückt keine irgendwie dingliche, sondern eine rein funktionale Beschaffenheit und Bestimmtheit aus."[44] Mit dieser funktionalen Wendung entdeckt Cassirer bei Humboldt zugleich das Primat des Sprachprozesses vor dem fertigen Produkt, die dieser in Oppositionen wie „Werk/Tätigkeit", „energeion/energia",[45] „totes Erzeugtes/Erzeugung"[46] zum Ausdruck bringt. Mit der funktionalen und prozeduralen Bestimmung der Sprache verbindet sich für Humboldt, wie Cassirer betont, schließlich auch ein relationales Konzept von Sprache, das als Basiseinheit und „Träger des sprachlichen Sinnes" nicht das einzelne Wort, sondern den Satz vorsieht.[47] Damit vollziehe Humboldt für die Sprache, was Kant in der transzendentalen Logik mit dem Primat des Urteils vor dem Begriff angelegt habe. Die Einheit der Form und damit ihres Gegenstandes werde durch die Einheit der Verknüpfung bestimmt.[48] In dieser Verknüpfung liegt zugleich eine Potentialität, ein Verweis auf Mögliches, die wie ein Vorgriff auf Luhmanns frühen Sinn- und späteren Medienbegriff erscheint: „Indem der Einzelinhalt, kraft der sprachlichen Formgebung, nicht als solcher bezeichnet, sondern auf das *Ganze der möglichen Inhalte* bezogen und gemäß seiner Stellung in diesem Ganzen charakterisiert wird."[49] Ist ein Medium damit nichts anderes als dieses „Ganze der möglichen Inhalte"? Kein Geringerer als McLuhan greift in „The Gutenberg Galaxy" Cassirers Humboldt-Lektüre auf. Dabei bezieht er sich zunächst auf Cassirers Auseinandersetzung mit dem mythischen Denken in oralen Kulturen und dessen Lektüre sprachgeschichtlicher Literatur.[50] Ein zentrales Humboldt-Zitat übernimmt McLu-

41 Vgl. ECW 6, S. 330 f.
42 ECW 16, S. 105-133, S. 111.
43 Ebd., S. 126 f.
44 Ebd., S. 126.
45 ECW 11, S. 104.
46 ECW 16, S. 123.
47 ECW 11, S. 104; ECW 16, S. 122.
48 ECW 11, S. 104.
49 ECW 16, S. 128, Hervorhebung J.B.
50 Marshall McLuhan, *The Gutenberg Galaxy – the making of typographic man*, Toronto 1962, S. 25.

han dann – offenbar ohne Konsultation des Originals – direkt von Cassirer. „By the same process whereby he spins language out of his own being, he ensnares himself in it; and each language draws a magic circle round the people to which it belongs, a circle from which there is no escape save by stepping out of it into another."[51] Das hier verwendete Bild des magischen Kreises weist weit über ein instrumentales Medienverständnis hinaus.

Die Spanne der Strömungen, die Cassirer in seiner Arbeit beachtet und verarbeitet hat, zeigt in konzentrierter Form sein letzter zu Lebzeiten veröffentlichter Aufsatz in der Zeitschrift *Word*, deren erstes Heft im Frühjahr 1945 ein strukturalistisches Programm vorstellt. Roman Jakobson ist einer ihrer Redakteure.[52] Dieser Text „Structuralism in Modern Linguistics"[53] setzt sich mit den Ideen der frühen Strukturalisten, wie Jakobson, Bröndal und Trubezkoj, auseinander und erwähnt zustimmend auch Saussure.[54] Zudem stellt er über den Vergleich von Organismus und Sprache das strukturalistische Denken auch in eine Beziehung zu einer Theorietradition in der Biologie, die er mit Cuvier und Goethes morphologischem Idealismus beginnend bis zum Holismus eines Haldane und dem Systembegriff Bertalanffys zieht. Eine theoretische Auffassung, die wie die Gestaltpsychologie seit der frühen Schrift von Ehrenfels das Primat des Ganzen vor den Teilen betont. Es überrascht daher nicht, wenn konstatiert wird, daß Cassirer „zweifellos den direkten Wegbereitern des Strukturalismus zuzurechnen" ist.[55]

II.

Versucht man Cassirers latente Medienphilosophie in der hier gebotenen Kürze zu beschreiben, so könnten folgende Aussagen das begriffliche Feld abstecken: 1. Medien sind „primär": Sie liegen jeder Trennung von Subjekt/Objekt, Geist/Welt, Anschauung/Begriff zugrunde. 2. Formen werden als „Energien" gedacht, die ihren Gegenstand in einem Medium von Relationen haben. 3. Medien können selbst nur im Prozeß ihres Werdens, ihrer Genese, begriffen werden. 4. Symbolische Formen und Medien gibt es nur im Plural. Es gibt kein Primärmedium, das den ande-

51 Ebd., S. 30 f. McLuhan zitiert Cassirer (und damit Humboldt) nach der englischen Ausgabe von „Sprache und Mythos": *Language and Myth*, New York 1946. Das deutsche Original in ECW 16, S. 234.

52 Cassirer hatte Jakobson Ende Mai 1941 zufällig auf der Flucht per Schiff in die USA kennengelernt: „Er [Jakobson] stellte sich Ernst vor und berichtete, daß er Linguist von Beruf und ein großer Bewunderer seiner Schriften sei." Toni Cassirer, *Mein Leben mit Ernst Cassirer*, Hamburg 2003. S. 284 f.

53 Als deutsche Übersetzung „Strukturalismus in der modernen Linguistik", in: Ernst Cassirer, *Geist und Leben: Schriften zu den Lebensordnungen von Natur und Kunst, Geschichte und Sprache*, hg. von Ernst Wolfgang Orth, Leipzig 2003, S. 317-348.

54 Ebd., S. 324.

55 Jörn Albrecht, *Europäischer Strukturalismus. Ein forschungsgeschichtlicher Überblick*, Tübingen [2]2000, S. 17.

ren über- und vorgeordnet wäre. 5. Medien sind ohne Materialität undenkbar. Die unlösbare Verbindung von Sinnlichkeit und Sinn beschreibt der Begriff der „symbolischen Prägnanz".

In einem Vortrag, der 1923 im ersten Band der Veröffentlichungen der berühmten Bibliothek Warburg erscheint, stellt Cassirer zum ersten Mal ausführlich sein Konzept der „symbolischen Form" vor.[56] Mit der Ablehnung einer einfachen Abbildtheorie verbindet Cassirer die Zurückweisung eines negativen Bild- und Zeichenverständnisses: „Sie [die Bilder und Zeichen] [...] treten zwischen uns und die Gegenstände; aber sie bezeichnen damit nicht nur negativ die Entfernung, in welche der Gegenstand für uns rückt, sondern sie schaffen die *einzig mögliche* adäquate Vermittlung und das Medium durch welches uns irgendwelches geistige Sein erst faßbar und verständlich wird."[57] Durch den Verlust äußerer (objektive Welt) oder innerer (subjektiver Geist) Referenzpunkte bleiben Symbole und Medien so auf die Kohärenz ihrer Konstruktion – die „Kraft und Geschlossenheit des Ausdrucks selbst"[58] – verwiesen. Vor allem die Wissenschaft liefert neben Kants Schema-Begriff das Modell für diese Entwicklung des Symbolbegriffs bei Cassirer. Mit Verweis auf Hertz schreibt Cassirer in der Einleitung zum 1923 erschienen ersten Band der *Philosophie der symbolischen Formen*: „Die Grundbegriffe jeder Wissenschaft, die Mittel, mit denen sie ihre Fragen stellt und ihre Lösungen formuliert, erscheinen nicht mehr als passive *Abbilder* eines gegebenen Seins, sondern als selbstgeschaffene intellektuelle *Symbole*."[59] Die ontologische Frage nach den Dingen muß also durch die erkenntnistheoretische Frage nach den Medien und ihrer konstitutiven Funktion ersetzt werden.[60] Cassirers Vorstellung geht dabei über ein Werkzeugverständnis von Medien hinaus, wie die Metapher der Sprache als „Atmosphäre" zeigt.[61] Medien gewinnen so einen zweifachen Status der Unabhängigkeit: zum einen gegenüber dem Menschen, der über sie nicht instrumentell verfügen kann, sondern der sich (schon immer) in ihnen bewegt, zum anderen gegenüber den Dingen, denen die Medien ebenso frei begegnen, da sie es ja sind, die diese erst konstituieren: „Es ist ein gemeinsames Charakteristikum aller symbolischen Formen, daß sie auf jeden beliebigen Gegenstand angewendet werden können. Nichts ist für sie unzugänglich und undurchdringlich: der spezielle Charakter eines Objekts beeinflußt ihre Aktivität nicht."[62]

Cassirer konzipiert jede Form als eine Energie (und nicht als das Resultat) eines Relationierungsprozesses, der sich nicht auf eine vorgängige substantielle Welt

56 „Der Begriff der symbolischen Form im Aufbau der Geisteswissenschaften", in: *Vorträge der Bibliothek Warburg*, hg. von Fritz Saxl, Leipzig/Berlin 1923, S. 11-39, ECW 16, S. 75-104.

57 ECW 16, S. 80, Hervorhebungen J.B.

58 Ebd.

59 ECW 11, S. 3.

60 ECW 5, S. 71.

61 Cassirer, *Geist und Leben: Schriften zu den Lebensordnungen von Natur und Kunst, Geschichte und Sprache*, S. 338.

62 Ernst Cassirer (1946), *Der Mythus des Staates*, Frankfurt/M. 1988, S. 49.

stützt.[63] Die zunächst noch anklingende Dualität von Gegenstand und Symbol hebt er später auf, indem er die konstitutive Funktion des Symbolischen betont: „Die Zweiteilung: Symbol *oder* Gegenstand erweist sich auch hier als unmöglich, da die schärfere Analyse uns lehrt, daß eben die *Funktion* des Symbolischen es ist, die die Vorbedingung für alles Erfassen von ‚Gegenständen' oder Sachverhalten ist."[64] Denken heißt für Cassirer nichts anderes als das Herstellen von Beziehungen in einer Weise, die aus der Identität einer Grundregel eine Mannigfaltigkeit bestimmt. Jedes Element weist so auf eine Vielfalt möglicher davon abhängiger Elemente.[65] Um diese Vorstellung zu illustrieren taucht bei Cassirer immer wieder Goethes bekannte Formulierung „daß ein Schlag tausende Verbindungen schlägt"[66] auf. Die verknüpften Elemente sind aber, denn sonst würde man wieder in einen Substantialismus zurückfallen, nicht vorgefundene Gegenstände, sondern operativ vom Bewußtsein gesetzte Differenzen: „Wie das sprachliche Bewußtsein, so *hat* auch das mythische Bewußtsein die Unterschiede der Einzelgestalten nur, indem es diese Unterschiede fortschreitend *setzt*, indem es sie aus einer ursprünglich indifferenten Einheitsanschauung ‚ersondert'."[67] Dieses operative Formkonzept bedeutet, daß die Wirklichkeit in einem doppelten Akt begriffen und ergriffen wird: im „‚Begreifen' der Wirklichkeit im sprachlich-theoretischen Denken" und im „‚Erfassen' durch das Medium des Wirkens."[68] So rückt für Cassirer auch die Technik in den Rang einer symbolischen Form, die in enger Symbiose mit der wissenschaftlichen Erkenntnis verflochten ist. Die Einheit dieser Operationen wird selbstreferentiell durch ein „System der Zeichen"[69] gesichert, in dem gilt: „Each individual utterance is a part of a coherent structural whole."[70]

„Geist" erklärt Cassirer so zu einem prozeduralen Begriff,[71]der nicht in einem individuellen Bewußtsein verankert sein kann. Er wird für ihn zu einem „umfassenden Namen für alle jene Funktionen, die die Welt der menschlichen Kultur

63 Siehe die Definition der „symbolischen Form" in ECW 16, S. 79.

64 Ernst Cassirer (1942), *Zur Logik der Kulturwissenschaften*, Darmstadt 1961, S. 30 f.

65 Rezension zu Jonas Cohn: „Voraussetzungen und Ziele des Erkennens", ECW 9, S. 465. Dieses relationale und nicht strukturale Denken bildet für Bourdieu auf Cassirer verweisend den Kern der modernen Wissenschaft. Pierre Bourdieu, Loïc J. D.Wacquant, *Reflexive Anthropologie*, Frankfurt/M. 2006, S. 126.

66 Siehe etwa in der Einleitung zu Band I der *Philosophie der symbolischen Formen*, ECW 11, S. 43; am Ende des Prägnanz-Kapitels von Band III derselben, ECW 13, S. 232; im Vortrag „Sprache und Mythos" zum Begriff in der Geschichte, ECW 16, S. 253.

67 „Sprache und Mythos" (1924), ECW 16, S. 227-311, S. 239. Der Dualismus von Operation und Element ist – so stellt Cassirer angesichts der Gruppentheorie fest – aufgehoben. Die Operation selbst ist zum Element geworden. Vgl. ECW 13, S. 407.

68 „Form und Technik" (1930), in ECW 17, S. 139-183, S. 150.

69 ECW 13, S. 49.

70 ECW 23, S. 154.

71 Schon in seinem Kant-Buch hatte Cassirer betont, daß „Verstand" nicht als „psychologische Denkkraft", sondern „im rein transzendentalen Sinne als das Ganze der geistigen Kultur" zu verstehen sei. ECW 8, S. 150.

konstituieren und aufbauen."[72] Er verweist daher nicht primär auf ein identisches Individuum, sondern eine Vielfalt von „Funktionen". Insofern geht auch Merschs Kritik an Cassirers Bedeutungsfunktion[73] ins Leere, da sie keinen individuellen Geist als Agenten benötigt. Eine solche relationale Bestimmung von Formen und Medien bedingt, daß sie selbst nur als „Werden zur Form",[74] systematisch als operativer Prozeß und historisch als evolutionärer Prozeß gefaßt werden können. Hier beruft sich Cassirer wie so oft auf Humboldt, der feststellt, „daß die wahre Definition der Sprache stets nur eine *genetische* sein könne. Wir müssen, um die Sprache zu verstehen, nicht bei ihren *Gebilden* stehen bleiben, sondern dem inneren Gesetz des Bildens nachspüren".[75] Der Begriff, der in einer Nachlaß-Notiz diesen Prozeß als einen der beständigen Selbstreferenz beschreibt, ist der der Kultur: „Kultur ist das neue Medium, das die ‚Vererbung erworbener Eigenschaften' ermöglicht – ja das im Grunde gar nichts anderes ist als dieser nie stillstehende, unablässige Prozeß der Vererbung."[76]

Die einzelnen symbolischen Formen und damit Medien der Welterkenntnis und Welterzeugung[77] verbinden sich aber für Cassirer nicht zu *einem* geschlossenen Supersystem, wie sie sich in die andere Richtung auch nicht auf *eine* Welt beziehen. Damit bleiben die einzelnen Medien als „Sinngebungen" zueinander inkommensurabel. Ihre Gemeinsamkeit besteht allein in der einheitlichen Funktion der Welterschließung. Cassirer schreibt dazu in der Einleitung des ersten Bandes der *Philosophie der symbolischen Formen*: „Wenn die Definition, die Bestimmung des Erkenntnisgegenstandes immer nur durch das Medium einer eigentümlichen logischen Begriffsstruktur erfolgen kann, so ist die Folgerung nicht abzuweisen, daß einer Verschiedenheit dieser Medien auch eine verschiedene Fügung des Objekts, ein verschiedener Sinn ‚gegenständlicher' Zusammenhänge entsprechen muß."[78] So leistet die Kunst als „independent ‚universe of discourse'"[79] eine „interpretation of reality – not by concepts but by intuitions; not through the medium of thought but through that of sensuous forms."[80] Damit erhebt Cassirer den Pluralismus zum Programm. Am Schluß seines „Essay on Man" betont er, daß die Philosophie die „strong contrasts and deep conflicts" der verschiedenen symbolischen Formen nicht auf einen „common denominator" reduzieren dürfe.[81] Cassirers Konzept zielt

72 Cassirer, *Geist und Leben: Schriften zu den Lebensordnungen von Natur und Kunst, Geschichte und Sprache*, S. 337.

73 Mersch, *Was sich zeigt. Materialität, Präsenz, Ereignis*, S. 169.

74 Ernst Cassirer, *Zur Metaphysik der symbolischen Formen. Nachgelassene Manuskripte und Texte*, hg. von John Michael Krois/Oswald Schwemmer, Hamburg 1995, Bd. 1 (ECN 1), S. 15.

75 ECW 18, S. 114.

76 Notiz im Nachlaß, ECN 3, S. 205.

77 Vgl. Nelson Goodman, *Weisen der Welterzeugung*, Frankfurt/M. [2]1993, S. 13.

78 ECW 11, S. 5.

79 *Essay on Man*, ECW 23, S. 164.

80 Ebd., S. 159.

81 Vgl. ECW 23, S. 244.

von Anfang an vielmehr darauf ab, einen Standpunkt *über* den verschiedenen Formen zu gewinnen, von dem aus deren „Kampf" so überschaut werden kann, daß das „rein immanente Verhältnis" dieser besonderen Formen zueinander sichtbar wird. Das Ergebnis soll eine Systematik sein, in der jede Form ihren Platz erhält und „in der ihr Gehalt und ihre Bedeutung durch den Reichtum und die Eigenart der Beziehungen und Verflechtungen bezeichnet würde, in welchem sie mit anderen geistigen Energien und schließlich mit deren Allheit steht."[82] Gelegentlich räumt Cassirer jedoch der Sprache als alltägliches Medium eine Position ein, die sie gegenüber anderen Formen privilegiert: „Denn alle Begriffe des theoretischen Erkennens bilden gleichsam nur eine logische Oberschicht, die in einer anderen Schicht, in der Schicht der Sprachbegriffe, fundiert ist."[83] Eine Fundierung, die aber offenbar nicht so zu verstehen ist, daß theoretische Begriffe als Ableitungen oder Abstraktionen sprachlicher Begriffe aufzufassen sind, dagegen spricht schon der Zeichengebrauch der Mathematik. Sondern eine Fundierung, die daraus resultiert, daß die Welt, der sich die wissenschaftliche Erkenntnis zuwendet, immer schon sprachlich vorstrukturiert ist.[84]

Zu den umstrittenen Begriffen im Werk Cassirers gehört sicher „symbolische Prägnanz", dem er ein kleines Kapitel im dritten Band der *Philosophie der symbolischen Formen* widmet.[85] Mit diesem Konzept versucht er das Verhältnis von auf Materialität beruhender Sinnlichkeit und ideeller sinnhafter Bedeutung als ein nicht-akzidentelles zu fassen. Ein Symbol leistet so anders als ein konventionelles Zeichen für Cassirer nicht nur eine willkürliche und sekundäre Verknüpfung dieser beiden Momente, sondern die ideelle Leistung ist mit der sinnlichen Anschauung untrennbar verschmolzen. „Unter ‚symbolischer Prägnanz' soll also die Art verstanden werden, in der ein Wahrnehmungserlebnis, als ‚sinnliches' Erlebnis, zugleich einen bestimmten nicht-anschaulichen ‚Sinn' in sich faßt und ihn zur unmittelbaren konkreten Darstellung bringt."[86] Mersch hat betont, daß diese Verbindung von Sinn und Sinnlichkeit im Symbolischen ein besonderes Verdienst Cassirers sei.[87] Damit gibt es für Cassirer weder eine Wahrnehmung, die vollkommen „sinnfrei" wäre, jede von ihnen ist in ein Netz von Relationen und Verweisen eingewoben, „[...] mittels dessen sie über Hier und Jetzt hinausweist."[88] Diese Korrelation stellt sich in Analogie zur mathematischen Begrifflichkeit als eine von „Wahrnehmungs*differential*" und „*Integral* der Erfahrung"[89] dar. Der phänomenalen Struktur

82 Vgl. ECW 11, S. 12.

83 „Sprache und Mythos", ECW 16, S. 253.

84 „Alles theoretische Erkennen nimmt von einer durch die Sprache schon geformten Welt seinen Ausgang: auch der Naturforscher, der Historiker, der Philosoph selbst, lebt mit den Gegenständen zunächst nur so, wie die Sprache sie ihm zuführt." ECW 16, S. 253 f.

85 Sehr ausführlich dazu das 2. Kapitel in Oswald Schwemmer, *Ernst Cassirer: ein Philosoph der europäischen Moderne*, Berlin 1997, S. 69-126.

86 ECW 13, S. 231

87 Mersch, *Was sich zeigt. Materialität, Präsenz, Ereignis*, S. 166.

88 ECW 13, S. 232.

89 Ebd.

der Wahrnehmung ist Sprache immer schon immanent.[90] Umgekehrt – und damit auch dem mathematischen Modell strikt folgend – ist aber auch jeder Sinn, jede noch so abstrakte Bedeutung ihrerseits immer auf sinnlich Gegebenes – und seien es wie bei Hilbert[91] – die Symbole selbst angewiesen. Der Grad dieser unabdingbaren Verknüpfung von Wahrnehmung und Bedeutung liefert für Cassirer auch einen Maßstab der Binnendifferenzierung der symbolischen Formen mit der Stufenfolge mimisch, analogisch, symbolisch. Während sich das „Mimische" dem Bezeichneten eng anschmiege,[92] etabliere das „Analogische" eine Art Parallelität von Zeichen und Abgebildetem und das „Symbol" erreiche schließlich mit der reinen Bedeutung eine Stufe, die sich „von jeder Ähnlichkeit mit dem Gegenständlichen abschneidet"[93]und daher auf die Selbstreferenz eines Systems umstellen muß. Am klarsten sei dieser Weg zum Symbol in der Naturwissenschaft verwirklicht: in der formalisierten Relativitätstheorie erreiche sie ihre höchste Stufe.[94] Cassirer betont jedoch, daß dieses Verweisen auf den eigenen „Kontext der Erfahrung"[95] nur dem diskursiven Denken eigen ist. Ein Denken, das „die Erweiterung, die Ausdehnung, die Extensivierung des Inhalts" anstrebt und sich damit von Sprache und Mythos unterscheidet, die auf „stärkste Intensivierung" gerichtet sind. Hier seien alle Brücken zu einem „gegliederten System" abgebrochen, sondern in der „schlichten Präsenz" verschmelzen Zeichen und Bedeutung zu einer „unlöslichen Einheit".[96]

III.

Abschließend sollen einige Punkte genannt werden, an die bei Cassirer gerade deshalb angeknüpft werden kann, weil die entsprechenden Probleme nur in Ansätzen skizziert und Lösungen noch nicht entwickelt sind.

In Cassirers Arbeiten fehlt die Reflexion der zeitgenössischen Medien wie dem Film, dem Rundfunk, selbst zur Photographie läßt sich nichts finden. An mangelndem Interesse kann das nicht gelegen haben, wie die Erinnerungen seiner Frau belegen, die Cassirers lebhafte Anteilnahme an sportlichen und wirtschaftlichen Tagesereignissen beschreibt.[97] Vielleicht unterschätzte Cassirer schlicht den nicht nur epistemologischen Bruch, der durch diese neuen Medien vollzogen wurde. Seine Analysen etwa der Kunst zeichnen sich zudem oft durch eine geringe Analy-

90 Vgl. ECW 13, S. 17.
91 Siehe dazu ECW 13, S. 237 ff.
92 ECW 16, S. 82.
93 Ebd., S. 85. „Auf jede Form der wirklichen Nachahmung wird nun verzichtet, und statt dessen tritt die Funktion der Bedeutung in reiner Selbständigkeit hervor."
94 Ebd., S. 90 f.
95 Ebd., S. 277.
96 Vgl. Ebd., S. 277.
97 Seine Frau erinnert sich an seine lebhafte Lektüre der Sportberichte und Börseninformationen; *Mein Leben mit Ernst Cassirer*, S. 130. Cassirer hörte offenbar auch intensiv Radio: ebd., S. 331.

setiefe und die Konzentration auf den klassischen Kanon aus. An anderer Stelle aber, etwa in der sehr genauen und detailreichen Untersuchung zur sprachlichen Entwicklung der „Beziehungsformen" Raum und Zeit,[98] wird das Potential seines begrifflichen Ansatzes sichtbar. Diese sorgfältige Freilegung der basalen Schichten von Sprach-, Erkenntnis- und Kommunikationsverhältnissen kann auf moderne Phänomene übertragen werden. In einer solchen Analyse und im Vergleich mit älteren Formen ließe sich der oft beschworene „Bruch" genauer bezeichnen und beschreiben.

Für diese Übersetzung erscheint es aber notwendig, Cassirers Instrumente mit der notwendigen Sorgfalt und in der richtigen Ebene anzusetzen, auch wenn er dabei manchmal selbst unscharf blieb. So ist Krämer sicher zuzustimmen, wenn sie einen Berührungspunkt zwischen McLuhan und Cassirer konstatiert: „Medien und ‚symbolische Systeme' übertragen nicht einfach eine Ordnung, sondern erzeugen sie auch."[99] Es erscheint aber problematisch, wenn sie dann als symbolische Formen u. a. die Zentralperspektive, die Photographie und den Computer nennt.[100] Eine Zuschreibung, die sich mit Cassirers Modell nicht deckt, in dem – ähnlich den Luhmannschen Erfolgsmedien – die Kunst oder die wissenschaftliche Erkenntnis generell und nicht einzelne Techniken als symbolische Form fungieren. Hier überzeugt eher Engells Vorschlag, zwischen Apparaten, Dispositiven und symbolischen Formen zu unterscheiden,[101] der aber nicht als schlichtes Stufenmodell verstanden werden darf. Jedes Dispositiv und jeder Apparat rückt vielmehr je nach Systemreferenz in eine andere Sinnordnung ein,[102] wie zugleich diese Sinnordnung nur in den konkreten Formen sichtbar und wirksam ist.

Cassirers Überlegungen zu einem strikt relationalen Form-Begriff und damit einem funktionalen und operativen Konzept von Medien könnten aber auch dazu beitragen, eine der avanciertesten Medientheorien, die Niklas Luhmanns, von ihrer merkwürdigen Fundierung in Heiders „physischer", weil auf dem Dingbegriff beruhender, Medien-Konzeption zu befreien.[103] Denn in der Rezeption und Anwendung dieses Modells verfällt Luhmann immer wieder in einen – sonst scharf kritisierten – Substantialismus. So gerät für Luhmann Sprache mit dem Rekurs auf Elemente zu einem Aggregat von Wörtern.[104] Dieser Rückfall hinter Humboldt

98 Siehe dazu den Beginn des III. Kapitels von Band I der *Philosophie der symbolischen Formen*, ECW 11, S. 147-182.

99 Krämer, „Zentralperspektive, Kalkül, Virtuelle Realität", S. 27.

100 Ebd.

101 Engel, „Ausfahrt nach Babylon. Die Genese der Medienkultur aus Einheit und Vielheit", S. 281 f.

102 „Denn jeder dieser Bedeutungszusammenhänge, die Sprache wie die wissenschaftliche Erkenntnis, die Kunst wie der Mythos, besitzt sein eigenes konstitutives Prinzip, das allen besonderen Gestaltungen in ihm gleichsam sein Siegel aufdrückt." ECW 11, S. 29.

103 Siehe zu Luhmann und Heider: Jörg Brauns (Hg.), *Form und Medium*, medien[i], Bd. X,Weimar 2002.

104 Niklas Luhmann, *Die Kunst der Gesellschaft*, Frankfurt/M. ²1998. S. 170.

überrascht um so mehr, als Luhmann in seinen Überlegungen zum „Symbolischen“[105] und zum Funktionsbegriff[106] offenbar sehr von seiner Cassirer-Lektüre profitiert hat.

Schließlich könnte Cassirers Symbolbegriff, der Oppositionen wie die von Subjekt und Objekt oder von Phänomen und Ding nicht voraussetzt, sondern als Effekte bestimmter Formen beschreibt, wenn er, wie hier vorgeschlagen, als Medienbegriff gelesen wird, bisher nicht genutzte Anknüpfungspunkte für zwei sehr aktuelle Diskussionen liefern. Zum einen für den Versuch etwa Bruno Latours, das Verhältnis des Menschen zu den Dingen neu zu bestimmen. Zum anderen für eine gegen die Herrschaft der Hermeneutik gerichtete Besinnung auf „Präsenz“ durch Hans-Ulrich Gumbrecht. Gerade Cassirers intensive Auseinandersetzung mit dem Mythos legt Schichten der Sprache und der Erkenntnis frei, die jenseits des cartesischen Dualismus und der diskursiven Formen liegen. Allerdings wird, wie Cassirer selbst betont, von seiner Position aus auch keine Rückkehr möglich: „das Paradies der Unmittelbarkeit ist diesem Denken verschlossen.“[107]

105 Siehe ders., *Soziale Systeme*, Frankfurt/M. 1984, S. 137.

106 So betont Horster: „Nur vor dem Hintergrund der Gedanken Cassirers ist die Luhmannsche Gesellschaftstheorie überhaupt zu verstehen.“ Detlef Horster, „Niklas Luhmann. Was unsere Gesellschaft im Innersten zusammenhält“, in: Jochen Hennigfeld/Heinz Jansohn (Hg.), *Philosophen der Gegenwart*, Darmstadt 2005, S. 179-197, S. 181 f.

107 ECW 13, S. 46.

Lorenz Engell und Oliver Fahle

Gilles Deleuze

Als Medienphilosoph ist Gilles Deleuze unter zweierlei Gesichtspunkten hervorgetreten. Zum einen hat er mit seiner großen Studie zum Film den epochalen Entwurf einer Philosophie dieses Mediums entwickelt.[1] Damit hat er zugleich der philosophischen Erschließung des Films eine Bahn gewiesen, den Film in seiner Spezifik als ein eigenes und wichtiges Denkfeld etabliert und exemplarisch anhand des Films gezeigt, wie die Philosophie eines bestimmten Mediums zu denken, was darunter zu verstehen sei. Etwas Ähnliches gelingt ihm auch in seiner Studie über den Maler Francis Bacon im Bezug auf die Malerei.[2] Zum anderen aber läßt sich zeigen, daß der Film (und eben die Malerei) Deleuzes Philosophie zwar thematisch beleuchtet und montiert und für Deleuze also so wichtig ist wie für Walter Benjamin die Photographie und für Jacques Derrida die Schrift. Dennoch wäre es unzutreffend, seine Arbeiten in ihrer Relevanz für die Medienphilosophie auf die Filmstudien zu verkürzen. Vielmehr ist die Filmphilosophie in das Gesamtwerk Deleuzes eng eingewoben. Auch und gerade da, wo dies nicht ausdrücklich und thematisch geschieht, wo er sich also keineswegs ausdrücklich auf irgendwelche technischen oder symbolischen Medien bezieht, sondern streng auf philosophische Texte etwa Bergsons,[3] Spinozas[4] oder Nietzsches,[5] bildet Deleuze wie kaum ein anderer Denker die Konzepte und Figuren aus, nach denen die Welt der Medien zu denken ist. Ohne – eben mit Ausnahme des Films – so etwas wie eine explizite Medientheorie oder -philosophie zu entwickeln, ja sogar ohne überhaupt einen ausdrücklichen Medienbegriff zu bemühen und zu begründen, eröffnet Deleuzes Denken doch erhebliche Möglichkeiten, Medialität und Medien philosophisch freizusetzen. So kann seine Philosophie als eine Art begriffliches Parallelunternehmen zur Entwicklung der Mediengesellschaft am Ende des 20. Jahrhunderts gelesen werden.[6]

---

1 *Kino 1. Das Bewegungs-Bild*, Frankfurt/M. 1989 (frz. 1982) und *Kino 2. Das Zeit-Bild*, Frankfurt/M. 1991 (frz. 1985). Angaben ohne Autornennung beziehen sich durchgängig auf Schriften Deleuzes.

2 *Francis Bacon – Logik der Sensation*, München 1995 (frz. 1992).

3 *Henri Bergson zur Einführung*, Hamburg 1989·

4 *Spinoza und das Problem des Ausdrucks in der Philosophie*, München 1993.

5 *Nietzsche und die Philosophie*, Hamburg 1991.

6 Zur umfangreichen Literatur zu Deleuze vgl. exemplarisch: Alain Badiou, *Deleuze. ‚Das Geschrei des Seins'*, Zürich/Berlin 2003; Friedrich Balke, *Gilles Deleuze*, Frankfurt/M. 1998; Friedrich Balke/Joseph Vogl (Hg.), *Gilles Deleuze – Fluchtlinien der Philosophie*, München 1996; Oliver Fahle/Lorenz Engell (Hg.), *Der Film bei Deleuze*, Weimar 1997; Stephan Günzel, *Immanenz. Zum Philosophiebegriff von Gilles Deleuze*, Essen 1998; Stefan Hesper, *Schrei-*

Dabei kleidet sich Deleuzes Schaffen über weite Strecken ein in eine rein binnenphilosophische oder doch binnentheoretische Auseinandersetzung mit anderen Denkern. Seine Theorietechnik ist dabei eine der „Schwängerung"; er macht, wie er sich selbst ausdrückt, den behandelten Autoren „hinterrücks Kinder".[7] Diese Bastarde allerdings lernen alsbald laufen und entwickeln teilweise größte Wirksamkeit. Ganz besonders gilt dies für die ersten Werke, mit denen Deleuze einem größeren Kreis, auch und vor allem in Deutschland, bekannt wurde, den gemeinsam mit dem Psychoanalytiker Félix Guattari verfaßten Arbeiten *Anti-Ödipus. Kapitalismus und Schizophrenie I* und *Tausend Plateaus. Kapitalismus und Schizophrenie II.*[8] Sie übten innerhalb der unorthodoxen Akademia und der außerakademischen Alternativbewegung der achtziger Jahre einen gewaltigen und auch oft sehr beargwöhnten Einfluß aus, sind aber jenseits davon auch für die gegenwärtige Medientheorie von großer Wichtigkeit. Dabei sind es vor allem der allgemeine Denkentwurf, der besondere Gestus des Textes und verschiedene einzelne philosophische Konzepte, die für die medientheoretische Debatte von Bedeutung sind und in einigen Fällen begriffsbildend gewirkt haben.

Anti-Ödipus kann als eine radikale Ergänzung, ja als eine Herausforderung und sogar als ein Gegenmodell der Freudschen Psychoanalyse und ihrer erweiternden Lektüren, etwa derjenigen Jacques Lacans, gelten. Die Psychoanalyse begreift, so die Position Deleuzes und Guattaris, den Wunsch und das Begehren immer unter dem Siegel des Mangels, der Nichtverfügung und folglich der Entbehrung, der Frustration und der Negation. Daher sieht sie auch das Unbewußte nicht als ungesteuerte Entfaltung von Wunschprozessen, sondern sieht es unausgesetzten Normierungs- und Kolonisierungsprojekten unterworfen, wie etwa dem des Ödipus-Komplexes, die dann mehr oder weniger erfolgreich verlaufen können und dementsprechend ein normales psychisches Funktionieren oder eben eine Störung produzieren. Dagegen sehen Deleuze und Guattari den Wunsch und das Begehren als positive Kräfte, als Potentiale der Veränderung und deren Freisetzungen, und verstehen das Unbewußte dementsprechend gezielt anti-ödipal. Der Wunsch nach anderem als dem,

---

ben ohne Text. Die prozessuale Ästhetik von Gilles Deleuze und Félix Guattari, Opladen 1994; Stefan Heyer, *Deleuzes und Guattaris Kunstkonzept. Ein Wegweiser durch Tausend Plateaus*, Wien 2001; Christian Jäger, *Gilles Deleuze. Eine Einführung*, München 1997; Wolfgang Langer, *Kritik und Immanenz*, Berlin 2003; Michaela Ott, *Vom Mimen zum Nomaden. Lektüren des Literarischen im Werk von Gilles Deleuze*, Wien 1998; dies., *Gilles Deleuze zur Einführung*, Hamburg 2005; Marc Rölli, *Gilles Deleuze. Philosophie des transzendentalen Empirismus*, Wien 2003; Mirjam Schaub, *Gilles Deleuze im Wunderland. Zeit- als Ereignisphilosophie*, München 2002; dies., *Gilles Deleuze im Kino. Das Sichtbare und das Sagbare*, München 2002; Henning Schmidgen, *Das Unbewußte der Maschinen. Konzeptionen des Psychischen bei Guattari, Deleuze und Lacan*, München 1997; François Zourabichvili, *Le vocabulaire de Deleuze*, Paris 2004.

7 Gilles Deleuze/Félix Guattari, *Anti-Ödipus. Kapitalismus und Schizophrenie I*, Frankfurt/M. 1977 (frz. 1972), S. 123.

8 Gilles Deleuze/Félix Guattari, *Tausend Plateaus. Kapitalismus und Schizophrenie II*, Berlin 1992 (frz. 1980).

was ist, ist grundlegend produktiv und nicht negativ, er verdoppelt, vervielfacht und verändert das Vorhandene.

Diese Vervielfachung bezeichnen Deleuze und Guattari als „Schizoprozeß" und sehen in ihm das Grundgeschehen des Unbewußten als Zusammenschluß heterogener Ströme, der Wunschproduktion, die verschiedenste gesellschaftliche und individuelle Felder einbezieht. Dabei gehören individualpsychische und sozioökonomische Produktions- und Schizoprozesse unauflöslich zusammen; diese Auflösung der Grenze zwischen innen und außen kann dabei als eine der besonders kennzeichnenden Denkgesten Deleuzes ausgemacht werden, die in seinen Arbeiten immer wiederkehrt. Der Kapitalismus steht dabei zunächst für die ungezügelte Entgrenzung ökonomischer Bewegungen der materiellen und institutionellen Produktivität, die Schizophrenie für die universelle und grenzenlose Produktion des individuell Unbewußten in Form des Wunsches und des Begehrens. Beide, Ökonomie und Psyche, befinden sich aber in beständigem Austausch und sind aufeinander verwiesen. Deleuze/Guattari entwerfen so ein Modell gesellschaftlicher Sinnproduktion, das keine Stabilität und keinen erfüllten Sinn kennt, das sich festen Zuschreibungen entzieht und in der unaufhörlichen Produktivität in einer Abfolge und Alteration von De- und Recodierungen besteht. Kapitalismus ist in diesem Verständnis also ein Produktionsfeld, dessen Bedeutung über die ökonomischen Prozesse hinaus reicht. Er bezeichnet das Gegenteil von Stillstand, ständige Bewegung, Beschleunigung und Grenzverschiebung, was die Autoren als Miteinander von De- und Reterritorialisierung begreifen. Dies setzt schizophrene Ladungen frei, die für die enge Kopplung von Kapitalismus und Schizophrenie sorgen. Die Pathogenie, die Produktion auch normwidriger Schizophrenien, ist eine unvermeidliche und selbst in ihrer Eigenschaft als Störung noch produktive Folge: „Der Schizophrene hält sich an der Grenze des Kapitalismus auf: verkörpert dessen entwickelte Tendenz, das Mehrprodukt, den Würgeengel. Er bringt alle Codes durcheinander, trägt die decodierten Wunschströme".[9] Schizophrenie wird also als genereller psychischer Zustand der kapitalistischen Wunschproduktion begriffen.

Anti-Ödipus kann als nicht nur als philosophischer, sondern auch publizistischer Eingriff der Post-1968er Revolte verstanden werden, dem es auch darum ging, die Analyse des Kapitalismus vollkommen neu zu fundieren und endlich – wie das für andere, vergleichbare Ansätze auch galt, Marxismus und Psychoanalyse miteinander zu versöhnen, hier allerdings mit der besonderen Pointe, daß beide Theoriekorpora dabei weitgehend umgedeutet werden, wurde doch in dieser Zeit unter dem Einfluß der Frankfurter Schule der Kapitalismus gesellschaftstheoretisch vor allem als Produktion falscher Bedürfnisse bestimmt. *Anti-Ödipus* hingegen entwirft ein ambivalentes Bild des Kapitalismus, dem es nicht um die Zementierung von Bedürfnissen geht, sondern um das grenzüberschreitende Fließen von Begehrensproduktionen.

---

9 Deleuze/Guattari, *Anti-Ödipus*, S. 46.

Der Band liefert bereits, im Nachhinein gut erkennbar, wichtige Grundmotive der Deleuzianischen Medienphilosophie (wie dasjenige der Vervielfachung und das der Virtualität), ist aber kaum je in diesem Kontext rezipiert worden. Jedoch bereitet er das Feld für *Tausend Plateaus*, das zweite gemeinsame Hauptwerk der Autoren, das einige der im *Anti-Ödipus* entworfenen Konzepte weiterentwickelt und einflußreicher innerhalb der gegenwärtigen Medientheorie ist.

Tausend Plateaus ist als Buch, selbst wenn man von *Anti-Ödipus* herkommt, zunächst eher verwirrend; es handelt sich eher um eine vielstimmige, bisweilen kakophone Komposition als um ein Werk, das Anfang, Mitte und Ende aufweist. Die Methode des mannigfaltigen Denkens, das die Autoren proklamieren, charakterisiert auch die Schreibweise, in der das Buch verfaßt ist und durch die es für manche wirksamer geworden ist als durch seine Konzepte. Aber die offene und bisweilen sehr unakademische Schreibweise darf nicht über die erheblich gedankliche Strenge und die letztlich außerordentliche Stringenz im Aufbau des Werkes hinweg täuschen. Besonders deutlich kommt das im ersten paradigmatischen Kapitel „Rhizom“ zum Ausdruck, das in Deutschland auch in einer sehr wirksamen Vorabausgabe einzeln erschienen ist.[10] Der Begriff des „Rhizoms“, aus der Botanik entlehnt, bezeichnet bei Deleuze und Guattari eine Wahrnehmungs-, und Ordnungsfigur, die bekannte Erkenntnisanordnungen unterläuft und neue Wege des Denkens von Zusammenhängen vorschlägt. Sind klassische Ordnungsmuster in der Regel nach dem Schema des Baumes (oder der Wurzel) gearbeitet, also letztlich binärlogisch in der Tradition des Porphyrischen Baumes verfaßt, so steht das Rhizom für wilde, unterirdisch schießende Triebe, die sich nicht weiter verzweigen, sondern je eigene, unabhängige Wege verfolgen und an sehr überraschenden Stellen zu Tage treten können. Deleuze und Guattari erweisen sich dabei als Autoren der Relationen und Querverbindungen. Nicht eine feststehende Substanz charakterisiert die Dinge, sondern ihre immer wieder neu zu entwerfenden Zusammensetzungen und Konfigurationen. Denkformen sind dabei grundsätzlich a-zentrisch organisiert, das heißt, daß alle Instanzen, die als Urgrund oder letzter Sinn erscheinen, zurückgewiesen werden.

Ein Buch etwa „hat weder Subjekt noch ein Objekt, es besteht aus verschieden geformten Materien, aus den unterschiedlichsten Daten und Geschwindigkeiten“.[11] Ein Buch ist also als Rhizom zu begreifen, da es ein Gefüge, eine Verkettung (agencement) verschiedenster Verbindungen darstellt, die a-hierarchisch zusammengefügt sind. Zentrale Eigenschaften des Rhizoms sind unter anderem Konnexion und Heterogenität – jeder Punkt des Rhizoms kann mit jedem anderen verbunden werden; Mannigfaltigkeit – nicht Substanzen, sondern Verbindungen, Bestimmungen, Größen und Dimensionen regeln den Aufbau des Rhizoms, das sich bei jeder Veränderung eines Elements als Ganzes verschiebt; das Prinzip des asignifikanten Bruchs – ein Rhizom hat keine festgefügten Strukturen, sondern kann an jeder Stelle unterbrochen und neu verknüpft werden; Kartographie – ein Rhizom ist keine Kopie, sondern eine jederzeit neu zu kartographierende, performative Aus-

10 Gilles Deleuze/Félix Guattari, *Rhizom*, Berlin 1977.
11 Deleuze/Guattari, *Tausend Plateaus*, S. 12.

breitung. Das Rhizom hat nicht Anfang, Mitte und Ende, sondern bewegt sich immer schon aus der Mitte heraus, es gehorcht einem nomadischen Prinzip. Das rhizomatische Denken sprengt nicht nur die Denkbewegungen klassischer akademischer Regeln, sondern auch die Einteilung in abgegrenzte Wissensfelder. Diesem rhizomatischen Denkstil folgt dann insbesondere *Tausend Plateaus* selbst: Abhandlungen zur Botanik verbinden sich in *Tausend Plateaus* mit Streifzügen durch die Kriegstechnik, historische Ereignisse sind ebenso Gegenstand der Betrachtung wie einzelne kulturelle Felder wie etwa Semiotik, Linguistik und die Psychologie des Gesichts. Das Buch ist selbst eine segmentierte Konnexion heterogener Diskursfelder, die mögliche, aber nicht erzwungene Denkbewegungen offen legt.

Medientheoretisch äußerst relevant ist der rhizomatische Zugang jedoch nicht nur in den inhaltlichen, thematischen Bezügen, sondern als Entwurf einer Gestaltungsform des Denkens jenseits der klassischen Literalität mit ihrer logischen und linearen Ordnung der Gedanken. Denn Medien sind nicht nur und stets nur unzulänglich im Sinne von Einzelmedien wie Presse, Radio, Film, Fernsehen und Internet zu begreifen, sie zeigen sich vor allem immer schon als Felder der Intermedialität, in denen das Geschehen in einem Bereich dasjenige in einem ganz anderen völlig verändern kann; als vielfältig konnektierte Ensembles, denen feste Orts- und damit Sinnzuschreibungen nicht mehr gerecht werden. Dabei kann vor allem das Internet als zentrumsloses Medium gesehen werden, das nicht mehr nur über einen Autor, ein Subjekt, eine Sprache, eine Bilderordnung, eine Institution oder ein technisches Instrumentarium begriffen werden kann. Das Internet – und es läßt sich leicht zeigen, daß dies auch für die Literatur, für den Film und das Fernsehen gilt – ist eine vorläufige Zusammensetzung mannigfaltiger Schichten, das über einfache Dualismen, etwa gut/böse, schnell/langsam, Bild/Ton, Sprache/Schrift nicht mehr greifbar zu machen ist. Die Herausforderung für die Philosophie besteht daher besonders darin, das Denken von der einseitigen Unterwerfung unter Ordnung und begriffliche Sprache abzulösen und gleichsam ins Freie einer Medienphilosophie zu führen, deren Praktiken sich als Rhizomieren erweisen und an anderen Orten als im konventionellen Text entfalten. Aufgabe der Philosophie ist es dann, diese von Deleuze/Guattari vorgeschlagene Einübung in offenes, vernetztes Denken jenseits der ausschließlich literarischen, klassisch diskursiven Form nicht in weniger komplexe Begriffe zurückzuübersetzen, sondern die nomadischen und beweglichen Konzepte anschaulich werden zu lassen. Dabei wird Medienphilosophie dann im Tun und Treiben der Medien (und für Deleuze wird das insbesondere innerhalb des Films stattfinden) zu lokalisieren sein.

Die Zusammenarbeit mit Guattari markiert aber nur einen Aspekt der medienphilosophisch relevanten Arbeit Deleuzes. Er hat auch in seinen eigenen Monographien eine erhebliche Rezeption in der Medienwissenschaft erfahren. Deleuzes Werke kann man in drei Bereiche aufteilen: zunächst die Reihe von Monographien zu einzelnen Philosophen, darunter Kant,[12] Bergson, Foucault,[13]

12 *Kants kritische Philosophie. Die Lehre von den Vermögen*, Berlin 1990.
13 *Foucault*, Frankfurt/M. 1987.

Nietzsche, Hume,[14] Leibniz[15] und Spinoza; dann einige Hauptwerke, die philosophische Konzepte, etwa der Serialität und der Differenz, entwickeln;[16] schließlich Texte zu Kunst und Künstlern, insbesondere zu Literatur,[17] Malerei und Film. Allerdings sind die Bereiche nicht wirklich zu trennen, entwickelt Deleuze doch keine reine Interpretationspraxis der kanonischen Texte, schon gar keine Hagiographie, sondern auch in den Auseinandersetzungen mit einzelnen Philosophen, Malern und Schriftstellern immer einen philosophischen Blick, der andere Denkformen auf bisweilen raffinierte Weise im Lichte der eigenen Lektüre erscheinen läßt und eben immer wieder zur hinterrücks vollzogenen Zeugung philosophischer Bastarde führt. Schon der Ankerpunkt seines Denkens, die Konzeptionierung des Zeitbegriffs, der verschiedene Phasen seines Philosophierens durchzieht, ist dabei von höchster medienphilosophischer Relevanz. Seit seinem frühen Buch zu Bergson bereits fasziniert Deleuze der Entwurf einer gleichsam a-chronologischen Zeit, die nicht nach dem sukzessiven Schema der Abfolge von Vergangenheit, Gegenwart und Zukunft abläuft, sondern dem Gedanken einer Gleichzeitigkeit des Verschiedenen und einer Vielheit nebeneinander möglicher Zeiten den Vorzug gibt. Evolution, Kreativität, schöpferischer Wandel, für die Deleuze sich mit Bergson interessiert, das „Anders-Werden“, das er auch in den *Tausend Plateaus* thematisiert, setzt demnach nicht ein bloß sukzessives Nacheinander in der Zeitordnung voraus; gerade dies nämlich läßt ja das jeweilig nicht mehr Gegenwärtige in der Vergangenheit untergehen und macht so zwar ein „Anders geworden sein“, aber eben nicht das „Anders Werden“ sichtbar. Erst eine simultane Ausrichtung des temporalen Verständnisses vermag hervorzuheben, wie etwas zu etwas anderem wird, indem das, was nicht ist, neben dem steht, was ist. So stellt Deleuze den von Henri Bergson geprägten Begriff der Dauer heraus, der davon ausgeht, daß der zeitliche Verlauf des Lebens im Wesentlichen aus der Zusammenziehung verschiedener Zeitzustände zu einer simultanen Wahrnehmung besteht und dessen literarische Ausformulierung sich nach Deleuze in *Auf der Suche nach der verlorenen Zeit* von Marcel Proust wieder findet.

Auch in *Logik des Sinns* und *Differenz und Wiederholung* steht die Arbeit an der Zeit an entscheidender Stelle, wobei sie in *Logik des Sinns* besonders durch das Konzept des Ereignisses ausformuliert wird. Gerade an diesem Begriff, der sich mittlerweile aus gutem Grund zu einem Schlüsselkonzept der Medientheorie ausentwickelt hat, kann man ablesen, wie Deleuze eine philosophische Diskussion, ja eine Grundlegung entscheidender Kategorien der Medienwelt und des Medien-Denkens liefert, ohne sich jedoch irgendwie explizit auf Medien oder das Mediale,

---

14 *David Hume*, Frankfurt/M. 1997.

15 *Die Falte. Leibniz und der Barock*, Frankfurt/M. 1988.

16 *Differenz und Wiederholung*, München 1992 (frz. 1967); *Logik des Sinns*, Frankfurt/M. 1993 (frz. 1969).

17 Gilles Deleuze/Félix Guattari, *Kafka. Für eine kleine Literatur*, Frankfurt/M. 1976; Gilles Deleuze, *Proust und die Zeichen*, Berlin 1993; ders., „Erschöpft“, in: Samuel Beckett, *Quadrat. Stücke für das Fernsehen. Mit einem Essay von Gilles Deleuze*, Frankfurt/M. 1996.

ohne sich auf Fernsehen oder die Digitale Kultur irgendwie zu beziehen. Deleuze führt die von den Stoikern eingeführte Unterscheidung von Chronos und Äon an. Chronos meint die Zeit des Menschen, das Maß von Vergangenheit, Gegenwart und Zukunft, der körperlich faßbaren Wirklichkeit der Zeiterfahrung, während Äon die Zusammenziehung der Zeitebenen bezeichnet, eine Zeiterfahrung, die von der Gegenwartserfahrung her nicht zu greifen ist. Vereinfacht gesagt stehen Chronos und Äon für die unterschiedlichen temporalen Modelle von Sukzession und Simultaneität. Deleuze begreift die Zeit also paradox, weil sie sich durch zwei voneinander differierende Zeitmodelle konstituiert: zum einen ist die Zeit immer im Fluß, das heißt linear; zum anderen ist jede Erfahrung von Gegenwart durch einen Bruch zwischen einem Davor und einem Danach gekennzeichnet.

Die Zeit spaltet sich also auf in Vorübergehen einerseits und Aufbewahrung andererseits, wobei hier jeder Gegenwartsmoment mit seiner eigenen Vergangenheit koexistiert. In dieser paradoxen Erfahrung der Zeitspaltung siedelt Deleuze das Ereignis an. „Die Spaltung vollzieht sich also zwischen dem Bewußtsein, daß es einerseits keine Lücken im Geschehensverlauf gibt, daß alles – sukzessiv, asinotrop – weitergeht (Zeit als Chronos), daß andererseits aber die Zäsur, die das Ereignis in das Kontinuum eingefügt hat, nicht nachvollziehbar an das Vorübergehende anschließt, sondern zwei Fluchtlinien ausbildet, die eine nie gewesene Zukunft und eine nie gewesene Vergangenheit zusammenführt (Zeit als Äon). Das vor dem Eintritt des Ereignisses Erwartete, das Vorher-Zukünftige und nun – noch im Stadium der Möglichkeit – Schon-Vergangene bildet mit sich selbst ein eigenes Kontinuum aus (Vergangenheits-Zukunft), das unkörperlich bleibt, ausgeschlossen von jeglichem Verkörperungsgeschehen, ohne Chance sinnlich-konkrete Gegenwart zu werden.[18] Die alltägliche Wahrnehmung zielt eher darauf, diese Doppelstruktur der Zeit zugunsten des chronologischen Verlaufs auszublenden, doch kann besonders die ästhetische Erfahrung, wie Deleuze anhand Lewis Carolls *Alice im Wunderland*, Marcel Prousts Erinnerungslabyrinthen und zahlreichen Filmen deutlich macht, aufzeigen, wie die lineare Zeit andere Zeitverwirklichungen ausschließt. Das Ereignis tritt dann ein, wenn die zwei Seiten der temporalen Erfahrung zusammenkommen: eine wahrnehmbare, chronologische, die den Verlauf der Zeit körperlich erfahrbar macht, und eine prä-individuelle, anonyme, welche auf die Simultaneität des Geschehens verweist. „Es gibt diesmal keine Aufeinanderfolge von Zukunft, Gegenwart und Vergangenheit mehr, entsprechend dem genau bestimmten Übergang unterscheidbarer Gegenwarten. Einer schönen Formulierung des heiligen Augustinus' zufolge gibt es *eine Gegenwart der Zukunft, eine Gegenwart der Gegenwart, eine Gegenwart der Vergangenheit*, alle einbegriffen und aufgerollt im Ereignis, folglich simultan und unerklärlich".[19] Der Begriff des Ereignisses fordert also auf, im Denken des Vorüberziehenden auch das Ausgeschlossene mit zu denken, nicht nur die Wirklichkeit (das Aktuelle), sondern auch die Möglichkeit (das

18 Vgl. Mirjam Schaub, *Gilles Deleuze im Wunderland. Zeit- als Ereignisphilosophie*, München 2002, S. 140.

19 *Kino 2*, S. 135.

Virtuelle) in Betracht zu ziehen. Dies führt in der medienphilosophischen Rezeption Deleuzes zu vielfältigen Überlegungen angesichts der vorwiegend von technischen Medien konstruierten virtuellen Räume, etwa von der Stillstellung des Bildes in der Photographie, dem Wechsel von Zeitschichten im Film, dem Zapping des Fernsehens bis zum Surfen im Internet, in denen Wirklichkeit und Möglichkeit in jeweils neue Verhältnisse gegenseitigen Austausches treten.

In *Differenz und Wiederholung* entwickelt Deleuze eine andere Facette des Zeitverständnisses. Mit der Zentralstellung auf Begriff und Phänomen der Wiederholung legt er dabei erneut einen philosophischen Schlüsselbegriff der medienwissenschaftlichen Theoriebildung frei, übrigens lange bevor er dort Konjunktur macht, und diskutiert ihn auf überraschende Weise, ohne aber jemals den ausschließlichen Bezug auf philosophische Kontexte zu verlassen. Für eine etwaige „Anwendung" auf mediale Sachverhalte interessiert Deleuze sich in keiner Weise; dennoch, oder gerade deswegen, ruft seine Arbeit natürlich gerade dazu auf. Besonders in der Figur der Wiederholung wird Deleuzes Philosophie der Zeit als Differenzierungsgeschehen sichtbar, daran nämlich, daß sich in der Wiederholung nicht einfach das Gleiche wiederholt, sondern jede Wiederholung ein Wieder-Holen, also ein Verschieben des Gleichen gegenüber sich selbst darstellt. Damit wendet sich Deleuze unter Berufung u. a. auf Friedrich Nietzsche gegen ein Denken der Identität, dem er sein Denken der Differenz entgegensetzt. In die Wiederholung, die im Alltagsverständnis etwa mit Reproduktion und Kopie gleichgesetzt wird, schiebt sich immer eine zeitliche Differenz ein, die mehr ist als einfache Repräsentation, Wiedervergegenwärtigung des Wiederholten. Besonders für die technischen, zeitbasierten Medien wie Photographie, Radio, Film, Fernsehen und Rechner, die nicht nur Zeit formen und formatieren, sondern auch seriell operieren, kann diese wichtige Unterscheidung fruchtbar gemacht werden. Eine Serie – selbst in der populären, oftmals der Trivialität geziehenen, Erscheinungsform der Fernsehserie – ist nicht einfach die schematische Wiederholung eines Immergleichen, sondern eine Wiederholung, der Differenz irreduzibel eingelagert ist. Die Reduktion auf einfache Reproduktion verdeckt die Mannigfaltigkeiten, die Verschiebungen, die Neuperspektivierungen, die verborgenen Kräfte, die jeder Wiederholung innewohnen. Wiederholung im Sinne der Serialität ist daher ein grundlegend produktives Geschehen. Sieht man etwa zum zweiten Mal denselben Film, so ist es doch das erste Mal, daß man den Film zum zweiten Mal sieht. Der Begriff des Ereignisses muß also in enger Korrelation mit dem der Wiederholung gesehen werden: Beide decken in den modernen, stark medial geprägten Zeiterfahrungen das Verborgene, aus der Wahrnehmung Ausgeschlossene, auf.

Eine besonders gründliche Untersuchung hat Deleuze daher mit seinen beiden Bänden zum Film vorgelegt, die sich mit den Phänomenen des Bewegungs- und des Zeitbildes auseinandersetzen. Deleuze zeigt auf, wie der Film nicht einfach Bewegung mit künstlichen Mitteln reproduziert und repräsentiert, sondern wie er selbst ein Bild erzeugt, dem Bewegung inhärent ist. Film ist bewegtes Universum, das Raum-Zeit-Blöcke herstellt, ohne, daß das eine vom anderen zu trennen wäre.

Die besondere Stellung, die die umfangreiche Untersuchung zum Film in Deleuzes Gesamtwerk einnimmt, wird an einem eigenartigen Widerspruch im Umgang mit diesem Werk deutlich. Einerseits nämlich ist es die vielleicht nach wie vor am meisten unterschätzte Arbeit Deleuzes, insbesondere in der deutschsprachigen Philosophie, wo die Befassung mit dem Film schlichtweg nicht hoffähig ist und in der Regel auch schon an der einfachsten Textkenntnis scheitert. Ohne Kenntnis des kinematographischen Korpus – der im übrigen den Konventionen und Traditionen speziell der französischen Filmkritik eng verhaftet bleibt – aber ist die Argumentation Deleuzes kaum transparent zu machen. Zugleich hat die Filmtheorie in Deutschland Deleuze ganz überwiegend der Philosophie zugewiesen und nur sehr andeutungsweise rezipiert. Dadurch ist *Kino* längere Zeit und weitgehend eine terra incognita geblieben. Zum anderen aber bündelt Deleuze gerade hier seine philosophischen Hauptthesen und Hauptbezüge noch einmal zu einem großen Systementwurf zu einer Philosophie des Wandels, des Anders-Werdens und der Zeit. Das wird besonders in seiner engen Bezugnahme auf Bergson deutlich. Neben seinen frühen Schriften über Bergson und Proust ist dies die umfangreichste und gründlichste Befassung mit den bergsonianischen Zeitkonzepten, die Deleuze erarbeitet hat. Bergson wird dadurch zu einer Rahmung der Deleuzeschen Gesamtphilosophie. Daneben aber führt er nahezu alle der für ihn wichtigen Denker erneut herauf, Nietzsche etwa, Leibniz und Kant. Daß dies eben im Rahmen einer Philosophie des Films möglich ist, zeigt noch einmal, daß Deleuzes Denken als ein exemplarisches Medien-Denken aufgefaßt werden kann. Das zeigt sich denn auch darin, daß er zahlreiche filmtheoretische Quellen heranzieht, kanonische wie Balázs, Bazin und überhaupt die Autoren der Pariser Schule um die *Cahiers du cinéma*, aber auch seinerzeit fast vergessene wie etwa Jean Epstein und noch wenig bekannte wie Jean Louis Schefer. Sie behandelt er gleichberechtigt und gleichfunktional mit den philosophischen Großdenkern.

Besonders auffällig an den referenzierten Texten in *Kino* aber ist zweierlei: Zum einen bezieht Deleuze sich auf den amerikanischen Semiotiker C. S. Peirce, eine Auseinandersetzung, die ausschließlich in seinen Filmbüchern zu finden ist. An Peirce interessiert Deleuze vor allen Dingen dessen taxonomisches System. Peirce entwickelt in seinem sehr umfangreichen und verstreuten Werk eine vielgliedrige Klassifikation der Zeichen, die er, und das macht ihn für Deleuze so relevant, nicht etwa linguistisch und überhaupt nicht unter Verweis auf die Sprache entfaltet, sondern genuin philosophisch und logisch begründet. Er leitet sie ab aus einem an Aristoteles und Kant entwickelten dreigliedrigen Kategorienschema, seinen berühmten Fundamentalkategorien der Erstheit, Zweitheit und Drittheit. Auch die eingeführten zeichentheoretischen Begriffe des Icons, des Index und des Symbols entstammen dieser Klassifikation. Deleuze übernimmt Bausteine der Begrifflichkeit Peirces, handhabt sie allerdings sehr frei und unbekümmert. Damit entsagt er zwar der semiotischen Orthodoxie, legt aber wiederum an Peirce interessante Züge frei, etwa, wenn er das Peircesche „Sinzeichen“, das durch seine Singularität gekennzeichnet ist, umdeutet zum „Synzeichen“, das dadurch gekennzeichnet ist, daß es eine Zusammenziehung zweier Entitäten leistet.

In der Rezeption sowohl Deleuzes überhaupt wie auch insbesondere seiner Filmphilosophie ist die Befassung mit Peirce allerdings bislang nahezu unbeachtet geblieben ist. Das mag neben der mangelnden Orthodoxie und wohl letztlich auch Gründlichkeit daran liegen, daß Deleuze hier in einen Bereich vordringt, den man bei herkömmlicher Betrachtungsweise mit seinem Denken und mit dem spezifisch rhizomatischen Ansatz kaum zusammenbringen kann, nämlich der amerikanischen pragmatischen Philosophie, die besonders bei Peirce mit stark logischen und wissenschaftstheoretischen Zügen durchsetzt ist. Auch mit dem Vitalismus und Antipositivismus Bergsons kann man Peirce nur sehr schwer übereinbringen. Aber Peirce kommt, wie Deleuze, von einer genauen Befassung mit Kant her, insbesondere eben in seiner Kategorienlehre. Und zudem vereint Peirce mit Bergson bei aller Verschiedenheit ein massives Interesse am Phänomen der Evolution. Deleuzes Interesse an Peirces bisweilen schwer transparent zu machenden Taxonomie-Entwürfen speist sich schließlich daraus, daß beide Denker an den Prozessen einer Evolution der Zeichen interessiert sind. Erstheit, Zweitheit und Drittheit sind für Peirce auch immer Phasen eines Prozesses und einer voranschreitenden Operativität und Differenzierungstätigkeit der Zeichen. Wenn Deleuze für den zweiten Teil seiner Argumentation, in der es speziell um die Zeit-Philosophie des Films geht, Peirce wieder verwirft, dann begründet er es damit, daß es Peirce letztlich um ein chronologisches Verständnis von Zeit und Entwicklung zu tun ist, das der Film eben gerade, auch wenn er in der streng linear-chronologischen Zeit fest verwurzelt ist, in seinem Wandel hin zum Zeit-Bild schließlich aufsprengt und übersteigt. Allerdings lassen sich unter anderen Aspekten, die Deleuze anführt, namentlich demjenigen der Entwicklung des Filmbildes hin zu einem Ort des Denkens eigenen Rechts, zum Denk-Bild, wohl auch Anhaltspunkte dafür finden, daß die Peircesche Taxonomie sehr wohl geeignet wäre, auch diesen Weg zu beschreiben. Jedenfalls wirkt die Peirce-Lektüre Deleuzes in den Film-Büchern noch unabgeschlossen und durchaus ihrerseits entwicklungsfähig.

Der zweite erhebliche Grundzug im Umgang mit anderen Texten in *Kino* liegt darin, daß hier zu den philosophischen und den filmtheoretischen Quellen die Filme selbst treten. Daher rührt, wie schon angeführt, die Notwendigkeit der Filmkenntnis im Umgang mit Deleuzes Denkansatz. Deleuze macht keinerlei Unterschied zwischen ästhetischen und theoretischen, zwischen kinematographischen und philosophischen Quellen. Er läßt nicht die einen über die anderen sprechen, sondern er läßt sie allesamt schlicht sprechen. Und dieses radikal immanente, beiordnende Verfahren behält er auch für die Betrachtung der Filme bei. Bilder sind für ihn nicht nur Repräsentationen (aber sie sind es stets auch) etwa handelnder und denkender Figuren, sondern selbst handelnd und denkend. Und umgekehrt, jede Figur, jedes Motiv eines Films ist immer schon Bild; auch das Ganze eines Films, das ja nirgendwo sichtbar anzutreffen ist, ist ein Bild, jeder Gedanke, der einem Film entsteigt, ist ein Bild. Diese äußerst ungewöhnliche Nichtunterscheidung zwischen den semantischen Ebenen macht die Filmbücher Deleuzes für die konventionelle Filmwissenschaft schwer lesbar, aber die Immanenzphilosophie Deleuzes kommt fast nirgendwo stärker zum Zug als eben hier.

Neben dem Gedanken der Evolution der Zeichen und des (kinematographischen) Zeichens als (evolutiver) Prozeß zum einen und dem Gedanken der Immanenz mit der Nichtinanspruchnahme übergeordneter, semantisch höherer Reflexionsstufen andererseits ist für Deleuzes Film-Philosophie aber vor allem ein Grundgedanken kennzeichnend, und das ist erneut seine Philosophie der Zeit. Mit dem Immanenzpostulat und dem Evolutionsgedanken verbindet sich diese Schwerpunktsetzung sehr dicht, weil der Film dasjenige Medium ist, das, zunächst, Bewegung durch Bewegung und, im Zuge seiner weiteren Entwicklung, Zeit durch Zeit repräsentiert und damit – schließlich, so Deleuze – zur Paradoxie einer „unmittelbaren Repräsentation der Zeit", wir könnten auch sagen: einer Selbstrepräsentation der Zeit gelangt.

Die Philosophie des Bewegungs-Bildes entwirft Deleuze konsequent in Anlehnung an die Bewegungsontologie Henri Bergsons. Dabei sind es zwei Thesen Bergsons, die Deleuze zur Beschreibung der Philosophie des Films heranzieht. Die erste geht davon aus, daß Bewegung und Zeit nicht auf den Raum reduziert werden können, unteilbar sind und nur als kontinuierliche, sich in Bewegung und Zeit selbst vollziehende „Dauer" begriffen werden können.[20] Genau dies ist Film, denn er erschließt sich nur in und mit der Bewegung und nicht in Reduktion auf Einzelbilder, wie Bergson selbst es noch vertrat. Bilder des Films sind, so Deleuze, bereits in Hinblick auf Bewegung aufgenommen, die ihnen deshalb nicht äußerlich ist. Die zweite These behauptet, daß der Film zunächst ein mechanisches mittelpunktsloses Bilderuniversum bereitstellt, in der die Bewegungen a-zentrisch, wenn auch nicht gesetzlos, miteinander interagieren.[21] Viele Regisseure der klassischen Moderne, etwa Dziga Vertov oder Jean Epstein, haben diese Wechselwirkungen der Bilder zum Thema des Films gemacht. Der Film wird als Auge begriffen, das in den Dingen selbst agiert, als Licht-Bilder und Raum-Zeit-Blöcke, die sich in Einstellungen und Sequenzen als geschlossene Ensembles präsentieren können, aber immer auf ein veränderliches Ganzes bezogen bleiben. Die Grundfigur des Bewegungs-Bildes ist also die Vermittlung der Bewegung mit sich selbst, was als Ebene der Immanenz gekennzeichnet werden kann. Diese permanente Variation kann allerdings durch ein bestimmtes privilegiertes Bild, den Leib, das von Bergson so genannte Indeterminiertheitszentrum, gebrochen werden, wobei mit Wahrnehmungs- Affekt- und Aktionsbildern neue visuelle Typen entstehen.[22] Während das Wahrnehmungsbild ein Ausschnitt aus dem Materiestrom fokussiert, ist das Affektbild eine Verlängerung über die Wahrnehmung hinaus, ohne in eine Reaktion einmünden zu können. Das Aktionsbild ist hingegen die Bewegung des Duells, der Kausalität, der Aktion und Reaktion und kommt dem klassischen Handlungsfilm am nächsten. Durch das Affekt- und Aktionsbild verbindet Deleuze die Bewegungstheorie Bergsons mit der Zeichenklassifikation von Peirce, indem er das Affektbild als Erstheit und das Aktionsbild als Zweitheit auslegt.

20 *Kino 1*, S. 13.
21 Ebd., S. 86.
22 Ebd., S. 91.

Geht Deleuze in den Passagen zum Bewegungs-Bild also besonders dem Aspekt der Immanenz nach, so befaßt er sich mit dem evolutiven Aspekt des Films besonders im Übergang zwischen den beiden Teilen seiner Untersuchung, also dem Wandel des Films vom klassischen zum modernen Film in der Mitte des 20. Jahrhunderts; und damit auch dem Schwenk weg von der Peirceschen Semiotik. Dieser Übergang, der sich im amerikanischen Film bei Welles und Hitchcock, im europäischen bei den Vorläufern des italienischen Neorealismus beobachten läßt, beruht auf einem Doppelschritt. Zum einen findet der Film jetzt nicht mehr einfach auf der Leinwand statt, sondern das Leinwandbild beginnt mit den Denk- und Bewußtseinsbildern der Betrachter zu interagieren, so daß „mentale Bilder" entstehen; Hitchcocks Suspense-Technik sei als Beispiel genannt. Zum anderen aber wird das Zuschauen in den Film hinein gezogen, die Bilder werden, jenseits konventioneller Subjekt-Objekt-Konstruktionen, zu gezeigten Ansichten, „reinen optischen Situationen", wie sie im frühen Neorealismus beispielhaft zu finden sind. Damit bricht die geschlossene Verkettung der Bilder, bricht das mehr oder weniger mechanische, kausalistische Wirken des klassischen Kinos auf. Die Zeit ist nicht länger mehr eine vor allem lineare, chronologische Zeit, in der das Nacheinander dominiert.

Der Entfaltung dieses Gedankens widmet Deleuze dann den zweiten Teil der Untersuchung. Er zeigt unter anderem, anknüpfend an Konzepte der Zeit, die bereits in *Logik des Sinns*, *Differenz und Wiederholung* und *Tausend Plateaus* entwickelt wurden, wie der moderne Film die temporalen Schichten von Vergangenheit, Gegenwart und Zukunft, von Anfang, Mitte und Ende, nicht mehr sukzessiv ordnet, wie es die klassische Narration vorsieht, sondern simultan. Im Anschluß daran bringt der Film von Deleuze so genannte Kristallbilder hervor. Diese reflektieren eine Eigenschaft der Bilder, die etwa im Medium der Sprache nicht gleichermaßen hergestellt werden kann, nämlich Verschiedenes, eigentlich Unvereinbares, gleichzeitig zu zeigen. Filmische Bilder in ihrer modernen Entfaltung sind zweiseitig, insofern als sie eine aktuelle und eine virtuelle Seite haben. „Die Ununterscheidbarkeit von Realem und Imaginärem, von Gegenwärtigem und Vergangenem, von Aktuellem und Virtuellem entsteht folglich keineswegs im Kopf oder im Geist, sondern ist das objektive Merkmal gewisser existierender Bilder, die von Natur aus doppelt sind".[23] Der moderne Film nimmt also Vermischungen von ‚Realitätsebenen' vor, die aber auch schon in der modernen Kunst, in der Photographie und in der Videokunst sichtbar sind. Die Entwicklung des Deleuzeschen Bildbegriffs ist daher weit über den Film hinaus von Interesse, etwa auch in bezug auf das Fernsehen, das mit ständigen Verwischungen von Realität und Fiktion operiert.

Neben diesem zeitphilosophischen Ansatz ist aber auch eine zweite Linie in *Das Zeit-Bild* von medienphilosophischem Interesse. Deleuze zeigt nämlich, wie die Bilder des Films aufhören, bloßer Gegenstand der Bewußtseinstätigkeit etwa der Zuschauer oder Filmemacher oder bloße Zeichen der Bewußtseinstätigkeit etwa der

23 *Kino 2*, S. 97.

dargestellten Figuren zu werden. Sie übernehmen nach und nach selbst die Erbringung von Bewußtseinsleitungen. Das beginnt, in der „optischen Situation“ mit den Wahrnehmungen, setzt sich fort über die Erinnerungen und die Träume (Deleuze spricht also von „Erinnerungs“- und „Traumbildern“) und mündet schließlich in noetischen „Denkbildern“ und in Bildern, die ihre eigene Hervorbringung hervorbringen. Diese These ist nicht nur filmwissenschaftlich interessant – Deleuzes Korpus endet etwa im Jahre 1980: wie ist die seither stattgehabte Weiterentwicklung des Films dann zu fassen? –, sondern auch relevant für eine allgemeine Medienphilosophie, weil sie eine den äußeren Artefakten eigene Denktätigkeit, eben eine eigene Philosophie hier des Films, allgemein eines (jeden) Mediums postuliert.

Von großer Bedeutung für eine nach wie vor politisch interessierte und motivierte Medienphilosophie ist schließlich ein kleiner Text mit dem Titel „Postskriptum über die Kontrollgesellschaften“,[24] in dem Deleuze womöglich näher als in seinen übrigen Schriften an einer medialen Parxis interessiert ist, nämlich derjenigen der Überwachung. Zugleich wird in diesem Essay paradigmatisch Deleuzes enges und wichtiges Verhältnis zu Michel Foucault deutlich. Deleuze skizziert hier nämlich eine über die vor allem von Foucault beschriebene Disziplinargesellschaft hinausgehende medienbedingte Gesellschaftsordnung. Anders als Foucault, dem der Zugang zur Gegenwartsanalyse – und damit auch zur theoretischen Selbstreflexion und Selbstrelativierung – aus grundsätzlichen Erwägungen zur Konsistenz seiner diskursanalytischen Verfahrensweise heraus verschlossen ist, kann Deleuze mit seinem an der Gleichzeitigkeit des Verschiedenen und am Wandlungsprozeß orientierten Zeitdenken auch den gegenwärtig gerade stattfindenden Verschiebungen nachgehen und sich auch von ihnen in Frage stellen lassen. Die Foucaultsche Disziplinargesellschaft, wie sie sich seit der Aufklärung und verstärkt seit etwa 1800 ausbildet, charakterisiert sich zuvorderst durch Disziplinierungsorte wie Schule, Kaserne, Fabrik und Gefängnis, durch die jeweils abgeschlossenen Milieus, die sie produzieren, durch Inklusions- und Exklusionsmechanismen. Die Kontrollgesellschaft hingegen, wie sie verstärkt seit der Mitte oder dem Ende des 20. Jahrhunderts entsteht, ist stark von elektronischen Medien geprägt und hebt Mechanismen der Kontrolle hervor, die zunehmend wichtiger werden als physische Disziplin. Es geht daher nicht mehr um eine Disziplinierung der ‚Massen‘, sondern um die individuelle Adressierbarkeit, nicht mehr um Warenausstoß, sondern den Zugang zu Informationen, nicht mehr um Bewegungsfreiheit und ihre Einschränkung, sondern um die Wege der Zirkulation des Wissens. Die Macht des Wortes und insbesondere des Befehls wird von der wirklichkeitssetzenden Macht der Daten abgelöst. Dabei entstehen Mechanismen der gegenseitigen Kontrolle und der Selbstkontrolle, die weniger sichtbar, aber nicht weniger effektiv sind als die Macht, die von den Disziplinargesellschaften ausgeübt wurde. Deleuze ist hier sehr bewußt, daß damit auch den Prämissen seines eigenen – politischen und philosophischen – Denkens Veränderungen bevorstehen, daß mit dieser Diagnose Proble-

24 In: Gilles Deleuze, *Unterhandlungen*, Frankfurt/M. 1993, S. 254-262.

matiken aufgerufen werden, die mit den Denkmitteln ebendieser Diagnose nicht mehr zu bewältigen sein werden und künftigen Generationen aufgetragen sind. Dieser Text kann damit, ähnlich wie *Tausend Plateaus*, nicht nur als Kommentar zu den entstehenden Informationsgesellschaften gelesen werden, sondern zugleich als eine dringende Einladung, ihn, statt ihn bloß zu reproduzieren, im Deleuzeschen Sinne zu wiederholen, das heißt, ihn zu verändern.

Alexander Roesler

Jacques Derrida und die Medientheorie

Im Jahr 1967 erschienen in Frankreich gleich drei Bücher von Jacques Derrida: *Die Stimme und das Phänomen*,[1] *Die Schrift und die Differenz*[2] sowie *Grammatologie*.[3] Wenn man nur die Titel betrachtet, so könnte man meinen, es handele sich um Beiträge zur Medientheorie im weiten Sinn, sind doch Oralität und Literalität deren prominente Themen seit Platon. Eine genauere Lektüre macht jedoch schnell deutlich, daß es Derrida um etwas ganz anderes geht als um Beiträge zu einer Medientheorie. Es geht ihm um die Dekonstruktion der abendländischen Metaphysik und derem zentralen Gedanken, daß Sinn und Bedeutung stabile und verläßliche Kategorien sind. Trotzdem hat er sich in zahlreichen Schriften Aspekten und Fragen der Medien gewidmet und ist daher zu Recht in diesem Band vertreten.

Im folgenden möchte ich nun diese Aspekte darstellen. Da es viele Stellen in Derridas weit verzweigtem Werk gibt, die dafür in Frage kommen, möchte ich eine Auswahl treffen. Ich konzentriere mich erstens auf die Themen „Stimme" und „Schrift", da sie den Anfang von Derridas Philosophieren markieren und der Ausgangspunkt seiner Theorie sind, und gehe dann zweitens über zu den Themen „Telefon", „Archiv" und „Fernsehen". In einem dritten Teil unterziehe ich Derridas Positionen einer kurzen Kritik, um abschließend eine allgemeine Vermutung über eine mögliche Medientheorie bei Derrida zu äußern. Sie kann vielleicht erklären helfen, warum er in diesem Feld einen ganz eigenartigen Einfluß gewonnen hat.

I. Stimme und Schrift

Der Ausgangspunkt von Derridas Überlegungen in den drei genannten Büchern von 1967 ist das Verhältnis der gesprochenen Sprache zur Schrift. In der gesamten abendländischen Philosophiegeschichte sieht er eine Diskriminierung am Werk, welche die Schrift der gesprochenen Sprache gegenüber abwertet. Das geschriebene Zeichen wird dem Lautzeichen gegenüber als sekundär angesehen, als bloße Verschriftlichung des vorangehenden Lautzeichens. Diese These ist nach Derrida falsch.

---

1 Deutsch erschienen als: *Die Stimme und das Phänomen. Ein Essay über das Problem des Zeichens in der Philosophie Husserls*, Frankfurt/M. 1979. Angaben ohne Autornennung beziehen sich durchgängig auf Schriften Derridas.

2 *Die Schrift und die Differenz*, Frankfurt/M. 1972.

3 *Grammatologie*, Frankfurt/M. 1974.

Seine Argumentation entfaltet er in Auseinandersetzung mit den unterschiedlichsten Denkern. Egal ob Platon, Aristoteles, Rousseau, Hegel oder Husserl, alle diskriminieren die Schrift zugunsten des gesprochenen Wortes. In dieser abwertenden Geste sieht Derrida ein wiederkehrendes Muster der Philosophiegeschichte, das er identifizieren und kritisieren wird. Am Beispiel von Derridas Saussurekritik möchte ich dies im Detail zeigen.

Saussure gehört in die Reihe derjenigen, welche der Schrift nur eine abgeleitete Funktion zusprechen. Derrida zeigt nun, daß diese Position allen anderen Bestimmungen, die Saussure vom Zeichen gibt, widerspricht. Sein Ziel ist der Nachweis, daß Phonem und Graphem, Laut und Buchstabe auf einer Ebene liegen, daß also nicht das eine dem anderen vorgezogen werden kann, da beide sich als Signifikanten verstehen lassen. Dies folgt aus Saussures These von der Sprache als System von Differenzen, aus der Arbitrarität des Verhältnisses von Signifikant und Signifikat und aus der Definition des Zeichens.

Im *Cours* bestimmt Saussure das Zeichen als Einheit von Signifikat und Signifikant: „Ich schlage also vor, daß man das Wort *Zeichen* beibehält für das Ganze und *Vorstellung* beziehungsweise *Lautbild* durch *Signifikat* und *Signifikant* ersetzt“.[4] Daß nun der Signifikant einseitig lediglich als *Laut*bild zu verstehen ist, geht aus der Intention des *Cours* nicht hervor. Das Lautbild bei Saussure ist nicht der tatsächlich gesprochene Laut, sondern dessen ideale Form, die es ermöglicht, ihn im Unterschied zu anderen Lauten wiederzuerkennen. Diese Bestimmung läßt sich aber ohne Verlust auch auf den Buchstaben oder allgemeiner auf ein Graphem übertragen. Auch der Buchstabe als Signifikant ist nicht der tatsächlich geschriebene Buchstabe, sondern dessen ideale Form, die ihn im System aller Buchstaben von den anderen unterscheidet. Auch das geschriebene Wort ist diejenige Einheit aus Signifikat und Signifikant, die Saussure für das gesprochene Wort reklamiert. Derrida weist darauf hin, daß dies im *Cours* daran deutlich wird, daß Saussure bei der Erklärung der lautlichen Differenz als Bedingung des sprachlichen Werts seine Beispiele der Schrift entlehnt[5] und verweist auf folgendes Zitat von Saussure: „Da man die gleichen Verhältnisse in einem anderen Zeichensystem, nämlich der Schrift feststellen kann, nehmen wir dieses als Vergleichspunkt zur Aufklärung dieser Frage“.[6] Die Vergleichbarkeit von Schrift und gesprochener Sprache besteht in dieser Hinsicht darin, daß Saussure Sprache nicht als Substanz versteht, sondern als Form, als ein System von Differenzen. Was auf der Signifikantenebene different zueinander ist, bleibt letztlich egal, und es ist genau dieser Gesichtspunkt, welchen die Linguistik zu einer Semiologie ausweiten kann, einer Semiologie, die alle möglichen Zeichensysteme untersucht, vom Flaggenalphabet bis hin zur Mode. Der Differenzgedanke bei Saussure privilegiert daher keine besondere Substanz als Signifikant. Demnach kann die Stimme der Schrift nicht vorgezogen werden.

---

4 Ferdinand de Saussure, *Grundfragen der allgemeinen Sprachwissenschaft*, Berlin ²1967, S. 78.
5 *Grammatologie*, S. 91.
6 Ebd., S. 91, und Saussure, *Grundfragen*, S. 142.

Das gleiche folgt aus der postulierten Arbitrarität des Zeichens, da sich „diese These ausschließlich mit den notwendigen Verhältnissen zwischen determinierten Signifikanten und Signifikaten“ beschäftigt, „und allein diese Verhältnisse sollen von der Arbitrarität geregelt werden“.[7] Wenn die Beziehung Signifikant-Signifikat unmotiviert ist, d. h. nicht irgendeiner natürlichen Verbindung unterstellt, sondern auf einer Übereinkunft beruht, dann kann es innerhalb unterschiedlicher Materialisierungen der Signifikanten keine Rangfolge geben. Wenn man „Zeichen als unmotivierte Vereinbarungen betrachtet, müßte man jedes Verhältnis einer natürlichen Unterordnung, jede natürliche Hierarchie zwischen Signifikanten oder Ordnungen von Signifikanten ausschließen“.[8] Dennoch ordnet Saussure die Schrift der gesprochenen Sprache unter.

Auch sein eigener Zeichenbegriff widerspricht dieser Unterordnung. Saussure betrachtet die Schrift als Abbild der gesprochenen Sprache, als Zeichen für ihre Zeichen. Das Zeichen bei Saussure ist aber gerade kein Abbild; dagegen wendet sich die These von der Arbitrarität. „Abgesehen davon, daß das Phonem das Nicht-Abbildbare schlechthin ist, und daß nichts Sichtbares ihm ähneln kann [...], ist [...] nicht [...] einzusehen, wie er einerseits von der Schrift sagen kann, sie sei ‚Abbild‘ oder ‚(bildhafte) Darstellung‘ der Sprache, und wie er andererseits die Sprache und die Schrift als ‚zwei verschiedene Systeme von Zeichen (*Grundfragen* 28)‘ definieren kann“.[9] Wenn die Schrift auch Zeichen ist und nicht das gesprochene Wort abbilden kann, da es sonst kein Zeichen mehr wäre, dann müssen der Schrift als Zeichen genau diejenigen Eigenschaften zukommen, die auch dem gesprochenen Wort als Zeichen zukommen.

Obwohl die Kritik von Derrida semiologisch inspiriert ist und sich der Auseinandersetzung mit dem damals vorherrschenden Strukturalismus verdankt, läßt sie sich auch als eine medientheoretische Argumentation lesen. Sie besagt dann, daß man bei der Frage von Sinn und Bedeutung nicht umhin kommt, die Medien zu thematisieren, durch die dieser Sinn greifbar wird. „Medium“ heißt im Kontext des Strukturalismus dann „Signifikant“, also der materielle Aspekt des Zeichens, seine konkrete physische Bedingung. Letztlich zeigt Derrida, daß es zwischen Schrift und Stimme keinen prinzipiellen Unterschied gibt, daß beides Medien sind und daß man ohne Medien nicht auskommt, ja, daß Sinn ohne Medien nicht existent wäre. Ideale Rangfolgen innerhalb verschiedener Medien, so eine Seitenlinie der Argumentation, lassen sich nicht aufstellen, denn das Verhältnis Botschaft-Medium (wie man das Verhältnis „Signifikat-Signifikant“ auch medientheoretisch übersetzen könnte) unterliegt Bedingungen, die strukturell für alle diese Verhältnisse gelten, egal um welche Form von Medien es sich dabei handelt.

Derrida beläßt es aber nicht dabei, Saussure einfach Inkonsistenz vorzuwerfen. Vielmehr folgt Saussure seiner Meinung nach einer langen Tradition, in der die Schrift abgewertet worden ist. Den Grund für diese Abwertung sieht Derrida in

7 *Grammatologie*, S. 77.
8 Ebd., S. 78.
9 Ebd., S. 79.

einem *Phonozentrismus*, dem, so seine These, die gesamte abendländische Metaphysik huldige. Der Phonozentrismus stellt das gesprochene Wort in den Mittelpunkt, weil mit ihm als *Modell* der Sinn als *idealer* Sinn bestimmt werden kann. Beim Sprechen nämlich vernimmt man sich selbst, scheinbar ohne Hilfe durch eine vermittelnde Substanz. Solche „Gespräche mit sich selbst" legen daher als Vorbild den Gedanken nahe, daß der reine Sinn jenseits seiner materiellen Verkörperung zu haben und folglich auch zu suchen wäre. Deshalb wird die Schrift abgewertet, da sie den reinen Sinn an Schriftzeichen heftet und damit „verunreinigt". Die Schrift erlaubt keinen direkten Zugang zum Sinn; sie ist vielmehr ein Umweg über etwas dem Sinn Äußerliches, über etwas, das zum Sinn dazukommt, das er aber eigentlich nicht bräuchte.

Der Phonozentrismus geht mit demjenigen einher, was Derrida *Logozentrismus* nennt. Das Wesen der „Stimme" steht „unmittelbar dem nahe, was im ‚Denken' als Logos auf den ‚Sinn' bezogen ist, ihn erzeugt, empfängt, äußert und ‚versammelt'".[10] So ist für Aristoteles das in der Stimme Verlautende ein Zeichen für die in der Seele hervorgerufenen Zustände und das Geschriebene ein Zeichen für das in der Stimme Verlautende[11] – und damit ist er einer derjenigen, der die Schrift zugunsten des gesprochenen Wortes abwertet. Der Grund dafür liegt darin, daß für Aristoteles „die Stimme als Erzeuger der *ersten* Zeichen wesentlich und unmittelbar mit der Seele verwandt ist. Als Erzeuger des ersten Signifikanten ist sie nicht bloß ein Signifikant unter anderen. Sie bezeichnet den ‚Seelenzustand', der seinerseits die Dinge in natürlicher Ähnlichkeit widerspiegelt oder reflektiert. Zwischen dem Sein und der Seele, den Dingen und Affektionen bestünde ein Verhältnis natürlicher Übersetzung oder Bedeutung; zwischen der Seele und dem Logos ein Verhältnis konventioneller Zeichengebung. Die *erste* Konvention, welche ein unmittelbares Verhältnis zur Ordnung der natürlichen und universalen Bedeutung hätte, entstünde als gesprochene Sprache. Die geschriebene Sprache hielte Konventionen fest".[12]

Die Verbindung von Phonozentrismus und Logozentrismus, die letztlich zwei Aspekte eines Gedankens sind, besteht darin, daß die Stimme so verstanden wird, daß sie dem Sinn am nächsten ist. Die Schrift, oder allgemeiner der Signifikant, käme hinzu und wäre an der Sinnbildung nicht beteiligt; er wäre sekundär. Der Sinn, das Signifikat, wäre das erste, während die Schrift oder der Signifikant das Nachgeordnete wäre, das als materielle Seite des Zeichens vom Sinn abgetrennt und lediglich durch Konvention an ihn gebunden ist. Im Signifkanten der Schrift ist daher der Sinn nicht anwesend, sondern es wird nur auf ihn verwiesen. Derrida kann dem Logozentrismus damit nachweisen, daß er Sinn als „Präsenz" denkt, als anwesend. „Man ahnt bereits, daß der Phonozentrismus mit der historischen Sinn-Bestimmung des Seins überhaupt als *Präsenz* verschmilzt, im Verein mit all den Unterbestimmungen, die von dieser allgemeinen Form abhängen und darin ihr

10 Ebd., S. 24.

11 Aristoteles, *De interpretatione*, I, 16 a 3.

12 *Grammatologie*, S. 24.

System und ihren historischen Zusammenhang organisieren (Präsenz des betrachteten Dinges als *eidos*, Präsenz als Substanz/Essenz/Existenz [*ousia*], Präsenz als Punkt [*stigme*] des Jetzt oder des Augenblicks [*nun*], Selbstpräsenz des cogito, Bewußtsein, Subjektivität, gemeinsame Präsenz von und mit dem anderen, Intersubjektivität als intentionales Phänomen des Ego usw.). Der Logozentrismus ginge also mit der Bestimmung des Seins des Seienden als Präsenz einher".[13]

Auf diesem Hintergrund stellt sich die Abwertung der Schrift als eine Strategie dar, den Sinn als etwas Intelligibles vom Sinnlichen fernzuhalten, wie es die Schrift oder überhaupt jegliche Materialisierung des Sinns darstellt. Das Signifikat soll als rein Intelligibles bestehen bleiben, „noch bevor es ‚hinausfällt' und vertrieben wird in die Äußerlichkeit des sinnlichen Diesseits. Als Ausdruck reiner Intelligibilität verweist es auf einen absoluten Logos, mit dem es unmittelbar zusammengeht".[14]

Auch der Vorwurf des Phonozentrismus und des Logozentrismus läßt sich medientheoretisch lesen, diesmal als eine Art „politische" Argumentation. Wenn Sinn, wie Derrida gezeigt hat, notwendig auf Medien angewiesen ist und man den Begriff des „Mediums" in seiner Bedeutung als ein „Dazwischen" versteht, dann folgt notwendig die Konklusion, daß Sinn niemals direkt zugänglich ist. Dieser direkte Zugang, den man als räumliche oder zeitliche Anwesenheit (Präsenz) des Sinns ohne eine Vermittlung verstehen kann, gewissermaßen als Sinn ohne Medium, ist aber nötig, um bestimmten Sinn zu bevorzugen: um eine Hierarchie aufzustellen, um werten zu können, um richtig von falsch zu unterscheiden. „Medienvergessenheit" in diesem Zusammenhang wäre der Versuch, die Angewiesenheit von Sinn auf Medien zu verschleiern, um eine Ordnung aufrechterhalten zu können. Das jedoch ist nach Derrida unmöglich.

Es ist unmöglich, weil Derrida die Sinnbestimmung ganz strukturalistisch mit Saussure als Effekt von Differenzen versteht. Die Struktur des sprachlichen Zeichensystems ist ein Netz von Signifikanten, die sich wechselseitig bestimmen, in Differenz zueinander stehen. Das Signifikat zu einem Signifikanten erklärt sich aus dessen Abgrenzung zu anderen Signifikanten. „Es gibt kein Signifikat", folgert daher Derrida, „das dem Spiel aufeinander verweisender Signifikanten entkäme"; „das Signifikat fungiert darin seit je als Signifikant".[15] Ein unsinnliches, ursprüngliches, präsentes, ein „transzendentales" Signifikat kann es nicht geben, da es aus der Differenzierungsstruktur der Signifikanten herausfallen würde und mit ihr in keinerlei Beziehung stehen könnte. Es wäre nicht mehr als Effekt der Differenz von Signifikanten beschreibbar. Das aber ist der Fehler des Phonozentrismus. Er betrachtet den Signifikanten als sekundär, da „die Stimme dem Signifikat am nächsten" ist, und folglich ist der Signifikant „nicht sinnbildend".[16] Das widerspricht aber der fundamentalen These der Differenzierung als Voraussetzung der Sinnbildung, und an dieser These möchte Derrida festhalten: Sinn ist ein Effekt der Dif-

13 Ebd., S. 26.
14 Ebd., S. 28.
15 Ebd., S. 17.
16 Ebd., S. 25.

ferenzierung von Signifikanten. Für jegliche Struktur hat dies dann zur Folge, „daß es kein Zentrum gibt, daß das Zentrum nicht in Gestalt eines Anwesenden gedacht werden kann, daß es keinen natürlichen Ort besitzt, daß es kein fester Ort ist, sondern eine Funktion, eine Art von Nicht-Ort, worin sich ein unendlicher Austausch von Zeichen abspielt". Alles wird „zum System, in dem das zentrale, originäre oder transzendentale Signifikat niemals absolut, außerhalb eines Systems von Differenzen, präsent ist. Die Abwesenheit eines transzendentalen Signifikats erweitert das Feld und das Spiel des Bezeichnens ins Unendliche".[17]

Setzt man auch in diesem Zusammenhang „Signifikant" mit „Medium" gleich, dann ergibt sich eine Begründung des Medienaprioris aus dem Geist des Strukturalismus. Derrida hätte damit gezeigt, daß es Sinn ohne Medium *prinzipiell* nicht geben kann, daß er wesentlich auf eine Vermittlung und damit auf Medien angewiesen ist, ja, daß er ohne diese und losgelöst von ihnen überhaupt nicht existiert. Im medientheoretischen Zusammenhang wäre dies ein Ansatz gewesen, dessen Reichweite und Anspruch größer und philosophisch motivierter wäre als vergleichbare Versuche. Trotzdem gibt es gute Gründe dafür, daß sich daraus keine eigenständige Medientheorie ergeben hat. Am Schluß möchte ich darauf zu sprechen kommen.

II.

Nachdem die frühen Werke von 1967 die theoretischen Grundlagen des Logozentrismus erörtert hatten, entwickelte Derrida davon ausgehend unterschiedliche Schreibweisen, die dem flüchtigen Sinn Rechnung zu tragen versuchten. Zunächst stehen meist bestimmte Texte – literarische oder philosophische – im Zentrum, die er mit Fragen, Assoziationen, begrifflichen Unterscheidungen umkreist. Dabei kommt es ihm weniger darauf an, Thesen aufzustellen und argumentativ zu untermauern, sondern den Sinn zu vervielfachen, ihn am Laufen zu halten und zu zeigen, wie die Versuche kollabieren, eindeutige Bestimmungen aufzustellen. Der Sinn kann eben nie festgehalten werden, er ist immer aufgeschoben und nie „anwesend".

Ein Beispiel für dieses Schreibverfahren in unserem Zusammenhang ist das Buch *Die Postkarte von Sokrates bis an Freud und jenseits*[18] von 1980, besonders „die 1. Lieferung", also der erste Band. Zu Beginn heißt es dort: „Ihr könnt diese Sendungen lesen als das Vorwort eines Buches, das ich nicht geschrieben habe. Es hätte gehandelt von dem, was geht von den Posten, den Posten in allen Genres, bis zur Psychoanalyse. Weniger, eine Psychoanalyse des postalischen Effekts zu versuchen, als um zurückzusenden von einem einzigartigen Ereignis, der freudschen Psychoanalyse, zu einer Geschichte und einer Technologie des Kuriers, zu einer

17 *Die Schrift und die Differenz*, S. 424.

18 *Die Postkarte von Sokrates bis an Freud und jenseits. 1. Lieferung*, Berlin 1982.

gewissen allgemeinen Theorie der Sendung und all dessen, was euch eine gewisse Telekommunikation beansprucht, sich zu schicken".[19]

Was dann als Text folgt, läßt sich allerdings nicht auf „Thesen" reduzieren oder gar zusammenfassen. Derrida kreist in kurzen, datierten Briefen an ein „Du" um Worte, Sinnverbindungen, lautliche Ähnlichkeiten usw. aus dem Feld des Postalischen ganz abstrakt und im allgemeinen. Der Text liest sich eher wie Dichtung als daß er eine „Theorie" entwirft, doch hat Derrida dies in dem zitierten Abschnitt gleichsam vorweggenommen, indem er im Konjunktiv sein Vorhaben darlegt. Als Fortführung seiner philosophischen Analyse vom Verhältnis Signifikat-Signifikant ist dieser Text (und andere) sicher konsequent, Anknüpfungspunkte für eine Medientheorie im klassischen Verständnis von Theorie bietet er jedoch nicht. Wie viele Texte Derridas ist er singulär, ein einmaliges Experiment, das sich nur im Gestus fortführen läßt, nicht jedoch inhaltlich.

In den 90er Jahren dann hat sich Derrida tatsächlich zunehmend mit Medien beschäftigt. Drei Texte aus dieser Zeit möchte ich hervorheben, in denen er Fragen um konkrete Medien wie Telefon, Archiv und Fernsehen nachgeht. Diese Texte lassen sich als eine gewisse Verbindung in der Schreibweise aus den frühen Werken Ende der 60er Jahre und den eher experimentellen aus den 70er und 80er Jahren auffassen. Auch wenn der Sinn immer noch am fließen und „disseminieren" ist, so entwirft Derrida darin allgemeine Hypothesen über konkrete Medien; insofern lassen sie sich auch als ein Beitrag zur Medientheorie lesen.

Telefon

Hatte Derrida schon in der *Postkarte* ein ganzes semantisches Feld erkundet, kreist er in seinem Essay *Das andere Kap*[20] von 1991 hauptsächlich um die Themen „Europa", „Europa denken", „Kapitale", „Kapital", „Demokratie" und knüpft Verbindungsfäden zwischen ihnen, wobei er sich auf Texte von Paul Valéry bezieht. An einem Punkt in diesem Essay kommt er auf die Doppelgeschlechtlichkeit der Frage nach dem „Kapital" zu sprechen, die sich einmal als Frage nach „der Kapitale" (der Hauptstadt) stelle, und einmal nach „dem Kapital". Die Frage nach einer Hauptstadt der europäischen Kultur führe, so Derrida, zu der Spannung, daß sich einerseits die Identität der europäischen Kultur nicht zersplittern solle, andererseits eine vereinheitlichende Autorität aber nicht hingenommen werden dürfe. Interessanterweise schreibt Derrida dabei den modernen medientechnischen Bedingungen die Rolle zu, eine „vereinheitlichende Autorität" quasi auf der Seite der Kapitale auszuüben, die dann nicht mehr geographisch gedacht werden kann, denn „eine Normierung ließe sich, indem man unter Anwendung beweglicher, überall gegenwärtiger, grenzüberschreitender und von extremer Übertragungsschnelligkeit geprägter

19 Ebd., S. 7.
20 *Das andere Kap. Die vertagte Demokratie. Zwei Essays zu Europa*, Frankfurt/M. 1992.

Mediennetze Stätten müheloser Übereinstimmung schafft",[21] auch ortsungebunden denken. Dennoch bliebe die Frage nach der Kapitale erhalten, besonders nach ihrer Politik, die sich nicht mehr mit der *polis* oder den überlieferten Begriffen der *politeia* oder der *res publica* verbinden ließe. Daraus erwachse, so Derrida, eine Aporie: „Weder Monopol noch Zerstreuung oder Zersplitterung".[22]

An diesem Punkt entfaltet nun das Telefon seine Wirkung. Zunächst nähert sich ihm Derrida generell über „eine Kommunikation, die, verkabelt und zielgerichtet, in größter Nähe zu Haupt und Oberhaupt, alles sogleich erreicht und sich überall verbreitet. Ein derart kapillares System überquert nicht allein die nationalen Grenzen".[23] Das spricht noch für mediale Vernetzung in Beziehung zur „Kapitale" allgemein. Als Beispiel jedoch kommt er dann sofort auf das Telefon zu sprechen: „Wie wir wissen, sind totalitäre Regime außerstande, wirksam gegen ein inneres Telefonsystem zu kämpfen, sobald dessen Dichte eine gewisse Schwelle überschreitet; es entzieht sich dann der Kontrolle. Keine ‚moderne' Gesellschaft (Modernsein ist für Totalitarismus ein Gebot) kann lange Zeit darauf verzichten, mit der Entwicklung der technisch-wirtschaftlichen-wissenschaftlichen Leistungen des Telephons fortzufahren – und also die Erweiterung jener ‚demokratischen' Durchgangsstätten zu betreiben, die geeignet sind, ihre eigene Zerstörung herbeizuführen. Für den Totalitarismus verwandelt sich das Telephon so in die unsichtbare Andeutung und in die gebieterische Anordnung seines Zusammenbruchs".[24]

Aus heutiger Sicht ist interessant, daß Derrida diese Macht dem Telefon zuschreibt, wo man sie jetzt eher dem Internet zurechnen würde. Der Grund dafür sind die „von extremer Übertragungsschnelligkeit geprägten Mediennetze", von denen er spricht. Das Netz ist im Verbund mit der Datenübertragungsrate gewissermaßen die technische Grundlage für diese den Totalitarismus gefährdende Macht; in welchen Apparaten sie sich umsetzt, ist hier noch gleichgültig. Derrida denkt an diesem Punkt nicht spezifisch vom Telefon her; es ist nur ein Beispiel dafür.

Derrida betrachtet das Telefon noch unter einem zweiten Blickwinkel, dem der Öffentlichkeit. In direktem Anschluß an das eben Zitierte schreibt er: „Das Telephon verhindert die Festlegung einer Grenze zwischen dem Öffentlichen und dem Privaten; vorausgesetzt, eine solche scharfe Grenze hat sich je ziehen lassen. Es leitet die Bildung einer *öffentlichen Meinung* dort ein, wo diese nicht mit den üblichen Bedingungen der Öffentlichkeit rechnen kann: mit einer gedruckten Presse oder mündlich vermittelten Nachrichten, mit einem wie immer auch verfaßten Verlagswesen. Kurzum: Die Telephonleitungen – und bald auch das Visiophon – können von den großen Kommunikationskanälen nicht getrennt werden, vom Fernsehen oder von den Fernschreibern".

21 Ebd., S. 32.
22 Ebd., S. 33.
23 Ebd., S. 34.
24 Ebd.

Auch bei dieser Stelle hätte man heute eher das Internet im Blick als das Telefon oder das „Visiophon", das ein anderer Name für „Bildtelefon" ist und heute – wenn durchgesetzt – eher als Live-Chat mit Webcam über das Internet funktioniert. Und auch hier sieht man nicht recht, wieso Derrida ausgerechnet dem Telefon die Bildung einer öffentlichen Meinung zuschreibt, wo es doch ein Medium ist, das klassisch von Person zu Person verläuft. Medien, die eine öffentliche Meinung beeinflussen wollten, sollten doch eher „one-to-many"-Medien sein oder „many-to-many". Der Grund liegt hier darin, daß Derrida von der Vernetzung ausgeht und das Telefon eben nicht von den Kommunikationskanälen trennen möchte. Versteht man die Telefonleitungen als Verkörperung dieses Netzes – was aus heutiger Sicht der geschichtlichen Entwicklung des weltweiten Computerverbundes 1991 eine zutreffende Beschreibung war – dann hat Derrida recht, auch wenn er die Endgeräte, den Telefonapparat also, nicht eigens bedenkt.

Warum aber legt Derrida kein Augenmerk auf den Unterschied zwischen Vernetzung und Telefon? Der Grund dafür liegt in Derridas Konzeption der „öffentlichen Meinung". In dem Essay *Die vertagte Demokratie*, der eigentlich ein Interview ist oder auf einem Interview basiert, kommt Derrida auf die öffentliche Meinung zu sprechen und charakterisiert sie unter dem Blickwinkel ihrer Identifizierung: „Wie soll man hier die öffentliche Meinung identifizieren? Gibt es sie, kann man sagen, daß sie eine *Stätte* hat, an der sie sich bildet, an der die Bildung einer öffentlichen Meinung *statt*findet oder *statt*hat? Wo erscheint die öffentliche Meinung, wo bietet sie sich *als solche* dem Blick dar? Das Umherirren ihres eigenen Korpus ist auch die Allgegenwart eines Gespenstes. In keinem Raum ist er als solcher anwesend und gegenwärtig. Die öffentliche Meinung läßt sich nicht auf die Repräsentation durch die Wählerschaft begrenzen, sie ist von Rechts wegen weder mit dem *Allgemeinwillen* identisch noch mit der *Nation*, der *Ideologie* oder einer Summe privater Meinungen [...] Sie spricht nicht in der ersten Person, sie ist nicht Objekt und auch nicht Subjekt (‚wir', ‚man'); man *zitiert* sie, beruft sich auf sie, man bringt sie zum Reden, läßt sie reden, wie ein Bauchredner das tun würde [...]; doch dieser ‚Durchschnitt' wahrt zuweilen die Kraft, gegen die Mittel zu opponieren, die dazu taugen, ‚die öffentliche Meinung zu lenken', er leistet Widerstand gegen die ‚Kunst, die öffentliche Meinung zu ändern'".[25] Die öffentliche Meinung ist nach Derrida der „Gott einer negativen Politologie".

Diese Charakterisierung der öffentlichen Meinung erinnert stark an alles, was Derrida zur Bedeutung des sprachlichen Zeichens gesagt hat, zum Signifikat. Auch das Signifikat ist schwer zu identifizieren, hat keine Stätte, an der es sich bildet, bietet sich nie als solches dem Blick dar, irrt umher, ist nie anwesend, präsent, gegenwärtig, läßt sich nicht begrenzen, schon gar nicht durch Repräsentation oder besser: in der Repräsentation, ist mit nichts identisch (noch nicht einmal mit sich selbst), ist nicht Objekt oder Subjekt usw. und besitzt wie die öffentliche Meinung die Kraft, gegen die Mittel zu opponieren, die es lenken wollen – was sich genau in

25 Ebd., S. 83.

den Dekonstruktionen der Texte zeigt, die Derrida stetig unternimmt. Man kann daher mit einigem Recht behaupten, daß Derrida die öffentliche Meinung vom Signifikat her denkt.

Kein Signifikat ohne Signifikant, und daher keine öffentliche Meinung ohne einen Gegenpart, der sie quasi verkörperte, sie transportierte, da auch die öffentliche Meinung „ohne ein bestimmtes *Medium* kein Lebenszeichen von sich geben und am hellichten Tag erscheinen“[26] könnte. An dieser Stelle im Text ist es eine Zeitung, aber es kann auch ein Telefon sein, wie wir aus *Das andere Kap* wissen, wenn die politische Lage das Verlegen von Zeitungen verhindert. Die Vermutung liegt nahe, daß Derrida das Verhältnis von öffentlicher Meinung zu Medien denkt wie das Verhältnis von Signifikat und Signifikant, wie es oben beschrieben worden ist. Das ist auch der Grund, warum seine Analyse nicht recht überzeugt, wie ich weiter unten noch näher erläutern möchte.

Archiv

In seinem Text *Dem Archiv verschrieben*,[27] der zuerst 1994 als Vortrag gehalten worden ist, geht Derrida von einer Reihe von Fragen zum Archiv aus, um von dorther die Psychoanalyse zu thematisieren, da sie es mit der Speicherung von „Eindrücken“ zu tun hat und „eine zumindest potentielle Revolution in der Problematik des Archivs“ hervorrufen müßte.[28] Zu diesem Zweck diskutiert er Texte von Freud, aber auch – indem er die Frage dahingehend weitertreibt, ob die Psychoanalyse eine „jüdische Wissenschaft“ sei – die Werke von Yosef Hayim Yerushalmi. Diese Aspekte möchte ich für unseren Zusammenhang vernachlässigen und versuchen, die allgemeinen Charakteristika des Archivs herauszustellen.

Der Ursprung des Wortes „Archiv“, schreibt Derrida, kommt vom griechischen „archeion“ und bedeutet Haus, Wohnsitz, Adresse. Darüber hinaus bezeichnet es auch die Wohnung der höheren Magistratsangehörigen, den „archontes“. Ihnen erkannte man das Recht zu, das Gesetz geltend zu machen, und daher deponierte man in ihrem Haus die offiziellen Dokumente. Die Archontes sorgten nicht nur für die physische Sicherheit des Depots, sondern erhielten auch das Recht und die Macht, die Archive zu interpretieren. Die beiden Grundmerkmale des Archivs sind daher ein Bewahrer und ein fester Ort.[29] Gleichzeitig wird deutlich, daß das Archiv ganz wesentlich politischen Einflüssen unterliegt sowie an der Schnittstelle von privat und öffentlich zu verorten ist.

Die archontische Macht wird von Derrida als eine „Funktion der Vereinheitlichung, der Identifizierung und der Einordnung“[30] gedacht und mit dem zusam-

---

26 Ebd.

27 *Dem Archiv verschrieben. Eine Freudsche Impression*, Berlin 1997.

28 Ebd., S. 2.

29 Ebd., S. 11.

30 Ebd., S. 12.

mengebracht, was er „Konsignation" nennt. Er versteht darunter „den Akt des *Kon*signierens im *Versammeln der Zeichen*. Dies ist nicht nur die traditionelle *consignatio*, nämlich der schriftliche Beleg, sondern auch das, was jede consignation von Beginn an voraussetzt", nämlich „ein einziges Korpus zu einem System oder zu einer Synchronie zusammenzufügen, in dem alle Elemente die Einheit einer idealen Konfiguration bilden".[31] Das Archiv ist also, so könnte man interpretieren, der Ort, der eine Einheitlichkeit herstellt, allerdings nicht so, daß die in Frage kommenden Elemente einem System angepaßt werden, etwa indem sie nur Schriftform annehmen können. Sie werden nicht in bestimmter Weise „aufbereitet", sondern schlicht *gesammelt*, das heißt nebeneinandergestellt. Damit bleibt die Möglichkeit offen, die unterschiedlichsten Elemente zu archivieren, ungeachtet ihrer Erscheinungsform.

Obwohl der Akt des Konsignierens im Versammeln besteht, wird jedoch nicht alles gesammelt, sondern *Zeichen*. Da allerdings prinzipiell gesehen alles zum Zeichen werden kann, indem man vereinbart, es als Stellvertreter für etwas anderes zu nehmen, bedeutet die Sammlung von Zeichen, daß die Elemente des Archivs mit Bedeutung verbunden sein müssen, daß also nicht lediglich „Gegenstände" versammelt werden, sondern materielle Träger von Sinn. Diese Charakterisierung ist formal gesehen offen genug, um immer wieder neu zu bestimmen, was ins Archiv aufgenommen wird und was nicht, und andererseits doch so einschränkend, daß man z. B. die Versammlung von reinen Gegenständen immer noch als „Lager" oder „Museum" verstehen kann und nicht als Archiv. Wenn Derrida weiter unten auf die moderne Technik zu sprechen kommt, wird diese offene Bestimmung dessen, was in ein Archiv gehört, noch einmal aufgenommen.

In einem nächsten Schritt bestimmt Derrida das Archiv als errichtend und erhaltend. „Revolutionär und traditionell. Ein *öko-nomisches* Archiv in diesem doppelten Sinne: es bewahrt, es legt zurück, es spart, doch auf nicht-natürliche Weise, das heißt, indem es das Gesetz (*nomos*) geltend macht oder für seine Beachtung sorgt. [...] Es hat Gesetzeskraft, die Kraft eines Gesetzes, welches das des Hauses (*oikos*) ist, des Hauses als Ort, fester Wohnort, Familie, Abstammungslinie oder Institution".[32] Damit werden die politischen Implikationen benannt, die dem Archiv innewohnen, die Tatsache zum Beispiel, daß nicht einfach alles versammelt werden kann oder bewahrenswert ist, sondern daß immer ein Gesetz geltend gemacht wird, das bestimmt, was und wie versammelt und aufbewahrt wird. Dadurch wird ein immenser Einfluß ausgeübt, weil diese Elemente die Zeit überdauern und Zeugnis für eine bestimmte Wertung abgeben, nämlich daß sie im Gegensatz zu anderen möglichen Elementen für würdig befunden worden sind, aufbewahrt zu werden.

Dem Archiv verschrieben trägt den Untertitel „Eine Freudsche Impression", und an dieser Stelle gewinnt Derrida weitere Bestimmungen des Archivs unter Bezugnahme auf die Theorie von Sigmund Freud. Denn das Archiv, sagt Derrida, „wird niemals

---

31 Ebd., S. 13.

32 Ebd., S. 18.

das Gedächtnis noch die Anamnese in ihrer spontanen, lebendigen und inneren Erfahrung sein", wie es bei Freud thematisiert wird, „sondern ganz im Gegenteil: das Archiv hat statt (a lieu) an Stelle (au lieu) einer ursprünglichen und strukturellen Schwäche besagten Gedächtnisses".[33] Und weil das Gedächtnis schwach ist, gilt als ein weiteres wesentliches Merkmal des Archivs, daß es „kein Archiv ohne Draußen"[34] gibt, daß vielmehr das Archiv der Ort ist, an den das Gedächtnis etwas auslagern kann, damit es sich später wieder daran erinnern wird. Das Archiv ist also Konsignation an einem äußeren Ort, „der die Möglichkeit der Memorisierung, der Wiederholung, der Reproduktion oder der Re-Impression sicherstellt".[35]

Der psychische Apparat bei Freud dient unter anderem der Aufzeichnung von Eindrücken. Das Bild, das Freud dafür verwendet, ist der Wunderblock, eine Wachstafel mit einem Deckblatt aus einem durchscheinenden Wachspapier und darüber einer durchsichtigen Zelluloidplatte. Man kann nun darauf schreiben und durch Abheben des Deckblattes das Geschriebene wieder löschen. Der Clou für Freud ist jedoch, daß auf dem Wachs dennoch Spuren des Geschriebenen zurückbleiben. Derrida nimmt dieses Bild als technisches Modell einer Archivierungsmaschine und fragt sich, was wäre, wenn Freud die heutigen Maschinen gekannt hätte: „Affizieren sie, was das Wesentliche betrifft, den Freudschen Diskurs?"[36]

Der theoretische Gegenstand der Psychoanalyse in ihrer Darstellung, die Archivierung der Psychoanalyse selbst ist ein ganzes Feld, und Derrida stellt die Frage, inwiefern dieses „durch einen Zustand der Kommunikations- und Archivierungstechniken bestimmt"[37] wird und spekuliert, „was wäre, wenn „Freud, seine unmittelbaren Zeitgenossen, Mitarbeiter und Schüler, anstatt Tausende von Briefen mit der Hand zu schreiben, über telefonische Kreditkarten von MCI oder ATT, tragbare Tonbandgeräte, Computer, Drucker, Fax, Fernseher, Telekonferenzen und vor allem elektronische Post (E mail) verfügt hätten"?[38] Denn „die technische Struktur des archivierenden Archivs bestimmt auch die Struktur des archivierbaren Inhalts [...]. Die Archivierung bringt das Ereignis in gleichem Maße hervor, wie sie es aufzeichnet."[39] Die Psychoanalyse, folgert Derrida, wäre nicht das, was sie war, wenn es Email gegeben hätte. Das ganze Archiv der Psychoanalyse, das wie erwähnt aus Briefen und handschriftlichen Notizen besteht, wäre mit anderen technischen Übertragungs- und Aufzeichnungsmöglichkeiten völlig anders ausgefallen. Wie genau, das sagt Derrida nicht.

33 Ebd., S. 25.
34 Ebd.
35 Ebd.
36 Ebd., S. 30.
37 Ebd., S. 34.
38 Ebd.
39 Ebd., S. 35.

Fernseher

Im Jahr 1996 erschien der Band *Échographies de la télévision*,[40] in dem ein Gespräch zwischen Derrida mit Bernard Stiegler abgedruckt ist, das im Jahr 1993 für das Fernsehen aufgezeichnet worden war. In den unterschiedlichen Kapiteln umkreist Derrida dort dasjenige, was er „télétechnologie" nennt und was man etwas ungenau als Ensemble aus Techniken, Übertragungs- und Aufzeichnungsweisen deuten kann, das in verschiedenen Einzelmedien wie Telefon, Fernsehen oder Email realisiert ist. Aus diesen Ausführungen möchte ich diejenigen herausgreifen, die sich direkt dem Fernseher zuwenden.

Gleich zu Anfang thematisiert Derrida die spezielle Situation der Aufzeichnung. Das Gespräch findet in seinem Haus statt, gleichsam „bei sich daheim", und dennoch ist die Situation vollständig künstlich, denn sie sitzen umgeben von Scheinwerfern und Kameras. Dies hat nun Auswirkungen auf die Rede selbst, denn sie wird von all den Apparaten beeinträchtigt. Zwar ist es nie einfach beziehungsweise unmöglich, die Bedingungen zu schaffen, unter denen man sich auf „natürliche" Weise ausdrücken kann, doch schafft die Situation der Fernsehaufzeichnung besondere Bedingungen, die den Rhythmus, die Lust, das Nachdenken stark affizieren. Das „Daheim-Sein" wird durch dieses Eindringen gestört und die Grenze zwischen privat und öffentlich verschoben oder verwischt.[41]

Das Fernsehen bringt das „anderswo", das Globale, zu jedem Zeitpunkt in das „daheim" und führt damit zu einer gewissen Isolierung, die in einer widersprüchlichen Bewegung steht: einerseits begehre ich das Fremde, das Ferne, die andere Sprache, und gleichzeitig sperre ich mich mit ihm ein, „ich möchte mich mit ihm ohne es isolieren", ich möchte bei mir daheim sein.[42] Der Rekurs auf das „daheim" wird daher um so stärker, je mächtiger und heftiger die technologische Delokalisation, die technische Enteignung wird.

Nachdem er die besondere Aufnahmesituation thematisiert hat, spricht Derrida über den besonderen Charakter der „live"-Aufzeichnung. In der Geschichte der Menschheit hat es zwar immer Aufzeichnungstechniken gegeben, und die Schrift war eine ganz besondere dieser Techniken, doch keine beanspruchte, etwas „wie lebendig" zu registrieren. Der Moment des Schreibens selbst ist nie als „lebendig" bewahrt worden, man speicherte gewissermaßen die Inschrift, aber nichts vom Schreiber selbst wie zum Beispiel sein Gesicht oder seine Stimme. Im Moment der Fernsehaufzeichnung geschieht aber genau dies, ein ganz bestimmter Moment wird gespeichert und „als lebendig" reproduzierbar gemacht. Das Besondere nun liegt in der Verschiebung, die in den Silben „télé" zum Ausdruck kommt, die einen Aufschub, eine Verzögerung, eine Verlagerung des „live" ermöglichen, die im Abstand zwischen Aufzeichnung und Ausstrahlung besteht. Das ist sowohl zeitlich gemeint, wenn die Sendung später gezeigt wird als das Ereignis stattgefunden hat, als auch

40 Jacques Derrida/Bernard Stiegler, *Échographies de la télévision. Entretiens filmés*, Paris 1996.
41 Ebd., S. 42.
42 Ebd., S. 92.

räumlich, wenn die Sendung an Orten gesehen wird, die nichts mit dem Aufzeichnungsort zu tun haben und dort ganz andere Kontexte vorliegen. „Die größte Intensität des ‚direkten' Lebens wird aus der größten Nähe eingefangen, um am weitesten deportiert zu werden."[43] In letzter Konsequenz trägt die Aufzeichnung den Tod in sich, denn sie wird das einzig „Lebendige" sein, das übrigbleiben wird, ein Simulakrum des Lebens: „Das Maximum an Leben (am meisten Leben [le plus de vie]), jedoch ein Leben, das bereits zum Tod geneigt ist (kein Leben mehr [plus de vie])."[44]

Der Fernsehaufzeichnung eignet auch eine besondere Singularität, zumindest gewinnt man diesen Eindruck. „Wenn man fernsieht, hat man den Eindruck, daß das *ein einziges Mal* geschieht: das kommt nie wieder, sagt man sich, das ist ‚lebendig', direkt, reale Zeit, während es auf der anderen Seite hergestellt ist, wie wir genau wissen, von den mächtigsten, den ausgeklügeltsten Wiederholungsmaschinen."[45] Das unterscheidet sie stark vom Buch, das zwar auch eine Wiederholbarkeit ermöglicht, sich aber gleich auch als eine solche gibt, indem sie einem schon ganz am Anfang sagt: „du kannst zur ersten Seite zurückkommen, oder du mußt das tun, du mußt noch einmal lesen". Das sind für Derrida zwei verschiedene und sehr weit voneinander entfernte Weisen der Wiederholung.

Die Verzögerung, der Aufschub, der dem Fernsehen innewohnt, hat auch Auswirkungen auf seinen Status als Beweis oder Zeugnis. Derrida bezieht sich auf den Fall Rodney King, der in Kalifornien von Polizisten mißhandelt wurde. Zufällig ist das Geschehen aufgezeichnet und dann im Fernsehen gezeigt worden. In der ganzen Welt führte dies zu heftigen Reaktionen, die dem gesamten Vorgang unter anderen Bedingungen verwehrt geblieben wären. Obwohl man nun meinen könnte, eine objektive Dokumentation des Geschehens liege vor, wurde jedes Bild, jede Sequenz analysiert und führte zu gegensätzlichen Einschätzungen. Die einen sagten, daß King aufstehen und die Polizisten bedrohen wollte und diese daher im Recht gewesen seien, sich zu wehren, die anderen meinten, daß sich das keineswegs so zugetragen habe. Vor Gericht verloren die Aufnahmen daher an Beweiskraft und wurden durch den jungen Kameramann ersetzt, der zu einem Zeugen im klassischen Sinn geworden ist, der mündlich und unter Eid in der ersten Person sagt: „Ich schwöre, die Wahrheit zu sagen...". Er bezeugt also etwas, das eine Kamera, ein technisches Dispositiv, nicht bezeugen konnte. Streng genommen kommt daher dem Fernsehen höchstens der Status des Beweises zu, nicht jedoch der des Zeugnisses, wie es in der emphatischen Formel „ich schwöre, die reine Wahrheit und nichts als die Wahrheit zu sagen" zum Ausdruck kommt. „Folglich gibt es dort, wo es einen Beweis gibt, kein Zeugnis. Das technische Archiv dürfte im Prinzip niemals die Zeugenschaft substituieren."[46] Zeugenschaft ablegen bedeutet daher immer sprechen, einen Diskurs unterschreiben: „Man kann kein Zeugnis able-

43 Ebd., S. 48.
44 Ebd.
45 Ebd., S. 102.
46 Ebd., S. 107

gen ohne Diskurs."[47] Trotzdem gibt es eine Spannung, da ja auch die Zeugenschaft auf Beweise angewiesen ist. Derrida faßt diesen Befund in die paradoxe Formel: „Die Technik wird nie Zeugenschaft ablegen, die Zeugenschaft ist von aller Technik rein, und dennoch ist sie unrein, dennoch impliziert sie bereits den Ruf nach der Technik."[48]

III.

Die Texte der 90er Jahre thematisieren zwar konkret einzelne Medien, doch hat man gelegentlich den Eindruck, daß Derrida sie in eigentümlicher Weise verfehlt. Was er z. B. zum Telefon zu sagen hat, ist nicht nur durch die Ausbreitung des Internet überholt worden. Schon damals mutete es eigenartig an, dem Telefon eine regimekritische und destabilisierende Funktion zuzusprechen. Die Überwachung der Ferngespräche in Diktaturen war an der Tagesordnung und wurde mit technischen Mitteln durchgeführt, denen das normale Telefon nichts entgegensetzen konnte. Wie aus dem Beispiel DDR mittlerweile hinlänglich bekannt, konnte durch Zuweisung von Anschlüssen und Lauschangriffen jeglicher Telefonverkehr kontrolliert werden. Auch die Einebnung der Grenzziehung zwischen öffentlich und privat würde man heute eher mit dem Handy in Verbindung bringen als mit dem damals üblichen Schnurtelefon. Selbst das Internet als ein „Mediennetz, das von extremer Übertragungsschnelligkeit geprägt ist" läßt sich kontrollieren, wie das Beispiel China zeigt; wenn auch nicht so lückenlos wie das Telefon.

Aus medientheoretischer Perspektive ist ebenfalls sehr interessant, inwiefern „die technische Struktur des archivierenden Archivs auch die Struktur des archivierbaren Inhalts bestimmt". Diese Aussage steht nämlich in einer gewissen Spannung zum Konsignieren, das Zeichen versammelt, materielle Träger von Sinn. Und da Sammeln zunächst „nebeneinanderstellen" bedeutet, ist nicht ganz verständlich, warum die *technische* Struktur des Archivs den archivierbaren Inhalt bestimmt. Wenn es um das Nebeneinanderstellen geht, dann ist das zunächst räumlich gemeint: Im Archiv werden alle Gegenstände im weiten Sinn versammelt, die materielle Sinnträger darstellen, von Festplatten über Videobänder, Radiomitschnitte, Email-Ausdrucke, Festplatten, Fotos usw. Die Entscheidung über den aufzunehmenden Inhalt ist keine technische, sondern eine politische. Sie setzt an einer ganz anderen Stelle an, nämlich an der Frage, was man als sammelwertes Zeichen auffassen möchte. Diese offene Bestimmung ermöglichte ja gerade die flexible Definition dessen, was als archivierbar zählen kann. Die technische Struktur des Archivs hat damit nichts zu tun.

Und auch die Bestimmung des „live" überzeugt nicht unbedingt, denn es bleibt unklar, wieso das Live-Fernsehen etwas „wie lebendig" bewahrt und das Buch z. B. nicht. Es handelt sich einfach um zwei Aufzeichnungsweisen, die ihre „Lebendig-

---

47 Ebd.
48 Ebd., S. 108.

keit" immer einer bestimmten Interpretation oder einer Unterstellung verdanken. Die medientheoretisch interessante Frage ist, ob der Anspruch der Lebendigkeit einer ist, den das Medium quasi von sich aus stellt oder ob er an es herangetragen wird, weil das Medium bestimmte Eigenschaften hat, die diesen Anspruch nahelegen.

Die Wiederholbarkeit als besonderes Kriterium für den Unterschied von Buch und Fernsehen ist meines Erachtens auch nicht ganz überzeugend. Technisch ist ein Zurückspulen so möglich wie ein Zurückblättern, auch wenn man vielleicht ein weiteres Medium wie den Videorekorder zu Derridas Zeiten hätte dazwischenschalten müssen. Von diesen Medien aus gesehen gibt es also nichts, was prinzipiell die Wiederholung unmöglich machen würde, zumindest nicht auf der Seite der Medien. Lediglich das reale Ereignis ist immer singulär, da seine Zeitkoordinaten sich nicht wiederholen lassen.

Warum scheint Derrida die konkreten Medien so eigentümlich zu verfehlen, wenn er auf sie zu sprechen kommt? Meine Vermutung lautet, daß dies so ist, weil er die Medien von seinen Schriften Ende der 60er Jahre her denkt, vom Verhältnis Signifikant-Signifikat. Seine Dekonstruktion faßt den Signifikanten zwar als materielle Seite des Zeichens auf, das durch seine Differenz zu anderen Signifikanten Sinn erst generiert, doch spielte dabei die *Verschiedenartigkeit der Signifikanten selbst* keine Rolle. Es war im Gegenteil eine der Pointen Derridas, wie wir oben gesehen haben, die theoretische Differenz zwischen lautlichem und schriftlichem Signifikanten einzureißen und zu zeigen, daß – *egal auf welche Weise sich der Signifikant materialisiert* – die Bedingungen der Sinnproduktion überall die gleichen sind und daher die Lautsprache gegenüber der Schrift nicht privilegiert werden kann. Wenn er sich nun einzelnen konkreten Medien zuwendet, dann denkt er Medien als Signifikanten, und auf dem Hintergrund seiner Philosophie gerät ihm damit die *Verschiedenartigkeit der Medien* aus dem Blick. Er müßte gewissermaßen vom entgegengesetzten Ende kommen und sich der Frage widmen, inwiefern *verschiedene Signifikanten auf ihre je spezifische Weise die Sinnproduktion beeinflussen können*. Das aber widerspräche seiner Theorie.

IV. Rezeption

Vielleicht ist das der Grund dafür, daß seine Philosophie in der Medientheorie eine eigentümliche Rezeption gefunden hat. Anders als bei vielen Autoren werden nämlich kaum bestimmte Theorieinhalte übernommen, also Thesen oder Argumentationsfiguren von Derrida, die sich direkt auf Medien beziehen, sondern seine gesamte Philosophie wird gewissermaßen als Grundlage oder Rahmentheorie verwendet, als Hintergrund für ein je eigenes Verständnis von Medien, als Gestus, von dem man sich inspirieren läßt. An drei Beispielen möchte ich das abschließend kurz darlegen.

Als 1979 in Deutschland die Übersetzung von *Die Stimme und das Phänomen* von Derrida erschien, war ihr ein Vorwort vorangestellt, das ungefähr ein Drittel des gesamten Buches ausfüllte. Verfaßt hatte es der Übersetzer Jochen Hörisch, der den Text vor dem Text zu der Darlegung nutzte, inwiefern Derridas Theoreme sich mit Einsichten der *Wahlverwandtschaften* Goethes deckten. Gegen Ende identifizierte er dann Derridas Projekt als „eine Dekonstruktion der okzidentalen Onto-Theologie zugunsten einer Ontosemiologie“[49] und lieh sich daraufhin diesen Begriff aus, um ihn in seinen eigenen Arbeiten fruchtbar zu machen. Dort taucht dann allerdings Derrida nicht mehr groß auf; Hörisch nimmt vielmehr dessen Diagnose vom prekären Verhältnis von Zeichen und Sinn als Ausgangsbasis für seine eigene Medientheorie, deren These lautet, daß Abendmahl, Geld und elektronische Medien die Leitmedien unserer Kultur sind. „Gemeinsam ist ihnen vieles und in erster Linie, daß sie onto-semiologische Leistungen erbringen. Was nichts anderes meint, als daß sie systematisch die Logik des Seins (Ontologie) und die des Sinns beziehungsweise der Zeichen (Semiologie) aufeinander beziehen.“[50] In den Büchern *Brot und Wein*,[51] *Kopf oder Zahl*[52] sowie *Ende der Vorstellung*[53] buchstabiert er dann in einzelnen Untersuchungen diese These aus.

Auch Georg Christoph Tholen greift bei seiner „Metaphorologie der Medien“ auf Derrida zurück, aber interessanterweise auf dessen Theorie der Metapher. Ausgangspunkt seiner Überlegungen ist folgende: „Diese Eigenschaft der Medien, nämlich nur Botschaften, Informationen und Daten zu übertragen, ohne ihren Sinn zu beeinflussen, markiert den Ansatzpunkt einer Metaphorologie der Medien, die in diesem Sinnvorbehalt und Sinnaufschub der Medien eine grundlegende Bestimmung von Medialität als Mit-Teilbarkeit zu begründen versucht.“[54] Nach einer Kritik der unterschiedlichen Metaphern, mit denen üblicherweise Medien bestimmt werden, kommt Tholen auf die allgemeine Einsicht Derridas, daß sich das Sein in der Metaphysik des Abendlandes nicht „eigentlich“ bestimmen lasse. Im Diskurs der Metaphysik entziehe sich das Sein permanent, wie Derrida gezeigt habe, und daher läßt das „Sein selbst“, das „eigentliche“ Sein sich nur dank einer metaphorisch-metonymischen Verschiebung benennen: „Dieser im Diskurs der Metaphysik passierende Selbstentzug artikuliert sich nun genau in der metaphorischen Ambiguität des ‚als‘, in dem sich ja auch die anthropologischen Mediendiskurse unter negativem wie positiven Vorzeichen bewegten, obwohl sie das Sein der Medien definieren wollten: Die Turing-Maschine *als* Quasi-Subjekt, das Medium *als* Erweiterung der menscheneigenen Sinne.“[55]

49 Jochen Hörisch, „Das Sein der Zeichen und die Zeichen des Seins. Marginalien zu Derridas Ontosemiologie“, in: Jacques Derrida, *Die Stimme und Das Phänomen*, Frankfurt/M. 1979, S. 40.

50 Jochen Hörisch, *Eine Geschichte der Medien. Von der Oblate zum Internet*, Frankfurt/M. 2004, S. 219.

51 Ders., *Brot und Wein. Die Poesie des Abendmahls*, Frankfurt/M. 1992.

52 Ders., *Kopf oder Zahl. Die Poesie des Geldes*, Frankfurt/M. 1996.

53 Ders., *Ende der Vorstellung. Die Poesie der Medien*, Frankfurt/M. 1999.

54 Georg Christoph Tholen, *Die Zäsur der Medien. Kulturphilosophische Konturen*, Frankfurt/M. 2002, S. 8.

55 Ebd., S. 57.

Von Derrida ist auch Dieter Merschs negative Medientheorie inspiriert. Ausgehend von der Überlegung, daß, wenn alles in und durch Medien gegeben ist, mithin kein „Außen" der Medien existiert, die Frage entsteht, wie die Medien selbst gegeben sind, greift Mersch auf Derrida (und Heidegger) zurück, deren Denken Möglichkeiten bereitgestellt hat, mit dieser Paradoxie umzugehen. „Dem Paradox des Medialen, seinem Verschwinden im Erscheinen, ist somit allein mittels ‚medialer Paradoxa' beizukommen, die seine Medialität buchstäblich aus der Reserve locken, herausfordern und aufbrechen und jene Umrisse dekuvrieren, die sich im Schein der nicht nur technischen Perfektionen hartnäckig verhüllen. [...] Die Erzeugung ‚medialer Paradoxa' ist allerdings vorzugsweise eine Domäne von Kunst."[56] Die Basis der negativen Medientheorie sind daher negative Praktiken wie Eingriffe, Störungen, Hindernisse als *Strategien der Differenz*.[57] Mit ihrer Hilfe gelingt es, die medialen Paradoxa wenigstens partiell aufzubrechen und das Medium der Reflexion zugänglich zu machen. „Die Medialität des Mediums gegen den Strich bürsten und ihre Unkenntlichkeit selbst kenntlich zu machen: darin erfüllen sich jene Bewegungen der Verschiebung und Verwirrung, wie sie Heidegger für die Sprache und Derrida für die Schrift geltend gemacht haben, woran zugleich eine ‚negative Medientheorie' ihr unverwechselbares Profil findet."[58]

Was Derrida zu Schrift und Mündlichkeit gesagt hat, zu Archiv, Fernsehen oder Telefon, ist hier nicht der Ausgangspunkt, an den direkt angeschlossen wird. Sein Denken ist der Hintergrund dieser Theorien, das Paradigma, in dem gedacht, das aber nicht in direkter Linie ausgebaut wird. Vielleicht verhalten sich diese Versuche zu Derrida wie das abendländische Denken zur Metaphysik: sie beruhen auf ihm und lassen sich von ihm leiten, thematisieren es jedoch nicht mehr eigens. Darin zeigt sich vielleicht, daß Derrida bereits ein Klassiker geworden ist.

---

56 Dieter Mersch, *Medientheorien zur Einführung*, Hamburg 2006, S. 224 f. Vgl. auch ders., *Ereignis und Aura. Untersuchungen zu einer Ästhetik des Performativen*, Frankfurt/M. ^{2}2002, und *Was sich zeigt. Materialität, Präsenz, Ereignis*, München 2002.

57 Mersch, *Medientheorien zur Einführung*, S. 226.

58 Ebd., S. 228.

Bernd Stiegler

René Descartes

I. Descartes als Diskursmaschine

Descartes c'est la France. Mit dieser medial überaus wirksamen Vereinnahmung des Philosophen René Descartes' hat André Glucksmann 1987 eine Generalisierung vorgenommen, hinter der selbst die krudesten medientheoretischen Aneignungen nolens volens zurückbleiben müssen.[1] Doch auch diese sind in ihrer Deutung Descartes' keineswegs zurückhaltend: Descartes erscheint hier als wirkmächtiger, nachhaltiger und in seiner theoretischen Bedeutung wie Wirkung fataler Diskursgenerator der abendländischen Tradition. Die gesamte Tradition ist gewissermaßen cartesianisch infiziert und die moderne Medientheorie und -praxis erblickt ihre Aufgabe nicht zuletzt darin, der Kultur das cartesische Gespenst auszutreiben. Denn Descartes ist ein Untoter, ein Wiedergänger, der Theorien heimsucht und auf eigentümliche Art und Weise verwandelt: Selbst nach seinem Tod wirft er noch unablässig Oppositionspaare aus, die unser Denken und Tun, unsere Kultur und unsere Geschichte bestimmen. Die Medien- und Photographietheoretikerin Sarah Kember ist hier wohl am explizitesten: „Cartesian thought splits and privileges the mind over the body, the rational over the irrational, culture over nature, the subject over the object and so along an infinite chain which continues to structure western epistemology."[2]

Mit René Descartes haben sich diejenigen Oppositionspaare herausgebildet, die, so könnte man die Argumentation fortführen, unser Denken bestimmen und deren Dekonstruktion noch aussteht. Descartes ist der Vater unserer Denkstrukturen, bietet eine strenge Ordnung der Dinge, deren Lockung eigentlich eine Verlockung ist – zu einer Kapitulation vor der Komplexität der Erscheinungen und nicht zuletzt zu einem bloß affirmativen Verhältnis zur Wirklichkeit. Cartesianisches schließt kritisches Denken aus. Descartes ist in diesen Deutungen Gründungsvater des Positivismus und der Moderne, aber auch verantwortlich für die epistemologische Grundierung der Unterwerfung der Frau und letztlich wohl auch für alle anderen vorstellbaren Formen von Unterwerfung, da, so wäre zu ergänzen, der Poststrukturalismus und die Diskursanalyse, der Feminismus und die Postcolonial Studies gezeigt haben, daß Oppositionen niemals symmetrisch sind, sondern immer eine Do-

---

1 André Glucksmann, *Descartes, c'est la France*, Paris 1987.

2 Sarah Kember, *Virtual Anxiety. Photography, New Technologies and Subjectivity*, Manchester/New York 1998, S. 23.

minanz einer Seite implizieren, die Diskursmaschine Descartes aber gerade diese Paare unaufhörlich generiert oder zumindest ihre Matrix liefert.

In zwei Schritten möchte ich die eigenwilligen Lesweisen der Philosophie Descartes' seitens der Medientheorie zu rekonstruieren suchen. In einem ersten Schritt konzentriere ich mich auf Descartes als theoretischen Gründungsvater der digitalen Welt mitsamt ihrem Theoriesetting. In einem zweiten Schritt soll es dann um Descartes als Erfinder und Vordenker der Photographie gehen.

II. Descartes als Vordenker des Medienuniversums

„Das cartesische Subjekt, idealisiert, wie es war, bot eben darum alle Vorzüge der Eleganz."[3]

Bei Vilém Flusser findet sich eine pointierte Deutung von Descartes' Philosophie als intellektuelles Glasperlenspiel. „Nach Descartes besteht das Denken aus klaren und distinkten Elementen (Begriffen), die im Denkprozeß wie Perlen auf einem Abakus kombiniert werden, wobei jeder Begriff einen Punkt in der ausgedehnten Welt dort draußen bedeutet."[4] Die Vorstellung, Welt und Wirklichkeit in perlenartigen Begriffen zu korrelieren, ist allerdings nur eine Deckannahme eines umfassenden Kontrollbedürfnisses, das dem Denken eine gottähnliche Position zuweist. „Könnte jedem Punkt in der Welt ein Begriff zugeordnet werden, dann wäre das Denken allwissend und zugleich allmächtig."[5] Gescheitert sei dieses ambitionierte philosophische Projekt nach Flusser daran, daß die Punkte in der Wirklichkeit miteinander verbunden sind, in den Begriffen aber getrennt werden. Die Wirklichkeit ist, mit anderen Worten, analog, die Begriffe sind hingegen digital. Das Scheitern von Descartes' Philosophie ist, zugespitzt formuliert, das philosophische Scheitern des digitalen Traums, der dann eben nicht theoretisch, sondern apparativ umgesetzt wurde. Aus dem Traum wurde Wirklichkeit, aus der Soft- Hardware und diese läßt nicht mehr allzuviel Freiraum zum Träumen.

Descartes erscheint in dieser Deutung als Vordenker einer Medienwirklichkeit, die seine philosophischen Vorstellungen *in praxi* umgesetzt hat, dabei aber die Wirklichkeit über Bord geworfen oder genauer durch eine „computierte" ersetzt hat. René Descartes wird zum philosophischen Ahnherren und theoretischen Übervater eines universalistischen Medienzugriffs. Und seine philosophischen Träume wurden dann eben einzig apparativ wahr, Softwareträume wurden Hardwarewirklichkeit: „Den Apparaten indes, diesen Simulationen des cartesianischen Denkens,

3 Friedrich A. Kittler, „Computergrafik. Eine halbtechnische Einführung", in: Herta Wolf (Hg.), *Paradigma Fotografie. Fotokritik am Ende des fotografischen Zeitalters*, Bd. 1, Frankfurt/M. 2002, S. 178-194, S. 189. Zu Descartes dort auch S. 186-188.

4 Vilém Flusser, *Für eine Philosophie der Fotografie*, Göttingen [2]1985, S. 61.

5 Ebd.

gelingt“ die Übersetzung der analogen Wirklichkeit in eine digitale Form. „Sie sind in ihren Universen allwissend und allmächtig.“[6] Aufgegeben wird hingegen die Entsprechung von *res extensa* und *res cogitans*, da die Universen in ihrer medialen Form introspektiv sind, ihre eigene Wirklichkeit hervorbringen und diese dann auch repräsentieren. Die Programme bedeuten nicht, in den Worten Flussers, „die Welt dort draußen“, sondern „das Programm dort drinnen in den Automaten.“[7] Von Descartes' Theorie bleibt – anders als bei der realen Gestalt des Philosophen – nur noch der Schädel übrig.

Flussers Deutung der Philosophie als philosophisches Glasperlenspiel, dem es um Allmachtsphantasien geht, die dann in den Medien apparativ eingelöst werden, basiert auf einer metaphorischen Zuspitzung von Versatzstücken aus Descartes' Philosophie, die auch ohne Descartes problemlos funktionieren und das ihnen bestimmte Programm ausführen. Der Geste des „Fädelns“ etwa widmet Flusser einen gesamten Text, in dem Descartes nicht auftaucht.[8] Gleiches gilt für Flussers Theorie der (medialen) Bedeutung, die in seinem Buch *Ins Universum der technischen Bilder* gänzlich ohne Descartes auskommt und sich nun auf die Tradition der „Adaequatio intellectus ad rem“ beschränkt. Diese Entsprechung und nicht jene der Philosophie Descartes' sei hingegen durch den „Zerfall der Welt und des Bewußtseins in Punktelemente (in Partikel und Informationsbits) unmöglich geworden“.[9]

Descartes wird seinerseits zu einer – allerdings austauschbaren – Perle eines medientheoretischen Theoriespiels, das historische wie theoretische Differenzierung durch metaphernartige mediale Operationen ersetzt, die Theorie und Praxis zu verzahnen suchen. Flussers medientheoretisches Programm basiert auf metaphorischen Grundoperationen (Gesten), die in Theorien wie in Apparaten, in Institutionen wie in Alltagsphänomenen gleichermaßen ausgemacht werden können. Descartes erscheint in diesem Theoriemodell als Philosoph eines digitalen Universums, der den Traum einer digitalen Übersetzung der Wirklichkeit geträumt und so das Programm der digitalen Revolution vorweggenommen habe.

Frank Hartmann hat in seiner Rekonstruktion der Theorien der *Medienphilosophie* Descartes eine andere, differenziertere, aber auch weniger weitreichende Rolle zugewiesen.[10] Descartes erscheint nun als Begründer des modernen Individualismus, der mittels einer methodischen Abstraktion eine Distanz zu den bis dahin herrschenden Vorstellungen hergestellt habe. In der methodischen Abstraktion liege die philosophische Leistung und auch die medientheoretische Bedeutung Des-

---

6 Ebd.

7 Ebd., S. 62.

8 Ders., „Das Fädeln“, in: *Lob der Oberflächlichkeit. Für eine Phänomenologie der Medien*, Bensheim/Düsseldorf 1993 (= Vilém Flusser, *Schriften*, hg.von Stefan Bollmann/Edith Flusser, Bd. 1), S. 23-34.

9 Ders., *Ins Universum der technischen Bilder*, Göttingen 1985, S. 51.

10 Frank Hartmann, *Medienphilosophie*, Wien 2000. Zu Descartes dort S. 31-51, Zusammenfassung S. 49 f.

cartes'. Zugleich habe die Genese des Individualismus auch dazu beigetragen, daß die Geburt des modernen Autors, der sich über seine Rolle innerhalb eines durch den Buchdruck geprägten Universums im klaren ist, überhaupt möglich wurde.[11] Individualismus, Buchdruck und medialer wie kultureller Umbruch gehen Hand in Hand. Descartes markiert eine historische Umbruchsituation, in der sich der Wandel vom Mündlichen zum Schriftlichen, vom Besonderen zum Allgemeinen, vom Lokalen zum Globalen und schließlich vom Zeitgebundenen zum Zeitlosen vollzieht und sich zugleich Buchkultur und Buchdruck als neue Kulturtechniken herausbilden, die die „Verschriftlichung, Universalisierung, Globalisierung, Zeitlosigkeit" überhaupt erst möglich machen.[12]

Das bestimmende Bild Descartes' in der Medientheorie ist aber ein anderes: Es ist das eines aus der Tradition überkommenen dominierenden Dualismus,[13] der in unterschiedlicher Gestalt erscheinen kann, oder, wie Stefan Münker resümiert: „In Abwandlung einer These von Lev Manovich lässt sich deshalb fest halten, dass das cartesianische Koordinatensystem immer noch fest zumindest in einen Teil der gegenwärtigen theoretischen Reflexion über digitale Wirklichkeiten eingebaut ist."[14] Nicht nur erscheinen Descartes' mathematische Raumtheorien als nach wie vor gültige Grundlagen auch des Internets, sondern auch seine philosophischen Unterscheidungen scheinen die Erscheinungsformen des Internets nachhaltig zu prägen: Wenn etwa Eva Illouz das Internet beschreibt, findet sie dort cartesianische Dualismen am Werk: „Das Internet sorgt auf folgenreiche Weise für eine Wiederbelebung des alten cartesianischen Dualismus zwischen Geist und Körper, wobei der einzige echte Ort für das Denken und die Identität im Geist angesiedelt wird. Ein Internetselbst zu haben bedeutet, ein cartesianisches Ego zu haben und sich

---

11 Vgl. dazu auch Reinhard Margreiter, „Medienphilosophie des Buchdrucks", in: Mike Sandbothe/Ludwig Nagl (Hg.), *Systematische Medienphilosophie*, Berlin 2005 (= Deutsche Zeitschrift für Philosophie, Sonderband 7), S. 239-252. Margreiter erblickt die Bedeutung Descartes' insbesondere im Kontext der Herstellung einer „typographischen Prägnanz", merkt aber auch an, daß Descartes zu einer Verengung der Sinnlichkeit beigetragen habe, indem er das Primat des Sehens betonte und philosophisch grundierte. (Ebd., S. 242)

12 Eine filigrane, materialreiche wie subtile Rekonstruktion der Rolle Descartes' für die Herausbildung eines algorithmischen Denkens unternimmt Bernhard Dotzler in seinem breit angelegten Buch: *Papiermaschinen. Versuch über Communication & Control in Technik und Literatur*, Berlin 1996.

13 Christa Karpenstein-Eßbach hingegen weist Descartes eine differenziertere Rolle zu, da er maßgeblich dazu beigetragen habe, den einfachen Dualismus von subjektiv und objektiv aufzulösen, indem das Denken als eine Instanz etabliert wird, die Erkenntnis garantieren kann und zugleich Gott als diese Instanz ablöst: „Der einfache Dualismus von subjektiv und objektiv, der oft so voreilig ins Feld geführt wird, um zu behaupten, wir könnten keinen erkennenden Zugang zur Wirklichkeit finden, ist schon seit mehreren Hunderten von Jahren denkgeschichtlich überwunden." (Christa Karpenstein-Eßbach, *Einführung in die Kulturwissenschaft der Medien*, München 2004, S. 174).

14 Stefan Münker, „Medienphilosophie der Virtual Reality", in: Mike Sandbothe/Ludwig Nagl (Hg.), *Systematische Medienphilosophie*, S. 381-396, S. 385. Dort auch weitere Literatur.

durch den Blick aus den Mauern des eigenen Bewußtseins auf Welt einzulassen."[15] Mit dem Internet wird das cartesianische Gespenst wieder zum Leben erweckt.

Und auch im Rahmen der Cyborg-Debatte erscheint Descartes als programmatische Figur: Wenn etwa Judith Squire ihrem Handbuchtext über „Fabulous feminist futures and the lure of cyberculture" den Satz „Forgetting about the body is an old Cartesian trick" voranstellt,[16] so gibt sie das Programm vor: Auch wenn Descartes als Vordenker des Automaten gilt, so habe er doch zugleich mit der Trennung von Geist und Körper auch ein Unterwerfungsschema entworfen, das die Theorie fortan prägte: „The boundaries of the self were drawn with a patriarchal pen."[17] Demgegenüber versuchen nun gendertheoretisch und feministisch geprägte Cyborgimaginarien, wie etwa das programmatische Cyborg-Manifest Donna Haraways, genau jene Grenzen in Zweifel zu ziehen und damit Descartes gegen Descartes zu wenden. Die feministische Cyborgdebatte liest sich in dieser Perspektive wie eine Dekonstruktion der Philosophie René Descartes'. Und ihren theoretischen Einsätzen werden wir auch im Zusammenhang der Photographietheorie wiederbegegnen, da hier in die digitale Revolution die Hoffnung gesetzt wird, auch eine Gender-Revolution einzuläuten und einzuleiten.

III. Descartes als Erfinder der Photographie und ihres epistemologischen Programms

„Der Photoapparat wäre also eher der Apparat eines Cogito, das in seiner Gewißheit bereits unglücklich ist, chaotisch und zerrissen."[18]

„Sehr geehrte Herren", schrieb Henri Cartier-Bresson an die Organisatoren des Kolloquiums „L'acte photographique", das auf Einladung der *Cahiers de la photographie* veranstaltet wurde, „den II. Akt, II. Szene, den Sie mir freundlicherweise zugeschickt haben, habe ich erhalten! Es ist mir ein Bedürfnis, Ihnen bewegt mitzuteilen, wie sehr mich der Einsatz mitnimmt, den Sie für den Akt unseres Zeigefingers aufbringen, der sich masturbatorisch an Auslösern betätigt, die in Verbindung mit dem Unruhestifter stehen, der unser Auge ist (vgl. die Dioptrik in der ‚Abhandlung über die Methode' von Descartes). Mit herzlichem Dank bitte ich

15 Eva Illouz, *Gefühle in Zeiten des Kapitalismus*, Frankfurt/M. 2007, S. 122.

16 Judith Squire, „Fabulous feminist futures and the lure of cyberculture", in: David Bell/Barbara M. Kennedy (Hg.), *The Cybercultures Reader*, London/New York 2000, S. 360-373, S. 361. Dort auch weitere Literaturhinweise.

17 Ebd., S. 362.

18 Georges Didi-Huberman, *Erfindung der Hysterie. Die photographische Klinik von Jean-Martin Charcot*, München 1997, S. 75.

Sie, bevor ich meine Reporterbeine unter die Arme nehme, die Ehrerbietung eines reuigen Photographen anzunehmen."[19]

Der Doyen der modernen Pressephotographie und Gründer der legendären Photogagentur *Magnum* Henri Cartier-Bresson stellt hier einen Konnex her, der sich in der Theoriegeschichte der Photographie nicht selten findet: jenen zwischen dem neuen technischen Medium und René Descartes' Text „La Dioptrique", der 1637 zusammen mit zwei weiteren Texten „La Géométrie" und „Les Météores" als Teil des *Discours de la méthode* erschienen ist. Cartier-Bresson benennt hier eher implizit als explizit zwei Momente, die uns auf unserem kursorischen Weg durch die Theoriegeschichte der Photographie wiederbegegnen werden: das Auge als Unruhestifter und der photographische Akt als masturbatorischer Ersatz jener *passage à l'acte*, die dem Blick verwehrt ist, die er aber gleichwohl als visuelle Aneignungsgeste übernimmt. Dies sind die beiden Momente, die seit Descartes, so will es zumindest ein Teil der Photographietheorie, unsere Vorstellungen von der Photographie bestimmen.

Descartes erscheint als einer der Gründerväter der Photographie und hat dieser ein theoretisches Programm apparativ mit auf den Weg gegeben. Auch wenn Descartes nur einer von vielen Wissenschaftlern und Künstlern ist, die sich mit der Camera obscura beschäftigt haben,[20] ist es gerade seine Deutung dieser Apparatur, die in der Deutung nicht weniger Theoretiker der Photographie ihre diskursiven wie epistemologischen Regeln vorschreibt: „‚Cogito, ergo sum' wird nun zum ‚Objektiv', das die Gegenstände der Erfahrung einer Prozedur der Objektivierung unterwirft: Erfassung eines Raum-Abschnittes im quantifizierten Zeit-Intervall."[21]

Die Camera obscura erscheint in der Photographiehistoriographie fast durchweg als Vorläufer des Photoapparates und die Entwicklung der Photographie wird in dieser Perspektive als technische Umsetzung des epistemologischen Traums der dunklen Kammer und die Photographiegeschichte als „teleologische Erzählung der Geburt und allmählichen Perfektionierung der Camera obscura durch die Erfindung der Fotografie und später des Films"[22] gedeutet. Und es war kein anderer als

---

19 Henri Cartier-Bresson, *Auf der Suche nach dem rechten Augenblick. Aufsätze und Erinnerungen*, München 1998, S. 77.

20 Vgl. etwa die kommentierte Textsammlung: Philippe Hamou (Hg.), *La vision perspective (1435-1740)*, Paris 1995, sowie die ausführliche und medientheoretisch zugespitzte Darstellung in: Friedrich A. Kittler, *Optische Medien. Berliner Vorlesung 1999*, Berlin 2002, in der Descartes im übrigen nicht erscheint.

21 Bernd Busch, *Belichtete Welt. Eine Wahrnehmungsgeschichte der Fotografie*, München/Wien 1989, S 91.

22 Linda Williams, „Pornografische Bilder und die ‚körperliche Dichte des Sehens'", in: Herta Wolf (Hg.), *Diskurse der Fotografie. Fotokritik am Ende des fotografischen Zeitalters*, Bd. 2, Frankfurt/M. 2003, S. 226-268, S. 233. Vgl. zur Deutung der Kontinuität der Entwicklung von der Camera obscura zur Photographie expl. Bernd Busch, *Belichtete Welt*; Helmut Gernsheim, *Geschichte der Photographie. Die ersten hundert Jahre*, Frankfurt/M. u. a. 1983, S. 11-27; Walter Koschatzky, *Die Kunst der Photographie*, Wien 1993, S. 31-46, und Friedrich A. Kittler, *Optische Medien*.

René Descartes, der die Regeln dieses Traums in eben cartesianischer Strenge zu bestimmen versucht habe. Descartes' *Regulae* werden zu Regeln der Photographie und sein Traum sucht uns immer noch heim – denn als „cartesian dream“[23] faßt Martin Lister, hierbei William Mitchell folgend, einen Grundzug des neuzeitlichen Denkens, der die Photographie maßgeblich und nachhaltig bestimme. Doch auch wenn Descartes fraglos Träumen eine besondere Bedeutung zugemessen hat, wie nicht zuletzt seine Deutung jener drei Träume, die er als wegweisend für sein eigenes Leben interpretierte,[24] oder auch das Traumbeispiel in den *Meditationes* zeigen, dessen Auslegung nicht zuletzt Jacques Derrida und Michel Foucault zu einer berühmten Debatte führten, in der es in programmatischer Weise um ihre eigene philosophischen Entwürfe ging,[25] so kann mit Fug und Recht bezweifelt werden, daß der cartesianische Traum, der ihm in der Photographiegeschichte zugeschrieben wird, wirklich sein eigener war. Doch der Reihe nach – oder genauer dem Vorschlag Henri Cartier-Bressons folgend, der zwischen unruhigem Auge und masturbatorischem Zeigefinger unterschied und somit zugleich auch die beiden theoretischen Schwerpunkte der Auseinandersetzung mit Descartes auf den Punkt brachte.

Zuerst das *unruhige Auge*: Jonathan Crary hat mit seinem Buch *Techniken des Betrachters*[26] eine überaus wirkmächtige wie programmatische Studie vorgelegt, die in exemplarischer Weise diskurs- und wahrnehmungsgeschichtliche Fragen miteinander verzahnt und eine regelrechte Wahrnehmungsgeschichte der Moderne vorlegt. In dieser nimmt die Philosophie Descartes' eine maßgebliche Rolle ein, da Descartes die philosophische Abbreviatur für ein ganzes Zeitalter ist, das er auf den Begriff bringt. Dieses Buch stellt zugleich einen theoretischen Entwurf dar, an dem sich viele weitere Interpretationen abarbeiten, um ihrerseits eine alternative Lesart des cartesianischen Programms und seiner Fortschreibung durch die Photographiegeschichte vorzuschlagen. Die zentrale Frage dieser Auseinandersetzung ist: Hat Descartes samt seinem philosophischen Traum überlebt oder ist dieser mit der Geburt der Photographie ausgeträumt und Descartes seinem Zeitalter überlassen? Descartes ist die Nagelprobe der Frage, ob wir es mit einer Kontinuität oder vielmehr mit einem Bruch, mit einem Paradigmenwechsel zu tun haben. Während Jonathan Crary versucht, im frühen 19. Jahrhundert eine historische Zäsur mitsamt ihren theoretischen wie höchst praktischen Konsequenzen auszuloten und

---

23 Martin Lister, „Photography in the Age of Electronic Imaging“, in: Liz Wells (Hg.), *Photography: A Critical Introduction*, London ³2004, S. 295-336, S. 305.

24 Vgl. dazu die Zusammenfassung und Deutung in: Dominik Perler, *René Descartes*, 2. erweiterte Auflage, München 2006, S. 15-17.

25 Vgl. Jacques Derrida, „Cogito und Geschichte des Wahnsinns“, in: ders., *Die Schrift und die Differenz*, Frankfurt/M. 1972, S. 53-101 sowie Michel Foucault, *Wahnsinn und Gesellschaft*, Frankfurt/M.1969, und seine Replik auf Derrida: „Mein Körper, dieses Papier, dieses Feuer“, in: *Dits et Ecrits. Schriften*, Bd. 2, Frankfurt/M. 2002, S. 300-330.

26 Jonathan Crary, *Techniken des Betrachters. Sehen und Moderne im 19. Jahrhundert*, Dresden/Basel 1996; eine Kurzfassung der Hauptthesen ist sein Aufsatz: „Die Modernisierung des Sehens“, in: Herta Wolf (Hg.), *Paradigma Fotografie*, S. 67-81.

Descartes in seiner Deutung diese historische Kluft nicht überspringen konnte, erblicken andere Interpreten dort, wo Crary einen Bruch ausmacht, eine Kontinuität – und diese Kontinuität hat einen Namen: René Descartes. Er wird hier zum unheilvollen Garanten einer tragischen Geschichte, die Klarheit bringen wollte und Unterwerfung brachte.

Bei Crary erscheint die Camera obscura als apparatives Modell der epistemologischen Vorstellungen der philosophischen Diskurse des 17. und 18. Jahrhunderts, die er auf die Formel eines „objektiven Grunds der sichtbaren Wahrheit"[27] bringt. Die visuelle Objektivität der Wahrnehmung ist durch die Camera obscura garantiert, die in Gestalt von geometrischen Regeln und Gesetzen Mathematik apparativ zur Bildgewinnung einsetzt. „Die Öffnung der Camera entspricht dem einen, mathematisch bestimmbaren Punkt, von dem her die Welt aus einer fortschreitenden Ansammlung und Kombination von Zeichen deduziert werden kann."[28] Und weiter: „Der konzeptuelle Aufbau der Camera obscura ist die parallele Versöhnung eines begrenzten bzw. monadischen Blickwinkels mit der notwendigen Wahrheit."[29] Die Camera obscura ist aber nicht allein ein Apparat zur Herstellung visueller Evidenz, Präzision und Objektivität, sie ist auch Modell des Bewußtseins: „Das geordnete und berechenbare Eindringen von Lichtstrahlen durch eine einzige Öffnung in der Camera obscura entspricht somit dem Durchdrungensein des Geistes vom Licht der Vernunft".[30] In dieser Gestalt wird sie als monokulares Sehen dem binokularen der menschlichen Wahrnehmung entgegengesetzt und dieser übergeordnet. In dieser Deutung der Camera obscura als Modell der Erkenntnis und des Bewußtseins ist Descartes eine paradigmatische Figur: Daher greift Crary, um den epistemologischen Einsatz dieser Apparatur zu verdeutlichen, explizit auf Descartes' Versuchsanordnung aus seiner Schrift „La Dioptrique" zurück, in der er den Leser anregt, in die Öffnung der Camera obscura das Auge eines Verstorbenen oder das eines Tieres einzusetzen: Was im Inneren der Dunkelkammer erscheint, ist dann die perspektivische Wiedergabe der Außenwelt. Das Auge projiziert die Außenwelt in einen abgeschlossenen und isolierten Innenraum, ist eine „Schnittstelle zwischen den bei Descartes noch vollständig getrennten *res cogitans* und *res extensa*, zwischen Betrachter und Welt",[31] und macht so, in der Deutung Crarys, die Außenwelt für die Betrachtung des Verstandes (*mind*) verfügbar. Descartes markiert dabei in exemplarischer wie paradigmatischer Weise das Programm einer „geometrischen Optik", das noch für die Camera obscura Geltung hat, dann aber mit Aufkommen der Photographie und insbesondere der zeitgleichen Stereoskopie durch das neue Modell einer „physiologischen Optik" abgelöst wird.

Crary nimmt für die Zeit zwischen 1820 und 1830 einen Paradigmenwechsel von einer „geometrischen Optik" hin zu einer „physiologischen Optik" an, von

27 Ders., *Techniken des Betrachters*, S. 24.
28 Ebd., S. 57.
29 Ebd., S. 58.
30 Ebd., S. 53.
31 Ebd., S. 56.

einem monokularen zu einem binokularen Sehen und, streng nach einer Kombination verschiedener Thesen Michel Foucaults, von einer Theorie der Repräsentation hin zu einem „normativen Sehen", das auf einer Körperlichkeit, auf einer Physiologie des Sehens basiert.[32] Die Photographie gehört dabei für Crary bereits der neuen diskursiven Formation an und ist keineswegs die Fortsetzung des Systems der Repräsentation und des Sehens der Camera obscura, wie es gemeinhin in der photographiehistorischen Forschung, nicht aber unisono in der Photographietheorie angenommen wird. Die Photographie, die im Gegensatz zur Stereoskopie bei Crary nur eine sekundäre Rolle spielt und zudem erst *nach* dem epistemologisch-kulturhistorischen Wechsel anzusetzen ist, bleibt in dessen Argumentation sehr vage und wird formelhaft als „zentraler Bestandteil nicht nur in einer neuen Gebrauchsgüterökonomie" und als „Element eines neuen und homogenen Territoriums des Konsum und der Verbreitung, auf dem der Betrachter angeordnet wird",[33] bezeichnet. Die Photographie liegt diesseits des Rubikons, der zwischen Geometrie und Physiologie als Leitwissenschaften und monokularem und binokularem Sehen scheidet, Descartes jedoch jenseits. Sein „physiologisches" Experiment mit einem Auge zeigte in gebotener Klarheit, daß ein aus dem Körper herausgelöstes starres Auge besser und klarer sieht als das bewegliche fleischliche, inkorporierte.[34]

„Es scheint heute", merkt Friedrich A. Kittler süffisant zu Crarys Studie an, „ganze Wissenschaftszweige zu geben, die nichts gesagt zu haben glauben, wenn sie

---

32 Ebd., S. 28.

33 Ebd., S. 24.

34 Von Joel Synder stammt der Aufsatz „Das Bild des Sehens" (in: Herta Wolf (Hg.), *Paradigma Fotografie*, S. 23-59; in einer gekürzten Fassung auch in: Wolfgang Kemp (Hg.), *Theorie der Fotografie III*, S. 274-281), der mit Descartes' „Dioptrik" und ihren Vergleich des Auges und der Camera obscura einsetzt. Snyder teilt mit Hentschel und Williams die Annahme einer historisch-diskursiven Konstruktion der Wahrnehmung, gibt dieser aber eine andere, weniger revolutionäre Wendung. Snyder interessiert an Descartes' Text vor allem dessen Behauptung, daß die Vollkommenheit von Bildern mitunter davon abhänge, daß sie den abgebildeten Gegenständen eben *nicht* ähnlich sind, um dann seinerseits einen naiven Realismusbegriff zu kritisieren, nach dem die Bilder um so realistischer wirken, je mehr Abbildungsentsprechungen sie zum Gegenstand aufweisen. Der Realismus ist, so Snyder, vielmehr als Konsequenz kultureller Prozesse aufzufassen, die unsere Vorstellungen von Ähnlichkeit, Natürlichkeit und eben Realismus normieren. Auch das photographische Sehen wie das Betrachten von Photographien kann sich dieser kulturellen Normierung nicht entziehen, ja ist Ergebnis eines Sehens, das seinerseits bereits bildlich ist. Auf die Frage, wie wir überhaupt dazu gekommen sind, „Fotografie als natürliche Phänomene anzusehen" (S. 42), antwortet Snyder mit dem Desiderat einer „kritischen Geschichte der Kamera" (S. 37 f.), die von der Differenz unserer visuellen Erfahrung mit den Photographien ausgeht und die Geschichte der Photographie in ihrem Zusammenhang mit der Kunstgeschichte begreift. Die Photographie hat in dieser Lesart nicht die Malerei besiegt, sondern sich ihre ästhetisch-visuellen Regeln einverleibt. Die Camera obscura und die Zentralperspektive sind Modelle des Sehens, die die Wahrnehmung normieren, aber auch verändern können. Descartes ist das theoretische Modell, aber eben eines, das nur einen Rahmen vorgibt und nicht die Regeln diktiert.

nicht hundertmal Körper gesagt haben" und moniert weiterhin, daß „materielle Effekte" ein besserer gemeinsamer Nenner als die Physiologie gewesen wäre und auch Goethes Versuche mit den physiologischen Experimenten nicht über einen Kamm geschoren werden können.[35] Diese Kritik nimmt sich jedoch noch vergleichsweise zurückhaltend aus, wenn man andere Stimmen hört. Und mit diesen kommen wir zum *masturbatorischen Zeigefinger*, den Cartier-Bresson mit Descartes in Verbindung brachte. Linda Williams und Linda Hentschel etwa erblicken beide in Crarys Deutung ein konsequentes Ausblenden eines männlichen Herrschafts- und Unterwerfungsgestus, der sich gerade im Fortbestehen des Cartesianismus und nicht in seiner vermeintlichen Ablösung durch ein physiologisches Wahrnehmungsmodell zeige. Linda Hentschel geht es in konsequenter Absetzung von Crarys Deutung gerade darum, „in der Geschichte der optischen Medien eine Tradition aufzuspüren, die aktiv an der Erziehung des Augensinns arbeitet und ihr Ziel darin sieht, das Sehen analog der Sextechnik der Penetration zu strukturieren."[36] Gegen Crary gewendet erblickt sie im 19. Jahrhundert keineswegs eine Ablösung, sondern vielmehr Fortsetzung der Zentralperspektive und zwar in Gestalt des skopischen Begehrens.

Crary, so kritisiert Linda Williams ergänzend, zeige eine „bemerkenswerte Unsensibilität hinsichtlich des Geschlechts der unterschiedlichen BetrachterInnen"[37] und biete eine „seltsam neutrale Definition des Betrachters, der kein Geschlecht zu haben scheint".[38] Crary setze, so kann man die Kritik zuspitzen, in seiner Theorie den Cartesianismus fort, den er gerade als historisch überwunden ansieht und bleibe nolens volens dem Camera obscura-Modell der Wahrnehmung verhaftet. Dieser implizite Cartesianismus verstelle eine neue, körperliche Form der Wahrnehmung, die den Körper in sehr viel weitergehender Weise, als das in Crarys historischer Analyse der Fall ist, mit in den Wahrnehmungsakt hineinholt. „Der fortlebende Cartesianismus des Camera-obscura-Modell des Sehens setzt unseren Überlegungen zu erotischen und pornografischen Formen der Lust permanent Schranken. Denn körperliche Sensationen werden im Rahmen dieses Cartesianismus nach wie vor einem angeblich *reineren* Geiste oder abwertend entgegengesetzt."[39] Gleichwohl könne man aus Crarys Buch eine These mitnehmen und zwar jenen Gedanken, daß die „Diskurse und Technologien der Moderne die Körper der *Betrachter* neu konstruierten" und sich dabei des „Ballasts eines Körper-Geist-Dualismus entziehen".[40] Denn darauf zielt Linda Williams: auf eine antidualistische (und das heißt hier: anti-cartesianische) Konzeption der Wahrnehmung, die zudem „alle

---

35 Friedrich A. Kittler, *Optische Medien*, S. 199 f.

36 Linda Hentschel, *Pornotopische Techniken des Betrachtens. Raumwahrnehmung und Geschlechterordnung in visuellen Apparaten der Moderne*, Marburg 2001, S. 9.

37 Linda Williams, „Pornografische Bilder und die ‚körperliche Dichte des Sehens'", S. 234.

38 Ebd., S. 236.

39 Ebd., S. 245.

40 Ebd., S. 234 f.

Formen visuellen Genießens umfassen kann".[41] Sie findet ihn in der Vorstellung einer „körperlichen Dichte des Sehens, in der die Sinne der Betrachterin oder des Betrachters nicht entkörpert, distanziert und zentrisch sind, wie dies bei der Camera obscura der Fall war."[42] Die *historische* Analyse Crarys verwandelt sich mithilfe der Übersetzungsfigur der cartesischen Philosophie, dank derer aus einem geschichtlichen Phänomen eine überzeitlich wirkende Theorie werden kann, in eine *systematisch-politische.*

Dieser Ansatz, der in der Photographie und dem Film die Bedingungen der Möglichkeit auslotet, das cartesische Gespenst auszutreiben, findet sich in verschiedenen Varianten auch im Kontext der Debatte über die digitale Photographie. Dabei geht es nicht allein um die veränderten Bedingungen der photographischen Bilder in Zeiten der Digitalisierung, sondern um ein explizites Befreiungsszenario: Nicht wenige erblicken gerade in der digitalen Photographie das Ende des cartesianischen Traums, da die Photographie sich nun endgültig vom Photoapparat und seinem epistemologischen Programm emanzipiert habe. Mit Erreichen der „‚post-photographic era'" werden die „fragile distinctions between the imaginary and the real or, as Mitchell puts ist, ‚the tragic elusiveness of the Cartesian dream'" suspendiert.[43] Die digitale Photographie mache nicht nur deutlich, daß nicht die Photographie immer Konstruktionen der Wirklichkeit präsentiere, sondern auch die Realität als solche konstruiert sei: Der Übergang zur digitalen Photographie mache die Konstruiertheit des Realen offenkundig. Photographische Objektivität, die vor allem in Gestalt eines Positivismus auftauche, dessen Regeln nicht zuletzt durch Descartes bestimmt worden seien, ist obsolet geworden. Die digitale Photographie mache somit ein Ende mit der Unterwerfung und Beherrschung des Gegenstandes – ob es sich nun dabei um die Natur oder den Körper handelt.[44] Am Ende des photographischen Zeitalters steht die Befreiung: die Austreibung des Gespenstes des Cartesianismus, das als Positivismus oder Objektivität das Bild und auch das epistemologische Programm der Photographie nachhaltig bestimmt habe. Und es eröffnet sich eine neue Welt und ein neues Denken: „Our investment in photography as a transformational object is an investment in our experience of the real, and it implies a different, non-positivist way of thinking."[45] Dem entsprechend habe sich auch das Modell der Wahrheit verändert: Digitale Bilder sind „partial rather than universal forms of knowledge, and as image-statements rather than truths".[46]

Wir können nun zwei Narrative der Photographietheorie unterschieden, in denen Descartes jeweils als tragende Stimme und theoretischer roter Faden erscheint.

---

41 Ebd., S. 231.

42 Ebd., S. 265.

43 Martin Lister, *Photography in the Age of Electronic Imaging*, S. 305. Lister zitiert hier: William J. Mitchell, *The Reconfigured Eye. Visual Truth in the Post-Photographic Era*, Cambridge/Mass. 1992, ^{3}1998.

44 So etwa Sarah Kember, *Virtual Anxiety*, S. 5.

45 Ebd., S. 35.

46 Ebd.

Während sich in dem ersten von der Camera obscura bis hin zur Photographie und zum Film eine technische, ästhetische und epistemologische Entwicklungsgeschichte spannt, die in den Medien Repräsentationsformen der Wirklichkeit erblicken (diese Geschichte gibt es in zwei Versionen: als Erfolgs- und als Verfalls- oder Unterwerfungsgeschichte), konstruiert das zweite eine andere Geschichte: Descartes erscheint in dieser als geheimer Gründungsvater der Photographie, die am „Ende des fotografischen Zeitalters"[47] mit der Digitalisierung an ihre Grenzen stößt: Die mathematisch-perspektivische Entsprechung der *res extensa* und der *res cogitans* ist aufgelöst und an ihre Stelle tritt eine neue Ordnung: die der Simulakren und der konstruierten Realität.

47 So der Untertitel („Fotokritik am Ende des fotografischen Zeitalters") der beiden von Herta Wolf zur Theorie der Photographie herausgegebenen Bände *Paradigma Fotografie* und *Diskurse der Fotografie*, die ihrerseits Martin Lister zitieren (vgl. Fußnote 23), der seinerseits Mitchell zitiert.

BERNHARD J. DOTZLER

Foucault, der Diskurs, die Medien

Die Mentalität der Sehenden, das wäre ein Fach, das man in der Schule unterrichten sollte wie Geographie oder Geschichte, denn wenn wir sie nicht kennen, können wir nie ihre Herren werden, können wir sie nie bekämpfen.

Hervé Guibert, *Blinde*[1]

I. Kleinode

In einem fernen Reich zu einer fernen Zeit: Um nicht vor Langeweile zu sterben, beschwört der Herrscher jenes Landes den Geist Cucufa herbei, der ihm mithilfe der Damenwelt seines Hofes einige Kurzweil verschaffen soll. Nicht, daß er selbst mit ihnen seinen Zeitvertreib suchte. Gerade dessen ist er längst überdrüssig. Aber die Erzählung ihrer galanten Abenteuer könnte ihm Vergnügen bereiten, würde nicht auch die Frau genießen – und schweigen. Allein ein Zauberring kann daher helfen, dennoch ihre Geheimnisse in Erfahrung zu bringen. Dieser nämlich bewirkt, daß alle Frauen – so der Geist und so die Geschichte – „mit lauter, klarer und vernehmlicher Stimme ihre Techtelmechtel erzählen". Nur nicht mit ihrem Mund, sondern mit jenem Teil, der es „am besten" weiß: „mit ihren Kleinoden".

Mit ihren Kleinoden? lacht selbst in diesem Land der Despot und mit ihm, mehr als zweihundert Jahre später, Michel Foucault. Dessen Bücher über „den Sex" entstanden ob solchen Gelächters. Ausdrücklich liest man im ersten Band von *Sexualität und Wahrheit*: „Worum es in dieser Serie von Untersuchungen geht? Die Fabel der *Indiskreten Kleinode* in Historie zu übersetzen."[2] Weil aber darin von mehr als nur vom Plaisier die Rede ist, kann man auch die Vorlesungen, die Foucault in den folgenden Jahren hielt, auf den Roman Diderots beziehen. Wie einmal ein Vorschein des großen Wissensprojekts der *Encyclopédie* taucht in dem Roman mehrmals die Frage nach der Kunst des Regierens auf, und die ist das Thema, mit dem Foucault seine Hörer am Collège de France 1978 und 1979 konfrontierte.

Der Despotismus ist freilich nur eine Form des Regierens, und nicht die maßgebliche. Was Foucault seit jenen Vorlesungen als „Gouvernementalität" bezeich-

1 Gewidmet: „Dem toten Freund". Orig.: Hervé Guibert, *Des aveugles*, Paris 1985; hier nach der deutschen Ausgabe: Reinbek bei Hamburg 1986, S. 75.

2 *Sexualität und Wahrheit*, Bd. I*: Der Wille zum Wissen* [1976], Frankfurt/M. 1983, S. 97. – Angaben ohne Autor beziehen sich durchgängig auf Schriften Foucaults.

net, soll gerade eine Alternative zur politischen Theorie in Begriffen der Souveränität, des Staats und der verfügten Rechtsordnungen sein. All diese Dinge verdienten, eingehend analysiert zu werden. Statt jedoch „diese Universalien" vorauszusetzen, „die die soziologische und die historische Analyse oder die der politischen Philosophie verwenden, um die Regierungspraxis darzulegen", unternimmt Foucault „genau das Umgekehrte":[3] Wie, fragt er, konstituiert „diese Praxis" die Universalien? Was, wenn es die letzteren gar nicht gibt? Durch welche Praktiken erlangten der Souverän, die Untertanen, der Staat, die Gesellschaft dennoch Realität?

Im Zentrum dieser wie beinahe aller Fragen Foucaults stehen bekanntlich *diskursive* Praktiken. Weniger der despotische Wunsch und Befehl intrigiert in oder an den *bijou indiscrets* als vielmehr deren Geschwätzigkeit. „Wir stellen uns gern vor, wir gehörten einer ‚viktorianischen' Ordnung an. Mir scheint, unser Reich ist eher ein solches, wie Diderot es sich in *Les Bijoux indiscrets* [*Die indiskreten Kleinode*] vorgestellt hat: Ein gewisser, kaum sichtbarer Mechanismus lässt das Geschlecht in nahezu unstillbarer Geschwätzigkeit sprechen."[4]

Enger mit der Tagespolitik auf Tuchfühlung, unterstreicht Foucault dieselbe Position in seinem Geleitwort zu einem Buch, das die „Affäre Mirval" behandelt: *L'Affaire Mirval ou Comment le récit abolit le crime*. Der Skandal war der (mit Foucaults Überschrift) „nicht hinnehmbare Tod" des Häftlings Patrick Mirval im Gefängnis von Fleury-Mérogis, 1974. Von Selbstmord sprach die Gefängnisleitung – von nicht zu klärenden Umständen die Experten am Ende einer zweijährigen Untersuchung, die den damaligen Justizminister weder zur Einstellung des Verfahrens noch zur Anklageerhebung gegen die Aufseher zu bewegen vermochte. Was also war geschehen? Eine, so Foucault, der „am wenigsten bekannten Großtaten der Justiz". Wo sie fälscht, lügt, sich irrt oder kurzerhand schweigt, stand sie von jeher im Visier der Kritik. Hier aber galt es, eine darüber hinausgehende „Technik der Macht" zu bedenken. „Nicht immer fabrizieren Staat, Justiz und Verwaltung Geheimnisse, indem sie die Wahrheit unterschlagen"; genauso produzieren sie Information im Übermaß: das, „was die Informatiker ‚Rauschen' nennen". Als „politische Aufgabe" ergibt sich daher, eine „Wahrheitsarbeit" zu leisten, die nicht bloß die Unwahrheit denunziert, sondern anerkennt, daß es die Wahrheit gibt, daß sie Macht und Wirkungen hat – eine Arbeit mithin, die ihrerseits Wahrheit hervorbringt, um „sie überall, wo es möglich ist, dagegenzusetzen und aus ihr einen unnachgiebigen Widerstandspunkt zu machen".[5]

---

3 *Geschichte der Gouvernementalität II: Die Geburt der Biopolitik. Vorlesung am Collège de France 1978-1979*, Frankfurt/M. 2004, S. 15.

4 „Das Abendland und die Wahrheit des Sexes" [1976], DE III, S. 138. – Die Sigle DE bezieht sich auf: Michel Foucault, *Schriften in vier Bänden. Dits et Ecrits*, Frankfurt/M. 2001 ff.

5 „Ein nicht hinnehmbarer Tod" [1976], DE III, S. 11-13.

II. Rauschen

Von dem, „was die Informatiker ‚Rauschen' nennen", hat Foucault immer wieder, wenn nicht durchweg, gehandelt. Sein Buch über den Wahnsinn lauscht dem „obstinaten Gemurmel einer Sprache, die *von allein* spricht, ohne sprechendes Subjekt und ohne Gesprächspartner".[6] Von der *Geburt der Klinik* an heißt „Diskursanalyse" der methodische Vorsatz, „in dem, was gesagt worden ist", nicht Sinn und Bedeutung, „sondern nur das Faktum seines historischen Erscheinens" vorauszusetzen.[7] Die Literatur – als Foucault noch jenes Faible für sie pflegte, aus dem er anfänglich sein Interesse für „strukturierte Formen der Erfahrung", „strukturale Kohärenz[en]" bezog[8] – nennt er schlicht eine „unendliche Wellenbewegung der Wörter", ein „endloses Geblöke der Wörter".[9] Die *Archäologie des Wissens* elaboriert eine Art Diagonalisierung des Diskurses, die „ihn im Mechanismus seines Drängens behandel[t]", als „Geschwätz" einmal mehr, als „gedrängte Menge multipler Beziehungen".[10]

Bezugnahmen auf die Informatik selbst finden sich bei Foucault indessen nur wenige. Sehr früh erhält einmal die Kybernetik, vertreten durch Norbert Wieners gleichnamiges Buch (1948) und W. Grey Walters *Living Brain* (1953), ihre Ortszuweisung in der Ordnung der Humanwissenschaften.[11] Im Rahmen einer „Geschichte des Raumes" – genauer: der knappen Skizze einer solchen Geschichte – gibt es sodann einen Verweis auf die „Probleme der Lage oder Platzierung in der heutigen Technik": „Man denke etwa an die Speicherung von Information oder von Teilergebnissen einer Rechnung im Speicher einer Maschine, an die zufallsbestimmte Zirkulation diskreter Elemente (zum Beispiel von Autos im Straßenverkehr oder von Tönen in einer Telefonleitung), an das Auffinden markierter oder codierter Elemente innerhalb einer Menge, die entweder eine Zufallsverteilung aufweist oder durch eindeutige bzw. mehrdeutige Zuordnungen geordnet ist."[12]

Ferner belegen die gleichermaßen emphatischen wie okkasionellen Würdigungen der wissenshistoriographischen Leistungen anderer, daß Foucault die „reale Welt"[13] dieser Art – die „Errungenschaften", die „einen wesentlichen Teil unserer heutigen

6 *Wahnsinn und Gesellschaft. Eine Geschichte des Wahns im Zeitalter der Vernunft* [1961], Frankfurt/M. 1973, S. 12.

7 *Die Geburt der Klinik. Eine Archäologie des ärztlichen Blicks* [1963/1972], Frankfurt/M./Berlin/Wien 1985, S. 15.

8 „Der Wahnsinn existiert nur in einer Gesellschaft" [1961], DE I, S. 235 f.

9 So die verschiedenen Übersetzungen ein und desselben Texts: „Die Sprache, unendlich" [1963], DE I, S. 355, bzw. „Das unendliche Sprechen", in: Michel Foucault, *Schriften zur Literatur*, Frankfurt/M./Berlin/Wien 1979, S. 101.

10 *Archäologie des Wissens* [1969], Frankfurt/M. 1981, S. 39 u. 112.

11 Vgl. „Die Psychologie von 1850-1950" [1957], DE I, S. 194 f., und dazu dann die Situierung des „psychologischen Bereichs" in: *Die Ordnung der Dinge. Eine Archäologie der Humanwissenschaften* [1966], Frankfurt/M. 1974, S. 426 ff.

12 „Von anderen Räumen" [1967/1984], DE IV, S. 932 f.

13 „Gespräch mit Madeleine Chapsal" [1966], DE I, S. 669.

Kultur ausmachen: Logik, Informationstheorie, Linguistik und Formalismus"[14] – mit großer Wachheit bedachte. François Jacob habe endgültig klargestellt, „in welchem Maße" das Lebende „wie eine Rechenmaschine funktioniert".[15] Georges Canguilhem habe das begriffliche Wissen als „eine der Weisen der Information" herausgearbeitet, „die jedes Lebewesen in seiner Umwelt entnimmt und durch die es umgekehrt seine Welt strukturiert".[16] Und Philippe Ariès ohnehin: Als „einer der Ersten" habe Ariès „die revolutionären Möglichkeiten der Informatik" genutzt.[17]

Wie aber dergleichen Möglichkeiten zu nutzen und wie sie zu reflektieren seien, war trotz solcher Andeutungen kein Thema Foucaults. Auch der einzige Vortrag, den er expressis verbis unter einen informationstheoretischen Titel stellte – *Message ou bruit? Botschaft oder Rauschen?* –, legt nur eine Spur, die er gerade nicht, historisch so wenig wie systematisch, weiterverfolgte. Es müsse, endet die Rede vor einer Ärzteversammlung, die „Theorie der medizinischen Praxis [...] auf der Grundlage von Begriffen neu durchdacht werden", die „aus der Sprachanalyse und der Datenverarbeitung stammen".[18] Denn alles medizinische Tun sei Ausfilterung von Botschaften aus einem von der Krankheit erzeugten Rauschen. Um nämlich eine Botschaft als solche zu empfangen, *muß* es erstens „ein Rauschen geben"; muß dieses Rauschen zweitens „aus verschiedenen diskontinuierlichen [...] Elementen ‚bestehen'"; welche Elemente drittens „in eindeutiger Weise" mit anderen, durch sie referentialisierten Elementen und viertens „nach bestimmten Regeln" untereinander verknüpft zu sein haben. – Zweck der ganzen Übung, elementar und skizzenhaft, wie sie blieb, war jedoch rein die Einsicht in die durch eine solche Begrifflichkeit hervortretende Historizität des oder der medizinischen Codes, Einsicht in den Status der Medizin als „theoretische Operation", deren prinzipielle Willkür sonst hinter dem Schleier „segensreicher Humanismen" verborgen bleibt: hier die Krankheit als Hilferuf, da der hörende und hörend helfende Arzt.[19]

14 „Ist der Mensch tot?" [1966], DE I, S. 699.

15 „Wachsen und vermehren" [1970], DE II, S. 128.

16 „Vorwort" [zur amerikanischen Ausgabe von Georges Canguilhems *Le normal et le pathologique*, 1978], DE III, S. 564; s.a. „Das Leben: Die Erfahrung und die Wissenschaft" [1984], DE IV, S. 956.

17 „Die Sorge um die Wahrheit" [1984], DE IV, S. 796.

18 „Botschaft oder Rauschen?" [1966], DE I, S. 722. – Vgl. dagegen die *Archäologie des Wissens* (bes. S. 115 ff.) zur Abgrenzung der eigenen historisch-philosophischen Praxis von der linguistischen (und zwischen den Zeilen auch: der medizinischen) Analyse.

19 „Botschaft oder Rauschen?", S. 719 f.

III. Diskurs

Mit anderen Worten, Foucaults Philosophie[20] zählt nicht zu den Positionen, die in den medienwissenschaftlichen Lehrbüchern als elaborierte Medientheorien geführt werden.[21] Aber zur gleichen Zeit, in der ein McLuhan seinen Gassenhauer *the medium is the message* erfand, etablierte Foucault die Entdeckung, daß der Diskurs selber die Botschaft ist. So lautet die Generalthese seiner Antrittsvorlesung am Collège de France über die *Ordnung des Diskurses*: „Die Hypothese, die ich heute abend entwickeln möchte, um den Ort – oder vielleicht das sehr provisorische Theater – meiner Arbeit zu fixieren: Ich setze voraus, daß in jeder Gesellschaft die Produktion des Diskurses zugleich kontrolliert, selektiert, organisiert und kanalisiert wird – und zwar durch gewisse Prozeduren, deren Aufgabe es ist, die Kräfte und die Gefahren des Diskurses zu bändigen, sein unberechenbar Ereignishaftes zu bannen, seine schwere und bedrohliche Materialität zu umgehen."[22]

Es gibt, nebenbei, eine lange und breite Diskussion darüber, wie der Begriff des Diskurses bei Foucault zu verstehen sei. Foucault faßt unter dem Begriff aber nicht mehr und nicht weniger als genau das, was je in irgendeiner Weise faktisch ausgesagt worden ist: die Rede in ihrer „materiellen Wirklichkeit als gesprochenes oder geschriebenes Ding".[23] Darauf beruht die Ereignishaftigkeit und das heißt Historizität des Diskurses, und auf der Grundlage dieser beiden Eigenschaften seiner Historizität und Materialität (wie umgekehrt: als Beweis dieser beiden Eigenschaften) unterliegt der Diskurs bestimmten Prozeduren der Kontrolle, der Selektion, der Organisation und der Kanalisierung. Man braucht, was Foucault damit sagt, nur beim Wort zu nehmen, und es wird unmißverständlich klar, daß er den Diskurs *als Medium* in den Vordergrund rückte. Selektion und Kanalisierung sind ja regelrecht Shannonsche Kategorien, aber auch Kontrolle und Organisation sind durch wie über die Medien ausgeübte Prozesse (auf sehr verschiedene, aber nie sie leugnende Weise beschrieben von Luhmann wie Enzensberger, von Flusser wie etwa von der Theorie der Computernetzwerke).

Organisierend wirken nun, um kurz zu resümieren, erstens „Prozeduren der *Ausschließung*". Foucault nennt hierfür drei „große Ausschließungssysteme" als Beispiele: „das verbotene Wort", „die Ausgrenzung des Wahnsinns" und den „Willen

---

20 Wenn es denn Philosophie genannt werden mag, was er sagte und schrieb. Vgl. jedenfalls Maurice Florence, »Foucault«, in: Denis Huisman (Hg.), *Dictionnaire des philosophes*, Paris 1984, S. 942-944 (bzw. DE IV, S. 776-782).

21 Unbeschadet ihrer Positionierung durch: Jan Engelmann (Hg.), *Botschaften der Macht. Der Foucault-Reader Diskurs und Medien*, Stuttgart 1999; Claus Pias u. a. (Hg.), *Kursbuch Medienkultur. Die maßgeblichen Theorien von Brecht bis Baudrillard*, Stuttgart 1999; Stefan Weber (Hg.), *Theorien der Medien*, Konstanz 2003; Christa Karpenstein-Eßbach, *Einführung in die Kulturwissenschaft der Medien*, München 2004; Claudia Liebrand u. a. (Hg.), *Einführung in die Medienkulturwissenschaft*, Münster 2005.

22 *Die Ordnung des Diskurses. Inauguralvorlesung am Collège de France, 2. Dezember 1970*, Frankfurt/M. 1991, S. 10 f.

23 Ebd., S. 10.

zur Wahrheit". Diese erste Gruppe diskursiver Kontrollmechanismen hat die Funktion, die „Kräfte" der Diskurse „zu bändigen".[24] Es geht darum, das Reden *von außen* zu reglementieren, damit nicht Wildwuchs herrscht, sondern jener gepflegte Garten blüht, von dem die Vernunft sich einbilden kann, daß sie ihn bestellt.

Daß Redeverbote und Grenzziehungen zwischen artikulierter und deliranter Rede entsprechend regulierend eingreifen, ist dabei unmittelbar einsichtig. Intrikat hingegen ist es, auch „den Gegensatz zwischen dem Wahren und dem Falschen als ein [...] Ausschließungssystem zu betrachten". Denn hierbei geht es nicht nur darum, daß also Wahrheit zugelassen, Falschaussagen dagegen verpönt und dadurch ausgegrenzt würden – etwa in der Art der Verurteilung Galileis, bei der die Inquisition beanspruchte, die Hoheit über den wahr/falsch-Gegensatz zu besitzen, nicht anders übrigens als die Gegenseite, die Physik damals wie die Physik heute. Dieser Aspekt der Unterscheidung des Wahren vom Falschen ist in dem von Foucault angesprochenen Ausschließungssystem zweifellos mit enthalten. Sein Ansatz greift jedoch tiefer. Die Behauptung lautet, daß nicht nur das Wahre und das Falsche in einem veränderlichen Verhältnis zueinander stehen, sondern daß diese Unterscheidung als solche „ein historisches, veränderbares, institutionell zwingendes System" darstellt und insofern willkürlich ist. Weshalb soll eine Rede überhaupt als wahr oder falsch angesehen werden? Und nicht einfach als etwas, das es gibt oder nicht gibt? Es war jedenfalls, behauptet Foucault, ein historischer, mithin kontingenter Vorgang, daß sich diese Grenzziehung etablierte: „Denn noch bei den griechischen Dichtern des 6. Jahrhunderts war der wahre Diskurs [...] eben der Diskurs, der von den hierzu Befugten nach dem erforderlichen Ritual verlautbart worden ist [...]. Aber schon ein Jahrhundert später, lag die höchste Wahrheit nicht mehr in dem, was der Diskurs *war*, oder in dem, was der Diskurs *tat*, sie lag in dem, was er *sagte* [...]. Zwischen Hesiod und Platon hat sich eine Teilung durchgesetzt, welche den wahren und den falschen Diskurs trennte; diese Teilung war neu".[25]

Ohne daß eine solche These selber als Medientheorie auftreten müßte, ist sie doch unschwer zur Medienwissenschaft der Oralitäts-Literalitäts-Forschung seit Havelocks *Preface to Plato* in Beziehung zu setzen.[26] Darüber hinausgehende Anschlußmöglichkeiten werden deutlich, wenn Foucault fortfährt: „Es sieht so aus, als hätte seit der großen Platonischen Grenzziehung der Wille zur Wahrheit seine eigene Geschichte, welche nicht die der zwingenden Wahrheiten ist: eine Geschichte der Ebenen der Erkenntnisgegenstände, eine Geschichte der Funktionen und Positionen des erkennenden Subjekts, eine Geschichte der materiellen, technischen, instrumentellen Investitionen der Erkenntnis."[27] Dreierlei Geschichten – dreierlei regelrechte Arbeitsaufträge an Medienwissenschaft.

---

24 Ebd., S. 11, 16 u. 25.

25 Ebd.,S. 13 f.

26 Eric A. Havelock, *Preface to Plato*, Cambridge/Mass. 1963. Vgl. ders., *Als die Muse schreiben lernte* [1986], Berlin 2007; ferner Friedrich Kittler, *Musik und Mathematik I.1*, München 2006, bes. S. 90 ff. u. 155 ff.

27 *Die Ordnung des Diskurses*, S. 15

Neben den äußeren gibt es zweitens *interne* Prozeduren der Kontrolle: den Kommentar, die Autor-Funktion, die Ordnung des Wissens und demgemäß Redens (und vice versa) nach Disziplinen. Diese Reglementierungen sorgen dafür, die Dimension des *Zufalls* zu bändigen.[28] Was gesagt wird, soll nicht nur erlaubt statt verboten, vernünftig statt verrückt und dabei inhaltlich valide (d. h. wahr oder falsch) sein, sondern es soll auch nicht beliebig sein. Es soll nicht erratisch für sich stehen, soll vielmehr in Sinnzusammenhängen aufgehen. Der Kommentar annulliert den Zufallscharakter des Gesagten, indem er zugleich das, worauf er sich bezieht, in einen Kontext einordnet und selber auf etwas bezogene, also nicht beliebige Rede ist. Die Funktion des Autors führt dessen Reden sämtlich auf die Einheit seines Ichs und seiner Individualität zurück. Und die Disziplinen ordnen und situieren alles Gesagte gemäß ihren sogenannten fachlichen Belangen: ein Satz über lebende Organismen gehört in die Biologie, ein Satz über das Fernsehen in die Medienwissenschaft, eine Vorhersage des morgigen Wetters in den Wetterbericht – denn es müssen nicht „wissenschaftliche" Disziplinen sein, es kann auch die Literaturkritik sein, das Feuilleton im allgemeinen, das Kinomagazin, und so jede Art von Einheit, die über einen Gegenstand oder ein Thema definiert ist.

Auf diese Weise grenzen alle drei Ordnungsprinzipien die Diskurse ein, sorgen aber auch dafür, und das nicht zu übersehen ist wichtig, daß innerhalb ihrer Grenzen ein nahezu endloses Weiterreden möglich ist: Man kann immer noch einen Kommentar liefern; ein Autor, das definiert ihn geradezu, ist nie erschöpfend analysiert und interpretiert; eine Disziplin, so lange sie nicht tot ist wie heute die Alchemie, ermöglicht immer noch einen Beitrag. Die Ordnung des Diskurses wirkt produktiv und nicht nur verbietend, einschränkend, ausschließend. Und mindestens, was die Diversifizierung der Kanäle betrifft, ist zu fragen, ob nicht eine vergleichbare Macht auch jenseits von Sprache und Schrift regiert.

Schließlich expliziert Foucault noch „eine dritte Gruppe von Prozeduren, welche die Kontrolle des Diskurses ermöglichen", und diese hat *selektive* Funktion. Sie setzt bei den sprechenden Subjekten an. Sie bewirkt, wie Foucault es nennt, eine „Verknappung der sprechenden Subjekte" durch Rituale wie etwa Magisterexamen, Disputationen zur Promotion, Habilitationsvorträge; in Form von „Diskursgesellschaften" wie etwa im Fernsehen das literarische, das philosophische und andere Quartette; durch Doktrinen wie den Kreationismus, der mancherorts der Evolutionstheorie das Wort verbieten will; und die gesellschaftlichen Verhältnisse wie das Bildungssystem, das einigen den Zugang zu bestimmten Formen des Diskurses ermöglicht, anderen nicht.[29]

Man muß hier wiederum nicht sehr ins Detail gehen – Foucault tut es auch nicht, statt dessen erzählt er als Herzstück seiner ganzen Vorlesung eine Anekdote, die, wie er sagt, „so schön ist, daß man um ihre Wahrheit zittern muß".[30] Es lohnt, um diese Wahrheit mitzuzittern.

28 Vgl. ebd., S. 17 u. 25.
29 Ebd., S. 25-27.
30 Ebd., S. 26.

IV. Die Frage des Shogun

Die so schöne Anekdote also handelt von der Frage des Shogun, woher die ungeheuere Überlegenheit der Europäer in Seefahrt, Handel, Politik und Kriegskunst stamme. Die Europäer, hieß die Antwort, verstünden sich auf Mathematik. Also ließ der Shogun einen englischen Seemann zu sich kommen, um ihn in seinem Palast gefangen zu setzen und bei ihm – streng geheim – Unterricht zu nehmen. Tatsächlich sollte der Shogun nicht nur sehr alt werden, sondern auch bis an sein Lebensende die Macht behalten.

In dieser Anekdote, so Foucault, kommen „alle Einschränkungen des Diskurses zusammen: die Begrenzungen seiner Macht, die Bändigungen seines zufälligen Auftretens und die Selektionen unter den sprechenden Subjekten". Aber nicht nur der Shogun steht dabei im Blick. Mehr noch gilt es, die „europäische Kehrseite" derselben Anekdote zu bedenken. Jener Seemann nämlich soll Autodidakt gewesen sein. Auf der einen Seite hätte man damit die Tyrannei, die das Wissen erpreßt und monopolisiert, auf der anderen Seite – als „einer der großen Mythen der europäischen Kultur" – die freie Weitergabe des Wissens, zu dem jedermann Zugang hat. Doch so vertraut dieses Schema auch ist, es hält „einer Prüfung nicht stand".[31]

Schon allein, wenn man beide Seiten ernsthaft bedenkt. Dem Shogun, so hat Foucault es zwei Jahre später in einem Interview noch einmal erläutert, mußte gerade umgekehrt „das Abendland als eine Kultur erscheinen, in der Wissen und Macht tief miteinander verbunden sind"[32] (sonst hätte er ja auch nicht nach dessen Geheimnis gefragt). Wo der „große abendländische Mythos" also auf einem „unüberbrückbaren Gegensatz zwischen Wissen und Macht" insistiert – die Wahrheit vermag sich gegen die Macht zu wenden, darf aber deshalb die Macht weder haben noch sein –, weist die Frage des Shogun auf den Komplex einer tiefen Verdrängung hin: die verdrängte „Beziehung zwischen Macht und Wissen", die Foucault (gegen Freuds Reduktion des Themas auf das individuelle Begehren) als den kollektiven und eigentlichen „Ödipuskomplex in unserer Gesellschaft" bezeichnete.[33]

So verdichtet die Anekdote, die Foucault ziemlich genau in der Mitte seiner Vorlesung erzählt, alle zuvor wie im weiteren aufgefächerten Problemkreise zu seiner eigentlichen Kernfrage – zur Frage nach dem Verhältnis von Diskurs und Wissen, Wissen und Macht. Und das nun heißt: Um medienwissenschaftlich an Foucaults Überlegungen anzuschließen, könnte man auf der einen Seite versuchen, für die von Foucault aufgelisteten Ausschließungs- und Kontrollprinzipien Entsprechungen auf dem Mediensektor herauszuarbeiten. Auch das Radiofeature, die Fernsehnachrichten, die Filmförderung, das deutsche Telekommunikationsgesetz oder Online-Kolaborationen wie die Wikipedia prolongieren ja die aufgezählten Ordnungsfaktoren. Themen für ganze Abhandlungen nicht anders als Besinnungsaufsätze im wohl nicht mehr lange auf sich warten lassenden Schulfach Medien-

31 Ebd., S. 26 f.

32 „Von der Archäologie zur Dynastik" [1973], DE II, S. 516.

33 „Die Wahrheit und die juristischen Formen" [1974], DE II, S. 688 u. 705.

kunde sind nicht schwer zu finden. Zum Beispiel: Inwiefern stellen Filmpreise nicht nur eine Art der Filmförderung dar, sondern auch eine Verknappung der filmenden Subjekte?

Auf der anderen Seite ist eine solche direkte Adaption der genannten Kriterien vielleicht gar nicht der medientheoretisch – und erst recht nicht: medienphilosophisch – entscheidende Punkt. Vielmehr ist auch medientheoretisch die Wissens- als die Kernfrage aufzugreifen. Die zweite Hälfte der Vorlesung Foucaults gibt dazu weitere Hinweise. Hier geht es dann um die „Eliminierung der Realität des Diskurses im philosophischen Denken",[34] mithin um die Frage, warum man die Ordnung des Diskurses bis dato nicht in der Klarheit sah und sieht, mit der Foucault sie aufzeigt; ferner dann um die methodisch-methodologischen Konsequenzen, die zu ziehen sind, *damit* man gegen die philosophischen Vernebelungen doch Diskursanalyse betreiben kann; und zuletzt nennt Foucault die Ziele, die er mit seiner Art von Diskursanalyse verbindet: die „Kritik" in seinem Sinn soll die „Instanzen der diskursiven Kontrolle" aufzeigen, und die „Genealogie" soll das Werden, die „tatsächliche Entstehung der Diskurse" nachzeichnen.[35] In der Summe genügt es hierüber festzuhalten, daß Foucault sich in diesem zweiten Teil seines Texts von den gängigen und – ob eingestandenermaßen oder uneingestanden – idealistischen Konzeptionen der Geschichte und des Subjekts absetzt. Die Geschichte, die Foucault als die wirkliche Historie sichtbar machen will, hat nicht die geglättete Form der „Entwicklung" oder „Tradition", und das Subjekt ist nicht die über den Diskurs herrschende Instanz, die den „Sinn von Texten und Aussagen" begründet und garantiert.[36] Foucaults „Diskurskonzept" ist im Gegenteil radikal „antihegelianisch und antihermeneutisch. Die Vorstellung, dass die Geschichte immer ‚unsere' Geschichte ist, die ‚wir' machen, verkennt aus diskursanalytischer Perspektive das Maß an Fremdheit, das durch Ordnungsmuster, die nicht auf Bewusstsein zurückgeführt werden können, in diese ‚eigene' Geschichte [...] eingeschrieben ist. Die Ordnung des Diskurses ist nicht in einer höheren Ordnung der Geschichte aufgehoben, sondern kontingent, diskontinuierlich und jedem Sinn vorgängig und äußerlich. [...] Wie Foucault unaufhörlich betont, ist der Diskurs eine Praxis, in der Subjekte zugleich ihre Welt gestalten, wie sie dabei von den Regeln des Diskurses geleitet, beschränkt und dezentriert werden."[37]

In diesem Sinne geht es nicht um die redenden Subjekte, sondern um die Rede selber. Und die „wirkliche Arbeit der Historiker"[38] besteht darin, nicht die Geschichte als Ergebnis der sie – vermeintlich – machenden Subjekte, sondern die „Funktionen und Positionen" des Subjekts als Variable der Geschichte, nämlich der Diskursgeschichte zu beschreiben. Also nicht den Diskurs in Abhängigkeit vom Subjekt, sondern das Subjekt in Abhängigkeit vom Diskurs. Vom Diskurs als der

34 *Die Ordnung des Diskurses*, S. 31.
35 Ebd., S. 41.
36 Philipp Sarasin, *Michel Foucault zur Einführung*, Hamburg 2005, S. 103 f.
37 Ebd., S. 105.
38 *Die Ordnung des Diskurses*, S. 37.

damit maßgeblichen historischen Wirklichkeit, das heißt: als etwas, das nicht, wie sonst die Reden über das Reden suggerieren, immer schon durchsichtig auf anderes ist, sondern opake Realität – und *darum*, kraft dieser Eigenrealität, kraft „seiner materiellen Wirklichkeit als gesprochenes oder geschriebenes Ding“, verwoben in die Realität. Diskurse haben die Welt nie bloß interpretiert, sondern stets schon verändert. Reden haben nicht bloß ihre Gültigkeit oder Ungültigkeit als Reden *über* die Welt, also indem sie auf etwas in ihr verweisen, sondern sie haben ihre Macht oder Ohnmacht dadurch, daß sie *in* der Welt *sind*. Das ist die Basisthese Foucaults: „Sprache und Diskurs spiegeln nicht die Welt wider. Sie sind Teil der Welt.“[39]

V. Bilder

Angefangen bei der berühmten Beschreibung der *Meninas* am Beginn der *Ordnung der Dinge*, hat Foucault dieselbe Frage nach dem Sein des (vermeintlich) spiegelartig Seienden immer wieder auch an die bildende Kunst oder Bildkunst gestellt. Da ist auf der einen Seite also das Gemälde Velázquez‘: „Die *Hoffräulein* stellten sämtliche Darstellungselemente dar: den Maler, die Modelle, den Pinsel, die Leinwand, das Spiegelbild; sie zerlegten das Bild in all jene Elemente, die es zu einer Darstellung machten.“ Und da ist auf der anderen Seite Paul Klee: „Ich denke, die Malerei Paul Klees repräsentiert für unser Jahrhundert am besten, was Velázquez im Verhältnis zu seiner Zeit darstellt. Klee lässt in der sichtbaren Form alle Gesten, Handlungen, Graphismen, Spuren, Linien, Flächen erscheinen, die konstitutiv für die Malerei sein können, und macht so aus dem Akt des Malens das ausgebreitete, leuchtende Wissen der Malerei als solcher.“[40]

Neben diesen beiden ist sodann Manet zu rühmen, seine „Erfindung des Bildes als Objekt“, seine „Einbeziehung der Materialität der Leinwand in das, was dargestellt wird“, sein Beitrag zur „Geburt der abstrakten Malerei“,[41] sowie Magritte, versteht sich, dem als einzigem Foucault ein separates kleines Büchlein gewidmet hat (während die einmal geplante Manet-Monographie so wenig zustande kam wie das Projekt einer Studie über Picassos *Meninas*-Replik).

An allen diesen Beispielen interessiert Foucault zum einen also der jeweilige Modus der Existenz der Bilder. Wer will und sich entsprechend informiert, kann auf Velázquez‘ Gemälde den Maler selbst, die Infantin Margarete, umgeben von ihren Hoffräulein, und im Spiegel im Hintergrund das Königspaar, Philipp IV. und seine Frau Marianna, erblicken. Auf diese Weise figuriert das Gemälde seinerseits als Widerspiegelung seiner zeitgenössischen Realität. Um die Realität der Widerspiegelung selbst zu begreifen, muß man dagegen „so tun, als wisse man nicht, wer sich im Hintergrund des Spiegels reflektiert, und diese Spiegelung auf der ein-

39 „Zur Publikation der Nietzsche-Gesamtausgabe“ [1967], DE IV, S. 1027.
40 „Ist der Mensch tot?“, S. 702 f. – Vgl. dazu *Archäologie des Wissens*, S. 276 f.
41 *Die Malerei von Manet* [1971], Berlin 1999, S. 10 u. 21.

fachen Ebene ihrer Existenz befragen",[42] oder richtiger: „dieses Spiegelbild auf der Ebene seiner bloßen Existenz".[43] Nicht anders kann man die Bilder Manets auf ihre Vor-Bilder hin entschlüsseln. Foucault hingegen schreibt: „Le *Déjeuner sur l'herbe* und die *Olympia* könnten durchaus die ersten ‚Museums'-Gemälde gewesen sein: Erstmals in der europäischen Kunst wurden Bilder gemalt – eben nicht um eine Erwiderung auf Giorgone, Raffael und Velázquez abzugeben, sondern um, geschützt vor diesem singulären und sichtbaren Bezug und unterhalb der entschlüsselbaren Referenz, von einem neuen und substantiellen Bezug der Malerei auf sich selbst zu zeugen und um die Existenz der Museen sowie die Seinsweise und die Verwandtschaft, die die Tafelbilder in ihnen gewinnen, darzulegen."[44]

Dergestalt von jeder Referenz (außer der auf sich selbst) befreit, tritt an den Bildern aber nicht nur deren nackte Existenz hervor, sondern zum anderen auch die radikale Dichotomie – die „Unvereinbarkeit" – zwischen Malerei und Sprache. Beide „verhalten sich zueinander irreduzibel",[45] schreibt Foucault anläßlich der *Meninas* wie über das Beispiel Magrittes: „Malen ist nicht Behaupten". Vielmehr sind „das sprachliche Zeichen und die visuelle Darstellung" durch „die ältesten Gegensätze unserer alphabetischen Zivilisation" voneinander getrennt: „zeigen und nennen; abbilden und sagen; reproduzieren und artikulieren; nachahmen und bezeichnen; schauen und lesen".[46] Der Umstand, daß es nicht nur Worte, sondern auch Bilder gibt, nötigt also zu der Einsicht, daß der Diskurs keineswegs die einzige, keineswegs „die gemeinsame Interpretationsgrundlage aller Erscheinungen einer Kultur" ist. Foucaults Diskursanalyse lehrt somit nicht etwa ein „Privileg des Diskurses" wie so viele Philosophien – zumal, aber bei weitem nicht erst nach dem sogenannten ‚linguistic turn'. Im Gegenteil. Sie lehrt die Endlichkeit und Limitiertheit des Diskurses; sie lehrt die Notwendigkeit, aber auch die Schwierigkeit der Korrelation seiner „materiellen Wirklichkeit als gesprochenes oder geschriebenes Ding" mit anderen Dinglichkeiten der Welt: „Nicht alles, was die Menschen tun, ist letztlich ein entschlüsselbares Rauschen. Diskurs und Figur [d. h. Bild] haben jeweils ihre eigene Seinsweise; aber sie unterhalten komplexe, verschachtelte Beziehungen. Ihr wechselseitiges Funktionieren gilt es zu beschreiben."[47]

---

42 *Die Ordnung der Dinge*, S. 38.

43 So die Übersetzung der etwas früheren Aufsatzfassung: „Die Hoffräulein" [1965], DE I, S. 612.

44 „Nachwort" [zu: Gustave Flaubert, *Die Versuchung des heiligen Antonius*, Frankfurt/M. 1964], DE I, S. 404.

45 *Die Ordnung der Dinge*, S. 38. – Foucault, um genau zu sein, argumentiert umgekehrt: Es gibt diese Unvereinbarkeit und daher müsse man auf die Referentialisierung etwa der *Meninas* durch die Benamung der dargestellten Figuren verzichten. Aber das tut hier nichts zur Sache.

46 *Dies ist keine Pfeife* [1968/73], Frankfurt/M./Berlin/Wien 1983, S. 13, 25 u. 51.

47 „Worte und Bilder" [1967], DE I, S. 795 f.

VI. Medien

So gibt es bei Foucault die strikte Unterscheidung von Worten und Bildern; es gibt den artikulierten Hinweis auf die „Probleme, wenn man die Grenzen der Sprache überschreiten möchte, und sogar schon bei der Untersuchung realer Diskurse";[48] es gibt sogar, die Diskursrealität für einmal medientechnisch konkretisierend, den dafür berühmt gewordenen Rekurs auf die Schreibmaschinentastatur;[49] es gibt, gleichsam im Gegenzug, eine knappe, systematisierende Skizze zur Ausdehnung der Archäologie des Wissens auf den Bildbereich,[50] und das heißt noch einmal: Es gibt die genaue Beobachtung von Mediendifferenz, insofern also Medientheorie – und doch gibt es sie gerade nicht. Es gibt keine ausgearbeitete Medientheorie Foucaults.

Statt dessen blieb Foucault bei seiner – medienwissenschaftlich durchaus einschlägigen, nur nicht von ihm in dieser Richtung vertieften – Frage nach dem Wissen und der Macht, der Politik, der Materialisierung des Wissens, den Kräfteverhältnissen, die sie durchwirken. „Die Malerei hat zumindest das mit der Rede gemein: Wenn sie eine Kraft vermittelt, die Geschichte schafft, ist sie politisch",[51] schrieb er bei Gelegenheit einer Ausstellungskritik, und für die Präsentation eines anderen zeitgenössischen Malers träumte er von einer „Blütezeit" der Photographie, in der eine solche Virulenz der Bilder am Werk gewesen sei. Im letzten Drittel des 19. Jahrhunderts, so Foucault, habe „an der gemeinsamen Grenze von Malerei und Photographie" ein anarchischer Kommunismus des Bilds geherrscht, eine ikonisch-ikonologische Ökonomie des Wunsches, der Lust und der Freiheit, die erst in der Folge, durch die technische Enteignung von seiten Kodaks und durch die „griesgrämigen Diskurse" moderner Kunsttheorie, wieder verloren ging: „Der technischen Möglichkeiten beraubt, Bilder anzufertigen; zur Ästhetik einer bildlosen Kunst gezwungen; der theoretischen Verpflichtung unterworfen, die Bilder zu disqualifizieren; angewiesen, die Bilder nur als eine Sprache zu lesen, so kam es, dass wir, an Händen und Füßen gefesselt, der Kraft anderer – politischer, kommerzieller – Bilder ausgeliefert wurden, über die wir keine Macht hatten."[52]

Kraft und Gegenkraft heißt demgemäß die Matrix der Medienkritik Foucaults. Die Medien, sagt er einmal (ohne jeden Anspruch auf Originalität), sind einer von jenen „direkten oder indirekten Einflüssen", die „unser alltägliches Leben [...] lenken".[53] Mittel „wie Fernsehen und Kino" sind Instrumente, „das Gedächtnis der Leute" und damit ihre Entwicklung, ihre Erfahrung, ihr Wissen zu codieren.[54] Daraus folgt aber nicht, daß die Medien zu meiden oder zu verdammen oder als

48 Ebd., S. 797.
49 Vgl. *Archäologie des Wissens*, S. 124 f., 128.
50 Vgl. ebd., S. 276 f.
51 „Die Kraft zu fliehen" [1973], DE II, S. 500.
52 „Die photogene Malerei (Präsentation)" [1975], DE II, S. 873-875.
53 „Gespräch mit Ducio Trombadori" [1980], DE IV, S. 102.
54 »Anti-Retro» [1974], DE II, S. 796.

solche zu bekämpfen seien. Klüger ist es, wenn das Volk „seine eigenen Archive" dagegensetzt[55] –: „In Wirklichkeit geht es darum, die Zahl der Kanäle, Brücken und Kommunikationsmittel, der Radio- und Fernsehsender, der Zeitungen und Zeitschriften noch zu vergrößern."[56]

Foucaults verstreute Äußerungen zu den Medien – oder genauer: dem einen oder anderen Medienprodukt – gehen praktisch ganz in dieser Beobachtung ihrer jeweiligen memorialen Setzungen auf. „Ich liebe die Formen von Arbeit, die nicht wie ein Werk voranschreiten, sondern sich öffnen, weil sie Erfahrungen sind: Magritte, Bob Wilson, *Unter dem Vulkan*, *Der Tod der Maria Malibran* und natürlich H. G. [Hervé Guibert]." Oder etwa die Photographien Duane Michals'. Ausdrücklich verweigert Foucault angesichts ihrer den Rekurs auf die etablierte Theorie der Referentialität oder Indexikalität, der „Augenfunktion" der Photographie, um statt dessen bei der Unmittelbarkeit dessen zu bleiben, was zu sehen ist (einschließlich der Spiele des Sichtbaren mit dem Unsichtbaren).[57] Ähnlich rühmt er die Filme Marguerite Duras' als das Gegenteil ihrer Bücher: dort die „ständige Annullierung, sobald etwas wie eine Anwesenheit sich abzuzeichnen beginnt", Annullierung jedweden „Appells an die Erinnerung"; hier, in den Filmen, dagegen ein spezifisches „Auftauchen", „dieses plötzliche Auftauchen", „das Auftauchen einer Geste, das Auftauchen eines Auges", gleichfalls nicht Anwesenheit oder Präsenz (natürlich nicht), doch aber Sichtbarkeit, Verleiblichung, Dichte.[58] Wiederum ähnlich gelagert ist ein Seitenhieb gegen die Schwäche konventioneller „Historienfilme", verglichen mit der Präzision der „Litholiteratur" einerseits – das heißt der im 19. Jahrhundert entstandenen Erzählform, die, an der Lithographie orientiert, jede ihrer Szenen „deutlich vor Augen" führt[59] – oder verglichen mit einem Film wie *Les Enfants du paradis* andererseits, „der in seinen historischen Bezügen exakt ist".[60]

Vielleicht am deutlichsten wird Foucaults Sicht auf die Medien, die nicht Diskurs sind, sondern zum Beispiel Film, am naheliegenden Fall des *Pierre Rivière*. Auf Foucaults Veröffentlichung seines Dossiers folgte seine „Rückkehr" im Kino. Ist jenes in diesem wiederzuerkennen? Darum geht es nicht, sagt Foucault, entscheidend sei vielmehr gerade der Unterschied zwischen seinem Buch und René Allios Film: „Man kann dem Kino nicht die Frage nach dem Wissen stellen, es stünde ganz und gar auf verlorenem Posten. Man kann ihm andere Fragen stellen. Das Kino gestattet es, einen Bezug zur Geschichte zu haben, einen Anwesenheits-, einen Wirkungsmodus der Geschichte einzurichten, der sich sehr stark von dem unterscheidet, den man durch das Geschriebene erhalten kann."[61]

---

55 Ebd., S. 808.
56 »Der maskierte Philosoph» [1980], DE IV, S. 123.
57 „Denken, Fühlen" [1982], DE IV, S. 295 u. 297.
58 »Über Marguerite Duras» [1975], DE II, S. 947 f.
59 „Eugène Sue, wie ich ihn liebe" [1978], DE III, S. 634 f.
60 „Raum, Wissen und Macht" [1982], DE IV, S. 336.
61 „Die Rückkehr des Pierre Rivière" [1976], DE III, S. 161.

Grau, sagt Foucault an prominenter anderer Stelle, ist der Gegenstand und ist das Tun des Historikers[62] – und das ist der Punkt auch hier: „Geschichte zu schreiben ist eine gelehrte, notwendigerweise mehr oder weniger akademische oder universitäre Tätigkeit. Umgekehrt, Geschichte geschehen zu lassen oder ein Verhältnis zur Geschichte zu haben oder Bereiche unseres Gedächtnisses oder unseres Vergessens zu intensivieren, das ist das, was Allio macht, was das Kino machen kann."[63]

Erneut unterstreicht Foucault damit eine Mediendifferenz. Statt auf eine ausbuchstabierte Medientheorie zielt die Beobachtung jedoch auf ein, wenn nicht gar das Moment, in dem das Verschiedene gleichwohl unter demselben Vorzeichen zu betrachten ist: dem Vorzeichen seiner Gegebenheit, seiner Tatsächlichkeit. „Ich sage nicht, das Schreiben müsse durch Kommunikationsmittel ersetzt werden, die sich nicht auf Buchstaben stützen. Es geht hier nicht um McLuhan",[64] erklärt Foucault freimütig genug. Trotz seiner erwähnten Nähe zu McLuhan argumentiert er konsequent ‚anti-mcluhanesk' (hypnotisiert, würde McLuhan sagen) mit der Unmittelbarkeit gegebener Medieninhalte.

So ist ihm ein Film wie *La Voix de son maître*, der das Redeverhalten auf den Vorstandsetagen führender Industriekonzerne dokumentiert, auf der einen Seite durchaus Anlaß, sein Konzept von Diskursanalyse über den Diskurs hinaus auszuweiten – nur nicht, um das andere Medium Film auf diese Weise zum Thema werden zu lassen, sondern das in ihm Gezeigte. Nicht nur das Gesagte zählt, aber deswegen doch auch nicht gleich der Film als Film: „*La Voix de son maître* verweist auf die Vorstellung, dass der Diskurs nicht für die Gesamtheit der Dinge gehalten werden darf, die man sagt, und auch nicht für die Art und Weise, wie man sie sagt. Der Diskurs ist ganz genauso in dem, was man nicht sagt, oder was sich in Gesten, Haltungen, Seinsweisen, Verhaltensschemata und Gestaltungen von Räumen ausprägt. Der Diskurs ist die Gesamtheit erzwungener und erzwingender Bedeutungen, die die gesellschaftlichen Verhältnisse durchziehen."[65]

Und auf der anderen Seite kann Foucault aus dem gleichen Grund über Pasolini sagen, „als Cineast" habe er „mit allen seinen Ohren" geschaut. Diese Bemerkung bezieht sich auf *Comizi d'amore*, und Foucault entdeckt in Pasolinis Film auch das Mienenspiel der über ihr Liebesleben Befragten, vor allem aber noch im (bewegten) Bild die mit der Kamera festgehaltene Rede: „Pasolini als Interviewer bleibt undeutlich: Pasolini als Cineast schaut mit allen seinen Ohren. Das Dokument ist unschätzbar, wenn man sich mehr für diese Dinge, die gesagt werden, als für das Mysterium, das nicht gesagt wird, interessiert."[66]

Ob Wort oder Bild, ob Rede, Malerei, Photographie oder Film, was Foucault interessiert, sind die Dinge, die gesagt werden, die Dinge, die gezeigt werden, das Gesagte und Gezeigte, das es – durch die Medien – gibt. Darin erkennt er die

62 Vgl. „Nietzsche, die Genealogie, die Historie" [1971], DE II, S. 166.
63 „Die Rückkehr des Pierre Rivière", S. 155.
64 „Wahnsinn, Literatur, Gesellschaft" [1970], DE II, S. 155.
65 „Der Diskurs darf nicht gehalten werden für…" [1976], DE III, S. 164.
66 „Die grauen Morgen der Toleranz" [1977], DE III, S. 355.

Machtausübung der Medien ebenso wie die Möglichkeit, sei es schreibend oder filmend, „Widerstandspunkte“ zu setzen, also selber Macht auszuüben, womöglich einen Kommunismus des Bilds wieder ins Recht zu setzen, jedenfalls Gedächtnis und Gegengedächtnis zu sein, Erinnerung oder Vergessen.

VII. Netze

Wie von „Sprache und Diskurs“ ist aber gerade für einen solchen Ansatz auch von den – anderen – Medien vorab zu sagen, daß sie, statt bloß die Welt widerzuspiegeln, „Teil der Welt“ sind. In diesem Sinne hat Foucault nicht nur bei Gelegenheit einmal eine „Ontologie der Literatur“[67] umrissen, sondern allgemeiner eine Ontologie des Diskurses realisiert und mit ihr eine Ontologie der Medien immerhin indiziert. Das „Aufkommen der Karteikarte“[68] fand nicht weniger seine Aufmerksamkeit als Jeremy Benthams Panopticon, das, über seine Funktion als „architektonisches und optisches System“ hinausgehend, ein universelles „Diagramm“ darstellt,[69] eine „abstrakte Maschine“.[70] So steht nicht allein außer Zweifel, daß seine Begründung einer Diskursanalyse, die an dem, was gesagt worden ist, primär „das Faktum seines historischen Erscheinens“ interessiert, zugleich die Möglichkeit einer Analyse der Medialität des Diskurses einräumt. Ebenso hat bereits Foucault selbst die Diskursanalyse auf – materialiter – nichtdiskursive Objektbereiche ausgedehnt, und wenn er das Paradox dieser Überschreitung auch nicht systematisch als Medientheorie entfaltete, ergibt sich daraus doch deren *erste* Frage: die Frage nach dem Faktum des historischen Erscheinens der verschiedenen Medien selber; das Erstaunen nicht bloß darüber, wie bunt die Medienwelt ist, und was die Medien alles zeigen, und worauf sie referieren: den Fußball, den Terror, die Gene, die Klimaentwicklung, das menschliche Gehirn, das seltsame Paarungsverhalten geschlechtsreifer Großstädter…, vielmehr das Erstaunen, *daß es Medien gibt.*

Wie Diskurse die Welt verändern, einfach indem sie auf der Welt sind, ist also auch für die anderen Medien zu untersuchen, welche Weltveränderungen mit ihrer bloßen Existenz einhergehen. In jedem Fall tangieren sie (wie oben zitiert) die „Ebenen der Erkenntnisgegenstände“, die „Funktionen und Positionen des erkennenden Subjekts“, die „materiellen, technischen, instrumentellen Investitionen der Erkenntnis“ und ihre historisch variable Reglementierung. Analog zur *Ordnung des Diskurses*, heißt das, gibt es – als Gegenstand einer Wissenskulturwissenschaft – die

67 „Die Sprache, unendlich“, S. 346.

68 *Überwachen und Strafen. Die Geburt des Gefängnisses* [1975], Frankfurt/M. 1977, S. 363.

69 Ebd., S. 264.

70 Gilles Deleuze, *Foucault*, Frankfurt/M. 1987, S. 52. – Vgl. dazu auch ders., „Kein Schriftsteller: ein neuer Kartograph“, in: Gilles Deleuze/Michel Foucault, *Der Faden ist gerissen*, Berlin 1977, S. 123: „Was bezeichnet ein Foucault als Maschine? Damit ist nichts im ‚technischen‘ Sinne des Wortes gemeint. Und dennoch ist es ganz unmetaphorisch, im buchstäblichsten Sinne zu verstehen […].“

Ordnung der Medien. Und wie das Medium Internet heute den Wandel der Wissenswelt trägt, hat Foucault diese Welt bereits lange vor der Entstehung des World Wide Web in Begriffen ihrer Vernetzung beschrieben:

„Was an einem Punkt des Wissens geschieht, findet heute stets und sehr schnell seinen Niederschlag und seinen Widerhall an anderen Punkten des Wissens. Und in diesem Sinne glaube ich, das Wissen war zwar niemals so spezialisiert wie heute, aber es kommunizierte auch niemals so schnell mit sich selbst." [71]

„Das politisch bedeutsame Phänomen ist in meinen Augen nicht dieser oder jener Film, sondern das Phänomen der Serie, das Netz, das diese Filme geschaffen haben und in dem sie [...] einen Platz einnehmen."[72]

„Die Welt wird heute nicht so sehr als ein großes Lebewesen verstanden, das sich in der Zeit entwickelt, sondern als ein Netz, dessen Stränge sich kreuzen und Punkte verbinden."[73]

Foucault, keine Frage, war – wenn er denn einer war – ein Philosoph des Informationszeitalters. Deshalb entging ihm auch nicht das Telefon in der Geschichte der Sexualität, die ihm wichtiger war als die Philosophie und die Medien. „So bemüht man sich seit gut zwei Jahrzehnten", sprach er im Dezember 1966 in ein Radiomikrophon, „die Bordelle abzuschaffen, bekanntlich mit mäßigem Erfolg, denn das Telefon hat an die Stelle der alten Bordelle ein weitaus feineres Netz treten lassen."[74] Dieses Beispiel verschwand, als er nur ein Vierteljahr später denselben Vortrag noch einmal hielt. Auf die Netze kam es ihm an, auf die Kommunikation, ob als indiskretes Geschwätz oder diskreter Anruf, nicht auf das Telefon. Aber auf diese ihrerseits intrikate Weise sind die Medien im Werk Foucaults doch jedenfalls da.

---

71 „Foucault antwortet Sartre" [1968], DE I, S. 853.

72 „Anti-Retro", S. 797.

73 „Von anderen Räumen", S. 931.

74 *Die Heterotopien. Der utopische Körper. Zwei Radiovorträge* [1966], Frankfurt/M. 2005, S. 13. Vgl. „Von anderen Räumen", S. 937.

STEFAN MÜLLER-DOOHM

Jürgen Habermas

Die Aufhebung der Medienphilosophie im öffentlichen Vernunftgebrauch

„Die Spirale der Gewalt beginnt mit einer Spirale der gestörten Kommunikation".[1]

In dem vielschichtigen Werk von Jürgen Habermas, das sich mit über 30, größtenteils umfangreichen Büchern auf so unterschiedliche Gebiete wie die Sozial-, Sprach- und Moralphilosophie, auf die Erkenntnis- und Gesellschaftstheorie sowie die politische Theorie einschließlich der Rechts- und Demokratietheorie erstreckt, spielt der spezielle Begriff der Medienphilosophie so gut wie keine Rolle. Lediglich in einer Fußnote in *Faktizität und Geltung* von 1992 taucht er mit Anführungsstrichen versehen auf.[2] Mit Medienphilosophie hat Habermas an dieser Stelle offensichtlich ein normatives Konzept vor Augen, das Aussagen darüber enthält, welche Verbindlichkeiten für die Medien der Massenkommunikation innerhalb demokratisch verfaßter Gesellschaften gelten: „die Massenmedien sollen sich als Mandatar eines aufgeklärten Publikums verstehen, dessen Lernbereitschaft und Kritikfähigkeit sie zugleich voraussetzen, beanspruchen und bestärken; sie sollen [...] ihre Unabhängigkeit von politischen und gesellschaftlichen Aktoren bewahren; sie sollen sich unparteilich der Anliegen und Anregungen des Publikums annehmen und den politischen Prozeß im Lichte dieser Themen und Beiträge einem Legitimationszwang und verstärkter Kritik aussetzen".[3] Im Mittelpunkt dieser Medienphilosophie im Sinne des normativ Gebotenen stehen drei Prädikate. Zum einen wird die externe und interne Freiheit der publizistischen Medien Presse, Rundfunk und Fernsehen vorausgesetzt, und zwar im Sinne sowohl institutioneller Selbstständigkeit als auch im Sinne der Möglichkeit zu sachadäquater Berichterstattung über politische, soziale und kulturelle Ereignisse von allgemeiner Bedeutung. Zum anderen muß es dabei neben der neutralen Information auch darum gehen, über die verborgenen Zusammenhänge und Hintergründe aufzuklären, um so die Urteils- und Kritikfähigkeit der mündig gedachten Rezipienten zu befördern. Schließlich werden die Medien als eine Art Dienstleister verstanden, die im Interesse des demokratischen Souveräns als Kontrollorgane staatlicher Maßnahmen fungieren. So-

1 „Fundamentalismus und Terror. Ein Gespräch mit Jürgen Habermas", in: Jürgen Habermas/Jacques Derrida: *Philosophie in Zeiten des Terrors. Zwei Gespräche, geführt, eingeleitet und kommentiert von Giovanna Borradori*, Berlin 2004, S. 61.

2 Jürgen Habermas, *Faktizität und Geltung. Beiträge zur Diskurstheorie des Rechts und des demokratischen Rechtsstaats*, Frankfurt/M. 1992, S. 458.

3 Ebd., S. 457.

mit haben die Medien der Massenkommunikation als ‚vierte Gewalt' die Funktion, zu informieren, zu kommentieren und zu kritisieren. Indem sie auf diese Weise einen Dauerkontakt zum politischen Zentrum herstellen, kann die Sphäre der Politik transparent gemacht und damit die Voraussetzung für die Partizipation der Staatsbürger geschaffen werden.[4]

Dieses Programm kann im Kern als Inhalt dessen gelten, was sich Habermas zufolge unter dem Stichwort Medienphilosophie zusammenfassen läßt. Folgt man ihm, dann kann Medienphilosophie als ein präskriptiver Begriff gesehen werden, der auf das Leitbild, auf die ethisch orientierten Grundsätze zielt, die laut Verfassung bzw. Pressegesetz für die Medien in demokratisch verfaßten Gesellschaften gelten und auf die sie sich selbst berufen, wenn es in Konfliktfällen darum geht, ihre privilegierte Position innerhalb der Öffentlichkeit zu legitimieren (z. B. Auskunftsrecht der Medien, Zeugnisverweigerungsrecht). Medienphilosophie ist so gesehen die Reflexionsform des ethischen Fundaments bzw. des Wertesystems, auf dem jene Mediengesetzgebung ruht, die dazu beitragen soll, die Freiheitlichkeit des Meinungs- und Willensbildungsprozesses normativ abzusichern.[5] Die Inhalte der Medienphilosophie sind im Prinzip identisch mit den in der Publizistik- und Rechtswissenschaft begründeten politischen Funktion der Massenmedien, die dort als ihre „öffentliche Aufgabe" definiert werden.[6]

Habermas ist freilich Sozialtheoretiker und als solcher Kritiker der Gesellschaft genug, um über den Rahmen einer normativen Bestimmung der demokratischen Funktion der Massenmedien hinauszugehen. Die Perspektive einer ohnehin nur impliziten und ephemeren Medienphilosophie im soeben skizzierten Sinne ist viel zu begrenzt, um eine Medienanalyse mit den Mitteln der Gesellschaftstheorie zu entwickeln, wie das Habermas für sich in Anspruch nimmt und wie das vor ihm Max Horkheimer und Theodor W. Adorno auf der Grundlage ihrer Theorie der

4 Wegen dieser Funktionen innerhalb der Meinungs- und Willenbildungsprozesse gilt die durch Artikel 5 des Grundgesetzes gewährleistete Presse- und Rundfunkfreiheit als objektives Fundamentalrecht. Dieses Freiheitsrecht ist nicht nur negatorischer Natur, sondern garantiert die ‚institutionelle Eigenständigkeit' der publizistischen Medien. Am Beispiel der Presse ist dies etwa vom Bundesverfassungsgericht bestätigt und dargelegt worden (BVerfGE, 40 Bd. 10, S. 118). Es spricht von der „institutionelle(n) Sicherung der Presse als eines Träger(s) und Verbreiter(s) der öffentlichen Meinung im Interesse einer freien Demokratie". Bei der Freiheit der publizistischen Medien handelt es sich also um eine „aufgabengebundene Freiheit", deren „Schutzgut die Aufrechterhaltung ihrer Ideal- und Faktorfunktion" bei der politischen Meinungs- und Willensbildung ist (ebd.).

5 Vgl. Wolfgang Hoffmann-Riem/Wolfgang Schulz, „Politische Kommunikation – Rechtswissenschaftliche Perspektiven", in: Otfried Jarren/Ulrich Sarcinelli/Ulrich Saxer (Hg.), *Politische Kommunikation in der Demokratischen Gesellschaft*, Wiesbaden 1998, S. 154-172.

6 Vgl. Stefan Müller-Doohm, *Medienindustrie und Demokratie. Verfassungspolitische Interpretationen – Sozioökonomische Analyse*, Frankfurt/M. 1972, S. 53 ff.; Marcus S. Kleiner, *Medien-Heterotopien. Diskursräume einer gesellschaftskritischen Medientheorie*, Bielefeld 2007, S. 118 ff.

Kulturindustrie getan haben.[7] Habermas geht schon in der frühen Phase seiner Theorieentwicklung der Frage nach, wie sich das System der Massenkommunikation historisch herausgebildet und transformiert hat. Der Fokus dieser Analyse ist der Strukturwandel jener literarisch, dann politisch diskutierenden Öffentlichkeit, als deren Vermittlungsinstanz die publizistischen Medien begriffen werden. So gesehen ist bei Habermas die Medientheorie, die ihrerseits den Bezugsrahmen für die Medienanalyse darstellt, eingebettet in die Öffentlichkeitsforschung und diese von einem genuin demokratietheoretischen (emanzipatorischen) Erkenntnisinteresse geleitet.

Vor diesem Hintergrund ist es notwendig, in einem ersten Schritt vom Habermasschen Konzept der Öffentlichkeit her die medientheoretischen Gehalte in seinem Werk zu erschließen.

Neben diesem Aspekt, bei dem das vor allem im *Strukturwandel der Öffentlichkeit* (1962/1990) und in *Faktizität und Geltung* (1992) thematisierte Bedingungsverhältnis von Demokratie, Öffentlichkeit und Massenkommunikation im Vordergrund steht, ist in einem zweiten Schritt der abstrakter gefaßte, allgemeinere Medienbegriff im Kontext des von Habermas ausgearbeiteten zweistufigen Konzepts von Gesellschaft als System und Lebenswelt darzustellen. Ausgehend von dem Modell einer funktional differenzierten Gesellschaft macht er im Anschluß an den amerikanischen Soziologen Talcott Parsons von einer Kategorie der symbolisch generalisierten Medien Gebrauch: Medien sind nicht nur Kommunikations- sondern auch Steuerungsmedien, mit denen die beiden Subsysteme Staat und Ökonomie durch Macht und Geld operieren.

Im Anschluß daran soll in einem dritten Schritt erörtert werden, welche Bausteine sich aus der komplexen Theoriearchitektonik für das Programm einer Medienphilosophie gewinnen lassen. Es gilt zu zeigen, daß es im Denken von Habermas in der Tat ein durchgängiges Motiv gibt: die sprachtheoretische Begründung und die diskurstheoretische Entfaltung der Idee kommunikativer Vernunft. Er verortet die Vernunft nicht länger im Bewußtsein einzelner Subjekte, sondern in der Sprache. Sie gilt ihm als das Medium, durch das die handelnden Subjekte sich ihre Welt erschließen und miteinander verbunden sind. Die Bedingung der Möglichkeit eines herrschaftsfreien Diskurses in der formalpragmatischen Struktur sprachlicher Verständigung nachzuweisen, ist das eine Grundelement; das andere ist der Versuch zu zeigen, wie die gesellschaftlichen Verhältnisse beschaffen sein müssen, welche institutionellen Arrangements bestehen müssen, damit das emanzipatorische Potential kommunikativer Vernunft als der zwanglose Zwang des besseren Arguments freigesetzt werden kann.

---

7 Vgl. Stefan Müller-Doohm, „Kritische Medientheorie – die Perspektive der Frankfurter Schule“, in: Klaus Neumann-Braun/Stefan Müller-Doohm (Hg.), *Medien- und Kommunikationssoziologie*, Weinheim/München 2000, S. 69-92.

I. Aufstieg und Fall der Öffentlichkeit und ihrer Kommunikationsmedien

Seine wegweisende Studie über den *Strukturwandel der Öffentlichkeit* war durch ein empirisches Forschungsprojekt des Frankfurter Instituts für Sozialforschung angeregt worden, an dem Habermas ab 1956 als Assistent von Adorno arbeitete. Es handelt sich dabei um die Untersuchung der politischen Einstellungen von Studierenden zur jungen Demokratie im Nachkriegsdeutschland. Für die 1961 unter dem Titel *Student und Politik* erschienene Veröffentlichung hatte der junge Habermas eine umfangreiche Einleitung *Über den Begriff der Politischen Beteiligung* geschrieben. Hier schon entwickelt er, angeregt vor allem von Schriften des Rechtstheoretikers Franz Neumann, ein normativ anspruchsvolles Konzept von Demokratie als „Selbstbestimmung der Menschheit".[8] Demokratie zielt darauf, so Habermas, daß mündige Bürger, „durch einsichtige Delegation ihres Willens und durch wirksame Kontrolle seiner Ausführung, die Einrichtung ihres gesellschaftlichen Lebens selber in die Hand nehmen".[9] Damit die Bürger ihre Meinung und ihren Willen bilden, sodann delegieren und zugleich seine politische Umsetzung kontrollieren können, bedarf es, so schlußfolgert er, der Institutionalisierung von Öffentlichkeit.

Angesichts dieses Postulats ist es ganz folgerichtig, daß er sich nach Abschluß des empirischen Projekts auf die theoretisch weitgespannte Thematik konzentriert, wie sich Öffentlichkeit im historischen Prozeß der bürgerlichen Gesellschaft herausgebildet und welchen Wandel sie angesichts der Entwicklung des liberalen Konkurrenzkapitalismus zum organisierten Kapitalismus und unter den Bedingungen der Massendemokratie durchgemacht hat. Er diagnostiziert einen Verfallsprozeß: eine für die Idee von Demokratie als Lebensform höchst prekäre Entwicklung, die gegen Ende des 19. Jahrhunderts einsetzt. In der Folge eines *sozialen Strukturwandels* kommt es zu einer Verschränkung der einst getrennten Sphären von Öffentlichkeit und Privatheit. Als Ursache dafür konstatiert Habermas die „Dialektik einer mit fortschreitender Verstaatlichung der Gesellschaft sich gleichzeitig durchsetzenden Vergesellschaftung des Staates". Diese Dynamik „zerstört allmählich die Basis der bürgerlichen Öffentlichkeit – die Trennung von Staat und Gesellschaft".[10] Parallel mit diesem sozialen Strukturwandel vollzieht sich ein *politischer Funktionswandel*

---

8 Jürgen Habermas/Ludwig von Friedeburg/Christoph Oehler/Friedrich Weltz, *Student und Politik*, Neuwied 1961, S. 15.

9 Ebd., S. 16.

10 Jürgen Habermas, *Strukturwandel der Öffentlichkeit. Untersuchungen zu einer Kategorie der bürgerlichen Gesellschaft*, Frankfurt/M. 1990, S. 23 und S. 226. Keulartz macht darauf aufmerksam, daß es bezüglich der These eines politischen Strukturwechsels der Öffentlichkeit Affirmitäten zur Demokratiekritik von Carl Schmitt gibt, dessen Denken Habermas auch höchst kritisch gegenüber steht. Zu Recht bemerkt Keulartz, daß sich Habermas mit seinem Plädoyer für Demokratisierung der Gesellschaft und ihrer Institution von Schmitt grundlegend unterscheidet; Josef Keulartz, *Die verkehrte Welt des Jürgen Habermas*, Hamburg 1995, S. 153 u. S. 168.

der Öffentlichkeit. In dem Maße, wie Öffentlichkeit in der Massendemokratie durch jene Medien der Massenkommunikation hergestellt wird, die ihrerseits primär das Ziel des Absatzes ihrer Warenerzeugnisse verfolgen, kommt es zu einer fortschreitenden Entpolitisierung der Öffentlichkeit. Die Warenerzeugnisse der Medienindustrien, die Konsumentenbedürfnisse zugleich wecken und befriedigen sollen, verleiten „eher zum unpersönlichen Verbrauch von Entspannungsreizen", als daß sie zum „öffentlichen Gebrauch der Vernunft anleiten".[11] An die Stelle der kritischen Publizität tritt eine demonstrative und manipulative, die der Propagierung von Positionen einflußreicher Interessengruppen dient.

Dieser außerordentlich kritische Befund, zu dem Habermas 1962 kommt, steht durchaus in Einklang mit den wesentlichen Resultaten der Analyse der Kulturindustrie. Tatsächlich bekennt Habermas denn auch den „Einfluß von Adornos Theorie der Massenkultur" auf seine Diagnose.[12] Statt von Massenkultur ist in der *Dialektik der Aufklärung* freilich von Kulturindustrie die Rede,[13] und zwar deshalb, „um von vornherein die Deutung auszuschalten [...]: daß es sich um etwas wie spontan aus den Massen selbst aufsteigende Kultur handele, um die gegenwärtige Gestalt von Volkskunst. [...] In all ihren Sparten werden Produkte mehr oder weniger planvoll hergestellt, die auf den Konsum durch Massen zugeschnitten sind".[14] Mit dem polemisch gemeinten Begriff der Kulturindustrie wollen die älteren Vertreter kritischer Theorie auf das Paradox einer Verknüpfung von autonomer Kunst bzw. kreativer Kultur und standardisierter Industrieproduktion aufmerksam machen. Kulturindustrie meint kritisch, daß die ästhetischen Ausdrucksformen einer Gesellschaft im Bereich der Musik, der bildenden Kunst, der Literatur etc. als Waren massenhaft produziert werden. Ihr Gebrauchswert besteht in der Zerstreuung und Unterhaltung der Rezipienten als Kulturkonsumenten. Durch die Gratifikationen, die die Kulturwaren ihnen gewähren, ist ihr massenhafter Konsum Ursache für „die böse Liebe des Volkes zu dem, was man ihm antut".[15] Der Gesamteffekt der Kulturindustrie in der Gesellschaft ist antiaufklärerisch. Adorno schreibt, daß die Kulturindustrie die Bildung „selbständiger, bewußt urteilender und sich entscheidender Individuen [verhindert]. Die aber wären die Voraussetzung einer demokratischen Gesellschaft".[16] Aus der Sicht der Theorie der Kulturindustrie ist massenmedial hergestellte Öffentlichkeit nichts anderes als eine Inszenierung, ist absichtsvoll in Szene gesetzt und alles andere als diskursiv erzeugt. Auf Öffentlichkeit als elementare Voraussetzung von Demokratie wird Adorno erst aufmerksam, als er nach den Jahren in der amerikanischen Emigration in die neugegründete

---

11 Jürgen Habermas, *Strukturwandel*, S. 270.

12 Ebd., S. 29.

13 Max Horkheimer/Theodor W. Adorno, *Dialektik der Aufklärung*, in: Theodor W. Adorno, *Gesammelte Schriften*, Bd. 3, Frankfurt/M. 1997, S. 141 ff.

14 Theodor W. Adorno, *Résumé über Kulturindustrie,* in: ders., *Gesammelte Schriften*, Bd. 10.1, Frankfurt/M. 1997, S. 367.

15 Horkheimer/Adorno, *Dialektik der Aufklärung*, S. 155.

16 Adorno, *Résumé über Kulturindustrie*, S. 345.

Bundesrepublik zurückkehrt.[17] Erst für Adorno als Diagnostiker der Nachkriegsentwicklung in Deutschland ist Öffentlichkeit als Ort der Selbstaufklärung mündiger Bürger die Grundbedingung für Demokratie. Ihm zufolge sind „Öffentlichkeit und Demokratie [...] miteinander verklammert. Nur unter der Garantie des demokratischen Rechts auf freie Meinungsäußerung kann Öffentlichkeit sich bilden; nur wenn öffentlich ist, worüber die Staatsbürger abzustimmen haben, ist Demokratie denkbar."[18]

Genau diese Idee, die Adorno in zahlreichen Essays seit den 1960er Jahren akzentuiert,[19] macht sich Habermas nicht nur auf seine Weise zu eigen, sondern er führt mit ihr ein ausgearbeitetes Konzept von Demokratie als normatives Fundament für seine Kritik an der Transformation von Öffentlichkeit überhaupt erst ein. Dabei interessiert ihn nicht in ideologiekritischer Perspektive die Funktion von Populärkultur als sozialer Kitt der antagonistischen gesellschaftlichen Totalität. Vielmehr geht er in demokratietheoretischer Perspektive, die Adorno ja schon aufscheinen läßt, der manifesten Gefahr einer Vermachtung der Öffentlichkeit nach. An die Stelle der Kategorie Kulturindustrie, von der Habermas kaum ernsthaft Gebrauch macht, tritt der im Format kleinere Begriff der Massenmedien bzw. (später) der der Medienmacht. Bei dieser Fokussierung auf das Phänomen der Medienmacht gilt das Forschungsinteresse von Habermas keineswegs den publizistischen Medien als Sinnvermittler, also nicht den Kommunikationsinhalten, ihren Rezeptionsweisen und den Wirkungsbedingungen (gemäß dem Programm „Who says what in which channel to whom with what effect?").[20] Vielmehr beschränkt er sich einerseits auf die Analyse der Kommunikationskreisläufe, deren gemeinsame Schnittstelle die politisch fungierende Öffentlichkeit ist. Andererseits untersucht er die institutionelle Verfaßtheit der Massenmedien und beschreibt ihre politische Funktion im Spannungsverhältnis von Sein (Medienakteure als ‚gate keeper' und die Funktion des ‚agenda setting') und Sollen (‚free flow of communication').[21]

Bei seiner Norm und Wirklichkeit konfrontierenden historischen Analyse über den *Strukturwandel der Öffentlichkeit* kommt Habermas zu dem Ergebnis, daß die Medien der Massenkommunikation keineswegs neutrale Vermittlungsinstanzen von Öffentlichkeit sind, ob sie nun privatwirtschaftlich wie die Mehrzahl der Pressekonzerne, oder öffentlich-rechtlich organisiert sind wie hierzulande ein Teil der

---

17 Vgl. Thorsten Bonacker, „Theodor W. Adorno. Die Zukunft des Erinnerns", in: Claudia Fröhlich/Michael Kohlstruck (Hg.), *Engagierte Demokraten*, Münster 1999, S. 170-184.

18 Theodor W. Adorno, *Meinungsforschung und Öffentlichkeit*, Gesammelte Schriften, Bd. 8, Frankfurt/M. 1997, S. 533.

19 Vgl. stellvertretend für viele: Theodor W. Adorno, *Was bedeutet: Aufarbeitung der Vergangenheit*, in: ders., *Gesammelte Schriften*, Bd. 10.2, S. 555-572; vgl. auch Stefan Müller-Doohm, *Adorno. Eine Biographie*, Frankfurt/M., 2003, S. 563 ff.

20 Harald D. Lasswell, *The Structure of Function of Communication in Society*, New York 1948, S. 38 ff.

21 Vgl. zuletzt Jürgen Habermas, "Politic and Communication", in: "Media Society. Does Democracy still enjoy an epistemic Dimension? The impact of normative Theory on empirical Research", in: *Communication Theory* 16/2006, S. 411-426.

Rundfunk- und Fernsehanstalten. Vielmehr stellen sie Machtfaktoren innerhalb der Öffentlichkeit dar. Sie werden sowohl für die Legitimationszwecke staatlicher Politik in Anspruch als auch von ökonomischen und politischen Interessenpositionen in Beschlag genommen. Eine derart vermachtete Öffentlichkeit ist Habermas zufolge ein Widerspruch in sich. Öffentlichkeit verkehrt sich in das Gegenteil dessen, was sie ursprünglich war bzw. sein sollte. Zu Beginn der bürgerlichen Gesellschaft (als Gesellschaft selbstständiger Privateigentümer), als Öffentlichkeit ein Eigengewicht gegenüber staatlicher Herrschaft gewann, bestand sie aus einem Publikum von Privatleuten, die sich untereinander über die eigenen Belange als Warenbesitzer und Bildungsbürger austauschten. Dieses war der Weg, um eine Verständigung über die eigenen Ideen vernünftiger Lebensführung herbeizuführen und die materiellen Interessen als Eigentümer gegenüber dem staatlichen Gewaltmonopol zum Ausdruck zu bringen. Bei diesem Selbstverständigungsprozeß ging es zunächst um Fragen der Literatur und Kunst, dann aber auch um das Wechselverhältnis ökonomischer und politischer Belange. Die Öffentlichkeit der Gebildeten war ein Forum, auf dem über die subjektive Befindlichkeit ebenso kommuniziert wurde wie über die ästhetischen Ausdrucksformen der Zeit. Durch diese Auseinandersetzung entstand die Gemeinsamkeit einer Sichtweise, die sich auch als politischer Wille im Sinne des im allgemeinen Interesse praktisch Notwendigen artikuliert hat. Zwar resultiert der Bürgerstatus als Zulassungskriterium zur Öffentlichkeit aus Besitz und Bildung. Aber das waren Voraussetzungen, die in der Marktwirtschaft jeder erlangen können sollte. Unter diesen Bedingungen sollte dann innerhalb der Öffentlichkeit allein die Überzeugungskraft vernünftiger Argumente Geltung haben. So läßt sich die Idee nach Herrschaft „in jenen leichtfüßigen Zwang [auflösen], der nurmehr in der zwingenden Einsicht einer öffentlichen Meinung sich durchsetzt".[22]

Habermas zeigt nun in gesellschaftskritischer Perspektive, daß die Massenmedien, die die Voraussetzungen für einen rationalen Meinungs- und Willensbildungsprozeß schaffen, unter dem doppelten Druck politischer und ökonomischer Interessen geraten. Damit wächst die Gefahr, daß eine manipulierte Öffentlichkeit entsteht, in der sich „eine akklamationsbereite Stimmung", „ein Meinungsklima" einspielt.[23] „Die großen Organisationen streben mit dem Staat und untereinander politische Kompromisse, möglichst unter Ausschluß der Öffentlichkeit an; gleichzeitig müssen sie sich aber durch Entfaltung demokratischer Publizität bei der Masse der Bevölkerung wenigstens plebiszitärer Zustimmung versichern."[24] Der Einflußnahme auf Öffentlichkeit von außen korrespondiert innerhalb der Öffentlichkeit die Etablierung der Massenmedien als Machtfaktoren. So entsteht jene neue „Kategorie von Einfluß, nämlich eine Medienmacht".[25] Sie setzt Öffentlichkeit für eigene Zwecke in Szene. Mit der Vereinnahmung von Öffentlichkeit durch die Partikular-

---

22 Habermas, *Strukturwandel*, S. 159.
23 Ebd., S. 321.
24 Jürgen Habermas, *Kultur und Kritik*, Frankfurt/M., 1973, S. 67.
25 Habermas, *Strukturwandel*, S. 28.

interessen der Medienkonzerne im Einklang mit politischen Machtgruppen ist der Endpunkt einer „Refeudalisierung" von Öffentlichkeit erreicht. Diese Tendenz zeigt sich deutlich genug in den verschiedenen Varianten von politischer Propaganda, Werbung, Marketing und Public Relations. Und die Verschmelzung von Unterhaltung und Information ist schließlich eine der Ursachen dafür, daß sich in der Massenkommunikation staatsbürgerlicher Privatismus und politische Apathie ausbreiten. Den Grad dieser Entpolitisierung liest Habermas an zwei Indikatoren ab: zum einen daran, daß es bei den Parlamentswahlen primär um Personen und nur sekundär um politische Programme geht. Zum anderen an der schwindenden Möglichkeit effektiver Einflußnahme auf die Politik, die sich selbst als Exekution von Sachgesetzlichkeit stilisiert.

Kein Zweifel: in *Strukturwandel der Öffentlichkeit* diagnostiziert Habermas den Zerfall einer politisch fungierenden Öffentlichkeit. Aber anders als die Autoren der Kulturindustrieanalyse gibt er sich schon damals mit dieser Diagnose nicht zufrieden. Vielmehr erörtert er am Ende seiner Studie die Frage, wie sich Öffentlichkeit als Ort diskursiver Meinungs- und Willensbildung unter den gewandelten strukturellen Bedingungen der Politik restituieren läßt. So versucht er plausibel zu machen, daß das Publizitätsprinzip neu interpretiert und im Sinne des Sozialstaatsgrundsatzes umgewertet werden müsse: In der gegenwärtigen Massendemokratie, die als Sozialstaat die Kontinuität mit dem liberalen Rechtsstaat wahrt, muß die demokratische Prämisse diskursiver Meinungs- und Willensbildung dadurch zur Wirksamkeit gelangen, daß für alle jene Institutionen, die an diesem Prozeß beteiligt sind, das Öffentlichkeitsprinzip geltend gemacht wird. So sollen die Massenmedien in ihrer institutionellen Struktur und „in ihrem Aufbau nach dem Prinzip der Öffentlichkeit organisiert sein",[26] also intern demokratischen Grundsätzen entsprechen. Von innerorganisatorischer Demokratie verspricht sich Habermas nicht nur institutionell garantierte Räume für kritische Publizität, sondern auch die Chance der politischen Partizipation: Die „Teilnahme der Privatleute an einem über die organisationsinternen Öffentlichkeiten geleiteten Prozeß".[27]

II. Das ambivalente Potential der Massenmedien

Da Habermas im Schlußteil von *Strukturwandel der Öffentlichkeit* sich mit Überlegungen auseinandersetzt, wie die privatwirtschaftlich und öffentlich-rechtlich organisierten Massenmedien gemäß dem Demokratieprinzip reorganisiert bzw. reformiert werden können, kann für ihn der Öffentlichkeitszerfall kein unaufhaltsamer, sich jedweder Steuerbarkeit entziehender Prozeß sein. Tatsächlich hat er in dem 1990 veröffentlichten Vorwort zur Neuauflage seiner fast drei Jahrzehnte zurückliegenden Studie ihre ursprünglich verfallstheoretische Perspektive im Nachhinein kritisiert, die gerade auch in dem normativen Gefälle zwischen „einer idealistisch

26 Ebd., S. 310.
27 Ebd., S. 357.

überhöhten Vergangenheit und der kulturkritisch verzerrten Gegenwart" zum Ausdruck kommt".[28] Zusammen mit seiner eigenen Kritik an der älteren Diagnose eines Zerfalls von Öffentlichkeit versteht er sie nicht in erster Linie als ein Kollektiv oder ein versammeltes Publikum. Vielmehr ist Öffentlichkeit nach den aus seiner Sicht erforderlichen Revisionen ein Prozeß der Selbstverständigung und Selbstaufklärung einer Gesellschaft nicht nur über ihr politisches Wollen, sondern auch über ihre sozialen und kulturellen Orientierungen, kurzum: über alles normativ Verbindliche.[29]

Zwar stellen die medientheoretischen Ausführungen in seinem Hauptwerk, der *Theorie des kommunikativen Handelns* (1981) sowie später dann in *Faktizität und Geltung* (1992) keinen gänzlichen Bruch mit der älteren Analyse dar. Trotz der beibehaltenen medienkritischen Sichtweise akzentuiert er nunmehr das „ambivalente Potential" der Massenmedien. Die kulturelle Wirkungsweise der Printmedien und der elektronischen Medien lasse sich keineswegs eindeutig als Nivellierung der Inhalte und Standardisierung der Formate interpretieren, weil sie zum einen konkurrierenden Interessen ausgesetzt und zum anderen an positiv definierte medienrechtliche Vorgaben gebunden sind wie etwa an die Objektivität der Berichterstattung, die Respektierung des Persönlichkeitsrechts oder die Werberichtlinien für TV-Sender. Hinzu kommen die Dispositionen eines in sich differenzierten Medienpublikums, also die Bedürfnisse von Rezipienten, die divergente Konsum- und Lebensstile in Abhängigkeit ihrer sozio-kulturellen Milieuorientierung praktizieren. Das entscheidende Gegengewicht gegen die Hegemonie der Medien ist für Habermas jedoch der „Eigensinn der kommunikativen Praxis", d. h. die verständigungsorientierte, sprachlich vermittelte Intersubjektivität, die für ihn das Primat gegenüber den Wirklichkeitskonstruktionen der Massenmedien hat. Somit besteht die ‚Abhängigkeit' der Massenmedien darin, daß sie als Vermittler von Kommunikationsprozessen prinzipiell „auf sprachliche Verständigung angewiesen" bleiben.[30] Habermas macht sich mitnichten Illusionen, daß die Massenmedien „die Wirksamkeit sozialer Kontrolle erheblich verstärken [können]. Die Ausschöpfung dieses *autoritären Potentials* bleibt aber stets prekär, weil in die Kommunikationsstrukturen selber das Gegengewicht eines *emanzipatorischen Potentials* eingebaut ist."[31]

---

28 Ebd., S. 231 und S. 30.

29 Um eine konstruktive Weiterentwicklung der Öffentlichkeitstheorie von Habermas hat sich Bernhard Peters bemüht. Ein Aspekt ist dabei die Unterscheidung zwischen dem normativen Postulat diskursiver Öffentlichkeit und öffentlicher Kultur als die Gesamtheit jener „Symbole und Bedeutungsgehalte, die öffentlich zirkulieren oder zugänglich sind, die für ein breites Publikum relevant sind oder es ansprechen"; Bernhard Peters, *Der Sinn von Öffentlichkeit*, Frankfurt/M. 2007, S. 106. Vgl. auch ders., „Deliberative Öffentlichkeit", in: Lutz Wingert/Klaus Günther (Hg.), *Die Öffentlichkeit der Vernunft und die Vernunft der Öffentlichkeit*, Frankfurt/M., S. 655-677.

30 Jürgen Habermas, *Theorie des kommunikativen Handelns*, Bd. 2, Frankfurt/M., S. 573.

31 Ebd.

Im Rahmen der *Theorie des kommunikativen Handelns*, in der das zweistufige Konzept von Gesellschaft als System und Lebenswelt entwickelt ist, zeigt Habermas, wo dieses emanzipatorische Potential verankert ist: eben in jener Sphäre der Lebenswelt, die kommunikativ strukturiert ist und in der die prinzipielle Möglichkeit diskursiver Klärung strittiger Auffassungen gegeben ist. Öffentlichkeit, nunmehr definiert als Struktur eines Netzwerkes, d. h. als „Inbegriff derjenigen Kommunikationsbedingungen, unter denen eine diskursive Meinungs- und Willensbildung eines Publikums von Staatsbürgern zustande kommen kann",[32] ist zusammen mit der Privatsphäre ein integraler Handlungsbereich der Lebenswelt, die kommunikativ (also nicht systemisch) strukturiert ist. Mit diesem Begriff der Lebenswelt bezeichnet Habermas das fraglose Hintergrundwissen, über das Handlungsakteure verfügen müssen, wenn sie Beziehungen miteinander eingehen, um sich über etwas in der Welt zu verständigen. Lebenswelt rationalisiert sich im Prozeß der Moderne in zweifacher Weise. *Zum einen* entstehen zwecks Sicherung der materiellen Reproduktion von Gesellschaft (Systemintegration) systemische Strukturen in Form einer produktiven Ökonomie und eines effektiven Staates. Diese beiden Subsysteme verfügen über eine eigene Kategorie von Medien, über *Steuerungsmedien*, die als Geld und Macht aus der Lebenswelt ausdifferenziert werden und sprachliche Verständigung als Mechanismus der Handlungskoordinierung ersetzen. Die Steuerungsmedien sind sprachunabhängig, d. h. nicht an Verständigung gebunden. Diese Medien müssen so beschaffen sein, daß sie gemessen, in beliebigen Größenordnungen veräußert und gespeichert werden können. Sie operieren durch Anreiz und Abschreckung und bewirken eine Reduktion des Kommunikationsaufwandes bei gleichzeitiger hoher Koordinationsleistung.[33] Habermas ist sich der Unterschiede zwischen Geld und Macht durchaus bewußt. Dennoch fungieren sie als Steuerungsmedien, deren ‚Deutung' im ersten Fall durch Zielungsrechte bei der Weltbank, im zweiten Fall durch die Disposition über Zwangsmittel gegeben ist (im Fall der Sprache besteht die ‚Deutung' aus guten Gründen).

Zum anderen entwickeln sich innerhalb der rationalisierten Lebenswelt zur Aufrechterhaltung ihrer symbolischen Reproduktion (Sozialintegration) *generalisierte Formen der Kommunikation*. Sie treten zwar nicht an die Stelle sprachlicher Verständigung, aber verdichten diese. Solche Kommunikationsmedien sind Habermas zufolge Einfluß bzw. fachliche Reputation und Wertbindung, die Bindungseffekte durch das Mittel der Überzeugung durch Fachkompetenz bzw. das der Ermahnung

32 Jürgen Habermas, *Strukturwandel*, S. 38.

33 Der Bedeutungsgehalt des Begriffs der Öffentlichkeit innerhalb der Systemtheorie von Niklas Luhmann hat Michael Beetz (*Die Rationalität der Öffentlichkeit*, Konstanz 2005) herausgearbeitet. Öffentlichkeit selbst ist als Koordinationsmechanismus kein System und muß lediglich einem oder mehreren Systemen zugeordnet werden. Diverse Formen von Öffentlichkeit können unterschieden werden; so ist etwa für die Wirtschaft der Markt die Öffentlichkeit, für das politische System ist die öffentliche Meinung die Öffentlichkeit etc. Über seine Rezeption der Medientheorie von Parsons hat sich Habermas ausführlich geäußert. Vgl. Jürgen Habermas, „Handlung und System. Bemerkungen zur Parsons' Medientheorie", in: Wolfgang Schluchter (Hg.), *Verhalten, Handeln und System. Talcott Parsons Beitrag zur Entwicklung der Sozialwissenschaften*, Frankfurt/M., S. 68-105.

durch moralische Führerschaft erzielen.[34] Diese beiden Kommunikationsmedien, die keinen Ersatz (wie Geld und Macht), sondern eine Abkürzung des verständigungsorientierten Sprachgebrauchs erlauben, bedienen sich eines rational motivierten Vertrauens in die Einlösbarkeit von Geltungsgründen. Handlungskoordination durch die Medien, Einfluß und Wertbindung können nur konsensuell erreicht werden. „Die Standortsituation der Belehrung und des moralischen Appells stellen kommunikative Beziehungen dar, spezielle Fälle sprachlicher Konsensbildung, wobei freilich die eine Seite mit einem Übergewicht an Kompetenzen (des Wissens, der moralisch-praktischen Einsicht, der Überzeugungskraft und der Autonomie) ausgestattet ist."[35]

Die Massenmedien, die zu diesen generalisierten Formen der Kommunikation gehören, „lösen Kommunikationsvorgänge aus der Provinzialität raumzeitlich beschränkter Kontexte und lassen Öffentlichkeit entstehen, indem sie die abstrakte Gleichzeitigkeit eines virtuell präsent gehaltenen Netzes von räumlich und zeitlich weit entfernten Kommunikationsinhalten herstellen und Botschaften für vielfältige Kontexte verfügbar halten".[36] Öffentlichkeit speist sich aus den lebensweltlich motivierten Kommunikationsströmen, die ihrerseits jedoch der kondensierenden Vermittlungsprozesse durch die publizistischen Medien bedürfen. So konstituiert sich Öffentlichkeit als „intermediäre Struktur", die Kommunikation unter Fremden ermöglicht und die für einen Austausch zwischen der Lebenswelt und der Politik sorgt.

Für die Qualität von Öffentlichkeit als Institution der Lebenswelt ist ihr diskursives Niveau die entscheidende Größe, also das Wie der argumentativen Praxis. Daraus resultiert die Resonanz, die Themen innerhalb lebensweltlicher Bedeutungszusammenhänge in der Öffentlichkeit finden: „Das Publikum der Bürger muß durch verständliche und allgemein interessierende Beiträge zu Themen, die es als relevant empfindet, *überzeugt* werden."[37]

Die kritische Stoßrichtung der Medientheorie von Habermas in seinen späten Schriften gilt *einerseits* den Akteuren, die Öffentlichkeit vereinnahmen oder für Zwecke bloßer Selbstdarstellung mißbrauchen. *Andererseits* zielt die Kritik an den Medien auf ihre eklatanten Mängel von Offenheit und Durchlässigkeit bzw. auf die verzerrenden Ausschlußmechanismen. In der deliberativen Demokratie muß indes gewährleistet sein, daß sowohl das „Gegenwissen" von sozialen Bewegungen als auch die appellative Kritik von Intellektuellen innerhalb der Öffentlichkeit durch die Medien zur Darstellung gebracht werden können.

Ein weiterer (*dritter*) medienkritischer Beweggrund hängt zusammen mit der Habermasschen These einer Kolonialisierung der Lebenswelt durch die Imperative der Systemrationalität, die in Bereiche der symbolischen Reproduktion eindringen. Ein Aspekt dieser Kolonialisierung betrifft das Wechselverhältnis zwischen verstän-

---

34 Vgl. Jürgen Habermas, *Theorie des kommunikativen Handelns*, Bd. 2, S. 384 ff.

35 Ebd., S. 411

36 Ebd., S. 573.

37 Jürgen Habermas, *Faktizität und Geltung*, S. 440.

digungsorientiert erzeugter Öffentlichkeit als Institution der Lebenswelt und den generalisierten Formen der Kommunikation über die Massenmedien. Während die *Mediatisierung* der Öffentlichkeit zu einer erhöhten Effektivität der Kommunikation führt, hat die *Kolonialisierung* zur Folge, daß die konsensabhängige kommunikative Alltagssprache durch Geldverkehr und Machtbeziehungen überformt wird. „Nicht die Entkoppelung der mediengesteuerten Subsysteme [...] von der Lebenswelt führt zu einseitiger Rationalisierung oder Verdinglichung der kommunikativen Alltagspraxis, sondern erst das Eindringen von Formen ökonomischer und administrativer Rationalität in Handlungsbereiche, die sich der Umstellung auf die Medien Geld und Macht widersetzen, weil sie auf kulturelle Überlieferung, soziale Integration und Erziehung spezialisiert sind und auf Verständigung als Mechanismus der Handlungskoordinierung angewiesen bleiben".[38] Wenn die entsprachlichten monetären und administrativen Steuerungsmedien an die Stelle von Kommunikationsmedien treten, dann entsteht die Gefahr, daß das Alltagsbewußtsein seiner synthetisierenden Kraft beraubt und fragmentiert wird. Die mit der Verdinglichung der kommunikativen Alltagspraxis einhergehende kulturelle Verarmung manifestiert sich in einer Sinnkrise. Habermas verweist darauf, daß sich „Sinn [...] weder kaufen noch erzwingen" läßt.[39]

III. Kommunikative Rationalität als Prüfstein kommunikativer Macht

Bilanziert man die Forschungen von Habermas über den Zusammenhang von Demokratie, Öffentlichkeit und kommunikativer Macht für das Programm einer Medienphilosophie, dann ist zuallererst festzustellen: Im Mittelpunkt seines Theoriedesigns steht keineswegs der Begriff der Medien. Seine Philosophie ist alles andere als medienzentriert. Auch wenn die Kategorie der Kommunikations- und Steuerungsmedien einen wichtigen Stellenwert im Kontext der Sozialtheorie hat, im Zentrum dieser Philosophie steht die Rekonstruktion der pragmatischen Elemente des verständigungsorientierten Handelns. Sie bemüht sich darum, die impliziten Voraussetzungen von Verständigungsprozessen aufzudecken, um auf diesem Weg den Begriff der *kommunikativen Rationalität* zu klären. Habermas will deutlich machen, daß durch Kommunikation Sozialität, d. h. die Vergesellschaftung des Menschen zustande kommt: Der Lebensprozeß der Gesellschaft ist ein durch Sprechakte bedingter Erzeugungsprozeß. Dabei sind Sprechakte Handlungen, die vollzogen werden, indem man einen Satz äußert. Die besondere Eigenschaft dieser Sprechakte besteht in ihrer sozialen Bindungskraft. Der elementare Vorgang der Kommunikation bedingt die Verwendung sprachlicher Ausdrücke und ist jeder Akt des Spre-

38 Jürgen Habermas, *Theorie des kommunikativen Handelns*, Bd. 2, S. 488.

39 Jürgen Habermas, „Entgegnung", in: Axel Honneth/Hans Joas (Hg.), *Kommunikatives Handeln*, Frankfurt/M. 1986, S. 390.

chens der einen Person, bei der das Hören der anderen mit einbezogen ist. Kommunikation ist somit grundsätzlich eine intersubjektive Tätigkeit. Sprache wird zur Kommunikation verwendet und gleichzeitig durch sie erzeugt. Sprache hat Habermas zufolge die generelle Funktion der Welterschließung und die (dreifache) innerweltliche Funktion der Darstellung von Sachverhalten, der Herstellung interpersonaler Beziehungen und des Ausdrückens subjektiver Erlebnisse. Sprache hat keineswegs nur Darstellungsfunktionen. Vielmehr zeichnet sie sich dadurch aus, daß sie ein *Medium intersubjektiver Verständigung* ist.

Der grundlegende Gedanke der Philosophie von Habermas, der sich wie ein roter Faden durch sein Werk zieht, lautet: „Der kommunikativen Verwendung sprachlicher Ausdrücke wohnt eine eigentümliche Rationalität inne [...]. Diese *kommunikative Rationalität* drückt sich in der einigenden Kraft der verständigungsorientierten Rede aus, die für die beteiligten Sprecher gleichzeitig eine intersubjektiv geteilte Lebenswelt und damit den Horizont sichert, innerhalb dessen sich alle auf ein und dieselbe objektive Welt beziehen können".[40] Habermas vertritt die These, daß eine normative Verbindlichkeit zwischen Handelnden von der verständigungsorientierten Rede allein erzeugt werden kann, die in Einverständnis mündet. Die Akzeptanz eines Sprechakts gründet auf seinen impliziten Rationalitätsansprüchen. Der Hörer unterstellt, daß der Sprecher die Gewähr dafür übernimmt, die Ansprüche gegebenenfalls einzulösen. Dabei geht es um die Einlösung dessen, was Habermas – ein weiteres essentielles Theorieelement wie das der Intersubjektivität der Sprache – ‚Geltungsansprüche' nennt. Wer kommuniziert, stellt eine sprachlich vermittelte Beziehung her, mit der er als Sprecher Geltungsansprüche erhebt, die vom Hörer akzeptiert oder infrage gestellt werden können. Neben dem Anspruch der Verständlichkeit einer Sprechhandlung gibt es den Anspruch auf Wahrheit des propositionalen Gehalts, den Anspruch auf Richtigkeit in bezug auf den normativen Kontext des Handelns und den der Wahrhaftigkeit des Sprechers. Je nach Art des Sprechakts werden diese Geltungsansprüche mehr oder weniger relevant. Während bei den konstativen Sprechakten die Wahrheit im Vordergrund steht, ist es bei den regulativen Sprechakten die normative Richtigkeit und bei den repräsentativen Sprechakten die subjektive Wahrhaftigkeit oder Authentizität. Dem Geltungsanspruch der Verständlichkeit ordnet Habermas in seinen späteren Schriften keine besondere Klasse von Sprechhandlungen zu, weil Verständlichkeit kein Geltungsanspruch im eigentlichen Sinne, sondern eine sprachimmanent zu erfüllende Regel ist.[41]

---

40 Jürgen Habermas *Wahrheit und Rechtfertigung*, Frankfurt/M. 1999, S. 110 f.

41 Werden nur der Geltungsanspruch der Wahrheit und der Geltungsanspruch der Wahrhaftigkeit in einer Aussage erhoben, so handelt es sich nach Habermas um einen schwachen Modus der Verständigung bzw. um schwach kommunikatives Handeln, während es um einen starken Modus der Verständigung bzw. um stark kommunikatives Handelns geht, wenn alle drei Geltungsansprüche erhoben werden (Wahrheit, Richtigkeit, Wahrhaftigkeit).

Auf dieser sprachpragmatischen Theorie der Geltungsansprüche baut wiederum das formale Konzept der drei Welten auf. Indem im sprachlich vermittelten Handeln Geltungsansprüche zum Tragen kommen, werden parallel damit drei Welten konstituiert, indem auf sie im Sprechakt Bezug genommen wird: die objektive Welt existierender Sachverhalte, die soziale Welt legitim geregelter interpersonaler Beziehungen und die subjektive Welt der dem Handlungssubjekt selbst zugänglichen Erlebnisse und Empfindungen. Insofern die Typen von Sprechakten paradigmatischen Charakter für eine spezifische kommunikative Funktion haben wie der Darstellung von Sachverhalten, der Herstellung interpersonaler Beziehungen oder dem Ausdruck subjektiver Erlebnisse, lassen sich drei Kommunikationsmodi unterscheiden: den konstativen Sprechhandlungstyp beschreibt Habermas als kognitiv, den regulativen Sprechhandlungstyp als interaktiv und den repräsentativen Sprechhandlungstyp als expressiv. Je nach Kommunikationsmodus kommt der analoge Geltungsanspruch der Wahrheit, der Richtigkeit und der Wahrhaftigkeit zum Tragen.

Für die Einheit dieser drei Geltungsansprüche hat Habermas jenen Begriff der kommunikativen Rationalität eingeführt – der Dreh- und Angelpunkt seiner Philosophie ist. Kommunikative Rationalität ist keine bloße Idee, sondern ist in den durch Sprache vermittelten Verständigungsprozessen verkörpert.

Die Sprachlichkeit haben alle drei von Habermas unterschiedenen Formen der Rationalität gemeinsam: Nicht nur die *kommunikative Rationalität*, sondern auch die *epistemische Rationalität*, die sich dem Wissen und die *teleologische Rationalität*, die sich dem Handeln zuordnen läßt, bedürfen der Sprache. Denn so wie Wissen begründet und somit sprachlich eingelöst werden muß, sind Handlungsabsichten und die mit ihnen verbundenen Entscheidungsprobleme sprachlich strukturiert. Folglich kann Sprache epistemisch, teleologisch oder kommunikativ verwendet werden. Entscheidend ist dabei das Vorhandensein illokutionärer Ziele, d. h. daß der Sprecher handelt, indem er etwas sagt.

Trotz der Zentrierung auf Sprache verweist Habermas darauf, daß Sprache keineswegs mit Kommunikation gleichgesetzt werden darf. Denn „nicht jeder Sprachgebrauch ist kommunikativ [...] und nicht jede sprachliche Kommunikation dient einer Verständigung auf der Grundlage intersubjektiv anerkannter Geltungsansprüche".[42] Vielmehr zeichnet sich der kommunikative Sprachgebrauch dadurch aus, daß vom Sprecher Geltungsansprüche erhoben werden, zu denen der Hörer in einem Verständigungsprozeß Stellung nehmen kann. Entsprechend bezeichnet kommunikative Rationalität eine Redepraxis, die dialogisch strukturiert ist und bei der es keine Einschränkungen des Wortergreifens gibt und wechselseitig Gründe mit dem Ziel vorgetragen werden, einander zu überzeugen.

Betont werden muß an dieser Stelle, daß kommunikative Rationalität für Habermas nicht nur eine philosophisch zu explizierende Kategorie des Verständigungsparadigmas ist. Sie hat eine gesellschaftliche Dimension: Sie ist gleichsam der Nukleus

42 Habermas, *Wahrheit und Rechtfertigung*, S. 129.

für jene *kommunikative Macht*, die sich innerhalb der Öffentlichkeit herstellt und von der ihre Akteure (wie z. B. Journalisten, Repräsentanten von Interessengruppen, Experten, Advokaten sozialer Bewegungen) praktisch Gebrauch machen. Kommunikative Macht ist keineswegs gleichzusetzen mit der Macht der Massenmedien als eigener Institutionentypus. Medienmacht manifestiert sich in der Selektion und Aufbereitung von Informationen und Themen, in der Art und Weise der Präsentation öffentlicher Debatten, in der Propagierung oder Diffamierung politischer und weltanschaulicher Haltungen. Medienmacht wird unmittelbar sichtbar an der aktiven politischen Parteinahme von Pressekonzernen, Radiostationen und TV-Unternehmen (man nehme den Fall Berlusconi). Die von Medienmacht unterschiedene kommunikative Macht bildet ein Gegengewicht gegen diese und ein Gegengewicht sowohl gegenüber dem Komplex politisch-administrativer Macht als auch gegenüber organisierten Trägern sozialer Macht. Während politische und soziale Machtträger (in den Grenzen des normativ Gebotenen) entweder direkt Zwang ausüben oder massiv Einfluß geltend machen, schöpft kommunikative Macht aus jenem zwanglosen Zwang des besseren Arguments. Sie artikuliert sich im Prozeß diskursiver Meinungs- und Willensbildung, der sich auch in Aktionen des zivilen Ungehorsams von radikal demokratischen Assoziationen Ausdruck verleihen kann. Kommunikative Macht gewinnt an Stärke in und bewährt sich ganz besonders bei grundlegenden politischen Kontroversen. Beispiele dafür sind brisante Themen wie das atomare Wettrüsten, die Risiken der Atomenergie, die Gentechnik, die Verelendung der Dritten Welt etc. Konfliktbeladene Probleme dieser Art werden zwar „von Intellektuellen, Betroffenen, radical professionals, selbsternannten ‚Anwälten'" lanciert, aber, so Habermas, erst „über die kontroverse Behandlung in den Medien erreichen solche Themen das große Publikum und gelangen auf die ‚öffentliche Agenda'".[43] Aus diesem Grund bleibt die Praxis deliberativer Demokratie gebunden an die Grundbedingungen eines transparenten, demokratisch organisierten und unabhängigen Mediensystems, das die Ausübung kommunikativer Macht dem Maßstab kommunikativer Rationalität unterwirft. Und das ist ein anderer als Marktrationalität und ökonomische Effizienz. Mit den Worten von Habermas: „Hörer und Zuschauer sind nicht nur Konsumenten, also Marktteilnehmer, sondern zugleich Bürger mit einem Recht auf kulturelle Teilhabe, Beobachtung des politischen Geschehens und Beteiligung an der Meinungsbildung".[44]

---

43 Jürgen Habermas, *Faktizität und Geltung*, S. 461

44 Jürgen Habermas, *Medien, Märkte Konsumenten*, Süddeutsche Zeitung vom 16./17. 5. 2007, S. 13; vgl. auch ders.: "Political Communication in Media Society", in: *Communication Theory* 16/2006, S. 412 ff.

Friedrich Kittler

Martin Heidegger, Medien und die Götter Griechenlands

Ent-fernen heißt die Götter nähern

Um eine Ontologie der Ferne auch nur von weitem anzudenken, scheint es tunlich, praktisch und verzweifelt sein, zuerst und zunächst an die fernen, ja immer ferneren Ursprünge unserer Kultur zu gemahnen. Ich denk an meine Liebe, die mich nicht mehr liebt. Ferner kann wohl niemand sein. Glück und Unglück sind schwer zu beschreiben, wenn wir morgendlichen Lesebrillen *Le Monde*, *El Pais* und, am glücklichsten, *La Repubblica* entziffern und dabei, wenn es gut geht, eine Ferne, Sehnsucht, Liebe spüren lassen. Das bleibt unsäglich schwer. Denn alle reden, schreiben, drucken heute im Gegensatz zu Juden, Christen, Muslimen, denen aber unser Denken schlichtweg nichts verdankt: keine Gleichung, keinen Algorithmus, einfach gar nichts. Und alles das im Gegensatz zu Indiens, Chinas, Japans (für mich) unlesbaren, von Heidegger jedoch verehrten Hochkulturen außer seinem Griechenland. (Ich glaube, das habe ich vor vielen Jahren bei Francisco Savater gelernt.) Von diesem Gott, der einer ist, also schlichtweg ohne alle Frauen zum Lieben herrscht, mag ich im Leben nichts mehr hören. Womöglich denkt es sich so freier. Aber weil – und dank dem Eingottwahn – Göttinnen und Bräute diesem irren Wassermangel bitter fehlen, liegt das Denken beinah brach. Es gibt weltweit nur Techno-Wissenschaften, Medienweltgeschichten inklusive, und sonst nichts – abgesehen von unser beider Herzen.

Die Griechen, denen wir so fern sind, daß Ontologie in Wort und Sache nur noch eines ihrer dunklen Echos bleibt, haben – wie wir Liebenden – die Ferne wahrlich nicht geliebt. Lange bevor Aristoteles es unternahm, das Seiende als Seiendes, ontologisch zu bestimmen, saß ein einsamer Odysseus am Meeresufer von Kalypsos Götterinsel und hatte keine größere – was sage ich? – bescheidenere Sehnsucht, als von den Feuerstätten seiner Heimatinsel Rauch aufsteigen zu sehen. Denn während die Tragödie – nach einer schönen Bestimmung Michel Foucaults – die Dimension des Oben und Unten durchmißt, so das Epos die des Nahen und Fernen.

Homer, der Dichter, der uns Europa überhaupt geschenkt hat, singt vom Nostos, der glücklichen Heimkehr aus der Fremde, ja sogar – zu Kirkes tiefem Staunen – von einer Rückkehr aus der Unterwelt. Aber auch dem Melos, also jener Lyrik, die Sapphos Aphrodite-Ruf gestiftet hat, heißt die Ferne Kummer, Trennung, Liebesschmerz. Wenn Sappho auf Lesbos eine ihrer Geliebten vermißt, weil sie ins ferne Asien oder Afrika entschwunden ist, singt sie als allererste, daß sie singt, schreibt sie anscheinend gar, daß sie den Brief schreibt. So entstehen aus der Liebessehnsucht Lieder, die im selben Atemzug auch Briefe sind, Lyrik der durchlittenen Distanz, alphabetisch-treue Lautschrift nur vor „bittersüßer" Liebe. So hatte

Heidegger, als ihm die Frage nach Nähe und Ferne als erstem Denker aufging, gute, aber weislich ungedruckte Gründe, in Sappho „die singende Heldin der Liebe“ zu feiern.[1]

„Destruktion der Metaphysik“ hieß seine Losung, nicht bloß Dekonstruktion. Was immer Derrida gelungen ist, der mir doch manchmal freund war, fällt dagegen ab. *Sein und Zeit* ist, wie Sie wissen, geschrieben, um die Metaphysik fundamental, nämlich bis auf den Grund zu zerstören. Diesen Grund, wie Sie ebenfalls wissen, legte Aristoteles, als er Sein mit Anwesenheit, Gegenwart, Hiersein gleichsetzte. Eine Ontologie der Ferne konnte es schon darum nicht geben, weil das Seiende, das Aristoteles seiner *Metaphysik* zugrunde legte, als Zusammen-Ganzes (*synholon*) von Form und Stoff in letzter Analyse immer etwas Hergestelltes war.

Niemand kann den Sterblichen ein Haus bauen, wenn nicht er selbst dabei ist, wenn keine Steine da sind und kein Vorbild, ja wenn nicht schließlich viertens ein Endzweck wie der des Bergens leitet. Niemand kann Unsterblichen ein Bronzestandbild gießen, wenn nicht er selbst dabei ist, wenn keine Bronze und kein Gott anwesen und wenn nicht schließlich viertens ein Endziel wie der des Leuchtens und Entbergens sein künstlerisches Machen leitet. So kommen die vier Gründe, wie Aristoteles sie gliedernd aufzählt, in einer Ontologie der Nähe zusammen überein.

Um sie zu zerstören, tut *Sein und Zeit* einen einzigen, ganz einfachen Schritt. Heidegger läßt unter den vier Ursachen jene, die wir lateinisch umgedeutet *causa efficiens* nennen, zwar nicht gänzlich weg, setzt aber anstelle des Machens oder Herstellens das schlichtere Gebrauchen. Das Schuhzeug hat demnach ein Wozu, nämlich das Tragen, das sich aber auch als Gehen einer Straße denken läßt; es hat sein Woraus, das Leder, das seinerseits aus Tierhäuten entsteht; das Schuhwerk hat drittens einen Träger und Benutzer, dem es im Glücksfall noch auf den Leib geschnitten wird, im Maschinenzeitalter jedoch nicht. Viertens schließlich scheint an allem Zeug, zumal wenn es beschädigt, abhanden oder unbrauchbar ist, ein primäres Wozu auf, das gar kein mögliches Wobei einer Bewandtnis mehr darstellt, sondern das Worum-willen eines Daseins, dem es in seinem Sein wesenhaft um dieses Sein selbst geht: *to hou heneka*.[2]

Auf den ersten Blick scheint es also, als wäre Heideggers winzige Verschiebung der vier aristotelischen Ursachen als Rückkehr zu Platon zu beschreiben. Über die Güte und damit das Wesen einer Leier oder Schalmei, befand Sokrates in der *Politeia*, entscheidet nicht, wer sie gebaut hat, sondern wer sie spielt. Aber Heidegger, um uns die erste Ontologie der Ferne zu schenken, geht einen Schritt auch über Platon hinaus. Die Ideenlehre würde die Form des Schuhs, sein Aussehen oder Wesen, sicher aus der Gestalt des Fußes hergeleitet haben. Der Vortrag „Vom Wesen des Kunstwerks“ lehrt das gerade Gegenteil. An dem Paar Schuhe, wie Van

1 „Das abendländische Gespräch“, in: *Zu Hölderlin/Griechenlandreisen*, Gesamtausgabe (= GA), Bd. 75, Frankfurt/M. 2000, S. 57-196, S. 115. – Angaben ohne Autor beziehen sich durchgängig auf Schriften Heideggers.

2 *Sein und Zeit* (= SZ), Tübingen 2001, §§ 15-18, S. 70-84.

Gogh es mehrmals gemalt hat, zählt trotz Derrida überhaupt nicht, ob es wie rechter und linker Schuh zusammenpaßt, sondern daß beide Schuhe ein Loch haben, in das der eben nicht gemalte Fuß passen würde. Genau dasselbe gilt vom Krug, den Heideggers Aufsatz „Das Ding" bekanntlich von seiner fassenden Leere her faßt und der, damit wir diese Leere selber fassen können, noch einen Henkel hat.[3] So entschwinden die platonischen Ideen, wie sie als Seinsfülle anzuwesen versprachen, in ihr exaktes Gegenteil: Hohlräume, Leerstellen, Wölbungen und Bäuche, mathematischer gesprochen: Topologien vom Geschlecht 1 oder beim Henkelkrug sogar vom Geschlecht 2. Hören wir von Heidegger, was diese „dunkle Öffnung", diese Gummituchgeometrie uns einbringt!

„Ein Paar Bauernschuhe und nichts weiter. Und dennoch. Aus der dunklen Öffnung des ausgetretenen Inwendigen des Schuhzeuges starrt die Mühsal der Arbeitsschritte. In der derbgediegenen Schwere des Schuhzeuges ist aufgestaut die Zähigkeit des langsamen Ganges durch die weithin gestreckten und immer gleichen Furchen des Ackers, über dem ein rauher Wind steht. Auf dem Leder liegt das Feuchte und Satte des Bodens. Unter den Sohlen schiebt sich hin die Einsamkeit des Feldweges durch den sinkenden Abend. In dem Schuhzeug schwingt der verschwiegene Zuruf der Erde, ihr stilles Verschenken des reifenden Korns und ihr unerklärtes Sichversagen in der öden Brache des winterlichen Feldes. Durch dieses Zeug zieht das klaglose Bangen um die Sicherheit des Brotes, die wortlose Freude des Wiederüberstehens der Not, das Beben in der Ankunft der Geburt und das Zittern in der Umdrohung des Todes."[4]

Nichts von alledem ist da, einiges – wie ein wortloser Zuruf oder Zuspruch oder der drohende Tod – kann sogar unmöglich anwesen. In den Schuhen ist keine Bäuerin, auf dem Gemälde, weil es (mit Lacan gesprochen) wie Heideggers Spiegel ein einziges Loch darstellt, sind keine Schuhe, undsoweiter undsofort. Aber von eben solchen Abwesenheiten her kommt ein Denken auf, das Nähe und Ferne angehen kann.

„Das vermeintlich ‚Nächste' ist ganz und gar nicht das, was den kleinsten Abstand ‚von uns' hat. Das ‚Nächste' liegt in dem, was in einer durchschnittlichen Reich-, Greif- und Blickweite entfernt ist. Weil das Dasein wesenhaft räumlich ist in der Weise der Ent-fernung, hält sich der Umgang immer in einer von ihm je in einem gewissen Spielraum entfernten ‚Umwelt', daher hören und sehen wir zunächst über das abstandmäßig ‚Nächste' immer weg. Sehen und Hören sind Fernsinne nicht auf Grund ihrer Tragweite, sondern weil das Dasein als entfernendes in ihnen sich vorwiegend aufhält. Für den, der zum Beispiel eine Brille trägt, die abstandmäßig so nahe ist, daß sie ihm auf der ‚Nase sitzt', ist dieses gebrauchte Zeug umweltlich weiter entfernt als das Bild an der gegenüber befindlichen Wand. Dieses Zeug hat so wenig Nähe, daß es oft zunächst gar nicht auffindbar wird. Das Zeug

3 „Das Ding", in: *Vorträge und Aufsätze* (= VA), GA, Bd. 7, Frankfurt/M. 2000, S. 165-187, S. 168.

4 „Der Ursprung des Kunstwerkes", in: *Holzwege* (= HW), GA, Bd. 5, Frankfurt/M. 1977, S. 1-74, S. 19.

zum Sehen, desgleichen solches zum Hören, zum Beispiel der Hörer am Telephon, hat die gekennzeichnete Unauffälligkeit des zunächst Zuhandenen. Das gilt zum Beispiel auch von der Straße, dem Zeug zum Gehen. Beim Gehen ist sie mit jedem Schritt betastet und scheinbar das Nächste und Realste des überhaupt Zuhandenen, sie schiebt sich gleichsam an bestimmten Leibteilen, den Fußsohlen, entlang."

Wobei Heidegger ausnahmsweise sein geliebtes Schuhbeispiel vergißt.

„Und doch ist sie weiter entfernt als der Bekannte, der einem bei solchem Gehen in der ‚Entfernung' von zwanzig Schritten ‚auf der Straße' begegnet."[5]

Erst im Abschied von der kleinsten Distanz, wie sie in einem cartesischen Koordinatensystem physikalisch-geometrisch auszumessen wäre, ergibt sich also jene Nähe, die das Dasein, diesen neuen Namen des Menschen, immer zugleich als Ferne umspielt. Nicht umsonst ist von beiden Fernsinnen, nicht umsonst von der Straße die Rede. Brillen bilden optische Löcher, um freien Blick auf eine Kopie oder Photographie von Van Goghs Schuhen einzuräumen. Telephonhörer nicht nur zu Heideggers Zeit haben zwei kleine Löcher oder Lochfelder, um zwei Stimmen für einander freizugeben. Brillen, Telephone und Straßen überbrücken, was seit den Römern Distanz heißt und mit Ferne wenig zu schaffen hat, einer Nähe, Bekanntschaft oder Liebe zuliebe. In dieser ihrer Bewandtnis, wie der wundersam treffende Begriff seit *Sein und Zeit* heißt, sind sie aber Medien. Wie zum Beweis hat Marshall McLuhans *Understanding Media*, 37 Jahre später erschienen, von vornherein ein Kapitel über Telephone vorgesehen und in letzter Minute, um populärer zu schreiben, noch eines über Straßen angefügt. Wie zum Beweis von *Sein und Zeit* heißen alle Medien – von Freuds prothetischer Brille bis zu Heideggers trassiertem Gehzeug – bei McLuhan „extensions of man". Ob das so stimmt, ist eine offene Frage, die aber schon seit Aristoteles scheinbar gelöst heißt.

Das Auge sieht das Bild eines Dinges nicht etwa, weil sich einige seiner winzig kleinen, also unsichtbaren Atome von ihm lösen würden und durch die Leere zu mir flögen. Nein, widerspricht Aristoteles' kleine Schrift „Über die Sinne" den Vorsokratikern Leukippos und Demokritos. Zwischen – auf griechisch *metaxý* – Ding und Iris gibt es ein Mittleres, ein Medium – auf griechisch *tò metaxý* –, auch unterm Namen Luft bekannt. Zwischen Netzhaut und Iris – auf griechisch *koré* oder Mädchen – gibt es ein weiteres Medium, auch als Wasser bekannt. Nur weil also zwei Elemente im griechischen Wortsinn das Ding am einen Ende, das Sehbild am anderen Ende einer Distanz gleichwohl zum Kontinuum, also zu lauter unendlich kleinen Nähen verhalten, können wir – dem Arztsohn Aristoteles zufolge – sehen. Und nur weil zwischen Kithara und Trommelfell, aber auch zwischen Trommelfell und Innenohr Luft ist, können wir hören. Woran Sie Heideggers kleinen Schritt über Aristoteles hinaus schon erkennen: In *Sein und Zeit* sind Auge und Ohr nicht mehr von physikalischen Medien wie Luft und Wasser umgeben, son-

5 SZ, § 23, S. 106 f.

dern mit technischen Medien wie Brille und Telephon aufgerüstet. Die Ferne – wie schon Nietzsches Wüste – ist gewachsen.

Doch es kommt noch besser oder schlimmer.

„Das Ent-fernen ist zunächst und zumeist umsichtige Näherung, in die Nähe bringen als beschaffen, bereitstellen, zur Hand haben. Aber auch bestimmte Arten des rein erkennenden Entdeckens von Seiendem haben den Charakter der Näherung. *Im Dasein liegt eine wesenhafte Tendenz auf Nähe.* Alle Arten der Steigerung der Geschwindigkeit, die wir heute mehr oder minder gezwungen mitmachen, drängen auf Überwindung der Entferntheit. Mit dem ‚Rundfunk' zum Beispiel vollzieht das Dasein heute eine in ihrem Daseinssinn noch nicht übersehbare Entfernung der ‚Welt' auf dem Wege einer Erweiterung und Zerstörung der alltäglichen Umwelt."[6]

Sein und Zeit, in erster Auflage 1927 erschienen, erweist sich einmal mehr auf dem technischen Stand der Dinge: Nur vier Jahre zuvor, im Oktober 1923, hat Deutschland ein ziviles Kultur- und Unterhaltungsradio bekommen, das die Reichspost aus Gründen der Sprachreinheit aber lieber zu Rundfunk verdeutschte. Seitdem, aber auch erst seitdem leben wir Europäer „mehr oder minder gezwungen" mit einem technischen Medium, das uns als bloße Hörer definiert. Denn im Ersten Weltkrieg, an dem Heidegger zuletzt noch teilnahm, gab es schlichtweg keine Broadcast-Radiostationen mit einer Sendeantenne und tausenden von Empfängern, sondern ausschließlich drahtlose Telephonie, militärischen Wechselsprechfunk. Der chemisch reine Konsum, wie *Sein und Zeit* ihn allem Zeug nachsagt, war also kein „Daseinssinn", sondern Medienpolitik eines Staates, der Radikaldemokratie zu verhindern suchte. Und dennoch sieht Heidegger – viel klarer als in denselben Jahren Bert Brecht – den Unterschied zwischen Rundfunk und Telephon. Das Radio ist nicht nur darum keine alltagspraktische *extension of man* wie Brille oder Telephon, weil es uns nicht unauffällig nahe rückt, sondern vor allem darum, weil es „das Dasein heute" in seiner geschichtlichen Stellung angeht und verändert. Auch wenn Heidegger wie üblich von der *causa efficiens*, also den Radio-Ingenieuren und Erfindern, schweigt, schreibt er seiner Gegenwart „eine Steigerung der Geschwindigkeit" zu, die wir mühelos als physikalische Beschleunigung entziffern können. Bleibt nur die Frage, ob die zweite Ableitung des Weges, also der Distanz, noch als „wesenhafte Tendenz" im „Dasein" selbst beschreibbar ist. Eine erste Antwort Heideggers auf diese Frage gibt ein Vortrag von 1938, „Die Zeit des Weltbildes" überschrieben.

„Für diesen Kampf der Weltanschauungen und gemäß dem Sinne dieses Kampfes setzt der Mensch die uneingeschränkte Gewalt der Berechnung, der Planung und der Züchtung aller Dinge ins Spiel. Die Wissenschaft als Forschung ist eine unentbehrliche Form dieses Sicheinrichtens in der Welt, eine der Bahnen, auf denen die Neuzeit mit einer den Beteiligten unbekannten Geschwindigkeit ihrer Wesenser-

6 SZ, § 23, S. 105.

füllung zurast. Mit diesem Kampf der Weltanschauungen tritt die Neuzeit erst in den entscheidenden und vermutlich dauerfähigsten Abschnitt ihrer Geschichte.

Ein Zeichen für diesen Vorgang ist, daß überall und in den verschiedensten Gestalten und Verkleidungen das Riesenhafte zur Erscheinung kommt. Dabei meldet sich das Riesige zugleich in der Richtung des immer Kleineren. Denken wir an die Zahlen der Atomphysik. Das Riesige drängt sich in einer Form vor, die es scheinbar gerade verschwinden läßt: in der Vernichtung der großen Entfernungen durch das Flugzeug, im beliebigen, durch einen Handgriff herzustellenden Vor-stellen fremder und abgelegener Welten in ihrer Alltäglichkeit durch den Rundfunk."[7]

Kurz vor diesen Sätzen über Flugzeug und Radio hat Heidegger gespottet, die Griechen in Olympia, anders als die Deutschen bei der Olympiade von 1936. hätten „niemals Erlebnisse" gehabt. Trotzdem fällt ihm nicht ein, die Fernsehübertragungen dieser Spiele zu den technischen Medien des Weltbildzeitalters zu rechnen. Wie in *Sein und Zeit* bleibt das ältere Radio sein Beispiel für etwas Riesenhaftes, das zugleich immer kleiner oder – in heutigen Worten – miniaturisierter zu werden droht. Nur daß der Rundfunkempfang „fremder und abgelegener Welten" nicht mehr dem Dasein als Tendenz des Ent-fernens zugerechnet wird, sondern der einer historischen Epoche: der Neuzeit. Heideggers Kehre *ist* die Einsicht, daß alle Spielarten der Transzendentalphilosophie, ob nun vom Subjekt oder vom Dasein aus, an der Faktizität hochtechnischer Medien scheitern. Die Neuzeit erweist sich vielmehr als ein Geschick oder Schicksal, das aus seiner äußersten Ferne das Allernächste bestimmt, jenen Handgriff zum Abstimmkondensator nämlich, der damals, unter Bedingungen des Analogradios, bei Millionen von Hörern deren cartesische Vorstellungen oder *repraesentationes* herstellen konnte, bevor, keine vierzehn Monate später, dann doch der Ernstfall eintrat: jener Kampf der Weltanschauungen, den wir genauer Zweiten Weltkrieg nennen. „Nicht das Anwesen waltet, sondern der Angriff herrscht."[8]

Die Wehrmacht konnte 1939 nur deshalb zum Blitzkrieg antreten, weil sie als erste Armee auf Erden ihre Panzerdivisionen und Bomberstaffeln bereits systematisch auf Funksteuerung umgestellt hatte. Jeder Panzer hatte UKW-Empfang, jeder Panzerkommandant auch UKW-Sender und jeder Pilot, schon um mit *Sein und Zeit* nach rechts und links orientiert zu werden, Kopfhörer auf den beiden Ohren. Selbstredend holten sämtliche Gegner diesen Vorsprung so schnell wie möglich, nämlich in zwei drei Jahren auf, was den Blitzkrieg in die furchtbarste Schlächterei aller Zeiten verkehrte. Fünfzig Millionen Tote für drei, vier „Weltanschauungen". Aber kriegsentscheidend, zumindest auf dem europäischen und atlantischen Kriegsschauplatz, war etwas anderes. Um den maschinell verschlüsselten Funkverkehr der deutschen Wehrmacht und Kriegsmarine zu knacken, entwickelte der britische Geheimdienst Ende 1943 erste digitale Maschinen, die wir heute Computer nennen würden. Was immer eine Maschine verschlüsselt, kann eine andere entschlüsseln, hatte Alan Turing geschrieben, als er seine abstrakte Papiermaschine

7 „Die Zeit des Weltbilds", in: HW, S. 75-113, S. 94 f.
8 Ebd., S. 108.

als Prinzipschaltung aller möglichen Digitalcomputer angab. Mit Heidegger gesprochen, fand also eine weitere Steigerung der Entwicklungsgeschwindigkeit statt, eine medientechnische Eskalation. Vom Telegraphenkabel des amerikanischen Bürgerkriegs zu seiner siegreichen Widerlegung, dem drahtlosen Funk des Ersten Weltkriegs, vom Geheimfunk der Wehrmacht zu seiner kriegsentscheidenden Widerlegung, dem Computernetz von heute. Krieg ist insofern Vater aller Dinge, als sich im Kampf zwischen Fernmedien Sieger und Besiegte scheiden. Technik selbst, mit anderen Worten, macht (mit Heidegger) die Seinsgeschichte.

Der Computer ist entstanden, um Geheimfunksysteme zu schlagen. Und die Neuzeit samt ihren analogen Bildern, Tönen und Vorstellungen, wie „Die Zeit des Weltbildes" sie auf die drei Jahrhunderte zwischen Descartes und 1938 datiert, ging tatsächlich zu Ende. Was unbedarfte Denker, dazu noch im Auftrag der kanadischen Regierung, leichthin Postmoderne tauften, ist seinsgeschichtlich etwas völlig Neues: das Ge-stell. Kein Subjekt stellt sich mehr vor, daß es sich Dinge vorstellt, sondern eine digitale Schaltung, die wir auch Computer nennen dürfen, speichert, rechnet, überträgt Information. Wohlgemerkt nicht zwischen zwei Subjekten, nicht als weitere *extension of man*, sondern von Maschine zu Maschine.[9]

Das hat Heidegger, der entlassene Freiburger Philosophieprofessor, spätestens 1964 erkannt, als er einen seiner seltenen Fernvorträge hielt oder vielmehr von Jean Beaufret vorlesen ließ. In Paris, am Sitz der UNESCO, hörten die Delegierten in elegantem Französisch, daß alle Philosophielehrstühle sinnlos geworden seien, ihre Inhaber also auf der Stelle zu entlassen. Vermutlich ist es daher nur die Trägheit ehrwürdiger Institutionen, die uns hier und heute versammelt. Der Grund, den Heidegger nannte, war einfach: Die Philosophie ist heute zu Ende, weil sie sich in den einzelnen Wissenschaften vollendet, damit aber auch aufgelöst oder abgeschafft hat. Das sei zwar schon einmal in der Seinsgeschichte geschehen, nämlich im hellenistisch späten Griechenland, allerdings noch nie so abgründig und endgültig wie heute. Im Denken nach Aristoteles trat nur die Einheit von *physis* und *logos* auseinander in die Wissenschaften der Physik und der Logik (um die unsägliche spätgriechisch-römische Ethik ganz zu beschweigen). Heute hingegen, schreibt Heidegger, ist anstelle einer Logik, die Philosophen erforschten und lehrten, eine Logistik getreten, die ihrerseits mit der Kybernetik zusammenfällt, anders gesagt, mit Norbert Wieners mathematischer Theorie rückgekoppelter Schaltkreise, ob sie nun Organismen oder Maschinen steuern. Mithin gibt es auch keine Kausalität mehr, in der eine Ursache einer Wirkung zeitlich vorausgeht, sondern nurmehr ein herausforderndes Stellen,[10] das der Physik ihren kantischen Begriff von Gegenständen entwendet und sie auf mathematische Entwürfe reduziert. Den Entwurf dieser Entwürfe aber nennt Heidegger, als hätte er von Turings universaler Maschine, die alle anderen Maschinen sein kann, auf Umwegen gehört: die „Rechenmaschine". Kybernetik, Logistik und Informationsverarbeitung sind, mit anderen Worten, keine menschenbetriebenen Wissenschaften mehr wie im späten Griechenland,

9 „Die Frage nach der Technik", in: VA, S. 5-36, S. 20.
10 Ebd., S. 21.

sondern als Hochtechnologien implementiert. Sie laufen (wenn man überhaupt noch so sagen kann) als Dinge unter Dingen. Deshalb ist das Ge-stell nicht nur die Gefahr, sondern (mit Hölderlins Wort) auch schon die nahende Rettung. Denn Rechenmaschinen, vulgo Computer, untergraben den Unterschied selber, der seit Aristoteles' Scheidung von *logos* und *physis* die Metaphysik überhaupt erst begründet hat. Sie sind beides, Logik und Physik ineins. Das Ge-stell, anders als alle gewesenen Epochen der Metaphysik, vereignet wie einst in der Erfahrung, aber nicht im Denken der frühen Griechen, nur eben auf seine dunkle, drohende Weise wieder Denken und Sein.

Zu dieser einmaligen Lage, deren Neuheit gegenüber der Neuzeit Heidegger erst nach dem Zweiten Weltkrieg aufgegangen ist, gehört es vor allem, daß sie aus der Nähe Europas in die Ferne des Globus ausstrahlt. So überraschend es klingen mag, Heidegger kam schon 1964 zu einem Begriff der Globalisierung: „Das Ende der Philosophie zeigt sich als der Triumph der steuerbaren Einrichtung einer wissenschaftlich-technischen Welt und der dieser Welt gemäßen Gesellschaftsordnung. Ende der Philosophie heißt: Beginn der im abendländisch-europäischen Denken gegründeten Weltzivilisation."[11]

Mir scheint, für eine Ontologie der Ferne ist dieser, auf die Computertechnik gegründete Begriff von Globalisierung weittragender und maßgeblicher als alle Versuche, sie von traditionellen Massenmedien wie Radio, Film und Fernsehen herzuleiten, wie das bis heute in der Mediengeschichte üblich ist, aber auch Heidegger selbst noch 1950 im „Ding"-Aufsatz versucht hat.[12] Damit freilich stellt das Ende der Philosophie zugleich dem Denken eine unerhörte Aufgabe. Es ruft nach einem Denken, das die Bahnen der Technik in ihrer Gänze durchmißt: von ihrem Anfang, nämlich dem griechischen Begriff *techne*, bis hin zu ihrer Vollendung im modernen Computersystem, wie es nach Heidegger Wirtschaft und Industrie, Wissenschaft und Politik „in Betrieb" setzt (und dringend um Kriegstechnologie zu ergänzen wäre).

Neu gegenüber dieser Diagnose von 1957 ist heute, 2007, wohl nur, daß „die Rechenmaschine" längst aus ihrer Beschränkung auf röhrenbestückte Mainframes ausgebrochen ist und in Gestalt weltweit untereinander vernetzter PCs so alltäglich wie allnächtlich herrscht. Dennoch: die technische Möglichkeitsbedingung solcher Globalisierung liegt schon im Begriff des Riesigen beschlossen, zu dessen unheimlichen Seiten Heidegger ja auch das Winzige gezählt hat. Ohne die fortschreitende Miniaturisierung unserer Computerarchitekturen, zunächst auf der Basis von Transistoren und schließlich von millionenfach integrierten FlipFlops, wäre an den Siegeszug von Laptops und Handies nie zu denken gewesen. Auf eine Weise, die schwer zu entwirren ist, verschränken sich das Fernste und das Nächste: auf der einen Seite ein digitaler Informationsfluß, der schon bis an die Ränder unseres Planetensystems reicht, auf der anderen ein Computerdesign, das die Abstände

11 „Das Ende der Philosophie und die Aufgabe des Denkens", in: *Zur Sache des Denkens*, Tübingen 1969, S. 61-80, S. 65.

12 „Das Ding", in: VA, S. 165-187.

zwischen Schaltungen und Leiterbahnen heutzutage in Nanometern mißt, also tendenziell gegen Null bringt. Damit aber verkehrt sich das Verhältnis von Ferne und Nähe: Die fernen Planeten sind unseren Augen, mit *Sein und Zeit* gesprochen, näher oder entborgener als die Schaltungen auf unseren Schreibtischen und in unseren Taschen.

Das, scheint mir, ist der Punkt, wo wir Heideggers eigene Seinsgeschichte verlassen müssen, um seine Fragen von heute her aufs neue zu stellen. Die implementierte Einheit von *physis* und *logos* erfordert es, das Verhältnis von Denken und Rechnen seit ihrer griechischen Stiftung anders zu denken. Es stimmt einfach nicht, daß das Denken erst dann ein Rechnen geworden wäre, als es mit Platon und Aristoteles in Metaphysik überging. Ganz im Gegenteil: Sokrates zeichnete es aus, daß er im Unterschied zu den Vorsokratikern nichts von Mathematik und nichts von Musik verstand. Ganz im Gegenteil soll Aristoteles an eben dem Tag, als Platon der Akademie einen Mathematiker zu seinem Nachfolger bestimmte, den Musenhain am Nordrand Athens fluchtartig verlassen haben. Jedenfalls schreibt die *Metaphysik* ganz ausdrücklich, daß Mathematik eine andere und wesentlich niedrigere Wissenschaft als Ontologie ist: Sie handele nicht vom Seienden als solchem, das jeweils ein Beisammenanwesen von Form und Stoff ist, sondern als Geometrie von bloßen stofflosen Formen, als Arithmetik von eben solchen Zahlen.

Eben diese aristotelische Definition trifft nun aber für die anfängliche Mathematik der Griechen schlichtweg nicht zu. Sie ist eine Arithmetik von *logoi* und das heißt Verhältnissen zwischen ganzen Zahlen, der immer zugleich eine Geometrie entspricht, sei es als Diagramm aus Rechensteinen, sei es als Saitenstimmung einer griechischen Kithara. Die anfängliche Mathematik war also ebenso implementiert wie im modernen Computer. Und nur weil Heidegger die Pythagoreer – anders als sein Freiburger Mitstreiter Johannes Lohmann – offenbar nie gelesen hat, konnte er zwar die Schaltungstechnik von Hochspannungsnetzen als Weisen des „herausfordernden Entbergens" denken, nicht aber die von digitalen Mikrochips.[13]

Denn die gesamte pythagoreische Mathematik beruht auf einem einzigen Satz, dem ersten allgemeinen Gesetz überhaupt, das schon als solches die griechische Mathematik vom Zahlenrechnen ihrer ägyptischen und babylonischen Vorgänger unterschied: Alle Zahlen außer der Eins, heißt es bei Philolaos von Kroton, sind entweder gerade oder ungerade. Mit anderen Worten: die griechische Arithmetik, in radikalem Unterschied zur neuzeitlichen, schließt die reellen Zahlen als Zahlen aus, um sie nur als geometrische Strecken oder Flächen zuzulassen. Zwischen zwei natürlichen Zahlen liegt mithin grundsätzlich (wie es bei Aristoteles heißen wird) ein Intervall, eine Distanz, während der Körper der reellen Zahlen bekanntlich dicht und kompakt ist (ein Kontinuum, hätte Aristoteles gesagt).

Es war aber nun 1936 der grundlegende Gedanke von Turings Dissertation, aus dem Körper der reellen Zahlen eine Untermenge abzuscheiden und näher zu untersuchen. Er nannte diese Untermenge die berechenbaren reellen Zahlen (*compu-*

13 „Die Frage nach der Technik", in: VA, S. 17.

table real numbers) und wies nach, daß sie im Sinn von Georg Cantors Mengelehre gleich mächtig wie die Menge der natürlichen Zahlen sind. Wir könnten auch viel schlichter sagen: *computable real numbers* lassen sich mit endlich vielen Zeichen eines Alphabets beschreiben. Daran und nur darin liegt es, daß 1943 aus dem Rechnen von Menschen das von Maschinen hat werden können. Denn das Reelle, weil sein Körper überabzählbar ist, bleibt weiterhin als Unmögliches, wie Lacan gesagt hätte, außerhalb aller Berechenbarkeit oder – auf Englisch – *computability*. Jeder digitale Computer fällt mithin Jahrtausende hinter die neuzeitliche Analysis zurück, um erneut eine strikt pythagoreische Mathematik zu implementieren. Es ist daher zwar nicht zwingend, aber schon schaltungstechnisch doch sehr naheliegend, auch wieder auf die pythagoreische Zweiteilung aller Zahlen in gerade und ungerade zurückzugreifen: Alle Zustände einer digitalen Maschine lassen sich als entweder offener oder geschlossener Schalter implementieren, also mit den – von Leibniz einst eingeführten – binären Zahlen Eins und Null. Anders wäre der *physis* kein *logos* einzuschreiben, wie das elektronenlithographisch millionenfach pro Tag geschieht, nämlich bei der Herstellung digitaler Wafer in staubfreien Reinsträumen, deren Bau allein Milliarden von Dollars oder Euros verschlingt. Anders wäre die Computertechnik nicht dieser Verbund von Hard- und Software, Physik und Logik, der uns die fernen entflohenen Götter ersetzt. Zeus, wie Sie wissen, war zugleich der ungeheure Himmelsglanz über Griechenland und „der Blitz, der alles steuert".[14] Nur Götter und Computer sind imstande, den blauen Himmel oder aber die Gewitter, die als Wetter morgen aufziehen werden, schon heut vorauszusagen.

Ob Heidegger diese Identität von Sein und Denken, wie er sie mit Parmenides beschwor, gefallen hätte, steht dahin. Den Siegeszug der Miniaturisierung und des Personal Computer konnte er im Todesjahr 1976 noch nicht absehen. Aber wir wissen, daß ihm die hochtechnische Gegenwart näher stand, als das umlaufende böswillige Gerücht besagt.

In Freiburg-Zähringen, Rötebuckweg 47, gab es selbstredend kein Fernsehen, aber bei den Nachbarn, deren Sohn ich gut kannte. Im Hochsommer 1972, während der Fußballweltmeisterschaft in München, tauchte Heidegger regelmäßig bei ihnen auf, um am Bildschirm den Spielen der deutschen Nationalmannschaft zu folgen. Einige Wochen später fuhr er mit dem Zug nach Heidelberg, um an einer Sitzung der dortigen Akademie der Wissenschaften teilzunehmen. Auf der Rückfahrt saß ihm im Abteil Erster Klasse ein Unbekannter gegenüber, der sich als Intendant des Freiburger Stadttheaters entpuppte.

– „Warum gehen Sie denn nie ins Theater?", lautete nach kurzer Weile die berechtigte Frage des Intendanten.

– „Ganz einfach", sagte Heidegger, „er wolle Helden und Götter spielen sehen, keine modernen Schauspieler."

– „Götter?! die gibt es heutzutage doch gar nicht mehr!"

---

14 Vgl. Martin Heidegger/Eugen Fink, *Heraklit. Seminar Wintersemester 1966/1967*, Frankfurt/M. 1970, Kapitel I-III.

– „Doch, doch, Herr Sowieso, im Fernsehen zum Beispiel."

– „Das müssen Sie mir aber erklären, Herr Professor!"

– „Ja, gern: Haben Sie jemals Beckenbauer Fußball spielen gesehen? Er gewinnt mit seiner Mannschaft den Weltmeistertitel und wird trotzdem niemals verletzt. So jemand nenne ich einen Gott."[15]

Schöne Ontologie der Ferne: Wenn Heidegger fernsah, sah er in Beckenbauers Nähe oder Ferne – wer kann das schon entscheiden? – die Götter Griechenlands erscheinen. Dieser Fernsinn ist es, scheint mir, den wir in aller Liebe von Heidegger erfahren und erlernen können.

---

15 Vgl. Heinrich Wiegand Petzet, *Auf einen Stern zugehen. Begegnungen und Gespräche mit Martin Heidegger 1929-1976*, Frankfurt/M. 1983, S. 219 f. Über die griechischen Götter als Sportler vgl. Hans Ulrich Gumbrecht, *Lob des Sports*, Frankfurt/M. 2005.

Lambert Wiesing

Edmund Husserl in der Medienphilosophie

Edmund Husserl als einen Medienphilosophen zu bezeichnen, ist abwegig. Nicht etwa, weil es den Begriff „Medienphilosophie" für eine bestimmte philosophische Tätigkeit zu seiner Zeit noch nicht gab, sondern weil man bei ihm keine philosophischen Überlegungen findet, die in einem spezifischen Sinne als Medienphilosophie bezeichnet werden könnten. Um von Medienphilosophie sprechen zu können, reicht es nicht aus, daß in einer Philosophie die Gegenstände eine Rolle spielen, die in anderen Kontexten auch als Medien bezeichnet werden. Würde man sagen, daß Husserl ein Medienphilosoph wäre, weil es bei ihm eine detailliert ausgearbeitete Bild- und Wahrnehmungstheorie gibt, dann würde man den Begriff der Medienphilosophie zu weit nehmen, jedenfalls so weit, daß letztlich jeder Philosoph, der über ein Medium, wie eben Bilder oder Sprache, aber auch Wahrnehmung, Kunst, Zeichen oder Repräsentationen – also über vermittelte Vorgänge – nachdenkt, ein Medienphilosoph wäre. Zwar gibt es diese Auffassung, aber es kann nicht hilfreich sein, jemanden zum Medienphilosophen zu erklären, indem man mit einem nichtssagend weiten Begriff von Medienphilosophie arbeitet, weil eine jeweilige Philosophie erst mit erkennbarer Begriffsarbeit vorliegt. Vielmehr muß noch etwas Spezifisches hinzukommen: nämlich, daß in einer Medienphilosophie die vermittelten Vorgänge zugleich auch als mediale Vorgänge beschrieben werden. Medienphilosophie beginnt, wenn der Medienbegriff sowohl als eine philosophisch problematische Kategorie thematisiert wie auch als eine heuristische Kategorie verteidigt und verwendet wird. Beides ist bei Husserl nicht der Fall: Der Begriff des Mediums spielt in seiner Phänomenologie an keiner Stelle eine erkennbare Rolle; geschweige denn, daß sich bei Husserl ausgearbeitete Reflexionen über den Medienbegriff finden ließen, die berechtigen würden, von einem spezifisch Husserlschen Medienbegriff zu sprechen. Der Herausgeber des 2004 erschienenen *Wörterbuchs der phänomenologischen Begriffe*, Helmuth Vetter,[1] geht sogar noch weiter und meint, daß dies für die phänomenologische Philosophie insgesamt gilt; jedenfalls nimmt er den Begriff nicht in sein Wörterbuch auf.

Hat Husserl gleichwohl keine Medienphilosophie, so hat seine Philosophie aber dennoch einen Einfluß auf die Medienphilosophie. Möchte man dieses Rezeptionsverhältnis beschreiben oder zumindest in seiner Art charakterisieren, dann dürfte es notwendig sein, mit einer Differenzierung zu beginnen – und zwar mit einer Differenzierung, die keineswegs bei jedem klassischen Philosophen möglich

1 Helmuth Vetter (Hg.), *Wörterbuch der phänomenologischen Begriffe*, Hamburg 2004.

oder gar notwendig ist. Es bedarf vorab der Klärung, über welchen Aspekt der Philosophie Husserls gesprochen werden soll: über sein weitreichendes phänomenologisches Programm oder über seine eigenen umfangreichen Versuche, dieses Programm zu verwirklichen. Das sind zwei gänzlich unterschiedliche Aspekte seines Werkes: Husserl gehört zu den Philosophen, die aus zwei Gründen rezipiert werden können: Zum einen entwirft er das Programm für eine zukünftige Philosophie, für die Phänomenologie, welche er als ein gewaltiges Projekt darstellt. In Husserls programmatischen Texten (man denke nur an *Philosophie als strenge Wissenschaft* von 1911) wird selbst nicht oder nur kaum phänomenologisch gearbeitet; es wird – teilweise geradezu visionär – beschrieben, wie die phänomenologische Arbeit auszusehen habe und ganz besonders wie sie nicht aussehen soll. Hier fällt die berühmte Aufforderung, der sich alle Phänomenologen bis heute verpflichtet fühlen: „Weg mit den Wortanalysen. Die Sachen selbst müssen wir befragen. Zurück zur Erfahrung, zur Anschauung, die unseren Worten allein Sinn und vernünftiges Recht geben kann.“[2] Doch zum anderen gibt es von Husserl auch zahlreiche, detailliert ausgearbeitete phänomenologische Beispiele, wie man sich ‚den Sachen selbst' auf derartige Weise zuwenden kann. In diesen Studien geht es nicht um das, was man sollte und was richtig wäre, sondern dort wird an konkreten Phänomenen vorgeführt, wie sich Husserl die Umsetzung seines Programms vorstellt; man denke hierfür nur an seine Arbeiten zur Wahrnehmung, zum Zeit- und Raumbewußtsein oder zur formalen Logik. An diesen phänomenologischen Studien läßt sich heute sehen, daß Husserl keineswegs nur Phänomenologie als Projekt und Zukunftsvision entwarf, sondern selbst Phänomenologie zu praktizieren wußte.

Daß die beiden Aspekte der Philosophie Husserls – das Programm und die Umsetzung – auseinandergehalten werden sollten, gilt es besonders dann zu beachten, wenn die Rezeption von Husserl relevant ist – dies aus einem ganz einfachen Grund: Ein Phänomenologe muß kein Husserlianer sein! Ein Philosoph kann sich dem Programm von Husserl verpflichtet fühlen, ohne daß er in seiner eigenen Arbeit merklich auf Husserls konkrete Umsetzung, auf seine Terminologie, seine Differenzierungen oder auf konkrete Textstellen zurückgreift. Man könnte sogar fast soweit gehen und sagen, daß die härteste Kritik an Husserls phänomenologischen Studien von großen Phänomenologen nach ihm kam: Zumindest gilt sowohl für Martin Heidegger wie auch für Maurice Merleau-Ponty, daß beide sich uneingeschränkt als Phänomenologen verstanden, gleichzeitig aber von Husserls eigener Umsetzung dieses Programms distanzierten. Für Husserls Rezeptionsgeschichte in der Medienphilosophie bedeutet dies, daß zwei grundsätzliche Arten der Husserl-Rezeption differenziert werden können: einerseits diejenige, in der konkrete Thesen, spezifische Argumente und typische Begriffe von Husserl aufgegriffen werden, und andererseits diejenige, in der das prinzipielle Programm einer phänomenologischen Arbeit übernommen wird.

2 Edmund Husserl, *Philosophie als strenge Wissenschaft* (1911), Frankfurt/M. 1965, S. 27.

Der erste Fall, daß an Husserls eigene Verwirklichung der Phänomenologie in einer Medientheorie angeschlossen wird, ist eher selten, um nicht zu sagen: Dieser Fall ist kaum vorhanden. In der Tat muß man feststellen, daß Husserl in medientheoretischen Kontexten nicht gerade ein zentraler und oft zitierter Referenzautor ist. Im Gegenteil: Daß explizit Argumente von Husserl aufgegriffen und für die eigene medientheoretische Arbeit verwendet werden, geschieht nur in Einzelfällen. Ein in dieser Hinsicht beeindruckendes Beispiel ist Gabriele Mehlings Studie *Fernsehen mit Leib und Seele. Eine phänomenologische Interpretation des Fernsehens als Handeln* von 2007. Mehling konfrontiert die aktuelle Medienwirkungsforschung mit Husserls Konzept der Lebenswelt. Ihr Grundgedanke lautet: „Die Untersuchung von Fernsehrezeption muß immer auch das gesehene Programm mit einschließen. [...] Es sollte unbedingt vermieden werden, die für den Forscher feststehenden Eigenschaften des Fernsehens mit denjenigen gleichzusetzen, die auch für den Rezipienten Geltung haben. Die erste Frage nach der Wahrnehmung von Fernsehinhalten ist immer wie und als was der Zuschauer diese für sich zur Gegebenheit bringt. Das In-der-Welt-sein des Medieninhaltes für den Zuschauer ist das Ergebnis seiner intentionalen Leistung. Wenn der Gegenstand sich mir als Teil meiner täglich gelebten Welt zeigt, dann ist die Art und Weise, wie und wo ich ihn in diese hineinstelle, abhängig von der Lebenswelt, die für mich als fraglos seiende, vorgegebene, stets horizonthaft da ist."[3] Ein anderes Beispiel für diese Art der Husserl-Rezeption ist mein Vorschlag, daß sich Husserls kategoriale Unterscheidung von Genesis und Geltung aus der ersten *Logischen Untersuchung* verwenden läßt, um zu definieren, was ein Medium ist: Keineswegs jedes Werkzeug ist demnach ein Medium, sondern nur dasjenige Werkzeug, welches sich verwenden läßt, um Genesis und Geltung zu trennen. Es geht in dieser Husserl-Rezeption darum, einen Medien-Begriff zu entwerfen, der zwar nicht bei Husserl zu finden ist, sich aber aus seinen Überlegungen herleiten läßt.[4]

Es ist jedoch der zweite Fall, nämlich daß das allgemeine Phänomenologie-Programm Husserls aufgegriffen wird, der eindeutig seine Rezeption in der Medienphilosophie bestimmt – und zwar nicht selten in einer Art und Weise, welche die Vermutung der Herausgeber dieses Sammelbandes in vollem Umfang bestätigt: Alexander Roesler und Bernd Stiegler haben den vorliegenden Sammelband *Medienphilosophen* zur Philosophie-Rezeption in der Medientheorie zusammengestellt, um die Hypothese zu überprüfen, daß man es in der Regel mit einer „höchst eigentümlich selektiven und mitunter entstellenden Rezeption der Philosophie seitens der Medientheorie zu tun"[5] hat. Schaut man sich an, wie Husserls Vorstellungen von Phänomenologie in der Medientheorie – und nicht nur dort – rezipiert wer-

3 Gabriele Mehling, *Fernsehen mit Leib und Seele. Eine phänomenologische Interpretation des Fernsehens als Handeln*, Konstanz 2007, S. 136.

4 Siehe Lambert Wiesing, „Was ist ein Medium?", in: ders., *Artifizielle Präsenz. Studien zur Philosophie des Bildes*, Frankfurt/M. 2005, S. 149-162.

5 So Alexander Roesler und Bernd Stiegler in ihrer Vorbemerkung zu dem vorliegenden Band.

den, dann kann man der Vermutung der Herausgeber nur zustimmen, es würden zumeist nur wenige Aspekte seines Programms rezipiert. Aus der komplexen Idee, was von einem phänomenologischen Vorgehen zu verlangen ist, wird nicht selten eine Schrumpfgestalt, die nur noch vage begründbar den Namen „Phänomenologie" trägt. Zumindest spricht hierfür ein ausgesprochen berühmter Fall der Husserl-Rezeption in der Medienphilosophie. Gemeint ist die Medienphilosophie von Vilém Flusser, die sich an diversen Stellen ausdrücklich als Phänomenologie bezeichnet. Man braucht sich nur die einschlägigen Buch- und Aufsatztitel von Flusser anzuschauen, um den immer wieder herausgestellten phänomenologischen Anspruch seiner Medienphilosophie belegt zu sehen: 1993 – also posthum – erscheinen die Monographie *Dinge und Undinge. Phänomenologische Skizzen*[6] und die Aufsatzsammlung *Lob der Oberflächlichkeit. Für eine Phänomenologie der Medien*;[7] in diesem Band findet sich der wieder abgedruckte Aufsatz *Für eine Phänomenologie des Fernsehens* von 1974[8]. Doch besonders geeignet, um die Art der Husserl-Rezeption bei Flusser darzustellen, ist sein ebenfalls posthum erschienenes Buch *Gesten. Versuch einer Phänomenologie* von 1994[9].

Mit seiner typischen Abneigung gegen Fremdwörter und Fachbegriffe verwendet Flusser den Begriff der Geste ziemlich genau für das, was Husserl einen intentionalen Akt nennt: Die Geste ist eine gerichtete Tätigkeit eines Subjektes; in einer Geste bin ich – eben wie beim Zeigen – *auf etwas* gerichtet. Ganz im Sinne Husserls versucht Flusser die besonderen Gegebenheitsweisen und Qualitäten verschiedener Gesten, eben intentionaler Akte zu beschreiben. Allerdings unterscheiden sich die von Flusser untersuchten Gesten deutlich von den intentionalen Akten, die für Husserl relevant sind: Bei Flusser stehen nicht klassische intentionale Akte wie die Phantasie und Wahrnehmung im Vordergrund, sondern eher alltägliche Gesten wie das Telefonieren, Rasieren, Pfeifenrauchen und auch Fotografieren. Gerade die Geste des Fotografierens ist für die Frage nach der Husserl-Rezeption in der Medienphilosophie von besonderer Bedeutung. Flusser geht nämlich in diesem Zusammenhang auch darauf ein, was er unter Philosophie überhaupt versteht. Er stellt die bemerkenswerte These auf: Der Akt des Fotografierens gleiche strukturell dem Akt des Philosophierens; beiden Tätigkeiten läge dieselbe Einstellung des Subjektes zur Welt zugrunde. Zwar beabsichtigt Flusser in erster Linie mit dieser These eine Beschreibung der Fotografie zu geben und sie darüber zu nobilitieren, aber dennoch kommt es auf diesem Wege – sozusagen als Nebenwirkung – auch zu einer nicht weniger bemerkenswerten Offenlegung seines Philosophieverständnisses. Der Vergleich macht deutlich, daß er unter Philosophie keineswegs all das versteht, was man zum Beispiel in einem üblichen Lehrbuch der Philosophie vorgestellt

6 Vilém Flusser, *Dinge und Undinge, Phänomenologische Skizzen*, München/Wien 1993.

7 Vilém Flusser, *Lob der Oberflächlichkeit. Für eine Phänomenologie der Medien* (1993), hg. von Stefan Bollmann/Edith Flusser, Mannheim 1995.

8 Vilém Flusser, „Für eine Phänomenologie des Fernsehens" (1974), in: ders.: *Lob der Oberflächlichkeit. Für eine Phänomenologie der Medien*, S. 180-200.

9 Vilém Flusser, *Gesten. Versuch einer Phänomenologie* (1991), Frankfurt/M. 1994.

bekommt. Denn für Flusser ist Philosophie identisch mit Phänomenologie. Seine These müßte somit eigentlich lauten: Fotografieren ist nicht wie jedes Philosophieren, sondern wie phänomenologisches Philosophieren.

Worin besteht für Flusser die Strukturaffinität zwischen dem Akt des Fotografierens und dem des Philosophierens in der Weise der Phänomenologie? Die Antwort ist eindeutig: Für Flusser verhalten sich die Subjekte – der Fotograf und der Phänomenologe – während ihrer Tätigkeit in der gleichen Weise zu dem Objekt, auf das sie während dieser Tätigkeit (eben intentional) gerichtet sind. Man muß ganz klar sagen, daß es Flusser – wie er anderen Orts selbst bestätigt – in seinen Überlegungen zur Fotografie nicht um die Produkte des Fotografierens geht: „Ich habe mir weniger Fotografien angesehen als vielmehr versucht, mit den Apparaten zu sehen."[10] Der entscheidende Punkt bei diesem Sehen mit dem Apparat ist: Der Fotograf schaut durch seine Kamera nicht so, wie man gewöhnlich durch ein Fernrohr schaut; der Fotograf schaut sich nicht bloß eine Sache an. Er blickt zwar auch durch die Kamera auf ein Objekt, aber darüber hinaus reflektiert er stets gleichzeitig über die Weise, wie das Objekt in der Kamera ihm als ein Gegenwärtiges erscheint. Auch Flussers Vorstellungen von der Fotografie gilt es zu konkretisieren. Erneut muß einschränkend gesagt werden, daß der von Flusser thematisierte Akt des Fotografierens keineswegs in allen Situationen des Fotografierens anzutreffen ist; die Art, wie man zum Beispiel einen Schnappschuß macht, hat mit der von Flusser beschriebenen Art des Fotografierens kaum etwas gemeinsam. Denn Flusser denkt speziell an die Situation, in der ein Fotograf durch das Objektiv schauend das zu fotografierende Objekt – in Flussers Beispiel ein Mann – umkreist, angesichts des Objekts vor- und zurückgeht, und durch ein ständiges Sich-Bewegen, durch ein anhaltendes, probierendes Abtasten den geeigneten Punkt und Moment für das Foto sucht; dabei immer mit dem Blick durch die Kamera, deren Objektiv zudem während dieses Vorganges ständig eingestellt wird. Für die Art des Fotografierens, an welche Flusser denkt, hat der Fotograf – so beschreibt er es in der späten *Bochumer Vorlesung* von 1991 – „von Standpunkt zu Standpunkt zu springen"[11]. In diesem Vorgang ist dem Fotografen eine Art doppelte Aufmerksamkeit eigen: Einerseits achtet er auf ein Objekt, andererseits auf sich selbst, und das heißt, auf seine Relation zum Objekt. Obwohl der Außenstehende meint, der Fotograf ist der Mittelpunkt von dem sich seine Intentionalität nur auf das Objekt richtet, ist dies nicht treffend: „Der Mann mit seinem Apparat befindet sich nur für uns, die wir ihn beobachten, im Mittelpunkt der Situation, jedoch nicht für sich selber. Er glaubt sich außerhalb der Situation, denn er beobachtet sie."[12] Dies ist das Besondere an der Geste des Fotografierens: Während des Aktes ist der Fotograf intentio-

10 Vilém Flusser, *Zwiegespräche. Interviews 1967-1991*, hg. von Klaus Sander, Göttingen 1996, S. 35.

11 Vilém Flusser, *Bochumer Vorlesungen* (1991), hg. von Silvia Wagnermaier/Siegfried Zielinski, 2005, http://flusserstream.khm.de/flusserstream/show_files_in_chapter.php?chapter_id=17, 1b04.

12 Flusser, *Gesten*, S. 104.

nal ausgerichtet, aber ist nicht ganz und gar bei der Sache; er thematisiert nicht nur das Objekt, sondern auch die Weise, wie das Objekt in diesem Moment gegenwärtig ist. Denn als Fotograf schaut man sich nicht nur an, was man sieht, sondern auch, wie das gegeben ist, was man sieht. Im Gerichtet-sein wird darauf geachtet, *wie* man gerichtet ist – und genau das ist der Inbegriff einer phänomenologischen Reflexion auf den Akt selbst. Eben das, was Husserl in der *Ideen*-Schrift so prägnant die „Blickwendung"[13] nennt. In der Tat kann man zu Flusser eine Parallele ziehen: Im Blick durch den Fotoapparat während des Fotografierens wird die zu fotografierende Person nicht mehr als ein realer Mensch behandelt, sondern als ein Objekt *für mich*, das bedeutet: als ein Phänomen. In der *Bochumer Vorlesung* geht Flusser so weit, den Fotoapparat direkt als „eine phänomenologische Maschine" und die Phänomenologie als „die philosophische Form der Fotografie"[14] zu bezeichnen. Der Grund für diese Parallelisierung ist offenkundig: Der Fotograf betrachtet den Gegenstand nicht als ein von mir unabhängiges Objekt, also nicht ‚objektiv', sondern als ein Phänomen, welches das ist, was es ist, weil es ein Objekt *für mich* ist. Dieser Vorgang beim Fotografieren basiert auf einer Möglichkeit, die für Flusser zutiefst menschlich ist und darin besteht, „uns von unserer Beobachterrolle zu lösen und uns selber als einen Teil der Situation zu betrachten"[15]. Würde Flusser seinen Vergleich in der Terminologie Husserls beschreiben, dann könnte er sagen: Der Fotograf gibt durch Urteilsenthaltung (*epoché*) seine natürliche Einstellung auf und nimmt eine phänomenologische Einstellung ein. Flusser weiß, daß dies die Beschreibung in der Fachterminologie wäre, denn er spielt darauf an, indem er eine kurze Anmerkung in den Raum stellt, daß sich die Phänomenologen, wenn sie in ihren Beschreibungen von ‚Einstellungen' reden, eines Begriffs aus der Fotografie bedienen und damit schon ihre eigenen Überlegungen in Analogie zur fotografischen Situation gebildet haben: Das heißt aber, der Fotograf ist im Akt des Fotografierens nicht an dem Gegenstand an sich interessiert und beschreibt das Objekt selbst, sondern nimmt eine Einstellung ein, in welcher der Gegenstand als ein Phänomen für ihn betrachtet werden kann: „Es handelt sich also nicht um eine ‚objektive' Beschreibung, sofern wir damit eine vom Standpunkt des Forschers unabhängige Beschreibung meinen. Ganz im Gegenteil, die hier beschriebene Situation wird durch den Forscher ‚eingestellt'. Aber das Wort ‚eingestellt' ist natürlich ein fotografischer Begriff, der beweist, wie schwierig es ist, das fotografische Modell während der Beobachtung beiseite zu lassen. Das impliziert, daß Fotografien keine ‚objektiven' Beschreibungen sind."[16] Der Gedanke ist eindeutig: Fotografien sind nicht objektiv, weil sie zeigen, wie etwas für jemanden war oder ist. Auf dieses *Wie* der Erscheinung kann der Fotograf nur achten, wenn er seine lebensweltliche Verbindung mit dem zu fotografierenden Objekt – beide sind schließlich Teil dersel-

---

13 Edmund Husserl, *Ideen zu einer reinen Phänomenologie und phänomenologischen Philosophie* (1913), Tübingen 1980, § 60, S. 115.

14 Flusser, *Bochumer Vorlesungen*, 1b04.

15 Flusser, *Gesten*, S. 105.

16 Flusser, *Gesten*, S. 103.

ben Welt – einklammert und für unwichtig erklärt. Der Fotograf behandelt das zu fotografierende Objekt nicht als ein Teil der Welt, von der auch der Fotograf ein leiblicher Teil ist, sondern als Objekt für ein Bild. Der Fotograf übt Epoché und nimmt sich aus der Situation heraus. Man könnte Flusser noch ergänzen und mit Husserl sagen: Die widernatürliche Einstellung der Epoché zeigt sich geradezu beispielhaft, wenn der Fotograf ein Unfallopfer durch die Kamera betrachtet und fotografiert – und dabei die Reaktion einklammert, die man von ihm als Mitmensch derselben Wirklichkeit erwartet: nämlich die zu helfen. In der Epoché ist eben auch die Moral eingeklammert: „Im Gegensatz zur Mehrzahl der anderen Gesten ist die Geste des Fotografierens nicht direkt darauf aus, die Welt zu verändern oder mit den anderen zu kommunizieren, sondern zielt darauf ab, etwas zu betrachten und das Sehen zu fixieren, es ‚formal' zu machen."[17] Vor dem Hintergrund dieser Beschreibung kann Flusser seine Hauptthese aufstellen: „Die Geste des Fotografen ist eine philosophische Geste, oder anders gesagt: Seitdem die Fotografie erfunden wurde, ist es möglich geworden, nicht bloß im Medium der Wörter, sondern auch der Fotografien zu philosophieren."[18] Man sieht an diesem Satz, wieso Flusser ein Medienphilosoph ist: Ganz anders als Husserl nutzt er die erlangten Ergebnisse sofort, um die Bedeutung des Mediums herauszustellen. Doch die entscheidende Frage ist hier: Wie kann man diese Art der Husserl-Rezeption charakterisieren?

Offensichtlich ist Flusser eine großartige Entdeckung einer ungeahnten Strukturaffinität zwischen dem Akt des Fotografierens und dem Akt des Philosophierens gelungen. Das muß mit aller Deutlichkeit gewürdigt werden; auch wenn die Überlegung nur für eine ganz bestimmte Art des Fotografierens im Vergleich mit einer ganz bestimmten Art des Philosophierens überzeugt. Aber es wird deutlich, welche Aspekte der Husserlschen Phänomenologie in Flussers Phänomenologie nicht rezipiert werden, ja was von Flusser nicht als Teil dessen verstanden wird, was für Philosophie im Allgemeinen und für Phänomenologie im Besonderen notwendig ist. Gerade am Vergleich von Fotografie und Philosophie läßt sich zeigen, daß in Flussers Phänomenologie Husserls Idee von Phänomenologie auf einen Teilaspekt reduziert wird. Denn man kann sich sicher sein, daß Husserl aus einem ganz einfachen Grund niemals der Meinung gewesen wäre, die Fotografie könne selbst zu einem Medium der phänomenologischen Philosophie werden; es besteht kein Zweifel, daß für Husserl die Fotografie überhaupt nicht zu einem Medium werden kann, in dem wissenschaftliche Allgemeinheitsansprüche formuliert werden können. Genau diese sind das Ziel der Phänomenologie nach Husserl. Denn – man kann hier erneut auf den schon zitierten Vortragstitel zurückgreifen – das Programm der Phänomenologie ist der dezidierte Versuch, „Philosophie als strenge Wissenschaft" zu verwirklichen. Für Husserls Vorstellungen über die Phänomenologie ist es notwendig, daß ihr gelingt oder zumindest, daß versucht wird, Aussagen von überindividueller und zeitloser Allgemeingültigkeit zu formulieren. Man wird in den kaum noch überschaubaren Schriften von Husserl wohl keine Stelle finden,

17 Ebd., S. 106.
18 Ebd.

in der er daran zweifelt, daß der Phänomenologe seine Arbeit mit einem universellen Geltungsanspruch angehen muß. Phänomenologie ist erst dann verwirklicht, wenn Ergebnisse erlangt sind, deren Wahrheit mit der gleichen Gewißheit und Evidenz behauptet werden kann, wie dies bei Sätzen der Mathematik oder Logik der Fall ist. Deshalb heißt die Phänomenologie eben auch Phänomeno*logie*: Sie will eine Logik der Phänomene sein; sie will die logisch notwendigen Strukturen der phänomenalen Wirklichkeit beschreiben. Das ist mit einer Fotografie schlicht und ergreifend unmöglich, weil eine Fotografie überhaupt keine Aussage formulieren kann – weder eine mit Geltungsanspruch noch eine ohne. Der Unterschied zwischen Flussers und Husserls Phänomenologieverständnis läßt sich auf den Punkt bringen, wenn man mit dem Begriff „Phänomenographie" arbeitet. Flusser versteht Phänomenologie nicht wie Husserl als Logik der Phänomene, sondern als eine Phänomenographie, das heißt ausschließlich als *Beschreibung* von Phänomenen. Er kann sich für diesen Teilaspekt durchaus auf Husserl berufen; es gibt unzählige, programmatische Aufforderungen zur Phänomenographie bei Husserl – so zum Beispiel: „keine ‚Theorien' machen, alle theoretischen Vorüberzeugungen fernhalten, das ‚Gegebene' beschreiben, genau wie es gegeben ist"[19]. Doch das sind Aussagen in einem mehrstufigen Programm; wobei diese Stufe eben als Aufforderung zur Phänomenographie bezeichnet werden kann. Es ist nur dieser Teil, den Flusser von Husserl rezipiert, ja auch erneut selbst programmatisch vorstellt: „Dinge so anzusehen, als sähe man sie zum ersten Mal, ist eine Methode, an ihnen bisher unbeachtete Aspekte zu entdecken. Es ist eine gewaltige und fruchtbare Methode, aber sie erfordert strenge Disziplin und kann darum leicht mißlingen. Die Disziplin besteht im Grunde in einem Vergessen, einem Ausklammern der Gewöhnung an das angesehene Ding, also aller Erfahrung und Kenntnis von dem Ding. Dies ist schwierig, weil es bekanntlich leichter ist zu lernen als zu vergessen. Aber selbst wenn diese Methode des absichtlichen Vergessens nicht gelingen sollte, so bringt ihre Anwendung doch Überraschendes zu Tage, und zwar tut sie das eben dank unserer Unfähigkeit, sie diszipliniert anzuwenden."[20] Derartige Aufforderungen zur Phänomenographie sind ganz im Sinne Husserls – doch der entscheidende Punkt ist: Die Umsetzung dieser Aufforderungen würden ihm nicht genügen, um beim Ergebnis im umfänglichen Sinn von Phänomenologie sprechen zu können. Wenn man sich anschaut, was Flusser als Phänomenologie bezeichnet, dann entspricht das genau dem, was nach Husserl für Phänomenologie zwar notwendig, aber nicht hinreichend ist. Natürlich will der Phänomenologe die besondere Gegebenheitsweise von intentionalen Objekten beschreiben, natürlich erhebt der Phänomenologe seine eigene Erfahrung zum alleinigen Maßstab, natürlich wird die Phänomenologie in der ersten Person Singular betrieben – aber all das sind nur notwendige Voraussetzungen, sozusagen die erste Stufe, auf der in der Phänomenologie nicht stehen geblieben werden darf. Denn das Ziel des Phänomenolo-

19 Edmund Husserl, *Zur Phänomenologie der Intersubjektivität. Texte aus dem Nachlaß (1905-1920)*, *Husserliana*, Bd. XIII, hg. von Iso Kern, Den Haag, 1973, S. 196.
20 Flusser, *Dinge und Undinge*, S. 53.

gen besteht darin, auf der nächsten Stufe durch Variationen in den beschriebenen Phänomenen logische Prinzipien zu entdecken, ohne die diese Phänomene nicht die Phänomene sein können, die sie sind. Dieser Versuch, aus der eigenen Erfahrungen heraus das für sie Notwendige zu bestimmen, geschieht durch die sogenannte eidetische Variation – das heißt nicht durch Induktionen, weshalb die Phänomenologie sich eben nicht als eine empirische Wissenschaft wie die Psychologie versteht. Vielmehr gilt es in den Phänomenen durch deren Variationen in der Phantasie den unveränderbaren Kern evident zu machen. Das nennt Husserl „Wesensschau", und das Vorbild einer solchen Wesenschau ist nicht etwa die Platonische Ideenlehre, sondern die Geometrie. Der geometrische Beweis, warum die Winkelsumme eines jeden Dreiecks 180 Grad ist, kann als das Musterbeispiel einer geglückten eidetischen Variation gelten. Der Beweis arbeitet nämlich nicht induktiv, indem viele Dreiecke auf der ganzen Welt vermessen werden, sondern durch eine Variation der Möglichkeiten. Er beruht somit auch nicht auf Deduktion aus einem allgemeinen Gesetz, sondern der Beweis vollzieht sich an einem konkreten Dreieck, doch während des Beweises kann der Beweisende dieses Dreieck in seiner Phantasie wie auch auf dem Papier in keinem Moment derart verändern, daß der nächste Schritt des Beweises nicht möglich wäre. Während des Beweises gibt es nicht den Moment, daß jemand meint, die Richtigkeit des Behaupteten an bestimmten Dreiecken in anderen Kontexten empirisch überprüfen zu wollen. Ohne einen solchen Beweis des Prinzipiellen bleibt Phänomenologie bei der Phänomenographie stehen, wogegen Husserl sicherlich nichts gehabt hätte, der er aber absprechen würde, einen Beitrag zur Philosophie leisten zu können. Ein Beispiel aus der Bildtheorie zeigt das auf die gleiche Weise: Husserl beschreibt an konkreten Bildern, insbesondere an einem Porträt das Verhältnis zwischen Bildobjekt und Bildträger als einen Widerstreit zweier Wahrnehmungsmöglichkeiten.[21] Man kann auf den Träger achten, eben auf das Papier, und auf das sichtbare Bildobjekt, eben die Person. Doch aus dieser Beschreibung leitet Husserl durch eidetische Variation der bildlichen Möglichkeiten das Prinzip ab, wonach der Widerstreit eine Bedingung der Möglichkeit eines jeden Bildes ist. Dies ist nun in der Tat eine kategoriale, eine prinzipielle Aussage, welche durch die Variation phänomenologisch bewiesen sein soll, und von welcher Husserl der Meinung ist, daß ihre Geltung für alle Zeiten und alle Menschen begründet ist – und er meint das gar für nicht-menschliche Formen des Bewußtseins begründet zu haben.

Kurzum: Husserl fordert dazu auf, nicht bei der bloßen Deskription stehen zu bleiben. Man muß davon ausgehen, daß sein Urteil über bloße Phänomenographie ausgesprochen radikal wäre: In der Philosophie haben diese Beschreibungen, die nicht das Wesentliche und Prinzipielle herausarbeiten, höchstens propädeutischen Charakter.

Daß die Phänomenologie Husserls in ihrer Rezeption auf eine bloße Phänomenographie reduziert wird, läßt sich nicht nur bei Flusser beobachten. Flusser ist ein

21 Siehe Edmund Husserl, „Phantasie und Bildbewusstsein" (1904/05), in: *Husserliana*, Bd. XXIII, hg. von Eduard Marbach, Den Haag/Boston/London 1980, S. 1-108.

Beispiel für die Meinung, daß Phänomenologie sich darin erschöpft, daß jemand eine Sache „so ins Auge faßt, als ob uns nichts an ihr bekannt wäre und wir sie ganz naiv zum ersten Mal sähen".[22] Er ist aber auf keinen Fall ein extremes Beispiel, weil der partielle Bezug zu Husserl vorhanden ist. Wenn man sich aber anschaut, wie der Begriff der Phänomenologie außerhalb der Philosophie verwendet wird, dann findet man durchaus Belege, daß ein Schrumpfbegriff von Phänomenologie verbreitet ist, demnach – ohne irgendeinen erkennbaren Bezug zu Husserl – letztlich jede Darstellung der eigenen Erfahrungen, nur weil sie in der ersten Person Singular erzählt wird, als Phänomenologie angesprochen wird. Ein in diesem Sinne besonders erschreckendes Beispiel der sinnentleerten Instrumentalisierung des Phänomenologiebegriffs dürfte Gerhard Roths „Phänomenologie des Gedächtnisses" in *Fühlen, Denken, Handeln* von 2001 sein.[23] Hier wird „Phänomenologie" so verwendet, wie auch Manager in ähnlicher Weise gerne von „Firmenphilosophie" sprechen; das eine hat nichts mit Phänomenologie und das andere nichts mit Philosophie zu tun.

Man könnte sich vorstellen, daß die Verkürzung der Phänomenologie zur bloßen Phänomenographie mit folgendem Argument verteidigt wird: Die Phänomenographie ist keine ungerechte Reduktion der Phänomenologie, sondern greift genau den Aspekt aus dem Programm heraus, der sich wie ein roter Faden durch die mittlerweile vielen Spielarten und Transformationen der Phänomenologie hindurch zieht; man sollte deshalb diesen Aspekt als das Eigentliche der Phänomenologie ansehen. Zu dieser Interpretation paßt, daß häufig, wenn etwas als Phänomenologie ausgegeben wird, dies mit Verweisen auf Husserl, Heidegger und Merleau-Ponty begründet wird, so als wenn diese eine Position vertreten hätten. Das Argument würde dann lauten, daß die Hinwendung zur Phänomenographie das ist, was allen Phänomenologien gemeinsam ist – das ist zwar nicht falsch, übersieht aber, daß diese Hinwendung zur Phänomenographie bei allen Phänomenologen aus einem bestimmten Grund und mit einer bestimmten Absicht geschieht, den bzw. die man nicht aus einem Programm der Phänomenologie wegkürzen kann. Man kann es so sagen: Bei Flusser werden die Phänomene aus anderen Gründen beschrieben als bei Husserl, Heidegger oder Merleau-Ponty. Dies ist ein wichtiger Punkt, mit dem sich so etwas wie ein Kriterium formulieren läßt, wann Husserls Programm einer Phänomenologie in seiner ursprünglichen Intention rezipiert wird. In der Tat entscheidet hierüber die Antwort auf eine Frage: Warum beschäftigt sich jemand mit Phänomenen? Man stelle sich vor, man würde Flusser fragen, warum er sich mit der Beschreibung von Phänomenen befaßt. Seine Antwort würde wahrscheinlich lauten: Die Phänomene sind das Thema dieser Studien. Vielleicht würde er noch sagen, daß die Phänomene die eigentlich relevanten und wirklichen Dinge des Lebens sind. Doch letztlich wendet er sich den Phänomenen aus dem Grund zu, aus dem sich ein Wissenschaftler seinem Thema zuwendet: Sachinteresse. Aus diesem Grund ist eine

22 Flusser, *Gesten*, S. 103.

23 Gerhard Roth, *Fühlen, Denken, Handeln. Wie das Gehirn unser Verhalten steuert* (2001), Frankfurt/M. 2005, S. 154.

phänomenographische Arbeit auf dem Gebiet der Medienwissenschaften bestens mit anderen Ansätzen innerhalb der Medientheorie vereinbar. Zum Beispiel das Computerspiel: Wenn der eine Computerspielbilder als ein Wahrnehmungsphänomen beschreibt, der andere hingegen die technischen Grundlagen, also die Soft- und Hardware erforscht, und wiederum ein anderer die sozialen Folgen, dann sind dies schlicht drei verschiedene Themen, und die Ergebnisse zu diesen jeweiligen Themen können sich gar nicht widersprechen. Deshalb kann man sagen: Mit der Hinwendung zur Phänomenographie in der Medientheorie ist keine Abwendung von anderen Perspektiven innerhalb der Medientheorie verbunden. Phänomenographie ist perspektivismus- und pluralismustauglich, dies macht sie ja auch so versöhnlich – was aber überhaupt nicht zu den absoluten Wahrheits- und Geltungsansprüchen der Husserlschen Philosophie paßt! In einer Phänomenologie hat man in der Tat einen anderen Grund, warum die Phänomene zum alleinigen Thema erhoben werden: Weil sie das einzig mögliche Thema der Philosophie sind. Nur zu den eigenen Phänomenen hat das Bewußtsein eine Relation, die ihm Erkenntnisse von einer unanzweifelbaren Gewißheit erlauben und die notwendig ist, wenn man ernsthaft Philosophie betreiben will. Kein Phänomenologe hat etwas dagegen, daß Theorien über die Geschichte und Technik von Medien entworfen werden; aber auch für eine Philosophie der Medien hat aus der Sicht der Phänomenologie das zu gelten, was ihrer Ansicht nach für jede Philosophie gilt: daß sie in ihren Aussagen Gewißheit anstreben muß, die man mit modellhaften Erklärungen, Geschichten und Konstruktionen nicht erreichen kann. Was es bedeutet, sich als Phänomenologe im Sinne Husserls zu verstehen, hat Hans Blumenberg in seiner erst kürzlich veröffentlichten *Beschreibung des Menschen* unübertrefflich deutlich auf den Punkt gebracht: „Für Husserl läßt sich leicht feststellen, daß er die eigentümliche, gar nicht selbstverständliche Präferenz der Erkenntnistheoretiker für das teilt, was den höchsten und uneingeschränkten Gewißheitsgrad verspricht. Die erreichbare Qualität der Erkenntnis bestimmt, welche Gegenstände den Rang der philosophischen erhalten, gleichgültig welchen Wertbetrag sie aus der sonstigen Motivation des Erkennenden an sich ziehen können. [...] Die Frage: *Was können wir in Evidenz, in Selbstgegebenheit, als Phänomen haben?* Was nicht auf diese Weise gewußt werden kann, ist der phänomenologischen Anstrengung nicht würdig.“[24] Hier sieht man in aller Klarheit, daß der Phänomenologe gegenüber anderen philosophischen Ansätzen keineswegs eine gleichgültige Haltung einnimmt. Es geht gleichermaßen um die Überwindung des Skeptizismus und des Relativismus. Phänomenologe ist man für Husserl dann, wenn man durch Beschreibung von Phänomenen und eidetischen Variationen zu Einsichten gelangt, die für jeden gelten, der ein Bewußtsein hat; das müssen noch nicht mal Menschen sein. Wenn Engel oder Tiere ein Bewußtsein haben, dann gelten die phänomenologischen Entdeckungen nach Husserl auch für diese.

24 Hans Blumenberg, *Beschreibung des Menschen*, Frankfurt/M. 2006, S. 10.

Vor diesem Hintergrund wird deutlich: Wenn es um die Husserl-Rezeption in der Medienphilosophie geht, dann kann man diese nicht an Äußerlichkeiten festmachen: Eine Medienphilosophie steht nicht in der Tradition Husserls, nur weil sie sich selbst als Phänomenologie bezeichnet oder weil Husserl zitiert wird. Die Hinwendung zu den Phänomenen muß vielmehr mit derselben Absicht verfolgt werden; man kann sich hier ganz an Blumenbergs Beschreibung der Anforderungen halten. Von einer Husserl-Rezeption in der Medientheorie läßt sich genau dann sprechen, wenn die Verwendung von „mythischen Konstruktionen"[25] oder von „irgendeinem idealen Modell"[26] abgelehnt wird, wenn es das Ziel ist, durch eidetische Variationen der eigenen Medienerfahrung unanzweifelbare Gewißheiten über das Verhältnis des Menschen zur Medienwelt zu erzielen. Nimmt man dies als Kriterium für eine Husserl-Rezeption, dann scheint in der gegenwärtigen Medienphilosophie sein Programm einer Phänomenologie nur selten aufgegriffen zu werden. Die unversöhnliche Strenge und Radikalität seines philosophischen Vorhabens ist kaum vorhanden. Im Gegenteil: Schaut man sich zum Beispiel den Sammelband *Medienphilosophie. Beiträge zur Klärung eines Begriffs*, herausgegeben von Stefan Münker, Alexander Roesler und Mike Sandbothe an,[27] worin versucht wird, einen repräsentativen Überblick über die gegenwärtige Situation dieser Disziplin zu geben, so stellt sich der Eindruck ein, daß die Medienphilosophie nahezu einhellig vom genauen Gegenteil beherrscht wird: nämlich von dem Glauben an einen universellen Konstruktivismus und Interpretationismus. Doch das heißt nicht, daß es nicht dennoch ausgearbeitete Versuche gibt, die Ideen und die Strenge einer Phänomenologie im Sinne Husserls auf die Themen der Medienphilosophie anzuwenden. Ein in dieser Hinsicht besonders beeindruckendes Beispiel dürfte Boris Groys' Buch *Unter Verdacht. Eine Phänomenologie der Medien* sein; in diesem Buch wird Husserl nicht zitiert. Aber Groys läßt erfreulicherweise keinen Zweifel daran, daß hier der Anspruch verfolgt wird, im Husserlschen Sinne des Wortes eine Phänomenologie der Medien vorzustellen. Denn seine Absicht ist keine Phänomenographie von kontingenten Medienphänomenen, sondern der Beweis der These, daß Archive in ihrer Geschichte von einer „archiveigenen Logik der Entwicklung"[28] bestimmt sind; gleich auf der zweiten Seite wird also der dezidiert logische Anspruch offengelegt. Diese Entwicklungslogik hat ihre Grundlage in einem zeitlosen und überindividuellen Prinzip der Rezeption von Medien, welches von Groys wie folgt formuliert wird: „Alles, was uns die mediale Oberfläche zeigt, steht automatisch unter Verdacht. Dabei ist dieser Verdacht keine ‚subjektive Einstellung' des Betrachters, die willentlich verändert werden könnte, sondern für den

25 Edmund Husserl, *Die Krisis der europäischen Wissenschaften und die transzendentale Phänomenologie. Eine Einleitung in die phänomenologische Philosophie* (1936), in: *Husserliana*, Bd. VI, hg. von Walter Biemel, Den Haag 1954, § 30, S. 116.

26 Maurice Merleau-Ponty, *Phänomenologie der Wahrnehmung* (1945), Berlin 1966, S. 76.

27 Stefan Münker/Alexander Roesler/Mike Sandbothe (Hg.), *Medienphilosophie. Beiträge zur Klärung eines Begriffs*, Frankfurt/M. 2003.

28 Boris Groys, *Unter Verdacht. Eine Phänomenologie der Medien*, München/Wien 2000, S. 8.

Akt der Betrachtung als solchen konstitutiv: Wir können nicht betrachten, ohne zu verdächtigen."[29] Wie auch immer man zu dem Ergebnis steht, ob man es als geglückt oder an seinem hohen Anspruch gescheitert ansieht, die Studie zeigt in jedem Fall, wann das Programm einer Phänomenologie im Sinne Husserls in der gegenwärtigen Medienphilosophie rezipiert ist: Es müssen die logischen Prinzipien beschrieben werden, welche die Erfahrungen des Menschen in der Welt der Medien bestimmen.

29 Groys, *Unter Verdacht*, S. 218.

Anne von der Heiden

Lacan als Medientheoretiker: „Ma thèse!“

„Daß der Mensch so sehr liebt, sein Bild zu betrachten,
nun seht, da gibt es nur eins zu sagen: es ist so.“[1]

Wieso gehört Jacques Lacan zu den Theoretikern, deren Werke ein Buch behandelt, das das Wechselverhältnis von Medientheorie und Philosophie und vor allem die Rezeption der Philosophie durch die Medientheorie erörtert? Hat doch Alain Juranville noch im Jahr 1984 die Frage gestellt, wie das Werk dieses Autors überhaupt zum Diskurs der Philosophie ins Verhältnis gesetzt werden könne, da er doch zu den Psychoanalytikern und nicht den Philosophen zähle. Und daß die Psychoanalyse überhaupt etwas mit der Philosophie zu tun habe, sei nicht unbedingt selbstverständlich. Juranville scheint zumindest von dieser Position auszugehen, wenn er mit Nachdruck behauptet, die Philosophie und die Psychoanalyse seien „einander konfrontiert“ und zugleich „einander verbunden“. Ihre gegenseitige Beziehung könne als diagnostisch bezeichnet werden; sie stellten „füreinander Symptome dar“. Die eine Wissenschaft begleite wohl eher die andere (und umgekehrt), und in dieser Wechselbeziehung bestehe ein Spannungsverhältnis, das beide einander unverzichtbar mache. Ohne die Psychoanalyse sei nämlich „die Philosophie heute dessen beraubt, was ihr das Problem vorgibt; sie wäre ein illusorischer Diskurs ohne Realität“. Hingegen „kippe“ die Psychoanalyse ohne die Philosophie „in eine ‚aktionistische‘ Hochstapelei um“.[2]

Was Juranville mit dieser These sagen will, wird deutlich, wenn man sich vor Augen führt, welche wissenschaftspolitische Absicht hinter seinem ambitionierten Projekt steckt. Er will deutlich machen, daß ein „philosophischer Diskurs möglich“ und dringend förderungswürdig ist, weil er „das Unbewußte und die Wahrheit des reinen Signifikanten zum Sprechen bringt.“[3]

Bekanntermaßen hatte Lacan seinen Weg der „Rückkehr zu Freud“ in der Formel „Das Unbewußte ist strukturiert wie eine Sprache“ zusammengefaßt. Die Radikalität seiner Thesen zum Unbewußten folgt – das betont Slavoj Žižek immer wieder – nicht der alltäglichen Auffassung, das Unbewußte zeichne sich durch einen Bereich der irrationalen Triebe aus, die dem rationalen Selbst entgegengesetzt

1 Jacques Lacan, *La Troisième. Lettres de l'École Freudienne*, Nr. 16, Paris 1975, S. 177-203; S. 191.
2 Alain Juranville, *Lacan und die Philosophie*, München 1990, S. 13.
3 Ebd., S. 13.

seien und sich von Zeit zu Zeit bemerkbar machten. Es sei Lacan auch nicht darum gegangen, es dem „Bereich der irrationalen blinden Instinkte" unterzuordnen. Vielmehr war Lacans Rede vom Freudschen Unbewußten gerade deshalb so folgenreich, „weil er deutlich gemacht hat, wie das Unbewusste selbst seiner eigenen Grammatik und Logik folgt: Das Unbewusste spricht und denkt. Das Unbewusste ist nicht das Reservat wilder Triebe, die vom Ich gezähmt werden müssen, sondern der Ort, an dem sich eine traumatische Wahrheit äußert."[4]

Juranvilles Versuch, Lacan nicht nur als Psychoanalytiker sondern zugleich auch als Philosophen zu verstehen und damit die gegenseitige symptomatische Beziehung von Psychoanalyse und Philosophie zu stärken, befaßt sich vor allem mit der Frage nach dem Unbewußten, das vom Signifikanten her begründet ist. Der Unterschied des Lacanschen Ansatzes zum verbreiteten philosophischen Diskurs besteht für Juranville darin, daß die Theorie des Unbewußten „eine rein partiale Wahrheit behauptet, während doch der philosophische Diskurs" den Anspruch erhebt, es gebe „sowohl [eine] partiale Wahrheit als auch totale Wahrheit".[5] Das heißt, die Unterschiede zwischen Psychoanalyse und Philosophie bestehen laut Juranville im Umgang mit dem Status der Begriffe und ihrem Geltungsanspruch. Vielleicht muß man sogar sagen, daß die Lacansche Psychoanalyse gerade deshalb so wichtig ist, weil sie klassische Rationalitätsstandards wie die Position des Subjekts, das Selbstbewußtsein ebenso wie seine Selbstgewißheit und Eigenverantwortung verunsichert und gerade damit die Konstitution und souveräne Stellung des Subjekts gegenüber dem Objekt in so umfassender Weise infrage stellen kann. Ähnliches gilt selbstverständlich auch für den Status des Objekts selbst. Es ist wie das Subjekt eingebunden in die Koordinaten der Topik und der Dynamik, deren Verhältnis sich durch das Zusammenspiel von Bewußtem und Unbewußtem und Vektoren wie „Begehren", Verdrängen, Verschieben und Verwerfen weiter differenziert.

Lacan setzt mit seiner Weiterführung und Radikalisierung der strukturalistischen Linguistik de Saussures die nominalistische Tradition fort. Daraus ergibt sich, daß eine vorgegebene und feststehende Zuordnung von Signifikant zum Signifikat nicht möglich ist; sie gehören verschiedenen Ordnungen an, sind von einander durch eine Barriere getrennt, die der Bedeutung (*signification*) widersteht. Die Signifikanten sind Teile einer Kette, sie verknüpfen sich miteinander nach den Gesetzen der Rhetorik, können sich innerhalb dieser Kette zu Metaphern verdichten (sie stellen durch Assoziationen Ähnlichkeiten her) und zu Metonymien verschieben (hier werden neue Verbindungen durch Kontiguität hergestellt). Diese Verfahren ermöglichen es, wie Freud gezeigt hat, Bilder, Phantasmata des Traums und ihre Sinnzusammenhänge zu erkennen und zu deuten. Mit Hilfe des Modells der Signi-

4 Žižek hat in seinem Buch *Lacan. Eine Einführung* und an vielen anderen Stellen seines Werkes darauf aufmerksam gemacht. Slavoj Žižek, *Lacan. Eine Einführung*, Frankfurt/M. 2008, S. 11.

5 Juranville, *Lacan und die Philosophie*, S. 14.

fikantenkette lassen sich Topik und Struktur des Unbewußten beschreiben und verstehen.

Die Metapher, bei der ein Signifikant durch einen anderen ersetzt wird, bringt einen Bezeichnungseffekt hervor, der poetisch oder kreativ erscheint; er kann in dieser neuen Erscheinung die Barriere zwischen Zeichen und Bezeichnetem durchbrechen und läßt eine Bezeichnung auftauchen, die bis dahin nur latent war. Die Metonymie, bei der ein Signifikant mit einem anderen verbunden wird, ermöglicht auf diese Weise eine Auslassung (*élision*) und installiert damit einen Seinsmangel (*manque de l'être*) in der Beziehung zum Objekt. Sie nutzt dabei den Wert des Verweises auf die Bezeichnung, um sie mit Begehren auszustatten, das auf diesen Mangel zielt, den sie unterstützt.[6]

Diese komplizierte Dynamik des wie eine Sprache strukturierten Unbewußten, das dem Bewußtsein nur auf Umwegen zugänglich gemacht werden kann, entzieht sich leicht dem schnellen und ordnenden Zugriff philosophischer Begriffssysteme. Sie verspricht jedoch Zugang zu und Aufschluß über Strukturen und verschlüsselte Bedeutungen literarischer und künstlerischer Gebilde.

Ein Medium, bei dem Sprache, Imagination, traumähnliche Situation, Blick und Sehen eine wesentliche Rolle spielen, hat bereits in den frühen 70er Jahren Interpreten dazu animiert, Lacans Theorien heranzuziehen, um fundierte Analysen zu erarbeiten: der Film. Zu den Autoren, die diese Anregungen aus der Lacanschen Psychoanalyse aufgenommen haben, zählen vor allem Christian Metz, Jean-Louis Baudry und Laura Mulvey.

Metz arbeitet mit wesentlichen Teilen der Lacanschen Terminologie, wie dem Zusammenspiel von Metapher und Metonymie (Freuds Begriffen entsprechend) und mit Lacans Analogiesetzung der Struktur des Unbewußten zu der der Sprache (im Zusammenhang mit Freuds Begriffspaar Verdichtung und Verschiebung). 1977 publiziert er sein Buch *Le signifiant imaginaire.*[7] Jean-Louis Baudry versucht in seinem Aufsatz „Das Dispositiv“[8] anhand einer Funktionsbeschreibung des kinematographischen Apparats die psychischen Effekte darzustellen, die er bei den Zuschauern hervorbringt. Er fragt nach der Lust am Kino, einer möglichen Erklärung für den Eindruck, im Kino werde „Realität“ sichtbar.[9] Metz hingegen möchte den Film als Zeichensystem mit sprachwissenschaftlichen Methoden analysieren.[10] Er beachtet dabei die Rezeption durch den Zuschauer ebenso wenig wie die Seite

---

6 Vgl. Jacques Lacan, *Ecrits*, Paris 1966, S. 515.

7 Christian Metz, *Le signifiant imaginaire. Psychanalyse et cinéma*, Paris 1977; (dt. Übersetzung: Christian Metz, *Der imaginäre Signifikant. Psychoanalyse und Kino*, Münster 2000).

8 Jean-Louis Baudry, »Le dispositif. Approches métapsychologiques de l'impression de réalité», in: *Communications*, Nr. 23, 1975, S. 56-72; ders.: „Effets idéologiques produits par l'appareil de base“, in: *Cinéthique*, Nr. 7/8, 1970.

9 So auch die Mitte der 60er Jahre erschienenen Artikel *Le cinema: langue ou langage* und *La grande syntagmatique du film narratif.*

10 Christian Metz, „Le cinéma. langue ou langage?“, in: *Communications*, Nr. 4, 1964, S. 52-90; (dt. Übersetzung in: Christian Metz, *Semiologie des Films*, München 1972, S. 51-129); Christian Metz, „Le grande syntagmatique du film narratif“, in: *Communications*, Nr. 8,

der Filmproduktion, sondern untersucht ausführlich figurative, konnotative Signifikationen im Film. Hierzu stützt er sich vor allem auf die vier Gegensatzpaare ‚Metapher/Metonymie', ‚Syntagma/Paradigma', ‚Verdichtung/Verschiebung' und den ‚Primär- und Sekundärprozeß' und versucht, eine differenzierte Darstellung ihrer jeweiligen inneren Struktur und der wechselseitigen Relationen zu erarbeiten. Er beobachtet, daß im Film Metapher und Metonymie (also Verdichtung und Verschiebung) regelmäßig zusammenwirken. Die Zensur der Übergänge zwischen Unbewußtem, Vorbewußtem und Bewußtsein, mit der „die Verdrängungsarbeit primäre, [...] aber von der Zensur in uns verworfene Genußmöglichkeiten"[11] verlorengehen läßt, hält Metz (mit Freud) durch eine „Kompromißbildung" für überwindbar; er sieht auch in seinen theoretischen Erörterungen über den Film – wie Lacan – die bei diesem Prozeß dem Sprachmodell folgenden Mechanismen ablaufen.

Jean-Louis Baudry greift bei seinen Überlegungen das Vorgehen Marcelin Pleynets auf, die technische Apparatur[12] des Films zu untersuchen, und präzisiert dessen Ansicht, sie sei ein ideologiestiftendes Instrument. Baudry nennt das Instrumentarium Film/Kino einen kinematographischen Basisapparat,[13] der als direkte Weiterentwicklung einer scheinbar wissenschaftlichen Methode zu verstehen ist. Sie führt mit der Konstruktion einer monokularen Zentralperspektive das weiter, was in der Renaissance begann. Baudry meint, das Kino reproduziere die Situation, die Platon in seinem Höhlengleichnis dargestellt habe, es erzeuge beim Zuschauer traumähnliche Effekte und versetze ihn eine der präödipalen Phase vergleichbare, lustvolle Situation. Diese Ansicht wird später von der feministischen Filmtheorie wieder aufgenommen und weitergeführt; sie sieht den Blick des männlichen Zuschauers durch den Einfluß des Vaters während der ödipalen Phase geprägt.

Etwa seit Mitte der 70er Jahre setzten sich in England und USA die theoretischen Ansätze des Poststrukturalismus allmählich auch in der Filmkritik durch – woran die Zeitschrift *New Left Review* entscheidend mitwirkte. Es ging insbesondere darum, die Begrifflichkeiten des Marxismus mit denen des (Post-)Strukturalismus und der Psychoanalyse, besonders der Lacans, zu verbinden.

1966, S. 120-124; (dt. Übersetzung: Christian Metz, „Welche Sprache spricht der Film?", in: *Film-Jahrbuch 1966*, S. 52-56).

11 Sigmund Freud, *Der Witz und seine Beziehung zum Unbewußten*, in: ders., *Studienausgabe, Band IV, Psychologische Schriften*, Frankfurt/M. 1970, S. 9-219; S. 96.

12 „Économique, idéologique, formel...", in: *Cinéthique*, Nr. 3, 1969, S. 7-14. Der Ansatz, den Menschen als Maschine zu begreifen, hat in Frankreich eine lange, bis zu den Philosophen der Aufklärung reichende Tradition. So spricht auch Lacan vom menschlichen Subjekt als Apparat, Gilles Deleuze und Félix Guattari beschreiben in ihrem *Anti-Œdipe* (Paris 1972) menschliches Verhalten als von „Wunschmaschinen" gesteuert.

13 Jean-Louis Baudry, „Le Dispositif: approches métapsychologiques de l'impression de réalité Cinéma: effets idéologiques produit par l'apparei de base", in: *Cinéthique Nr. 7-8*, 1970, S. 1-8.

Vor allem Laura Mulvey aus England versucht,[14] durch eine Analyse vor allem des voyeuristischen Blicks des männlichen Filmbetrachters die vorherrschenden patriarchalen Strukturen der Frauenbilder im Film aufzuzeigen und zu zerstören. Sie stützt sich u. a. auf Freud, der die Skopophilie als primär männliche und die passive Lust, angeschaut zu werden, als eine eher weibliche auffaßt. Im Kino gelte, so Mulveys Argumentation, Schaulust vor allem dem Bild der Frau. Aber auch die anderen Betrachter hielten, weil sie sich narzißtisch mit dem idealisierten, männlichen Protagonisten identifizierten, dessen Blick für den eigenen; die innerhalb des patriarchalischen Systems traditionell immer wieder zum Sexualobjekt stilisierte Frau sei bloß Gegenstand seiner aktiven – und nunmehr sadistischen Skopophilie. Sie könne zwar von der Leinwand aus den Blick des Betrachters nicht erwidern, sei aber dem voyeuristischen Vergnügen am Objekt Frau im dunklen Kinosaal ausgesetzt. Doch die Blicke auf die Leinwand und die imaginierten von der Leinwand herab verbänden sich beim Zuschauer miteinander, und so biete die männliche Hauptfigur dem Betrachter im Kino die Möglichkeit, den als lustbringend aufgefaßten Blick zu übernehmen und somit zu verdoppeln. So bleibe die Frau „erotisches Objekt für die Charaktere im Film und erotisches Objekt für den Betrachter im Zuschauerraum".[15]

Charakteristisch für diese Thesen der Lacan-Rezeption ist – und das geht zumeist auf die Lektüre seines Aufsatzes über „das Spiegelstadium als Bildner der Ich-Funktion" zurück – daß die Leinwand als Spiegel fungieren soll. Wahrscheinlich steckt dahinter die seit dem 19. Jahrhundert weit verbreitete Vorstellung, Literatur, Kunst, der Film usw. spiegele ‚die' – welche auch immer, bleibt meist offen – ‚Realität wider'. Die Thesen Lacans über das Spiegelstadium scheinen dieser Auffassung entgegenzukommen.

Die Argumentation folgt jedoch der traditionellen Auffassung der Optik, nach der der Blick dem Bild als dessen Signifikat gegenübersteht, „als der Punkt seiner maximalen Bedeutung oder der Summe all dessen, was im Bild erscheint *und* als der Bedeutung ‚gebende' Punkt lokalisiert. Vom Subjekt wird angenommen, daß es sich mit dem Blick identifiziert und somit in einem gewissen Sinne *mit* ihm *zusammenfällt.*"[16] In Grunde ist das noch die Position, die bei der in der Renaissance entwickelten Zentralperspektive für das Subjekt einen Punkt vor dem Bild konstruiert und dem Bild einschreibt, von dem aus (dem Fenster auf die Welt) das Subjekt alles überblicken, erfassen und beherrschen kann. Unberücksichtigt bleibt in diesem in der Medientheorie so oft wiederholten Argument allerdings Lacans intensive Auseinandersetzung – vor allem in seinem Seminar XI, in dem er auch seine Konzeption des Spiegelstadiums umformuliert – mit Sartres Theorie des Blicks.

---

14 Laura Mulvey, „Visuelle Lust und narratives Kino", in: Gislind Nabakowski/Helke Sander/ Peter Gorsen (Hg.), *Frauen in der Kunst*, Bd. 1, Frankfurt/M. 1975, S. 30-46.

15 Mulvey, *Visuelle Lust und narratives Kino*, S. 32.

16 Joan Copjec, *Lies mein Begehren*, München 2004, S. 49.

Nach Lacan lassen sich mit Hilfe der Semiotik (und des Verständnisses der Verschiebungs- und Verdichtungsprozesse innerhalb der Signifikantenkette) Struktur und Funktion des Visuellen verstehen. Er erläutert den komplizierten Zusammenhang an seinem graphischen Modell der zwei gegenläufig ineinander geschobenen Dreiecke oder Kegel, an deren einen Spitze sich der Blick, an der anderen das Subjekt der Vorstellung und im Kreuzungspunkt der beiden ineinanderlaufenden Figuren der Schirm (*écran*) befindet. Die beiden Spitzen fallen zusammen mit den Grundlinien der beiden Dreiecke (bzw. der jeweiligen Basis der beiden Kegel). Der „Punkt des Lacanschen Blicks [...] markiert die *Abwesenheit* eines Signifikats; *er ist ein Punkt,* der nicht eingenommen werden kann [...], weil er ein unmögliches Reales anzeigt. Der Signifikant ist abwesend – und so auch das Subjekt. [...] Das gesamte Sehfeld [erhält] eine erschreckende Alterität. Es verliert seinen Anschein des ‚*mir Gehörens*' und nimmt plötzlich die Funktion eines Schirms (*écran*) an."[17]

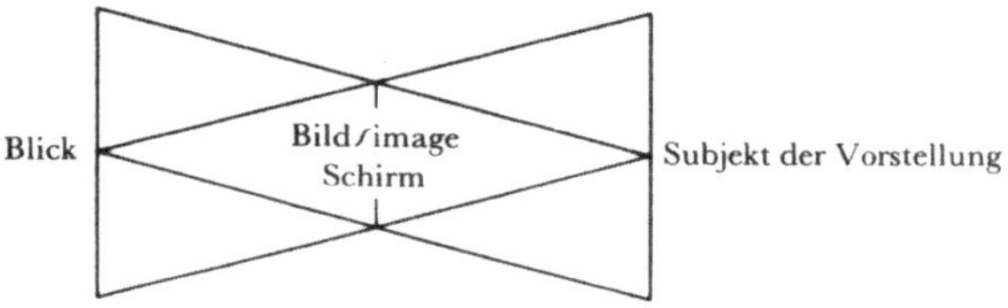

Schauen wir uns den Anfang der Äußerungen Lacans in *Télévision* an. Das Werk ist in der gedruckten Fassung mit dem Titel des Aufzeichnungs-, beziehungsweise Übertragungsmediums überschrieben, so wie seine anderen Werke mit der Medienform („Schriften", „Seminare" oder „Radiophonie") tituliert sind. Er beginnt *Télévision* mit dem Thema „Wahrheit": „Ich sage immer die Wahrheit: nicht die ganze, denn die ganze zu sagen, erreicht man nicht. Sie ganz zu sagen, das ist unmöglich, materiell: da fehlen die Worte. Gerade durch dieses Unmöglich hängt die Wahrheit am Realen."[18] Seine Äußerung „Ich sage immer die Wahrheit" spielt mit dem Paradoxon, daß es im Grunde keine Rede gibt, die nicht in der Dimension der Wahrheit situiert ist. So zumindest hat Jacques-Alain Miller die Worte Lacans einmal erläutert. Denn auch, so könnte man Lacans Argumentation weiterdenken, die Äußerung „ich lüge" setzt die Dimension der Wahrheit voraus, auch wenn Wahrheit und Lüge nicht symmetrisch sind. Denn es kann wahr sein, daß ich lüge.[19] Der einfache Gegensatz wahr/falsch oder Wahrheit/Lüge erfaßt im Grunde zu wenig von dem Prozeß der Entwicklung der Wahrheit in der Sprache.

17 Ebd., S. 48.

18 Jacques Lacan, *Télévision*, Paris 1973, S. 9; (dt. Übersetzung in Jacques Lacan, *Radiophonie, Television*, Weinheim/Berlin 1988, S. 61.)

19 Lacan erörtert das Verhältnis von Wahrheit und Lüge in vielen seiner Seminare. Das Verhältnis des Subjekts zum Signifikanten behandelt er zum Beispiel im *Seminar XI* (*Die vier Grundbegriffe der Psychoanalyse*) im Zusammenhang mit der Übertragung die Unterscheidung zwischen Subjekt des Aussagens und dem Subjekt der Aussage (22. April 1964).

In Magie und Religion wird Wahrheit als Ursache (cause) angesehen und angenommen; sie sei die ‚eigentliche' oder ‚höhere' Wahrheit. Für die Psychoanalyse hingegen ist das *nachträgliche* Zustandekommen oder sich Erweisen der Wahrheit charakteristisch und entscheidend, was von einer „zeitlichen Struktur höherer Ordnung"[20] zeugt. Wahrheit artikuliere sich „im Diskurs, als Rätsel".[21]

Schon Lacans Introduktion seines Auftritts im Fernsehen macht deutlich, daß es ihm nicht nur um ein verbales Statement zum Wahrheitsbegriff geht; sie zeigt auch eine bestimmte Dimension von Theatralität; er spricht und inszeniert sich für das Fernsehpublikum und setzt die Form des medialen Setting ein, von der auch seine Seminare leben.

Lacan hatte den Regisseur Benoît Jacquot vom *Service de la Recherche de l'O.R.T.F.* empfangen und zugestimmt, ein Interview mit seinem Schwiegersohn Jacques-Alain Miller durchzuführen, das im März 1974 vom Fernsehen ausgestrahlt werden sollte. In der Sendung nimmt Miller die Rolle des (unsichtbaren) Gesprächspartners ein und Lacan spielt sich selbst. Er parodiert anscheinend seine Art des Dozierens: Hinter einem Pult stehend, stützt er sich auf seine Hände, beugt sich nach vorn und wieder zurück, gestikuliert energisch und: er starrt die Zuschauer an. Als „Herr Doktor" – so hat Miller ihn immer angesprochen – spricht er zögernd, mit eindringlicher Stimme und unakademisch gestikulierend, fast als spiele und zitiere er sich selbst.

Joan Copjec vertritt die These, dieser Beginn seines Auftritts scheine uns Zuhörern und Zuschauern an eine Tatsache anzuknüpfen oder zumindest in ein System von Tatsachen eingebunden zu sein, das wir aber gleichwohl nicht wirklich erfassen könnten; diese Szene erinnere an den kleinen Jungen Tabard, der sich in Jean Vigos Film *Zéro de Conduite*[22] ein Bild von seinem Direktor macht. „Es ist das Produkt der kindlichen, paranoiden Annahme, daß alle unsere privaten Gedanken und Handlungen ausspioniert und in einer von elterlichen Gestalten repräsentierten öffentlichen Welt sichtbar werden."[23] Lacan, der uns im Massenmedium Fernsehen entgegentritt, scheint uns – so ihre Vermutung – mit unserer „televisuellen" Furcht[24] konfrontieren zu wollen. Wir sind „vollkommen und vollständig sichtbar […] für einen Blick, der uns aus weiter Ferne beobachtet".[25] Damit verortet sie

20 Lacan, *Écrits*, S. 839. Lacan begründet das in seinem Seminar: „Wenn der Psychoanalytiker jeden Augenblick vorgäbe, als treuer Diener der Wahrheit zu posieren, gäbe es keine Psychoanalyse." Lacan beruft sich bei seiner Auffassung der Wahrheit auf die „Fregesche Funktion", der gemäß Bedeutungswert und Wahrheitswert gleich sind. Das wahre Geheimnis gehöre der Ordnung des Objekts a an. Das ist verborgen, weil das Objekt a selbst nicht in dem Gegenstand der Analyse zu sehen sei (*Séminaire XIII*, Leçon du 12 janvier 1966).

21 „La vérité, c'est que, dans le discours, elle s'articule comme énigme". (*Séminaire XIII* Leçon du 20 avril 1966).

22 Die Uraufführung des Films fand 1932 statt.

23 Copjec, *Lies mein Begehren*, S. 29.

24 *tele* im Sinne des griechischen *telou* = fern, als auch im Sinne von *teleios* = vollständig, umfassend.

25 Copjec, *Lies mein Begehren*, S. 29.

Lacans Inszenierung nicht nur in der Filmgeschichte, sondern macht deutlich, daß er sich mit diesem sogenannten Massenmedium befaßt hat und seine Inszenierung als ein komplexes Blick-Szenario vorführt – vielleicht auch im Sinne von sich überschneidenden Verfehlungen (oder Fehlwahrnehmungen).

Die „Satire“[26] *Zéro de conduite* zeigt den Protest der Schüler gegen das Ordnungsregiment ihres Internats. Vigo scheint – so hat die Filmtheorie zumindest immer behauptet – seine eigenen Erfahrungen als Internatsschüler zu thematisieren. Der Film ist getragen von der Begeisterung am Spiel mit Perspektive, mit Verfremdung und der surrealistischen Form. Figuren und Szenen in der Internatsschule – Kracauer vergleicht sie in „Theorie des Films“ mit den „Entfremdungseffekten“ bei Proust[27] – scheinen wie in einer Art Hohlspiegel verzerrt und aus der Sicht der Kinder konstruiert. Und diese Verzerrung wird durch die aus dem Nebel des Zuges und der Zigarren sich entwickelnden Erinnerung an die Kindheit und das in diesem Nachsinnen sich konstituierende Bild der Institution und ihrer Autoritäten noch einmal gebrochen.

Der Direktor des Internats, den Vigo mit grell-piepsiger Stimme seine Ansprachen halten läßt, wirkt als Autorität vor allem besonders grotesk, als er hinter dem großen Schreibtisch um Formulierungen zu ringen scheint und plötzlich wild und bedrohlich gestikuliert. Warum zitiert Lacan diese Szene des Direktors und beginnt seinen Fernsehauftritt mit seiner Erörterung des Wahrheitsbegriffs? Er macht damit deutlich, daß die traditionell vor allem der Theologie und Philosophie zugerechnete Frage nach der Wahrheit in der Medientheorie hauptsächlich unter dem Aspekt ihres Zustandekommens in den Vermittlungsverfahren betrachtet wird, das heißt, daß die Dimension des Dazwischen, des Zwischenraums, des Mittels alles entscheidet. Wahrheit wird also hergestellt, es kommt auf Vermittlung und Wahrnehmung ihrer Evidenz an und darauf, wie und auf welche Weise Evidenzen sichtbar, lesbar, hörbar, inszenierbar werden. Die Figuration der Evidenz, die in der Rhetorik als *evidentia*[28] auf sprachliche Zusammenhänge beschränkt wird, impliziert immer schon mediale Aspekte und Faktoren und deren Zusammenspiel. Der Begriff der Evidenz ermöglicht, „das, was man gemeinhin für den Kern epistemischer Verfahren hält, und das, was oft als sekundäres Moment der Darstellung und der Präsentation gesehen, aufgefaßt wird, von vornherein [als] verschränkt“[29] zu verstehen. Lacans Theorien über den Blick, das Bild und seine Überlegungen zum Spiegel, zu Sprache, Schrift und Stimme und die immer auch thematisierte Theorie des Subjekts haben die relativ einfache Vorstellung von Evidenz um grundlegende Einsichten erweitert.

26 So nennt Kracauer den Film.

27 Siegfried Kracauer, *Theorie des Films*, Frankfurt/M. 1964, S. 89.

28 „evidentia“ läßt sich übersetzen mit *Ersichtlichkeit, Sichtbarkeit, Durchsichtigkeit, Klarheit* und *Augenschein, als Veranschaulichung einer Person oder Sache, die lebhaft vor Augen zu sein scheint.*

29 Sibylle Peters/Martin Jörg Schäfer (Hg.), *„Intellektuelle Anschauung“. Figurationen von Evidenz zwischen Kunst und Wissen*, Bielefeld 2006, S. 10.

Mit seinem Anknüpfen an die Filmszene in Vigos „Satire" setzt Lacan nicht nur den Rahmen und den Hintergrund seines *Télévision*-Auftritts, er umreißt damit zugleich seine Position und wichtige Themen seiner Lehre.

In Vigos Film betritt in der Szene, auf die sich Lacan offensichtlich bezieht, der zwergwüchsige Internatsdirektor zusammen mit dem Hausmeister der Anstalt sein Dienstzimmer, um einen vorgeladenen Schüler anzuhören und zu ermahnen. Er tritt hinter seinen großen Schreibtisch, vor den mit einem großen Spiegel versehenen Kamin, zieht seinen Hut, um ihn auf dem nur mühsam zu erreichenden hohen Sims abzulegen, kann aber zunächst zwischen den Bücherstapeln keinen Platz ertasten. Erst sein zweiter Versuch, den Hut mit einer Glasglocke abzudecken, gelingt, weil er zunächst die Lage der Bücher nicht überblicken kann und mit dem Hut daran hängenbleibt. Als er sich im Spiegel betrachten und zur Besprechung herrichten will, erscheint – für den Zuschauer sichtbar – im Spiegel das Bild des schlanken, hochgewachsenen Begleiters, der hinter ihm ging, sich dann vor dem Schreibtisch aufstellt, um das eigene Aussehen in dem gleichen Spiegel über dem Kamin zu kontrollieren. Seine Bewegungen spiegeln die des Direktors, der wegen seiner Kleinheit und Nähe zum Spiegel nur einen sehr spitzen Blickwinkel hat, sein Bild nicht, statt dessen aber das des hochgewachsenen Partners sehen kann. Er nimmt dabei offensichtlich das Spiegelbild des Größeren, Jüngeren, Anderen für sein eigenes. Der für den Zuschauer immer noch klein gebliebene Direktor spricht danach über die moralischen Probleme, die er bei den Internatsschülern beobachtet zu haben meint und die er zu überwachen beschlossen hat („Il faut les surveiller!"). In seinem späteren Vortrag gegenüber einem aufgefallenen Schüler, dessen Vater er, wie er meint, sein könne, phantasiert er, hinter seinem Schreibtisch stehend über Sensibilität bzw. Empfindungsvermögen im Pubertätsalter, „où il y a des choses, n'est-ce pas" und über „nevropathes et psychopathes". Er beendet seine Ausführungen, die nur Stichworte mit Andeutungen und vagen Vermutungen bleiben, mit dem bedrohlich klingenden Schrei „ma thèse!" während er beide Arme in die Luft wirft, den Kopf nach vorn stößt, wahrscheinlich den Schüler erschreckt, der betreten zurück in sein Klassenzimmer schleicht. Er spricht also im „Namen des Vaters" das „Nein des Vaters" (Lacans *nom du père*) aus.

Lacans Zitat dieser Szene in „*Télévision*" und die Übernahme in sein eigenes „setting" vor der Kamera kommentiert nicht nur ironisch seinen eigenen Auftritt vor dem Fernsehpublikum, unter dem er auch Analytiker vermutet. Er illustriert damit zugleich, was er dann sprachlich artikuliert: Er erwarte nichts weiter von den Zuschauern, als Objekt des Analysanten zu sein. „Es kommt vor, daß ich mich an sie wende, nicht, daß ich zu ihnen spräche, sondern daß ich von ihnen spreche: und sei es nur, um sie zu beunruhigen. Wer wie? Das kann Suggestionseffekte haben." Diese „Komödie", von der er bereits im dritten Satz sagt, daß er sie für „danebengegangen" (*raté*) halte, sei für den „Papierkorb" (*le panier*) – vor allem, weil er sich geirrt habe mit der „Idee, zu sprechen, damit Idioten mich verstehen". Es ist die Strategie, „das Subjekt, dem Wissen unterstellt wird" (*le sujet-supposé-savoir*) in Aktion zu zeigen und vor allem, daß sich zwischen ihm und dem zu analysierenden Objekt eine Übertragung ereignen soll. Das zitierte Vorbild, der Internatsdirektor, der sich in dem Spiegel über dem Kamin als der andere (der Hausmeister) erblickt und identifiziert und dessen Gesten und die Position des *sujet-supposé-savoir* Lacan in vollem Bewußtsein der Tatsache übernimmt, daß es diese Position nirgends gibt, und dennoch muß er diese Tatsache „vergessen" und sich in dem „psychoanalytischen Akt" auf sie als Funktion „reduzieren",[30] indem er fingiert, die Position beibehalten zu können, „weil es der einzige Zugang zu einer Wahrheit ist, von dem das Subjekt abgewiesen wird, um auf seine Funktion als Ursache eines ausweglosen Prozesses reduziert zu werden." Der Akt des Analytikers besteht darin, „zu fingieren, er habe vergessen, daß dieser Akt Ursache des Prozesses ist." Funktion seiner Sprache ist die Evokation. Ihn als Subjekt konstituiert seine Frage.[31]

Weil er in seinem Fernsehaufritt selbst diese Position einnimmt, plant er selbst so „zu sprechen, daß Idioten [ihn] verstehen". Er sieht dann aber „keinen Unterschied zwischen dem Fernsehen und dem Publikum" seines Seminars; er spricht auch zu ihnen als „denen, die sich auskennen, zu den Nicht-Idioten".[32]

Seine Behauptung im ersten Satz der Sendung, „ich sage immer die Wahrheit" umschreibt noch einmal, daß die Wahrheit nicht auf eine bloß herauszufindende Ursache zurückgeführt und damit in ihrer auftretenden Gestalt entwertet wird; sie ist nicht schon in einer vermuteten Ursache enthalten, sondern wird im Verlauf der Therapie, der Analyse – also der therapeutischen Situation zwischen ihm und dem jeweiligen Einzelsubjekt – herausgearbeitet. Und diese Wahrheit hat sich im Medium der Sprache und nach ihren Regeln zu artikulieren, denn „vor der Sprache ist weder etwas noch nichts. Mit der Dimension der Sprache gräbt sich die Wahrheit in das Reale ein. Vor der Sprache gibt es weder wahr noch falsch."[33] Dadurch werden die Vermischungen und Verschmelzungen von Ursache und Erklärung ausgeschlossen.

Das Herausspringen aus dem Automatismus der professionellen Evokationen gerade des in seiner Sprache gefangenen ‚Fachmanns' gelingt am besten durch die Provokation einer „idiotischen Frage", die aus der Situation hervorgeht. In der Einleitung zu seinem Seminar *La logique du fantasme* berichtet Lacan von einer solchen, die ihm von einer Person gestellt worden sei, die sein „Buch nicht geöffnet" habe: „Was verbindet Ihre *Écrits* miteinander?" Die Idee, so zu fragen, sei ihm allein nicht gekommen. Sie sei aber sehr interessant, und er habe geantwortet, daß es ihm vom Aufsatz über das Spiegelstadium, bis zu dem Text über „die Subversion des Subjekts" um das Thema der Identität gegangen sei.[34]

Lacan versetzt mit seinem Zitat der Szene mit dem Internatsdirektor aus *Zéro de conduite* die Zuschauer/Hörer virtuell in die Situation der Schüler, die ihn/den

30 Jacques Lacan, *Séminaire X*, S. 57.

31 »Ce qui me constitue comme sujet, c'est ma question» (Lacan, *Ecrits*, S. 266).

32 Jacques Lacan, *Radiophonie, Television*, S. 61.

33 »Avant la parole, rien n'est ni est pas. [...] c'est avec la dimension de la parole que se creuse dans le réel la vérité. Il n'y a ni vrai ni faux avant la parole» (Lacan, *Séminaire I*, S. 254).

34 *La logique du fantasme*, S. 66-67 (nach einer ungedruckten, vervielfältigten Nachschrift ungewisser Herkunft).

Direktor als das *sujet-supposé-savoir* ansehen sollen. Sie selbst geraten in die Rolle der Idioten, die die richtigen, aus der Situation sich entwickelnden, nicht schon bereits vorformulierten Fragen stellen können sollen.[35]

Wenn aber Lacan eine Spiegelszene in seinem Televisionsauftritt zitiert und sich selbst darin noch spiegelt, sie fortsetzt, dann empfiehlt sich schon ein zweiter Blick. Seinem Graphen entsprechend kann der Blick nicht mehr als „dem Bild ‚gegenüberstehend', als dessen Signifikat, als der Punkt seiner maximalen Bedeutung oder als Summe all dessen, was im Bild erscheint, *und* als der Bedeutung gebende Punkt lokalisiert" werden.[36] Joan Copjec hat auf den Zusammenhang aufmerksam gemacht und kritisiert damit die in dieser Tradition verharrende Auffassung des Blicks in der feministischen Filmtheorie. In Lacans Skizze wird gezeigt, daß sich im Schnittpunkt der einander durchdringenden Dreiecke zwischen Blick und Subjekt der Vorstellung der *écran*, der opake Bildschirm, befindet, der das Subjekt von dem, was dahinter ist, optisch abschneidet. Weil keine Bestätigung vom anderen erfolgen kann, tritt das Subjekt „als ein begehrendes Sein hervor"; „das Begehren als solches [kann] niemals als eine Verwirklichung begriffen werden."

Lacan erscheint auf dem Bildschirm, in *Télévison*, als Analytiker. In der Vorstellung des einen oder anderen Zuschauers soll der imaginäre „große Andere" erscheinen, der im Namen-des-Vaters den Namen des Vaters auf einer Kinoleinwand ausgesprochen hat. Der in *Zéro de conduite* den Herrensignifikanten spielende zwergenhafte Internatsdirektor kommt in Lacans Wiederholung des Leinwandauftritts der Karikatur des *„ich"* recht nahe, die man nach Lacans Worten in dem „cartesischen cogito" sieht, den er mit dem Begriff „Ausgeburt" oder „Homunkulus" bezeichnet, „der immer dann, wenn man vernünftigen Grund für die Vergeblichkeit oder psychologische Disharmonie im Dasein des berühmten Männchens im Innern des Menschen sehen will, das diesen regiert, den Wagen lenkt, Punkt der Synthesis ist, wie man heute sagt. Dieser kleine Mann ist schon vom vorsokratischen Denken in seiner Funktion entlarvt worden."[37] Lacan verwendet für das Subjekt, „sofern es zweitkonstituiert ist in bezug auf den Signifikanten" das „Symbol des schräggestrichenen S [$]". Das Subjekt sehe sich nämlich „konstituiert [...] durch das reflektierte, momentane, prekäre Bild der Bemeisterung". Die Zweitkonstituierung komme dadurch zustande, daß das Subjekt sich auf der Ebene des Zählens situiere, als *ein* Eines. Es trete eine Spaltung ein, „die bewirkt, daß das Subjekt als solches sich vom Zeichen unterscheidet, auf das es sich, zunächst, als Subjekt zu konstituieren vermochte."[38]

Unter dem Blick, der „draußen" ist, von dem ich „erblickt" werde – und das gilt natürlich auch für die Situation vor der Kamera, die ein „mich" anblickt – bin ich

35 „J'adore les questions idiotes [...] Un idiotisme c'est quelque chose, qu'on confond trop vite avec la singularité, c'est quelque chose de naturel, de simple, et pour tout dire, de très souvent lié à la situation". Ebd.

36 Copjec, *Lies mein Begehren*, S. 49.

37 Lacan, *Seminar XI*, Berlin 1996, S. 147.

38 Ebd., S. 148.

„Bild/tableau".[39] Natürlich auch im Medium des Fernsehens. „Der Schirm ist hier Ort der Vermittlung."[40] Indem Lacan die Szene des kleinen Direktors zitiert, läßt er deutlich werden, daß der Blick auf den Schirm auch den vorgestellten Blick eines Anderen mit enthält, nämlich den des vor dem Direktor sitzenden Schülers. Die erblickten Subjekte, denen die sie anblickenden „Wissen unterstellen", schließen sich zu einem Bild zusammen und halten, wie Lacan schon zu Anfang sagt, die Komödie für mißlungen (*raté*). „Diese Funktion des Mißlingens steht" für Lacan „im Mittelpunkt der analytischen Wiederholung."[41]

Es geht in dem aus „*Zéro de conduite*" zitierten und auch in dem von Lacan vor der Fernsehkamera inszenierten *setting* um die Darstellung der „Präsenz des Analytikers". Sie ist für Lacan „eine Manifestation des Unbewußten".[42] Und das Unbewußte definiert er seit seinem „Vortrag von Rom" als „die Summe der Wirkungen, die das Sprechen auf ein Subjekt übt, auf jener Ebene, wo das Subjekt sich aus den Wirkungen des Signifikanten konstituiert."[43] Daß auch die „televisuellen" Signifikanten dabei eine konstituierende Rolle spielen, hat Lacan mit seinem Auftritt im Fernsehen sehr deutlich gezeigt.

39 Seminar XI, Kapitel: *Was ist ein Bild/tableau*, S. 113.
40 Ebd., S. 115.
41 Ebd., Kapitel: *Präsenz des Analytikers*, S. 134.
42 Ebd., S. 131.
43 Ebd., S. 132.

Niels Werber

Luhmanns Medien

Zur philosophischen Rezeption einer anti-philosophischen Medientheorie

I. Die Philosophie und Luhmann

Auf dem IX. Internationalen Hegel-Kongreß von 1972 erklärte Hans Jörg Sandkühler die Systemtheorie für überflüssig. Andere Teilnehmer enttarnten Niklas Luhmanns Konzept der „Selbstregelung" als Neuauflage des alten Begriffs der „Spontaneität".[1] Dies war noch höflich formuliert, denn der systemtheoretischen „Sozialkybernetik" hatte man längst ihre Irrationalität, Kritiklosigkeit und technokratisch-willfährige Bindung an „die Imperative der Bestandserhaltung des Bestehenden" nachgewiesen.[2] Aus kritischer Sicht ist die Systemtheorie affirmativ, ja geradezu zynisch, wenn nicht gar böse.[3] Daß es sich lohnen könnte, Luhmann als Philosophen zu lesen, schien kaum jemand für möglich zu halten.[4] Seine eigenwillige Medientheorie, die seit den 1960er Jahren als integraler Teil einer allgemeinen Soziologie der Gesellschaft entwickelt und vorangetrieben wurde, blieb in der Philosophie vorerst ohne Resonanz.

---

1 Friedmann Grenz, „Um Hegel herum. Eindrücke vom IX. Hegel-Kongress", in: *Zeitschrift für philosophische Forschung*, Vol. 27, Nr. 3 (Juli/Sept.) (1973): S. 449-452, S. 451 f.

2 Jürgen Habermas, „Theorie der Gesellschaft oder Sozialtechnologie. Eine Auseinandersetzung mit Niklas Luhmann", in: *Theorie der Gesellschaft oder Sozialtechnologie – Was leistet die Systemforschung?*, hg. von Jürgen Habermas/Niklas Luhmann, Frankfurt/M. 1971, S. 142-290, S. 170.

3 Vgl. Traugott Koch, „Kommunikative Ethik? Das Problem der Norm in der Politik", in: *Neue Zeitschrift für systematische Theologie und Religionsphilosophie*, Nr. 18 (1976), S. 180-193.

4 Habermas selbst ist eine Ausnahme. Auf dem Wege der Kritik hofft er, „von Luhmann zugleich das zu lernen, was wir von einem umfassend gebildeten und überraschenden Geiste allemal lernen können"; Habermas, „Theorie der Gesellschaft oder Sozialtechnologie. Eine Auseinandersetzung mit Niklas Luhmann", S. 145. Luhmann würdigt Habermas Kritik dann im gleichen Band ausdrücklich als klar, feinsinnig, nuancenreich und differenziert; Niklas Luhmann, „Systemtheoretische Argumentationen. Eine Entgegnung auf Jürgen Habermas", in: Habermas/Luhmann (Hg.), *Theorie der Gesellschaft oder Sozialtechnologie – Was leistet die Systemforschung?*, S. 291-405, S. 291. Ein amerikanischer Beobachter an der Debatte zwischen Habermas und Luhmann lobt eigens, wie aufmerksam beide auf ihre Argumente hören und die Einwände zur Weiterentwicklung der eigenen Theorien verwenden. (Vgl. Fred R. Dallmayr, „On Critical Theory", in: *Philosophy of the Social Sciences*, Vol. 10, Nr. 1 (Mar.) (1980): S. 93-109, S. 101. Der Autor wiederholt eine These von Friedrich Sixel von 1976). Die Fruchtbarkeit der Kontroverse wurde in der deutschen Rezeption übersehen. Aus der Debatte wurde dann doch noch ein „trench warfare" (S. 101) zwischen Frankfurt und Bielefeld.

Bereits Luhmanns programmatischer Aufsatz „Soziologie als Theorie sozialer Systeme“ aus dem Jahre 1967, der mit großer Konsequenz das Fach auf das neue Paradigma der „Selbststeuerung“ einstellt und, im Vergleich zur deutschen Tradition, revolutioniert, macht einen ersten Vorschlag zu einer funktionalistischen, also problembezogenen Definition von „Medien der Kommunikation“: Ihre aus der Evolution der Gesellschaft zu komplexerer Ordnung nicht wegzudenkende Funktion bestehe in der „Sicherung der Übertragbarkeit von Selektionsleistungen.“[5] Mit und gegen Talcott Parsons Theorie der „Symbolic Media of Interchange“[6] faßt Luhmann „Wahrheit, Macht, Liebe und Geld“ als „die wichtigsten dieser Medien“.[7] Da Luhmann seine Soziologie auf die globale Dimension einer „Weltgesellschaft“ orientiert, kommen zwangsläufig auch die „weltweiten Kommunikationsnetze“ in den Blick, die das Problem der Übertragung von Selektionsleistungen „verbreitungstechnisch“ lösen.[8] Neben „Erfolgsmedien“ Geld, Macht, Wahrheit oder Liebe, welche die Wahrscheinlichkeit dafür erhöhen, daß eine bestimmte Selektionsofferte angenommen wird, treten „Verbreitungsmedien“ wie Buchdruck, Massenmedien oder Telekommunikation, welche die Aussichten dafür erhöhen, daß Kommunikationsofferten Zeit und Raum überbrücken und selbst unbekannte Adressaten interessieren.[9] Erfolgsmedien und Verbreitungsmedien werden von Luhmann im Kontext einer Theorie der Evolution der Gesellschaft aufeinander bezogen.[10] Dabei bleibt es bis zum Erscheinen der systemtheoretischen Summa *Die Gesellschaft der Gesellschaft* im Jahre 1997.[11] Die „Philosophie“ übrigens, der diese soziobiologisch-kybernetische Evolutionstheorie ein Graus ist, sei selbst ein Produkt dieser Koevo-

5 Niklas Luhmann, „Soziologie als Theorie sozialer Systeme“ (Kölner Zeitschrift für Soziologie und Sozialpsychologie 19, 1967), in: *Soziologische Aufklärung. Aufsätze zur Theorie sozialer Systeme*, Bd. 1, Opladen 1972, S. 113-136, S. 115, 126.

6 Auch Habermas rezipiert Parsons. Vgl. zu den Unterschieden und Gemeinsamkeiten Daniel Chernilo, „The theorization of social co-ordinations in differentiated societies: the theory of generalized symbolic media in Parsons, Luhmann and Habermas“, in: *British Journal of Sociology*, Vol. 53, Nr. 3 (2002), S. 431-449.

7 Luhmann, „Soziologie als Theorie sozialer Systeme“, S. 127 f. Es handele sich hier nicht um Medien, meint dagegen Alexander Roesler, „Medienphilosophie und Zeichentheorie“, in: Stefan Münker/Alexander Roesler/Mike Sandbothe (Hg.), *Medienphilosophie. Beiträge zur Klärung eines Begriffs*, Frankfurt/M. 2003, S. 34-52, S. 49.

8 Niklas Luhmann, „Die Weltgesellschaft“ (1971), in: *Soziologische Aufklärung*, Bd. 2, Opladen 1991, S. 51-71, S. 54.

9 Vgl. auch Dirk Baecker, *Form und Formen der Kommunikation*, Frankfurt/M. 2005, S. 176 f. und Niels Werber, „Raum und Technik. Zur medientheoretischen Problematik in Luhmanns Theorie der Gesellschaft“, in: *Soziale Systeme. Zeitschrift für soziologische Theorie*, Nr. 1 (1998), S. 219-232.

10 Niklas Luhmann, „Systemtheorie, Evolutionstheorie und Kommunikationstheorie“ (1975), in: *Soziologische Aufklärung. Aufsätze zur Theorie der Gesellschaft*, Bd. 2, S. 193-203, S. 199.

11 Vgl. Niklas Luhmann, *Die Gesellschaft der Gesellschaft*, 2 Bde., Frankfurt/M. 1997, Kapitel 2: Kommunikationsmedien.

lution von Medien und Gesellschaft,[12] doch im Unterschied zur Systemtheorie sei sie nicht in der Lage, dies auch zu beobachten.[13]

Die systemtheoretische Revolution der Geisteswissenschaften, die sich in den Aufsätzen der 1960er und frühen 1970er Jahre nicht nur ankündigt, wird von der Fachphilosophie kaum registriert. Obwohl die Festen philosophischer Grundüberzeugungen und Grundbegriffe bereits geschliffen werden und nur wenig fehlt, um die Philosophie und ihre Grundfragen als „alteuropäisch" zu „antiquisieren",[14] bleibt Luhmanns Radikalisierung und Universalisierung der Systemtheorie zunächst eine Fußnote, und zwar eine Fußnote innerhalb der intensiven Diskussion der Kommunikations- und Diskurstheorie von Jürgen Habermas.[15] Wenn Philosophen Luhmann überhaupt rezipieren, dann scheinen ihre Lektüren von der Gewißheit getragen zu sein, Luhmanns Unternehmen versuche eine Reformulierung klassischer philosophischer Theoreme, etwa der „philosophischen Handlungstheorie [...] (Aristoteles, Kant, Hegel)"[16] oder der „Bewußtseinsphilosophie von Kant bis Husserl",[17] was ihm aber deshalb nicht gelingen könne, weil er kein Philosoph sei[18] oder weil seine aus der Kybernetik importierten Begriffe „inhaltlich völlig leer" blieben.[19] Daß Luhmanns Systemsoziologie als „Nachlaßverwalterin der Philosophie" auftrete und seine Theoriearchitektur die „von der klassischen Philoso-

---

12 Vgl. Niklas Luhmann, *Soziale Systeme. Grundriß einer allgemeinen Theorie* (1984), Frankfurt/M. 1987, S. 127 f. Luhmann beruft sich auf die klassischen Texte von Havelock, Ong und Goody.

13 Elena Esposito, „Blindheit der Medien und Blindheit der Philosophie", in: Münker/Roesler/Sandbothe (Hg.), *Medienphilosophie*, S. 26-33, S. 26 f.

14 Vgl. Jean Clam, „Unbegegnete Theorie. Zur Luhmann-Rezeption in der Philosophie", in: *Rezeption und Reflexion. Zur Resonanz der Systemtheorie Niklas Luhmanns außerhalb der Soziologie*, hg. von Henk de Berg/Johannes Schmidt, Frankfurt/M. 2000, S. 296-321, S. 316.

15 Vgl. etwa Eberhard Klumpp, „Mündigkeit als ethisches Prinzip?", in: *Zeitschrift für philosophische Forschung*, Vol. 27, Nr. 2 (April/Juni) (1973), S. 222-236 oder Thomas A. McCarthy, „A Theory of Communicative Competence", in: *Philosophy of the Social Sciences* Vol. 3, Nr. 2 (June) (1973), S. 135-156. Daß die Luhmann-Rezeption über Habermas läuft, führt zu erheblichen Verzerrungen. Vgl. nur L.J. Ray, „„On Critical Theory" edited by John O'Neill (Book Review)", in: *Philosophy of the Social Sciences*, Vol. 11, Nr. 1 (1981), S. 99-105, S. 104, wo man lesen kann, laut Habermas habe Luhmann die Soziologie zum Führungssystem der Gesellschaft erklärt, von dem aus die Evolution zu steuern sei.

16 Karl-Heinz Nusser, „System- und Handlungstheorie bei Luhmann. Bemerkungen zu ihrem Zusammenhang", in: *Zeitschrift für philosophische Forschung*, Vol. 32, Nr. 4 (Okt./Dez.) (1978), S. 539-555, S. 539.

17 Vgl. Jürgen Habermas, *Der philosophische Diskurs der Moderne. Zwölf Vorlesungen*, Frankfurt/M. 1985, S. 416.

18 Dies ist, überspitzt zusammengefaßt, die These von Ole Thyssen, "Epistemology as Communication Theory: A Critique of Niklas Luhmann's Theory of the Vanished World", in: *Cybernetics & Human Knowing*, Vol. 13, Nr. 2 (2006), S. 7-24. Daß nur Philosophen philosophieren und Soziologie und Philosophie unterschiedliche Projekte verfolgen, hält mit Recht fest Johannes Weiss, „Die Soziologie und die Aufhebung der Philosophie", in: *Zeitschrift für philosophische Forschung*, Vol. 32, Nr. 4 (1978), S. 556-567, S. 564.

19 Nusser, „System- und Handlungstheorie bei Luhmann. Bemerkungen zu ihrem Zusammenhang", S. 540.

phie diskutierten Probleme“ immer schon erledigt haben wolle, stellt Johannes Weiss 1978 nur fest, um anschließend zu konstatieren, dieses „sehr radikale Programm Luhmanns [sei] im Ansatz unhaltbar“.[20]

Berührungsscheu oder Ablehnung prägen das Verhältnis der Philosophie zur Systemtheorie, obwohl es doch einen guten Start hatte. Denn der soeben bei Helmut Schelsky in Münster habilitierte und sogleich nach Bielefeld berufene Luhmann vertrat im Wintersemester 1968/69 den Frankfurter Lehrstuhl für Philosophie und Soziologie von Theodor W. Adorno. Philosophie und Soziologie wurden an der Johann Wolfgang Goethe-Universität und dem Frankfurter Institut für Sozialforschung institutionell und disziplinär als Einheit verstanden, nicht als Gegensätze, und auch Jürgen Habermas war zu dieser Zeit als Nachfolger Max Horkheimers Professor für Philosophie und Soziologie. Als Vertreter und Nachfolger der beiden Autoren der *Dialektik der Aufklärung* lernten Luhmann und Habermas sich in Frankfurt kennen, zumindest nominell vereint in ihrem Auftrag, Philosophie *und* Soziologie zu vertreten. Gemeinsam veranstalten sie ein Seminar, aus dem 1971 die Aufsatzsammlung *Theorie der Gesellschaft oder Sozialtechnologie. Was leistet die Sozialforschung?* hervorgeht, welche die Rezeption der beiden Positionen bis heute nicht zuletzt deshalb strukturiert, weil sie in der Literatur und der Lehre geradezu kanonisiert worden ist und sich für eine vereinfachende, polemische, publikumswirksame „High Noon“-Inszenierung vorzüglich eignete.[21] Aus dieser vielbeachteten „Kontroverse“ gehen die „beiden Sozialphilosophen“, wie noch Detlef Horster Habermas *und* Luhmann adressiert, schließlich mit aneinander geschärften Positionen als Deutschlands berühmteste Vertreter der Soziologie und der Philosophie hervor, Luhmann „als Soziologe“ und Habermas „als Philosoph“.[22] Dieser disziplinären Differenzierung zum Trotz zählt Luhmann, ob er will oder nicht, zum „philosophischen Diskurs der Moderne“.[23] 1988 wird ihm der Hegel-Preis der Stadt Stuttgart verliehen. Dies macht aus einem Soziologen noch keinen Philosophen – auch Gombrich ist Kunsthistoriker und Le Goff Historiker geblieben –, illustriert aber, wie sehr sich die Lage seit dem Hegel-Kongreß von 1972 verändert hat. Allein die Prominenz des Preisträgers macht es nun schwierig,[24] das systemtheoretische Unternehmen als überflüssig oder redundant zu deklarieren.

---

20 Weiss, „Die Soziologie und die Aufhebung der Philosophie“, S. 562.

21 In Walter Reese-Schäfer, *Niklas Luhmann zur Einführung*, Hamburg 1992, S. 139. Das entsprechende Kapitel heißt „Die Frankfurt-Bielefeld-Differenz: Habermas contra Luhmann“. Vgl. zur Habermas-Luhmann-Kontroverse bei Margot Berghaus, *Luhmann leicht gemacht. Eine Einführung in die Systemtheorie*, Köln/Weimar/Wien 2003, Kap. 2.

22 Detlef Horster, *Jürgen Habermas zur Einführung*, Hamburg 1999, S. 32 ff. Horsters Kapitel heißt „Die Auseinandersetzung mit Niklas Luhmann 1971“. Auch Reese-Schäfer, *Niklas Luhmann zur Einführung*, S. 140, stellt zu Beginn seiner Darstellung der Debatte fest, Habermas sei „ja in erster Linie Philosoph“.

23 Habermas, *Der philosophische Diskurs der Moderne*, S. 426.

24 Aber nicht unmöglich. Vgl. den Frankfurter Philosophen Matthias Vogel, „Medien als Voraussetzungen für Gedanken“, in: Münker/Roesler/Sandbothe (Hg.), *Medienphilosophie*, S. 106-134, S. 114 f. Schlichtweg übergehen kann man Luhmann aber nicht.

II. Subjektloser Sinn. Das grundlegende Problem des Medienbegriffs

Seine „Skizze" der modernen Gesellschaft am Leitfaden einer „Theorie sinnhaft-selbstreferentieller Systeme" formuliere „weder eine erste noch eine Letzte Philosophie", stellt Luhmann klar.[25] Sie „vermeidet auch eine fachliche Zuordnung zur ‚Philosophie'", die Luhmann hier, wie so oft, in Anführungszeichen setzt.[26] „Gleichwohl", so gesteht er zu, „soll ein Zusammenhang nicht bestritten werden."[27] Dieser bestehe in der „Isomorphie der Problemstellung".[28] Die Grundfrage, der sich die Systemtheorie und ‚die Philosophie' in vergleichbarer Weise gegenübersehen, ist die Sinnfrage. Es ist auch die Frage der „Medienphilosophie" in der Form, die Sybille Krämer ihr gibt: „Übertragen oder erzeugen Medien Sinn?"[29] Wie Sinn überhaupt konstituiert wird – intersubjektiv, intentional, handelnd, entwerfend, leibhaft, transzendental, performativ, unbewußt, sprachlich etc. –, beschäftigt die Lebensphilosophie wie die Sprachphilosophie, die Sozialphilosophie wie den Pragmatismus, die Phänomenologie wie die analytische Philosophie, die Diskurstheorie wie die Transzendentalphilosophie. Luhmann unterstellt nun, sicher sehr pauschal, „der Philosophie", daß sie sich diese Frage je schon innerhalb eines bestimmten Rahmens gestellt habe, nämlich aufgrund der Unterscheidung von Subjekt und Objekt.[30] Dieser philosophische Rahmen wird von Luhmann historisiert und dann als „alteuropäisch" verabschiedet. Das Sinn-Problem wird von Luhmann dagegen übernommen, aber auf die kontingenten Selektionsleistungen eines Systems in einer überkomplexen Umwelt bezogen und damit völlig anders, nämlich subjektlos formuliert.[31] Es überzeuge nicht, die Sinnfrage mit dem Subjekt zu beantworten, denn die Selbstbeschreibung des Menschen als Subjekt in einer „objektiven, in ihren Möglichkeiten limitierten Welt" setze die „Reduktion hoher Komplexität", also

25 Daß „Medienphilosophie" als eine „zeitgemäße Gestalt einer ‚prima philosophia'" zu betrachten sei, meint Reinhard Margreiter, „Medien/Philosophie. Ein Kippbild", in: Münker/Roesler/Sandbothe (Hg.), *Medienphilosophie*, S. 150-171, S. 151.

26 Vgl. Luhmann, *Die Gesellschaft der Gesellschaft*, S. 983. Luhmann, *Soziale Systeme*, S. 127.

27 Luhmann, *Soziale Systeme*, S. 145.

28 Ebd., S. 145 f.

29 Sybille Krämer, „Erfüllen Medien eine Konstitutionsleistung?", in: Münker/Roesler/Sandbothe (Hg.), *Medienphilosophie*, S. 78-90, S. 80.

30 Vgl. Luhmann, *Die Gesellschaft der Gesellschaft*, S. 1023 f.

31 Daß dies nicht gelinge, sondern das Subjekt sich als Parasit in der Maske des Beobachters wieder in die Systemtheorie der Medien hineinschleiche, meint aus „kulturphilosophischer" Sicht Georg Christoph Tholen, *Die Zäsur der Medien. Kulturphilosophische Konturen*, Frankfurt/M. 2002, S. 176 f. Die These stützt sich auf die „okulare Metaphorik" der Terminologie, ist also ziemlich schwach, denn sie wird hinfällig, wenn die Beobachtungstheorie informationstheoretisch, mathematisch oder kybernetisch reformuliert wird. Vgl. Dirk Baecker, „Kommunikation im Medium der Information", in: Rudolf Maresch/Niels Werber (Hg.), *Kommunikation. Medien. Macht*, Frankfurt/M. 1999, S. 174-191. Luhmann selbst macht deutlich, daß Kommunikation ohnehin „*nicht direkt beobachtet, sondern nur erschlossen*" werden kann. Luhmann, *Soziale Systeme*, S. 226. Kursivierung von Luhmann.

konstituierten Sinn, immer schon voraus.[32] Diese Reduktionsleistung, die aus dem unüberschaubaren Möglichkeitshorizont der Welt selektiert und das Ausgewählte zur Voraussetzung weiterer Selektionen macht, *ist* das System, das sich so operativ von seiner Umwelt unterscheidet. Ob es dies anhand der Unterscheidung von Fremd- und Selbstreferenz auch reflektierend nachvollzieht und ob es sich dann selbst als Subjekt und alles andere als Objekt beschreibt, ist eine Frage der Selbstbeschreibung des Systems. Für jedes System gilt: „Es gibt kein Außen, keine externe Bedingtheit, keine tragende Welt – es sei denn als Komponente der Unterscheidung von innen und außen." Die „Anmaßung" des Menschen, „Subjekt der Welt zu sein", sei folglich explodiert.[33]

Sinn wird von Luhmann also nicht intentional an ein Subjekt zurückgebunden. Der Gegenvorschlag lautet, Sinn als „Grunddifferenz von Aktualität und Möglichkeitshorizont" aufzufassen. Was immer konkret auch Sinn in einer Situation ausmacht, immer geht es um etwas Bestimmtes im Unterschied zu vielen anderen Möglichkeiten, die unbestimmt bleiben können. Sobald diese Unterscheidung prozessiert wird, kann unterstellt werden, daß ein System bestimmte Möglichkeiten aktualisiert und andere ausschließt. Dies System könnte, auf dieser sehr abstrakten Ebene, ein Organismus sein, eine Maschine oder ein soziales System.[34] Diese Theorie ist nicht nur subjektlos, sondern auch inhaltlich (und also auch in moralischer oder politischer Hinsicht) vollkommen unspezifisch. Denn was unterschieden wird, ist für die Aktualisierung von Sinn und die Selbstausgrenzung eines Systems völlig gleichgültig, an und aus, warm und kalt, Äpfel und Birnen, links und rechts, Riesen und Drachen, entscheidend ist allein die „Notwendigkeit der Selektion, also auch die Notwendigkeit des Übergehens anderer Möglichkeiten."[35] Ob andere Systeme diese Selektionen übernehmen, daran mit eigenen Operationen anschließen und beispielsweise so komplexe soziale Ordnungen entstehen wie ein Marktstand, eine Ideologie oder ein phantastischer Roman, ist eine Frage der Evolution. Äpfel oder Birnen auf einem Marktstand feilzubieten, setzt das Medium Geld voraus, ein Roman dagegen den Buchdruck und Leser mit viel freier Zeit. Verbreitungs- und Speichermedien wie der Buchdruck oder das Internet, aber auch Erfolgsmedien wie Geld oder Macht spielen eine tragende Rolle als evolutionäre Errungenschaften. Medien erhöhen die Wahrscheinlichkeit dafür, daß Anschlüsse an Selektionsofferten erwartbar werden.[36] Sprache encouragiert zur Kom-

---

32 Niklas Luhmann, „Sinn als Grundbegriff der Soziologie", in: *Theorie der Gesellschaft oder Sozialtechnologie – Was leistet die Systemforschung?*, S. 25-100, S. 61.

33 Niklas Luhmann, *Beobachtungen der Moderne*, Opladen 1992, S. 72 f.

34 Baecker, *Form und Formen der Kommunikation*, S. 76.

35 Niklas Luhmann, „Gesellschaftliche Struktur und semantische Tradition", in: *Gesellschaftsstruktur und Semantik. Studien zur Wissenssoziologie der modernen Gesellschaft*, Bd. 1, Frankfurt/M. 1980, S. 9-71, S. 65.

36 Vgl. Niels Werber, „Medien der Evolution. Zur Rolle von Verbreitungs- und Speichertechniken in der Systemtheorie", in: Henk de Berg/Johannes Schmidt (Hg.), *Rezeption und Reflexion. Zur Resonanz der Systemtheorie Niklas Luhmanns außerhalb der Soziologie*, Frankfurt/M. 2000, S. 322-360.

munikation; Geld zu haben, ermutigt zum Kauf einer Ware; der Buchdruck motiviert das Verfassen eines Textes für unbekannte Leser. Ein Gespräch, ein Einkaufsbummel oder eine Romanlektüre machen Sinn, doch werden hier sehr voraussetzungsvolle Möglichkeiten aktualisiert, die der Selektion als Auswahlhorizont überhaupt erst einmal zur Verfügung stehen müssen: sei es in sprachlicher Form, sei es in Form einer Geldwirtschaft oder eines Genres fiktionaler Texte.

Luhmann hat Sinn als „Medium" bezeichnet, dessen „Form" die Differenz von Aktualität und Möglichkeit sei.[37] Dieses Begriffspaar bezeichnet die allgemeinste Form, die Luhmann dem Medienbegriff gibt.[38] Unter Medium ist jede Menge loser gekoppelter Elemente zu verstehen, die fest gekoppelt eine Form bilden. Die Definition ist strikt relational. Medium und Form bestehen aus den gleichen Elementen, der Unterschied besteht allein im Modus ihrer Kopplung: rigide oder locker. Die lose Kopplung von Elementen fällt einem Beobachter nicht auf. Erst die Form erhält Aufmerksamkeit und verweist so auch auf das Medium, dessen Elemente sie kondensiert. Töne, Geräusche oder Stimmen sind Formen des Mediums Luft. Wenn sie zu dünn wird, fällt am Scheitern der Formbildungen auf, daß sie ihr Medium ist. Das Verhältnis der Form zu ihrem Medium ist das der Selektivität. Ein Satz läßt sich als Auswahl aus dem Medium der Sprache auffassen, doch läßt sich dessen Botschaft auch mit anderen Medien darstellen als mit Lauten, etwa durch Schrift, Flaggen oder Morsezeichen, wobei unversehens vom Medium der Luft in das Medium der Lichtwellen gewechselt wird, das von Buchstaben, Flaggen oder Punkten und Linien geformt wird.[39] Wie Fritz Heider schränkt Luhmann den Medienbegriff keineswegs auf Sprache und ihre Darstellungsformen ein.[40] Was als Form oder Medium in Frage kommt, hängt vom Beobachter ab, der Formen auf lose gekoppelte Elemente beziehen kann und für den diese Unterscheidung Sinn macht. Für ihn ist Luft das Medium für Töne und Geräusche oder ein Menü eine Form, die aus dem Medium von Speisen und Getränken selektiert. Stellen sind das Medium für Verwaltungen oder Unternehmen, während umgekehrt ein Lebenslauf als Form verstanden werden kann, die bestimmte Stellen und keine anderen in die Sequenz einer Karriere integriert. Auch Massenmedien wie Funk und Fernsehen können als Medium beschrieben werden, die von Programmsparten und Sendeplätzen in Form gebracht werden, die für den Zuschauer wiederum ein Medium dar-

---

37 Luhmann, *Die Gesellschaft der Gesellschaft*, S. 44, 50.

38 Vgl. Niklas Luhmann, „Das Medium der Kunst", in: *DELFIN*, Nr. VII (1986), S. 6-15. Luhmann greift zurück auf Fritz Heider, „Ding und Medium", in: *Symposion. Philosophische Zeitschrift für Forschung und Aussprache* Vol. 1, Nr. 2 (1926), S. 109-157. Heider nennt die Elemente des Mediums „Boten" einer „Botschaft" (S. 119).

39 Vgl. Heider, „Ding und Medium", S. 121 f.

40 Vgl. Baecker, *Form und Formen der Kommunikation*, S. 181 f. Der Unterschied zu Luhmann soll nicht unterschlagen werden: Heider geht nicht davon aus, daß Form und Medium aus denselben Elementen bestehen, die nur der Kopplungszustand unterscheidet. Vielmehr sei eine Form (ein Ding) eine echte, eigengesetzliche Einheit, ein Medium gruppiere sich dagegen passiv „zu falschen Einheiten", es folge „den aufgezwungenen Schwingungen". Heider, „Ding und Medium", S. 129 f., S. 139.

stellt, aus dem er auswählt, was er sehen möchte. Sprache ist ein Medium, deren Formen Bestimmtes selektieren und kombinieren und alles übrige vorläufig ungesagt lassen. Diese Medientheorie ist nicht nur ein sehr enger Verwandter des systemtheoretischen Sinnbegriffs und teilt seine Universalität und Abstraktheit, sondern hat auch in der jüngsten Medienphilosophie die größte Aufmerksamkeit gefunden.

Wie jede Unterscheidung setzt die Differenzierung von Medium und Form einen Beobachter voraus, der die eine von der anderen Seite der Unterscheidung unterscheidet und so Sinn konstituiert. Jede Unterscheidung konstituiert derart Sinn und bringt das Medium der Welt in Form.[41] Die Form aktualisiert etwas Bestimmtes im Unterschied zur Potentialität der Welt, die für andere Formen verfügbar bleibt. Von Intentionen, Zwecken, Nutzen oder bedeutendem Gehalt ist dieser operative Sinnbegriff völlig frei. Er setzt nichts voraus als die Handhabung irgendeiner Unterscheidung. „Draw a distinction", beginnt der Form-Kalkül George Spencer Browns, der sich dann allein dadurch weiter entfaltet, daß dieser Unterschied einen Unterschied macht.[42] „Am Anfang steht also nicht Identität", kein Logos oder Subjekt, „sondern Differenz".[43] Diese Fassung des Sinns als Medium für Formen prägt alle Medienkonzepte Luhmanns. Die anti-philosophische Pointe, die Luhmann seinem Sinnbegriff gibt, sei noch einmal betont: Er lasse den anthropozentrischen „Gegensatz von Subjekt und Objekt" fallen, um das Sinnproblem an „eine Theorie selbstreferentieller Systeme" zu überstellen.[44] „Der Sinnbegriff ist primär, also ohne Bezug auf den Subjektbegriff zu definieren, weil dieser als sinnhaft konstituierte Identität den Sinnbegriff schon voraussetzt", schreibt Luhmann in der gemeinsam mit Habermas herausgegebenen Aufsatzsammlung,[45] dessen im gleichen Band publizierten Entgegnung genau dieses Diktum zitiert und kritisiert, um den Sinn den intersubjektiv kommunizierenden Subjekten zurückzugeben.[46]

III. Tilgung des Beobachters oder Resubjektivierung: Engell und Seel

Medienphilosophen, die Luhmann rezipieren, könnte man danach unterscheiden, wem sie in dieser Frage folgen. Lorenz Engell versucht, eine Medienphilosophie als Philosophie *der* Medien zu begründen, während Martin Seel den Begriff der Inten-

41 Niklas Luhmann, „Weltkunst", in: *Unbeobachtbare Welt. Über Kunst und Architektur*, hg. von Frederik Bunsen/Niklas Luhmann/Dirk Baecker, Bielefeld 1990, S. 7-45.

42 George Spencer Brown, *Laws of Form*, London ²1971.

43 Luhmann, *Soziale Systeme*, S. 112, vgl. S. 107 ff.

44 Niklas Luhmann, „Frühneuzeitliche Anthropologie. Theoriebautechnische Lösungen für ein Evolutionsproblem der Gesellschaft", in: *Gesellschaftsstruktur und Semantik. Studien zur Wissenssoziologie der modernen Gesellschaft*, Bd. 1, Frankfurt/M. 1980, S. 162-234, S. 233 f.

45 Luhmann, „Sinn als Grundbegriff der Soziologie", S. 29.

46 Habermas, „Theorie der Gesellschaft oder Sozialtechnologie. Eine Auseinandersetzung mit Niklas Luhmann", S. 180.

tion in das Medium-Form-Kalkül zurückholt.[47] „Medien sind Ermöglichungen“, schreibt Engell, sie öffnen je spezifische Möglichkeitshorizonte. In diesem „Raum der Möglichkeiten kristallisieren sich Verdichtungen, Ereignisse, Strukturen je eigenen Typs heraus“. Zugleich fügt umgekehrt „jedes aktualisierte Ereignis dem medialen Repertoire auch seinerseits neue Möglichkeiten hinzu und verändert alte.“ So weit, so vertraut: Luhmanns Sinnbegriff und seine Medium-Form-Unterscheidung. Das Medium ermöglicht eine selektive Kopplung und überführt so unbestimmte in bestimmte Komplexität. Die so gewonnene, bestimmte Form bildet wiederum die Möglichkeit, daran anzuschließen und neue Varianten der Kopplung zu erproben. „Deshalb sind nicht nur die Formen Hervorbringungen aus dem Medium, sondern auch das Medium Resultat der Aktualisierungen oder Formen.“[48] Der Körper wäre beispielsweise ein Medium, dessen Repertoire durch Yoga, Exerzieren oder Tanzen geformt und zugleich erweitert werden kann. Seel scheint genau die gleiche Einsicht zu vertreten, wenn er in der apodiktischen Kürze einer Sentenz formuliert: „Indem wir bestimmen, lassen wir uns bestimmen. Dies gilt für alle Formen des Bestimmens.“ Jede Form ist immer nur die Form eines Mediums, also eine vom Spielraum der lose gekoppelten Elemente konditionierte Selektion. Wer bestimmt, läßt sich also zugleich bestimmen. Was uns Menschen angeht, so geschieht dieser Vorgang durch „*Medien* des Erkennens“.[49] „Medien machen denkbar.“ Sie „produzieren Denkvermögen und setzen es unter Bedingungen“, heißt es recht ähnlich bei Engell.[50] Man müsse, so Seel, von der unhintergehbaren Medialität des Erkennens ausgehen, und auch wenn dies eine Wirklichkeit immer schon voraussetzte, die sich erkennen lasse, so sei der vertretende „Begriff des Wirklichen“ doch relational.[51]

„Medien sind ein Reservoir von Elementen einer Art, die jeweils in eine Konfiguration treten müssen, damit etwas Bestimmtes erreicht werden kann.“[52] Medien sind Spezifikationen des Sinnmediums, denn es geht nicht um die Differenz von Aktualität und Virtualität schlechthin, sondern um die feste Kopplung ganz bestimmter Elemente, die ihrerseits bereits Formgebung voraussetzen, denn der Begriff des Elements impliziert eine markante Differenz. Eine mündliche Rede selektiert aus dem Möglichkeitshorizont einer Sprache, die wiederum aus bestimmten Vokabeln besteht, deren Formen sich in Laute dekomponieren lassen. Wenn wir bestimmen, lassen wir uns bestimmen, nämlich von den Differenzen, die das Me-

---

47 Lorenz Engell, „Tasten, Wählen, Denken. Genese und Funktionen einer philosophischen Apparatur“, in: Münker/Roesler/Sandbothe (Hg.), *Medienphilosophie*, S. 53-77. Martin Seel, „Medien der Realität und Realität der Medien“, in: Sybille Krämer (Hg.), *Medien, Computer, Realität. Wirklichkeitsvorstellungen und neue Medien*, Frankfurt/M. 1998, S. 244-268, S. 250 ff.

48 Engell, „Tasten, Wählen, Denken“, S. 54.

49 Martin Seel, „Bestimmen und Bestimmenlassen. Anfänge einer medialen Erkenntnistheorie“, in: *Deutsche Zeitschrift für Philosophie*, Vol. 46, Nr. 3 (1998), S. 351-365, S. 351.

50 Engell, „Tasten, Wählen, Denken“, S. 53.

51 Seel, „Bestimmen und Bestimmenlassen“, S. 364 f.

52 Ebd. S. 356.

dium zur Differenzierung bereithält, seien dies nun „Wahrnehmungs-, Darstellungs- und Handlungsmedien“[53] oder auch hochmoderne digitale Kommunikationsmedien, Feder und Pergament oder Geld. Seel stellt zu Recht fest, daß Medien für Formen „*hartnäckige* Differenzen“ bereithalten, „die im Gebrauch des Mediums nicht außer Acht gelassen werden können“.[54] Genau diesen Sachverhalt hat Luhmann mit dem Begriff der losen Kopplung von Elementen beschrieben. Das Medium stellt der Form ja nichts Beliebiges, sondern bestimmte Elemente in einem bestimmten Zusammenhang (der losen Kopplung, aber nicht etwa im entkoppelten, gleichwahrscheinlichen unverbundenen Zustand) bereit. Die Form ‚bestimmt‘ (subjektnah formuliert von Seel) bzw. ‚konditioniert‘ (so die subjektfernere Wortwahl von Engell) ein Medium, doch muß sich die Form auch von den spezifischen Bedingungen des Mediums bestimmen oder konditionieren lassen: „Medien stellen Differenzen bereit, mit denen im Gebrauch des Mediums ein Unterschied gemacht werden kann. Ohne die vergleichsweise unbestimmten Kräfte des Mediums kann nichts vergleichsweise Bestimmtes geschehen.“[55]

Auch Seel und Engell betrachten Medien im Hinblick auf ihre Konstitutionsleistungen. Die Welt sei „medial konstitutiert“, schreibt Engell.[56] Die „Welterschließung“ sei medial vermittelt, schreibt Seel.[57] Bei aller Gemeinsamkeit fallen doch die wenigen Unterschiede ausschlaggebend ins Gewicht. Engell versteht Medienphilosophie als ein *von den Medien selbst* betriebenes, reflexives Geschehen.[58] Es geht ihm also nicht, wie ausdrücklich Seel,[59] um Medialität als Problem der theoretischen, politischen, praktischen oder ästhetischen Philosophie, sondern um eine „Praxis, und zwar eine der Medien. Sie wartet nicht auf den Philosophen, um geschrieben zu werden. Sie findet immer schon statt, und zwar in den Medien und durch die Medien. Sie kann deshalb nur dort, in und an den Medien selbst, angetroffen und freigelegt werden.“[60] Diese anti-philosophische Medienphilosophie, die sich vornimmt, die Philosophie der Medien selbst aufzuschreiben, ähnelt sehr der Programmatik einer Medienwissenschaft, die es sich zur Aufgabe macht, nicht über, sondern „im Namen der Medien“ zu sprechen und die Differenzen *der* Medien zu benennen.[61] Als Systemtheoretiker könnte man hier einwenden, welcher Beobachter denn wohl Differenzen „in und an den Medien selbst“ überhaupt zu

53 Ebd., S. 356.

54 Martin Seel, „Eine vorübergehende Sache“, in Münker/Roesler/Sandbothe (Hg.), *Medienphilosophie*, S. 10-15, S. 13. Seels Kursivierung.

55 Seel, „Bestimmen und Bestimmenlassen“, S. 356.

56 Engell, „Tasten, Wählen, Denken“, S. 55.

57 Seel, „Eine vorübergehende Sache“, S. 12.

58 Engell, „Tasten, Wählen, Denken“, S. 53.

59 Seel, „Eine vorübergehende Sache“, 10 f.

60 Engell, „Tasten, Wählen, Denken“, S. 53.

61 Wolfgang Ernst in seiner Antrittvorlesung an der Humboldt Universität zu Berlin am 21. 10. 2003. http://edoc.hu-berlin.de/humboldt-vl/ernst-wolfgang-2003-10-21/PDF/Ernst.pdf. S. 13.

unterscheiden vermöchte? *Spricht* das Medium, so spricht, ach, das *Medium* schon nicht mehr.

Und Seel? „Nach einer hierzulande durch Niklas Luhmann populär gewordenen Formulierung von Gregory Bateson stellen *Medien* Unterschiede bereit, die einen Unterschied machen."[62] Auf diese Definition greift Seel immer wieder zurück.[63] Allerdings hat weder Bateson dies je formuliert, noch konnte Luhmann diese Formel popularisieren. Es ist kein Zufall, daß er die in der Tat berühmte Formulierung des Anthropologen modifiziert, eine „Information" (!) sei ein „*Unterschied, der einen Unterschied ausmacht*", der wiederum „einen Unterschied ausmachen kann".[64] Anders als für Luhmann oder Spencer Brown ist für Bateson die „Welt der Informationsverarbeitung" eine „geistige Welt".[65] Es sind Medien, die dem Geist die Erkenntnis der Welt ermöglichen. Zwar wird er nie die Wirklichkeit an sich erfahren, aber er wird, abhängig von den Medien und den Praktiken der Mediennutzung, mehr oder weniger genaue „Karten" des „Territoriums" der wirklichen Welt anfertigen.[66] Es gibt also eine Welt, aber ihr Erkennen ist medial vermittelt. Batesons Position entspricht der medialen Erkenntnistheorie, die Seel auf den Weg bringen will. Die Medium-Form-Unterscheidung, die Seel trotz der gravierenden Differenz zwischen dem Informationsbegriff und dem Medienbegriff[67] auf Bateson zurückführt, wird re-subjektiviert bzw. re-intentionalisiert. Es ist der „Geist", der die Welt erkennt und bestimmt und seine Erkenntnis zugleich von der Welt und den Medien seiner Erkenntnis bestimmen läßt. Anders als Luhmann rückt Seel die Sprache in die Position des Erkenntnismediums schlechthin. Nicht ohne eine Sprache! Die Welt, die Dinge, unsere Gedanken, die Kommunikation – all dies sei „nicht sprachunabhängig *gegeben*".[68] Sprache als das Medium aller Medialität integriert das Medium-Form-Kalkül Luhmanns in eine Theorie der Intersubjektivität: Dank der Sprache erkennen wir und formulieren auch unsere „Gedanken gegenüber beliebigen Adressaten".[69] Seels Begriff der „medialen Konstruktion" holt Luh-

62 Seel, „Eine vorübergehende Sache", S. 13. Kursivierung von mir, N.W.

63 Seel, „Bestimmen und Bestimmenlassen", S. 356. Daß die Unterscheidung von Information und Medium einen Unterschied macht, fällt offenbar niemanden auf. Vgl. Stefan Blank, „Martin Seel – Medialität und Welterschließung", in: Alice Lagaay/David Lauer (Hg.), *Medientheorie. Eine philosophische Einführung*, Frankfurt/M. 2004, S. 249-272, S. 253.

64 Gregory Bateson, *Ökologie des Geistes. Anthropologische, psychologische, biologische und epistemologische Perspektiven* (1972), Frankfurt/M. 1983, S. 582. Kursivierung von Bateson.

65 Ebd., S. 583.

66 Ebd., S. 584.

67 Für Luhmann liegt der Unterschied zwischen Sinn und Information darin, daß beide, Sinn und Information, einen Unterschied machen, dieser Unterschied aber nur im Fall der Information auch im beobachteten System einen Unterschied macht. Der Satz, der Euro werde gegenüber dem Dollar aufgewertet, macht auch noch Sinn, wenn ich ihn zum hundertsten Mal höre oder lese, aber informiert mich nicht mehr. „Eine Information, die sinngemäß wiederholt wird, ist keine Information mehr. Sie behält in der Wiederholung ihren Sinn, verliert aber ihren Informationswert." Luhmann, *Soziale Systeme*, S. 102.

68 Seel, „Bestimmen und Bestimmenlassen", S. 363. Kursivierung von Seel.

69 Ebd., S. 355.

manns operativem Konstruktivismus in die „Philosophie" zurück, aus der die Systemtheorie ausbrechen wollte: „Die Welt besteht nicht aus Tatsachen (aus allem, ‚was der Fall ist'), sondern aus Gegenständen und Ereignissen, denen im Gebrauch einer propositionalen Sprache diese oder jene Beschaffenheit zugesprochen, an denen diese oder jene Beschaffenheit entdeckt werden kann."[70] Auf dieser Entdeckungstour benutzen „wir" Medien, die „konstitutiv für die Handlung" seien, „die wir in ihnen vollziehen."[71] Da sind sie wieder, die immer schon sprachlichen Sinn prozessierenden Subjekte, deren „Intentionalität" freilich medienvermittelt ist.[72] Während Seels Luhmann-Rezeption seine Medientheorie in das alte Unterscheidungsset der Philosophie zurückzwingt,[73] verabschiedet Engells Philosophie *der* Medien selbst noch den Beobachter, der in der Systemtheorie alle Unterscheidungen muß begleiten können. Das Fernsehen, das Engell exemplarisch analysiert, „reflektiert" als Medium in Form der Fernbedienung und der Programmdifferenzierung seine „Möglichkeiten" und „Voraussetzungen".[74] Dieses „Vordenken der Medien" ist nicht nur subjektlos gedacht, sondern eskamotiert auch den Beobachter aus der Medium-Form-Unterscheidung: „Mit der Form des Fernsehens und der Fernbedienung beginnend, mit der der Maus *sich* steigernd konditionieren die Medien das Denken der Medien, der Welt, der Dinge und des Selbst auf Selektivität, Kontingenz und Alternativität hin."[75] Dies geschieht als Eskalation und Rekursion von Medium-Form-Differenzen. Die Philosophie *kann* dies beobachten und in das Medium des „philosophischen Schrift-Denkens" übersetzen. Doch diese Beobachtung ist für die Operativität und Reflexivität der Medien nicht konstitutiv.[76]

IV. Sinnkonstitution und Sinnvermittlung: kritisch/unkritisch

Diese Differenzen in der Sinnfrage und ihrer Ausdeutung in der Medientheorie spielen eine entscheidende Rolle bei der Entwicklung von Luhmanns eigener „antiphilosophischer" Medientheorie. Denn die von Luhmann benannte „Isomorphie der Problemstellung" betrifft, vermittelt über den Sinnbegriff, seine Konzeption der Erfolgs- und Verbreitungsmedien, seine Ausarbeitungen zu den Massenmedien und sein Formkalkül. Habermas hat also völlig recht, Luhmanns „Unternehmung" als „Nachfolger einer verabschiedeten Philosophie" zu bezeichnen, der die „Grundbegriffe und Problemstellungen der Subjektphilosophie beerben und zugleich deren Problemlösungskapazitäten überbieten" will.[77] Doch liegt er, zumindest aus system-

70 Ebd., S. 359.
71 Seel, „Medien der Realität und Realität der Medien", S. 246.
72 Ebd., S. 249.
73 Vgl. auch Blank, „Martin Seel – Medialität und Welterschließung", S. 268.
74 Engell, „Tasten, Wählen, Denken", S. 69.
75 Ebd., S. 76. Meine Kursivierung.
76 Ebd., S. 77, S. 53.
77 Habermas, *Der philosophische Diskurs der Moderne*, S. 426.

theoretischer Sicht, völlig falsch, wenn er meint, die „System-Umwelt-Relation [lasse] sich in der Sprache der Tradition als das Verhältnis von Ich und Nicht-Ich abbilden", um dann die Umwelt-Seite (Nicht-Ich) in weitere „Subjekte" und „Gegenstände" oder „Objekte" zu differenzieren, über die sich in „sprachlicher Kommunikation" die Subjekte miteinander verständigten und so „Sinn" erzeugten.[78] Dieses Mißverständnis scheint mir typisch zu sein und darauf zu beruhen, daß man nicht bereit ist, sich auf Luhmanns subjektlosen, also auch intentionsfreien Sinnbegriff einzulassen.[79] Luhmanns Medien haben es mit Selektivität zu tun, nicht mit Subjekten, und der Schlüssel zum Verständnis der systemtheoretischen Medienkonzepte liegt im Sinnbegriff.

Ich möchte diese gegensätzlichen Abhandlungen der Sinnfrage daher noch ein wenig weiter verfolgen, zumal sich auch die beiden großen medienwissenschaftlichen Paradigmen der „kritischen Medientheorie" und der „Medientheorie als Gesellschaftstheorie"[80] auf die unterschiedlichen Formulierungen des Problems zurückführen lassen. Überdies beschäftigt der epistemologische Ausgangspunkt der Debatte: die Konstitution von Sinn noch die aktuelle Medienphilosophie. Sybille Krämer beispielsweise hält es für eine der zentralen Aufgaben einer Philosophie der Medien, „die nichtsinnhaften, materialen Bedingungen der Entstehung von Sinn" in den Blick zu nehmen.[81] Diese Agenda könnten Philosophen freilich wiederum als transzendentales Programm entziffern, gehe es doch um Möglichkeitsbedingungen, die aller konkreten Erfahrung immer schon vorausgingen.[82] Diese Fragestellung sei der Philosophie seit Jahrtausenden bekannt, denn seit Platon reflektiere sie auf das durch die Sinnesorgane und künstliche Instrumente oder „Prothesen" vermittelte Verhältnis des Menschen zur Welt.[83] Den Gedanken, daß der Weltzugang des Menschen von seinen Werkzeugen geprägt sei und der Modus dieser Ver-

78 Habermas, „Theorie der Gesellschaft oder Sozialtechnologie. Eine Auseinandersetzung mit Niklas Luhmann", S. 186.

79 Vgl. exemplarisch Vogel, „Medien als Voraussetzungen für Gedanken", S. 114 ff. Man muß natürlich Luhmanns Provokation der Philosophie überhaupt erst einmal beobachten. Dies entgeht der insgesamt hervorragenden *Einführung* von Alice Lagaay und David Lauer (*Medientheorie. Eine philosophische Einführung*), S. 7-29. Es wird nicht deutlich, was die Philosophie überhaupt von der Medientheorie unterscheidet, wenn beide die wichtige Frage nach den „Konstitutionsleistungen der Medien" (S. 24) stellen.

80 Diese Unterscheidung macht Andreas Ziemann, *Soziologie der Medien*, Bielefeld 2006. Der Essay versucht dann beides zu liefern, Gesellschaftstheorie und Gesellschaftskritik, ohne die Probleme dieser Differenz und die Möglichkeit ihrer Einheit zu bemerken und theoretisch zu kontrollieren.

81 Sybille Krämer, „Erfüllen Medien eine Konstitutionsleistung? Thesen über die Rolle medientheoretischer Erwägungen beim Philosophieren", in: Münker/Roesler/Sandbothe (hg.), *Medienphilosophie*, S. 78-90, S. 89.

82 Vgl. Alice Lagaay, „Einleitung – Medientheorie auf philosophischer Sicht",: in Lagaay/ Lauer (Hg.), *Medientheorie. Eine philosophische Einführung*, S. 24, sowie Jan Janzen, „Mike Sandbothe – Theorien zu Werkzeugen", ebd., S. 273-295, S. 293.

83 Vgl. das gelassene Plädoyer von Seel, „Eine vorübergehende Sache", oder auch Roesler, „Medienphilosophie und Zeichentheorie", S. 36 f.

mittlung noch die Form der Gesellschaft präge, die der Mensch sich schaffe, formuliert 1877 schon Friedrich Kapp in seiner *Philosophie der Technik*.[84] Er wurde seitdem oft wiederholt und variiert. Der Hinweis darauf, daß die menschliche Wahrnehmung und die diese Wahrnehmung verarbeitende Erfahrung von wechselnden Medienkonfigurationen geprägt ist und dies Konsequenzen für die je gängigen Realitätskonstruktionen und Gesellschaftsentwürfe einer Epoche zeitige, kann geradezu als Gemeinplatz gelten. Wäre dies also der Konsens in Sachen Medien?[85] Keineswegs. Solange Medien als vermittelnde Instanzen oder Konfigurationen verstanden werden, die sich zwischen den Menschen und die von ihm erfahrende Welt schieben, verbleibt die Theorie innerhalb der Subjekt-Objekt-Philosophie, die Luhmann abzuschaffen gedenkt.[86] In dieser entscheidenden epistemologischen Frage stünde Luhmann Seite an Seite mit Friedrich Kittler, der den Menschen ebenfalls aus seiner Medientheorie verabschiedet hat.[87] Systemtheoretikerinnen wie Elena Esposito haben sogar behauptet, die Frage nach der Medialität des Sinns werde von der Medienphilosophie grundsätzlich falsch gestellt.[88] Wie auch immer, die Sinnfrage genießt höchste Aufmerksamkeit, kommen wir also nochmals auf sie zurück.

„Sinn ist ohne intersubjektive Geltung nicht zu denken", konstatiert Habermas. Die „Intersubjektivität" sei jene „Ebene", auf der „sich Subjekte treffen müssen", um sich zu „verständigen".[89] Dies geschehe, und die Position Seels ist hinsichtlich der tragenden Bedeutung der Sprache nicht allzuweit entfernt, mit der Verwendung von sprachlichen „Symbolen", die den „Sinngehalt" ausdrückten, und zwar „primär" in der „umgangsprachlichen Kommunikation" der Lebenswelt, die wiederum sprachlich gegeben ist und erkannt wird.[90] „Der Sinn des Sinnes besteht zunächst darin, daß er intersubjektiv geteilt werden [...] kann." Dieser Sinn verteilt sich auf die Subjekte wie der Segen Christi auf die Gemeinde durch das Teilen

84 Ernst Kapp, *Grundlinien einer Philosophie der Technik. Zur Entstehungsgeschichte der Cultur aus neuen Gesichtspunkten* (Braunschweig 1877), Düsseldorf 1978.

85 Vgl. nur Claus Pias/Joseph Vogl/Lorenz Engell/Oliver Fahle/Britta Neitzel (Hg.), *Kursbuch Medienkultur. Die maßgeblichen Theorien von Brecht bis Baudrillard*, Stuttgart 1999, und Hartmut Böhme/Peter Matussek/Lothar Müller, *Orientierung Kulturwissenschaft. Was sie kann, was sie will* (2000), Reinbek bei Hamburg ²2002, Kap. III. 5 und 6.

86 Dies gilt etwa für Martin Seel, der sich sehr auf Luhmanns Medium-Form-Kalkül einläßt, aber die Intentionalität der in einer gegebenen Welt handelnden Subjekte wieder hineinschreibt.

87 Der „Mensch" sei weder „Referent" der Kommunikationstechniken noch „ihr Subjekt", faßt Sybille Krämer, „Friedrich Kittler – Kulturtechniken der Zeitachsenmanipulation", in: Lagaay/Lauer (Hg.), *Medientheorie. Eine philosophische Einführung*, S. 201-224, S. 218 die Position pointiert zusammen. Vgl. Friedrich Kittler, *Optische Medien. Berliner Vorlesung 1999*, Berlin 2002, S. 22 f. Daß Kittler auch Luhmanns Gesellschaftstheorie kassieren möchte, kann hier nicht entfaltet werden.

88 Esposito, „Blindheit der Medien und Blindheit der Philosophie", S. 33.

89 Habermas, „Theorie der Gesellschaft oder Sozialtechnologie. Eine Auseinandersetzung mit Niklas Luhmann", S. 194 f.

90 Ebd., S. 195.

von Brot und Wein. Die in der Sprache immer schon vorauszusetzenden Geltungsansprüche (Wahrheit, Richtigkeit, Wahrhaftigkeit, Verständlichkeit) besiegeln den neuen Bund der Gemeinschaft, deren Kirche die demokratisch verfaßte, publizistisch konstituierte Öffentlichkeit darstellt.[91] Sinn führt so in einer „Gemeinschaft von Sprechern und Handelnden" zur „Verständigung vermittels identischer Bedeutung". In diesem Pfingstwunder des Verstehens besteht der Sinn des Sinns. Die medienphilosophische Frage liegt auf der Hand, und Habermas stellt sie auch an ebendieser Stelle. Sie lautet: Wie ist diese Vermittlung „identischer Bedeutungen überhaupt möglich"?[92] Sein Lösungsvorschlag lautet, „die Identität der Bedeutung auf die intersubjektive Anerkennung von Regeln zurückzuführen, wobei Regeln vor empirischen Regelmäßigkeiten durch ihre normative Geltung ausgezeichnet sind."[93] Alltagsweltlich formuliert, könnte man argumentieren, daß man sich auf kommunikatives Handeln gar nicht erst einließe, wenn man dem anderen unterstellen müßte, er löge, fasele, behaupte die Unwahrheit oder habe keine Verständigungsabsicht. Das eigene Interesse an Verständigung läßt mich bereits jene Regeln befolgen, deren Beachtung ich auch vom anderen erwarte. Wer würde einen Aufsatz lesen, wenn er nicht davon ausgehen könnte, daß wenigstens korrekt zitiert würde und Verständlichkeit und Plausibilität ein Ziel darstellten.[94] Dieses sich hier abzeichnende Set ‚sinnvoller' wechselseitiger Unterstellungen generalisiert Habermas zum Orientierungsrahmen einer „idealen Sprechsituation", bzw. zur „Konsensustheorie der Wahrheit".

Einen Einwand nimmt Habermas gleich vorweg: Jedermann wisse, daß ein Konsens auch trügen könne, doch belege bereits der „Begriff des trügerischen Konsensus", daß eine Orientierung am „wahren Konsensus" allen Devianzen als Maßstab gelte.[95] Jedes faktische alltagssprachliche Gespräch werde von diesem Ideal überhaupt erst ermöglicht, weshalb es sich „nicht bloß um ein regulatives Prinzip" handele, sondern eine in allen Sprechakten „wirklich" wirkende Unterstellung.[96] Jede alltagssprachliche Verständigung verweise auf eine „Bürgschaft intersubjektiver Geltung",[97] auf ein „normatives Fundament" von Geltungsansprüchen.[98] Das „Medium" dieser Kommunikation ist die Sprache, die also nicht ein bloßes „Über-

91 Vgl. Jürgen Habermas, „Vorbereitende Bemerkungen zu einer Theorie der kommunikativen Kompetenz", in: ders./Luhmann (Hg.), *Theorie der Gesellschaft oder Sozialtechnologie – Was leistet die Systemforschung?*, S. 101-141, S. 114-122.

92 Habermas, „Theorie der Gesellschaft oder Sozialtechnologie. Eine Auseinandersetzung mit Niklas Luhmann", S. 188 f.

93 Ebd., S. 189.

94 Luhmann würde an dieser Stelle von Mediencodes sprechen. Die Isomorphien fallen hier auf, vor allem auch die zentrale Rolle wechselseitiger Unterstellungen.

95 Habermas, „Vorbereitende Bemerkungen", S. 122-124.

96 Ebd., S. 140.

97 Habermas, „Theorie der Gesellschaft oder Sozialtechnologie. Eine Auseinandersetzung mit Niklas Luhmann", S. 188.

98 Habermas, „Vorbereitende Bemerkungen", S. 140.

tragungsmedium für Informationen" sei,[99] sondern als ein solches überhaupt nur deshalb fungieren könne, weil Sprache die Sprecher mit ihren Versprechen der Wahrheit, Richtigkeit, Wahrhaftigkeit und Verständlichkeit der Kommunikation überhaupt erst engagiere. Ein Verhalten, das diese Geltungsansprüche verletzt, „löst Sanktionen aus".[100] Legitimerweise, denn niemand könne es wollen, daß der Bruch dieser Ansprüche das Vertrauen in die Möglichkeit der Verständigung nachhaltig zerstörte, denn dann würde die menschliche (Sprach-)Gemeinschaft zerbrechen.

Luhmann, um gleich die Differenz zu markieren, entwickelt einen Kommunikationsbegriff, der auf diese Prämissen verzichtet. Statt „identischer Bedeutungen" werden Selektionen prozessiert;[101] und statt eine „Gemeinschaft von Sprechern" vorauszusetzen, benötigt Luhmann für sein Modell der Kommunikation nur die „Grundsituation der doppelten Kontingenz",[102] also „zwei black boxes", die es, „auf Grund welcher Zufälle auch immer, miteinander zu tun bekommen" und durch wechselseitiges, selbstreferentielles Beobachten und rückgekoppeltes Erproben von Unterstellungen „ausreichende Transparenz für den Verkehr miteinander" erzeugen.[103] Beide „black boxes" bleiben getrennt, sie „verschmelzen" nicht und sie „verstehen" sich auch nicht,[104] aber sie lernen an ihren eigenen Beobachtungen, welche Sinnofferten eine Chance haben, vom anderen in erwartbarer Weise aufgegriffen werden, und sobald dies beide tun, kommuniziert ein „soziales System".[105] Kommunikation ist also *das* Medium der Gesellschaft, das verschiedene Formen auszuprägen erlaubt wie etwa Interaktionssysteme, Organisationen, Funktionssysteme oder auch Themen und Codes. Diese Definition mag abstrakt sein, aber sie markiert einen deutlichen Unterschied zu all jenen Positionen, die im Einklang mit der klassischen Soziologie davon ausgehen, die Gesellschaft bestehe aus Individuen.[106] Dies genügt aber nicht. Die Theorie muß auch alle (!) faktisch vorkommenden, immer sehr spezifischen Formen der Kommunikation beschreiben können. Auch diese Spezifikation leisten in Luhmanns Theoriedesign Medien. Denn

99 Habermas, „Theorie der Gesellschaft oder Sozialtechnologie. Eine Auseinandersetzung mit Niklas Luhmann", S. 278.

100 Ebd., S. 220.

101 Luhmann, *Soziale Systeme*, S. 194.

102 Vgl. Luhmann, „Sinn als Grundbegriff der Soziologie", S. 64.

103 Luhmann, *Soziale Systeme*, S. 156.

104 Luhmann spielt hier auf Begriffe der Hermeneutik an. Vgl. Hans Georg Gadamer, *Wahrheit und Methode. Grundzüge einer philosophischen Hemeneutik*, Tübingen 1975.

105 Luhmann, *Soziale Systeme*, S. 157.

106 Beides, die Gesellschaft sei Kommunikation und Kommunikation bedeute kein „Verstehen" intentionalen Sinns, ist gegen Max Webers „verstehende Soziologie" formuliert. Außerdem ist Luhmanns Kybernetik zweiter Ordnung gegen Webers Begriffe der Zweckrationalität und der Kausalität gerichtet. Vgl. Max Weber, „Ueber einige Kategorien der verstehenden Soziologie" (1913), in: Johannes Winckelmann (Hg.), *Gesammelte Aufsätze zur Wissenschaftslehre*, Tübingen [6]1985, S. 427-474.

sie erhöhen nicht nur die Wahrscheinlichkeit dafür, *daß* Kommunikation überhaupt stattfindet, sondern auch dafür, daß dies in *bestimmter* Weise geschieht.[107]

Sinn prozessiert ein Kommunikationssystem, sobald Differenz beobachtet und „der Wahl des Anschlußverhaltens zu Grunde gelegt wird".[108] Dies kann eine sprachliche markierte Differenz sein, muß es aber nicht. Schon die Wahrnehmung der Wahrnehmung des anderen stellt die „Grundsituation" der doppelten Kontingenz her und kann zur wie immer temporären Ausdifferenzierung eines ‚sprachlosen' Kommunikationssystems führen. Dies könnte zum Küssen führen oder zu einer Schlägerei. Auch ein Kuß oder ein Schlag lassen sich als kontingente Selektion deuten und machen so als Differenz Sinn. In einer Welt, in der alles notwendig und nichts kontingent wäre, gäbe es dagegen keine Kommunikation. Sie wäre überflüssig. Deshalb schweigen die Götter. Allerdings hätte diese Welt auch keinen Sinn, denn es gäbe niemanden, der die Möglichkeit der Unterscheidung, Bezeichnung oder Aktualisierung ergriffe und damit notwendig andere Varianten ausschlösse. Es wäre eine Welt ohne Beobachter, ein *unmarked state*.[109] Daß es diesen differenzlosen Zustand nicht gibt, sondern immer schon Unterschiede beobachtet (gesetzt) und zum Ausgangspunkt weiterer Differenzen gemacht werden, reicht Luhmann, um seine Theorie zu bauen.

Habermas ist da sehr viel anspruchsvoller. Er versteht Kommunikation als sprachlich verfaßte und daher immer schon intersubjektive Kommunikation.[110] Anders sei auch ganz gewöhnliche, alltagssprachliche Kommunikation gar nicht vorstellbar, als daß „Sprecher/Hörer *miteinander* sprechen" über „Gegenstände bzw. Sachverhalte, *über* die sie sich verständigen", was eine „wechselseitige Anerkennung der Subjekte" voraussetze.[111] Die 1971 skizzierte Kommunikationstheorie enthält mit der ausformulierten Situation des „idealen Sprechens"[112] bereits den Kern der *Theorie des kommunikativen Handelns*.[113] Die universalpragmatische Überzeugung, der Rede sei eine Vernunft eingeschrieben, die „im Miteinandersprechen alle nicht-argumentativen Dimensionen der Rede" suspendiere und letztlich die Geltungsansprüche wirklich werden ließe, ist aber selbst in eine Medienphilosophie eingebettet.[114] Sie ist der Abhandlung über den *Strukturwandel der Öffentlichkeit* zu entnehmen. Als Vorbild dient das „Modell der hellenischen Öffentlichkeit", dessen „eigentümlich normative Kraft" Habermas fasziniert. Sie besteht in der regulativen Idee, im „Licht

---

107 Luhmann, *Soziale Systeme*, S. 220.

108 Ebd., S. 196.

109 Vgl. Brown, *Laws of Form*.

110 Habermas, „Theorie der Gesellschaft oder Sozialtechnologie. Eine Auseinandersetzung mit Niklas Luhmann", S. 186.

111 Ebd., S. 192. Kursivierung von Habermas.

112 Habermas, „Vorbereitende Bemerkungen", S. 136 ff.

113 Jürgen Habermas, *Theorie des kommunikativen Handelns*, 2 Bde., Bd. 1, Frankfurt/M. 1981, S. 177 f.

114 Krämer, „Erfüllen Medien eine Konstitutionsleistung? Thesen über die Rolle medientheoretischer Erwägungen beim Philosophieren", S. 79.

der Öffentlichkeit" würden „die Bürger als Gleiche mit Gleichen verkehren"[115] und derart versammelt selbst Machtfragen in freier Übereinkunft entscheiden.[116] Es ist unstrittig, daß die moderne Öffentlichkeit im Unterschied zur antiken Agora auf mediale Vermittlung angewiesen ist. Alles kommt also darauf an, ob es gelingt, einen öffentlichen Diskurs auch unter diesen Bedingungen zu führen. Habermas ist überzeugt, dies sei der Fall. Die „Öffentlichkeit" habe – und zwar als historisches Faktum wie als orientierende Norm – einen „Zusammenhang von Publikum, Presse, Parteien und Parlament" institutionalisiert und diene der „Selbstvermittlung der bürgerlichen Gesellschaft mit einer ihren Bedürfnissen entsprechenden Staatsgewalt".[117] Die Drucktechnologie, die Etablierung von Zeitungen, Zeitschriften und eines Buchmarkts und das vor Zensur und Willkür schützende Prinzip der Publizität – heute ein Grund- und Menschenrecht – ermöglichten einen sachorientierten Diskurs aller *res publica*. Dieser öffentliche Wettbewerb, der von „sozial und politisch präformierten Rängen" absehe und einer Idee „aus der Kraft des besseren Arguments" zur Geltung verhelfe,[118] setzte allerdings voraus, daß dieser Diskurs nicht von den Medien, in denen er zirkuliert, verstellt oder manipuliert würde. So wie man im Falle der mündlichen Rede den an Geltungsansprüchen orientieren Diskurs von der strategischen Rede zu unterscheiden hat, die nicht argumentiert und überzeugt, sondern rhetorisch brilliert und überwältigt, so wie man also den Philosophen vom Sophisten unterscheiden müßte, so kommen auch alle von technischen Medien vermittelten Kommunikationen zwei Mal vor: als Öffentlichkeit und als Massenmedien. Medien faßt Habermas also einmal als „Infrastruktur der Öffentlichkeit", die einem partizipierenden Publikum die Plattform einer „kritischen Publizität" bietet, oder aber als Massenmedien, die zumal in ihrer elektronischen Gestalt von der „Kulturindustrie" zur Verbreitung und zum Vertrieb ihrer Produkte oder die im Dienste des „politischen Machtvollzugs" zu „manipulativen Zwecken" mißbraucht werden.[119] Adornos erschreckende Gleichsetzung von Massenmedien und Massenbetrug in der Kulturindustrie wird von Habermas korrigiert, der sich eine Nutzungsform „technischer Medien" durchaus vorstellen kann, die *nicht* jeden und alles in die „Uniformität" treiben.[120] Im Gegenteil: Das Muster der intersubjektiven Sinnkonstitution wird von Habermas auf die medienvermittelte öffentliche Kommunikation übertragen, doch ist er zugleich „realistisch" genug, um zu sehen, daß gerade neuere Massenmedien wie Film, Funk und Fernsehen

115 Jürgen Habermas, *Strukturwandel der Öffentlichkeit. Untersuchungen zu einer Kategorie der bürgerlichen Gesellschaft* (1962), Frankfurt/M. 1990, S. 57.

116 Vgl. Jürgen Habermas, *Faktizität und Geltung*, Frankfurt/M. 1992, S. 622.

117 Habermas, *Strukturwandel*, S. 142.

118 Ebd., S. 119.

119 Ebd., S. 249, S. 342, S: 359.

120 Vgl. Max Horkheimer, Theodor W. Adorno, *Dialektik der Aufklärung* (1944), Frankfurt/M. 1986, S. 132.

„dem Prinzip der Publizität seine Unschuld" geraubt haben.[121] Von Engells Medienphilosophie des Fernsehens ist dies denkbar weit entfernt.

Die „ideale Sprechsituation schließt systematische Verzerrung der Kommunikation aus."[122] Genau das gleiche gilt für das Prinzip der Publizität. Dennoch kommen „systematische Verzerrungen" faktisch vor, sei es als „strategische" Kommunikation, sei es in Form „manipulativer" Massenmedien.[123] In beiden Fällen handele es sich um Pathologien der Kommunikation,[124] also um Abweichungen, die die Regel bestätigen. Wenn anders die „kommunikative Rationalität gleichzeitig in öffentlichen und privaten Verständigungsverhältnissen destruiert" und die Geltungsansprüche der Rede in der Interaktion unter Anwesenden wie in der medienvermittelten Kommunikation nachhaltig verletzt oder ignoriert würden, befänden wir uns nicht länger in einer Zivil- oder Bürgergesellschaft, sondern in einem „totalitären" System.[125] Dies kann niemand wollen – und daher kommt es Habermas darauf an, daß eine „vitale Bürgergesellschaft" die „kritische Funktion von Öffentlichkeit" intakt hält.[126] Das normativ Gebotene zielt so immer schon auf seine Verwirklichung, aber es benötigt das Engagement von Akteuren, die „Massenmedien [...] als Mandatar eines aufgeklärten Publikums verstehen, dessen Lernbereitschaft sie zugleich voraussetzen, beanspruchen und verstehen".[127] Andernfalls drohe eine „Vermachtung" der Öffentlichkeit, deren Medien nicht mündige Subjekte adressierten, sondern das Publikum in eine konditionierte Masse verwandelten, die sich steuern ließe wie eine Herde.[128] Wenn sich die Privatleute der engagierten „Teilnahme" verweigern, ermöglichen die Medien keine „kritische Publizität", sondern „manipulative [...] Publizität".[129] Ob jemand an diesem gewaltigen Steuer sitzt oder ob die Medien sich gleichsam selbst steuern, geht aus diesen Ausführungen nicht hervor. Die Sprache jedenfalls befindet sich immer auf der Seite des Guten und hält ihre Geltungsansprüche noch im Zustand der totalitären Unterdrückung wach. Jede Zensur erinnert daran, daß Meinungen frei zirkulieren und diskutiert werden sollten. Die normative Fackel der Universalpragmatik hat heute der „medienphilosophische Pragmatist" übernommen, der die Rolle der „medialen Vermittlung von Bedeutung" darin sieht, „demokratisch organisierten Interaktionen zwischen Menschen, Menschengruppen und Nationen" als „Werkzeug" zu

121 Habermas, *Strukturwandel*, Vorwort, S. 28.
122 Habermas, „Vorbereitende Bemerkungen", S. 137.
123 Habermas, *Strukturwandel*, S. 342.
124 Habermas, „Vorbereitende Bemerkungen", S. 120 f.
125 Habermas, *Faktizität und Geltung*, S. 446.
126 Ebd., S. 447.
127 Ebd., S. 457.
128 Habermas, *Strukturwandel*, Vorwort, S. 28.
129 Ebd., S. 357. Die Alternative verderbliche oder kritische Massenmedien hält Luhmann für fruchtlos. Vgl. Niklas Luhmann, „Öffentliche Meinung und Demokratie", in: Rudolf Maresch/Niels Werber, *Kommunikation. Medien. Macht*, Frankfurt/M. 1999, S. 19-34.

dienen.[130] „Das Konzept pragmatischer Medienphilosophie" zielt auf eine „demokratisch ausgerichtete Zukunftsgestaltung."[131] Mike Sandbothes „Medienbegriff" werde, davon zeigt sich der Autor überzeugt, einen „wichtigen" Beitrag „zur Optimierung demokratischer Verhältnisse" und ihrer „transkulturellen Ausweitung" leisten.[132] Die optimistische Hoffnung, daß ein normativ aufgeladener Medienbegriff schon irgendwie für seine eigene Faktizität sorge, teilt Sandbothe mit dem von ihm intensiv rezipierten Habermas.

V. Diakritische Medien

Medien sichern die Übertragbarkeit von Sinn. Bei Habermas handelt es sich um ‚kritischen' Sinn, bei Luhmann um ‚diakritischen' Sinn, dem es nur auf Differenz ankommt. Habermas' Sorge um Medienbedingungen, die der Entfaltung sprachlicher Rationalität zumindest nicht im Wege stehen, hat in Luhmanns Projekt genauso wenig Platz wie medienutopische Visionen einer globalen, „transkulturellen Demokratie". Die drohende „Verzerrung der Kommunikation"[133] ist nicht sein Problem, denn es habe beispielsweise „wenig Sinn zu fragen, ob und wie die Massenmedien eine vorhandene Realität *verzerrt* wiedergeben; sie erzeugen eine Beschreibung der Realität, eine Weltkonstruktion, und das *ist* die Realität, an der die Gesellschaft sich orientiert."[134] Es sind die Medien, deren operative Realität für die Gesellschaft zählt – und nicht etwa eine Realität, über die Subjekte sich untereinander via Medien verständigen. Auch die Realität der Gesellschaft ist für Luhmann die Form eines Mediums – und darauf folgt, daß auch die Elemente der Massenmedien anders selektiert und anders in Form gebracht werden könnten. Man könnte sich andere Programme vorstellen, und zwar andere Programme im alltäglichen Sinne von Kanälen als auch im systemtheoretischen Sinne von Programmcodes, welche die Selektionsprämissen des Mediums orientieren und so festlegen, was als informativ, unterhaltsam oder werbewirksam gilt und was nicht. Man könnte sich vielleicht sogar Programme vorstellen, deren Sendungen größter journalistischer Sorgfalt und Wahrhaftigkeit verpflichtet sind, doch wird man es auch in diesem Fall mit der selektiven Formung eines Mediums zu tun haben. Die von den Massenmedien vermittelte Form der Realität, die für die moderne Gesellschaft die einzige Welt ist, die sie kennt, ist also kontingent und reduziert Komplexität, d. h. sie koppelt bestimmte Elemente und läßt andere Elemente und Verknüp-

130 Mike Sandbothe, „Der Vorrang der Medien vor der Philosophie", in: Münker/Roesler/Sandbothe (Hg.), *Medienphilosophie*, S. 185-197, S. 194 f.

131 Mike Sandbothe, *Pragmatische Medienphilosophie. Grundlegung einer neuen Disziplin im Zeitalter des Internet*, Weilerswirst 2001, S. 241.

132 Sandbothe, „Der Vorrang der Medien vor der Philosophie", S. 194 f.

133 Habermas, „Vorbereitende Bemerkungen", S. 121.

134 Luhmann, *Die Gesellschaft der Gesellschaft*, S. 1102. Kursivierung von Luhmann.

fungsmöglichkeiten außer Acht. Aus der Distanz betrachtet, ist es wieder die gleiche Theoriefigur, die Sinn macht.

Vor dem Hintergrund dieser philosophischen „Isomorphien" müssen Luhmanns „Einführende Bemerkungen zu einer Theorie symbolisch generalisierter Kommunikationsmedien" aus dem Jahre 1974 als ironischer Kommentar von Habermas „Vorbereitende Bemerkungen zu einer Theorie der kommunikativen Kompetenz" gelesen werden.[135] Kommunikation setze nichts weiter voraus als die „Nichtidentität der an ihr Beteiligten".[136] Nur so komme es zu doppelter Kontingenz. Kommunikation löst und reproduziert das Problem der doppelten Kontingenz. Dies ändert nichts an der Nichtidentität der beteiligten psychophysischen Systeme, aber wenn Selektionsofferten eine Sequenz bilden, in deren Verlauf Bestimmtes als Voraussetzung für Weiteres beschrieben werden kann und diese prozessierte Selektivität sich selbst restringiert, läßt sich von einer Übertragung von Selektionen sprechen. Kommunikation, das ist „koordinierte Selektivität".[137] Daß Kommunikation gelingt, macht das Medium der Sprache wahrscheinlicher, denn eine sprachliche Äußerung kann leicht als „sinnvoll", das heißt als Selektionsofferte, als kontingente Mitteilung einer kontingenten Information erkannt werden, die wiederum mit einer eigenen Selektionsofferte beantwortet werden kann. Auch Sprache überträgt nichts, nicht einmal kleinste „Teilchen"[138] zwischen den Beteiligten, sondern bietet den *black boxes* Anregungen zur Selbstselektion, die sich sprachlich allerdings besser koordinieren lassen als Mimik und Gesten und die komplexere Formen ermöglichen. Abwesendes, Abstraktes und sogar Fiktives kann sprachlich thematisiert und negiert werden. Sprache ermöglicht der Kommunikation eine eigene Evolution, die nicht kausal auf Faktoren der Umwelt des Kommunikationssystems zurückgeführt werden kann. Nichts was hier stünde, ließe sich als Repräsentation einer Präsenz beschreiben, die irgendwo jenseits der Sprache anzutreffen wäre. Als wichtigen Mechanismus der Evolution der Kommunikation bezeichnet Luhmann das „Negationspotential" der Sprache, das „für alle vorhandenen Informationen zwei Fassungen zur Verfügung stellt: eine positive und eine negative."[139] Die Möglichkeit, die sprachlich zur Verfügung stehende Welt zu verneinen, schafft unzählige neue Ausdrucksmöglichkeiten und fungiert so als Variationsmechanismus der sozialen (kommunikativen) Evolution. Sprache erleichtert also einerseits, daß alter egos Selektionsofferte versteht, läßt es aber zugleich als durchaus wahrscheinlich erscheinen, daß diese Offerte abgelehnt wird. Gleichviel: Alter und ego könnten

135 Niklas Luhmann, „Einführende Bemerkungen zu einer Theorie symbolisch generalisierter Kommunikationsmedien" (1974), in: *Soziologische Aufklärung*, Bd. 4, Opladen [4]1991, S. 170-192. Habermas, „Vorbereitende Bemerkungen".

136 Luhmann, „Symbolisch generalisierte Kommunikationsmedien", S. 172.

137 Luhmann, *Soziale Systeme*, S. 217.

138 So Habermas, „Theorie der Gesellschaft oder Sozialtechnologie. Eine Auseinandersetzung mit Niklas Luhmann", S. 203. Vgl. die Entgegnung von Luhmann, „Systemtheoretische Argumentationen", S. 344.

139 Luhmann, „Symbolisch generalisierte Kommunikationsmedien", S. 172.

sich gegenseitig die Wahrheit ihrer Informationen, die Richtigkeit ihrer Kriterien, die Wahrhaftigkeit ihrer Mitteilungen oder gleich die Verständlichkeit der gesamten Rede bestreiten – und sie würden doch kommunizieren.

Zu allem Nein sagen zu können, reicht allerdings für den Aufbau einer Gesellschaft nicht aus. Höhere, unwahrscheinlichere Komplexität wird erst durch Spezialisierungen und Einschränkungen möglich. Eine Debatte über Geltungsansprüche verdankt sich nicht den Zufällen eines Gesprächs samt möglicher Negationen, sondern setzt eine bestimmte Themenbindung voraus und eine bestimmte Codierung der Kommunikation durch die Leitdifferenz wahr/falsch. Ob jemand in seiner Jugend Mitglied der NSDAP gewesen ist oder nicht, sollte bei einer Diskussion der Universalpragmatik keine Rolle spielen, sondern allein die Plausibilität einer Argumentation, deren Methode ausgewiesen und deren Fakten überprüfbar sind. Diesen Glauben an die Autonomie wissenschaftlicher Kommunikation teilt Luhmann mit Habermas, doch greift seine Erklärung nicht auf eine der Sprache innewohnende Rationalität zurück, sondern auf die Ausdifferenzierung eines symbolisch generalisierten Mediums der Kommunikation namens Wahrheit. Genau wie Macht oder Geld betrachtet Luhmann Wahrheit als „Erfolgsmedium", deren Funktion darin besteht, die Wahrscheinlichkeit für die Übertragung bestimmter Selektionen zu erhöhen und zugleich die Verarbeitung aller anderen Kommunikationsofferten einzustellen. Es geht ja nicht allein um das Verstehen einer Selektionsofferte (eines Befehls, einer Bitte um ein knappes Gut, einer These), sondern darum, daß dieses Angebot in ganz bestimmter Weise angenommen wird.

„Selbst wenn eine Kommunikation von dem, den sie [dank entsprechender Verbreitungsmedien, NW] erreicht, verstanden wird, ist damit noch nicht gesichert, daß sie auch angenommen und befolgt wird. Im Gegenteil: ‚Jedes ausgesprochene Wort erregt den Gegensinn.' Erfolg hat die Kommunikation nur, wenn Ego den selektiven Inhalt der Kommunikation (die Information) als Prämisse eigenen Verhaltens übernimmt. Annehmen kann bedeuten: Handeln nach entsprechenden Direktiven, aber auch Erleben, Denken, weitere Informationen verarbeiten unter der Voraussetzung, daß eine bestimmte Information zutrifft. Kommunikativer Erfolg ist: gelungene Kopplung von Selektionen."[140]

Dies bedeutet nichts anderes, als daß auf eine Selektion eine weitere Selektion nicht auf beliebige, sondern auf bestimmte Weise anschließt. Warum sollte ich jemandem, den ich nicht kenne und der sich woanders befindet, eine Ware überlassen, zumuten, einen Befehl zu befolgen, oder eine Hypothese über Sachverhalte abnehmen, die ich nicht selbst in Augenschein genommen habe? Komplizierte Sequenzen solcher gekoppelter Selektionen setzen Erfolgsmedien voraus, die Geldwirtschaft, Verwaltungshandeln oder eine wissenschaftliche Kontroverse erst ermöglichen. Erfolgsmedien machen dies wahrscheinlich, indem sie die „Selektion der Kommunikation so konditionieren, daß sie zugleich als Motivationsmittel wirken, also die Befolgung des Selektionsvorschlages hinreichend sicherstellen."[141]

140 Luhmann, *Soziale Systeme*, S. 218.
141 Ebd., S. 222.

Dies gelingt durch hohe Ansprüche an die Art und Weise der Selektionskopplung – im Falle der Wahrheit wird die Kommunikation binär codiert (wahr/falsch oder plausibel/unplausibel) und von bestimmten Methoden oder Theorien programmiert. Nur wenn ich die Codierung und eine entsprechende Programmierung des Selektionsofferte erkenne, lasse ich mich auf eine bestimmte Fortsetzung der Kommunikation ein – etwa auf eine wissenschaftliche Kontroverse oder auf die Ausbildung eigener Hypothesen, die auf etablierten wissenschaftlichen Tatsachen aufbauen. Daß man nicht rauchen solle, würde als wissenschaftliche Information auf andere Mediencodes verweisen als ein moralischer Appell, ein vom Gesetzgeber erlassenes Verbot oder ein von der Freundin geäußerter Wunsch. Die Kommunikation würde auch unterschiedlich fortgesetzt werden. Eine wissenschaftliche These würde anders negiert werden als geltendes Recht oder ein frommer Wunsch. In jedem Fall ist aber die zu erwartende Kommunikation so spezifisch, daß ich mich entweder gerade deshalb darauf einlasse, weil genau diese sehr voraussetzungsvolle Offerte mich interessiert, oder entmutigt schweige.[142] Die „Selektivität der Kommunikation motiviert zu ihrer Annahme."[143] Ohne Chancen zu sehen, eine wissenschaftliche Theorie mit guten Gründen zu bestreiten, lasse ich es lieber. Und wer an der Kontroverse teilnehmen will, sollte den Forschungsstand kennen, eine fruchtbare Perspektive anzubieten haben und nicht drohen, werten, glauben, fürchten oder hoffen, sondern argumentieren. Diesen Prozeß der Spezialisierung und Beschränkung von Kommunikation bei gleichzeitiger Steigerung der Ansprüche an die Form ihrer Beiträge könnte man ganz allgemein als „Erweiterung der Chancen für aussichtsreiche Kommunikation" beschreiben. Beides zeitigt eine „Konsolidierung von Erwartungen, um die herum die Gesellschaft dann soziale Systeme bildet",[144] etwa das Wissenschaftssystem. Auch wissenschaftliche Kommunikation selektiert aus einem Möglichkeitshorizont, doch ist das Selektionsprogramm viel spezifischer, und was als aktualisierte Selektion wissenschaftlich ‚Sinn macht', ist entsprechend codiert. Erfolgsmedien übertragen Selektivität und erhöhen die Chance für eine Annahme – und dies auch für telekommunizierte Offerten, die Zeit und Raum überbrücken. Denn selbst. „wenn die Kommunikation transportable und zeitbeständige Sinnträger findet, wird es jenseits der Interaktionsgrenzen unwahrscheinlich, daß sie überhaupt Aufmerksamkeit findet. Anderswo habe Leute etwas anderes zu tun."[145] Für die Übertragung von Selektivität sind daher Verbreitungsmedien und Erfolgsmedien nötig.

142 Ebd., S. 218.
143 Baecker, *Form und Formen der Kommunikation*, S. 211.
144 Luhmann, *Soziale Systeme*, S. 219.
145 Ebd., S. 218.

VI. Massenmedien

Sind Massenmedien Verbreitungsmedien, weil sie die Interaktionsgrenzen sprengen und ihre Sendungen überall zu empfangen sind? Oder Erfolgsmedien, weil ihre Reduktionsleistungen, Schematisierungen und Generalisierungen bei jedermann vorauszusetzen sind? Handelt es sich zumal im Fall der elektronischen Massenmedien um ein „Wahrnehmungsmedium", weil man ihre Audiovisionen hört und sieht? Oder um ein „Darstellungsmedium", da Sprache benutzt wird, um Welt zu erschließen? Oder sind Massenmedien „Handlungsmedien", weil sie die Massen an die Wahlurnen oder in die Kaufhäuser treiben?[146] Oder etwa alles zusammen – audiovisuelle *Unterhaltung*, sprachlich formulierte *Nachrichten* und *Werbung*, die zumindest verspricht, ihre Adressaten zum Handeln zu motivieren?[147] Oder bekennt sich auch Luhmann zu der von Seel reklamierten Medialität der Welterschließung, wenn er feststellt: „Was wir über unsere Gesellschaft, ja über die Welt, in der wir leben, wissen, wissen wir durch die Massenmedien."[148] Luhmanns „wir" führt seine Leser ein wenig aufs Glatteis, denn „wir" sind zwar an den Kommunikationen der Massenmedien insofern beteiligt, als „wir" sie beobachten und sie zu psychische Operationen Anlaß geben. Die Massenmedien selbst reproduzieren ihre Operationen dagegen in der Umwelt von Bewußtseinssystemen. Ihre Eigengesetzlichkeit läßt sich also nicht verstehen, wenn man Individuen untersucht. Man muß das Kommunikationssystem beobachten, um die „Realität der Massenmedien" zu beschreiben, nicht aber die Millionen oder Milliarden von Subjekten. Es geht Luhmann also nicht um „uns", denn „wir" kommunizieren nicht, und der erste Satz seiner Abhandlung könnte präziser lauten: Was die Gesellschaft über die Gesellschaft, ja über die Welt, die sie konstruiert, weiß, weiß sie durch die Massenmedien.[149] Die Gesellschaft beobachtet sich in den Massenmedien selbst und erzeugt so ihre Realität, die Realität der Gesellschaft.[150] Dies schließt nicht aus, daß Massenmedien psychische Systeme mit Informationen, Schemata und Skripten versorgen,[151] im Gegenteil. Man weiß aus der Werbung, daß nur ein BMW ein BMW ist, und stellt sich „schematisch" darauf ein, daß der Fahrer hinter einem gleich die Lichthupe betätigt.[152] „Daß der Unterschied der Chrysler- von der General-Motors-Serien im Grunde illusionär ist, weiß schon jedes Kind, das sich für den Unterschied begeistert".[153] Diese These der Kritiker der Kulturindustrie könnte Luhmann insoweit übernehmen, als auch er überzeugt davon ist, daß die Massenmedien in Koo-

146 Vgl. zu diesen drei Medientypen Seel, „Bestimmen und Bestimmenlassen", S. 356.

147 Vgl. zu diesen „Programmbereichen" Niklas Luhmann, *Die Realität der Massenmedien*, Opladen ^{2}1996, S. 51.

148 Ebd., S. 9.

149 Vgl. Luhmann, *Die Gesellschaft der Gesellschaft*, S. 1106.

150 Vgl. das Kapitel „Massenmedien und ihre Selektion von Selbstbeschreibungen", in: ebd., S. 1096 ff.

151 Ebd., S. 1106.

152 Vgl. Luhmann, *Die Realität der Massenmedien*, S. 94.

153 Horkheimer, *Dialektik der Aufklärung*, S. 131.

peration mit der Wirtschaft Unterschiede produzieren, standardisieren, bekannt machen und durchsetzen.[154] Doch glaubt Luhmann anders als Adorno nicht an eine „Psychotechnik" der Medien, die mit „behavioristischen" Mitteln aus Rezipienten eine durch „Signale" fernsteuerbare Masse macht.[155] Was ihre „Adressaten denken, fühlen, begehren" kann auf Senderseite nicht bestimmt werden.[156] Sender und Empfänger, um diese altmodischen Begriffe des Übertragungsmodells der Kommunikation zu verwenden, sind „durch Zwischenschaltung von Technik" getrennt. Aufgrund dieser „Kontaktunterbrechung"[157] bleibt den beiden Seiten nur eins übrig: sich selbst zu beobachten. Die Realität der Massenmedien ist daher zuallererst auch ihre eigene Realität, die von ihr und mit ihren eigenen Mitteln erzeugte „Selbstkonstruktion":

„Die Informationen werden in großen Mengen ausgestreut und Tag für Tag erneuert. Dadurch entsteht eine immense Redundanz, die es erübrigt, nachzuforschen, was Einzelne wirklich wissen und denken. Man kann, und man kann gar nicht anders als: Informiertheit unterstellen. So wirkt die öffentliche Meinung wie ein Spiegel, auf dessen Rückseite ebenfalls ein Spiegel angebracht ist. Der Informationsgeber sieht im Medium der kurrenten Informationen sich selbst und andere Sender. Der Informationsnehmer sieht sich selbst und andere Informationsnehmer und lernt nach und nach, was man hochselektiv zur Kenntnis zu nehmen hat, um im jeweiligen Sozialkontext (sei es Politik, sei es Schule, seien es Freundschaftsgruppen, seien es soziale Bewegungen) mitwirken zu können. Der Spiegel selbst ist intransparent."[158]

Die Soziologie beobachtet Kommunikationen, nicht Menschen. Es geht nicht anders: Wer sich „realistisch klar macht, was es bedeuten würde, wollte man dazu ansetzen, die konkreten Bewußtseinszustände bestimmter (vieler, aller) Individuen zu einem bestimmten Zeitpunkt zu ermitteln, wird die Unmöglichkeit eines solchen Unterfangens" sofort einsehen. Der Verzicht darauf, Menschen als Elemente der Gesellschaft zu beschreiben, nehme „Individuen als Einzelmenschen mit Körper und Bewußtsein, mit Gedächtnis und momentaner Sensibilität empirisch ernst."[159] Wenn Medienphilosophen in dezidierter Ausrichtung gegen „systemtheoretische Ansätze" dagegen „Interaktionen zwischen individuellen menschlichen Wesen untersuchen" wollen,[160] dann müßten sie eine Antwort darauf haben, was ihnen Individualität eigentlich wert ist, denn tatsächlich spielt sie nur als generalisiertes Abstraktum eine Rolle, nicht jedoch als milliardenfach vorkommendes, aber je singuläres, psychophysisches System.

154 Luhmann, *Die Realität der Massenmedien*, S. 94.
155 Horkheimer, *Dialektik der Aufklärung*, S. 173-175.
156 Luhmann, *Die Realität der Massenmedien*, S. 92.
157 Ebd., S. 11.
158 Luhmann, *Die Gesellschaft der Gesellschaft*, S. 1102.
159 Niklas Luhmann, *Die Politik der Gesellschaft*, Frankfurt/M. 2000, S. 283.
160 Vogel, „Medien als Voraussetzungen für Gedanken", S. 114 f.

Weil die Systemtheorie Kommunikationen beobachtet statt Individuen, bricht sie in vieler Hinsicht mit dem Traditionsgut philosophischer Medienbegriffe. Das Modell der Intersubjektivität läßt sie fallen, weil sie ausschließlich das „Inter" beschreibt, nämlich als Kommunikation, und die empirischen Subjekte in der Umwelt der Gesellschaft verortet. Weil Kommunikationssysteme ebenfalls ernst genommen werden, nämlich als autopoietische, sich selbst steuernde und reproduzierende Systeme, statt den „individuellen menschlichen Wesen" als Werkzeuge, Prothesen, Instrumente, Übertragungskanäle oder Mittel in dienender Stellung an die Hand gegeben zu werden, kann die Systemtheorie all jene Befürchtungen nicht teilen, die davon ausgehen, Medien hätten einen kausal zu kontrollierenden, manipulativen Einfluß auf Subjekte, aber auch nicht jene Hoffnungen, Medien errichteten eine neue, virtuelle, globale Agora, auf der die Bürger einen deliberativen Diskurs führen.[161] Ein Gespräch, ein Diskurs, eine Interaktion oder auch eine Manipulation, Steuerung, Konditionierung – all dies findet in den Massenmedien nicht statt. Die Massenmedien der Systemtheorie reproduzieren ihre „eigenen Strukturen und Operationen nur mit eigenen Produkten".[162] Und dies sind Kommunikationen, keine Individuen.

Die *Realität der Massenmedien* handelt allein von derjenigen Realität, die in den Massenmedien erzeugt wird. Sie ist nichts anderes als ein „internes Korrelat der Systemoperationen" – und nicht die Realität der Wirtschaft, der Politik oder der Wissenschaft.[163] Was ein Beobachter erster Ordnung für Auswahl und Transport von gegebenen Daten hält, erscheint auf der Ebene der Beobachtung zweiter Ordnung als nach internen Regeln erzeugtes Konstrukt. Die Frage, die Luhmann an die Massenmedien richtet, lautet daher „*nicht*: Wie verzerren die Massenmedien die Realität durch die Art und Weise ihrer Darstellung?" Denn diese Frage würde eine „ontologische, vorhandene, objektiv zugängliche, konstruktionsfrei erkennbare Realität" nach Vorbild des „alten Essenzenkosmos" voraussetzen, statt davon auszugehen, daß jede Realität immer die Realität eines Beobachters ist. Luhmanns Frage heißt vielmehr: „Wie konstruieren Massenmedien Realität?"[164] In dieser gravierenden Umformulierung des Problems scheint mir ein Hauptverdienst von Luhmanns Medientheorie zu liegen.[165] Von richtigen oder falschen Erfahrungen

161 Vgl. im Anschluß an Habermas und Kant, aber ohne Luhmann Nicholas Garnham, *Emancipation, The Media, And Modernity*, Oxford 2000. Vgl. zum vermeintlichen Zusammenhang von Neuen Medien und Deliberation mit vielen Verweisen auf Habermas: Ted Becker (Hg.), *The Journal of Public Deliberation*, http://services.bepress.com/jpd/

162 Luhmann, *Die Realität der Massenmedien*, S. 208.

163 Ebd., S. 19.

164 Ebd., S. 20.

165 So auch Peter M. Spangenberg, „Stabilität und Entgrenzung von Wirklichkeiten. Systemtheoretische Überlegungen zu Funktion und Leistung der Massenmedien", in: Siegfried J. Schmidt (Hg.), *Literaturwissenschaft und Systemtheorie*, Opladen 1993, S. 66-100, S. 73, der berichtet, daß bislang „große Teile der Massenkommunikationsforschung" *nicht* mit der Frage beschäftigt seien, „wie es zur Selektion kommt", sondern „was ausgewählt wird", also mit „Inhalten" der Sendungen, statt mit der „Struktur" des Systems.

jenseits oder diesseits des massenmedial verdichteten „Verblendungszusammenhangs" war einst die kritische Theorie der Massenmedien mit der Selbstsicherheit ausgegangen, auf der „richtigen" Seite der Erkenntnis zu stehen: Frank Böckelmann hat in einer sehr frühen medientheoretischen Luhmann-Rezeption vorgeschlagen, diese ‚kritische' Differenz von richtig und falsch durch die Einsicht in die unvermeidliche Selektivität jeder Erfahrung zu ersetzen.[166] „Wer an Vorstellungen wie ‚objektive Wahrheit' oder psychisch ‚bindenden' Konsens hängt, wird diese Analyse nicht akzeptieren können und den Medien Oberflächlichkeit, wenn nicht Manipulation vorwerfen. Wenn man andererseits die [...] operative Geschlossenheit autopoietischer Systeme ernst nimmt, sieht man. Es geht gar nicht anders."[167] Diese These ist immer auch gegen die Frankfurter Schule und ihre Schüler formuliert, die Kritik an den Manipulationen der Massenmedien immer mit unter der Annahme vortragen, sie selbst seien ihnen immer schon entgangen.[168]

Auch wenn der „Spiegel" zwischen Informationsgeber und Informationsnehmer intransparent ist und „Sendebereitschaft und Einschaltinteresse" nirgends zentral koordiniert werden können,[169] lassen sich doch die Kommunikationen auf beiden Seiten beobachten. Die Sender generieren eine Wirklichkeitskonstruktion, die um so stabilere Züge annimmt, desto mehr sich die Sender gegenseitig beobachten und ihre Skripte, Formate und Themen aufeinander abstellen. Und die Rezipienten? Sie lernen an der Beobachtung anderer Informationsnehmer, was man „hochselektiv" zur Kenntnis zu nehmen hat. Daß *Sponge-Bob* in Berliner Kindergärten ein „must" ist, lernen Neuzugänge nicht im Fernsehen, sondern daran, daß sie geschnitten werden. Dies kann man als Macht des Fernsehens bedauern; oder man sieht darin einen Beleg für die großen Freiheitsgrade der Mediennutzer, die eine bestimmte Sendung als Referenz für ihre Alltagskommunikation wählen – und alle anderen Angebote ausschlagen.

In jedem Fall geht es um die Erzeugung von selektivem Sinn. Eine Gemeinsamkeit aller drei Sparten liegt in der Erzeugung von Kommunikationsvoraussetzungen, die nicht mehr mitkommuniziert werden müssen, da sie als bekannt vorausgesetzt werden dürfen.[170] Jeder kann wissen, wer Barroso oder Sponge-Bob ist, und wird sich hüten zuzugeben, er wüßte es nicht. Im Ergebnis entsteht ein Gedächtnis der Gesellschaft, dessen Leistung darin liegt, „daß man bei jeder Kommunikation bestimmte Realitätsannahmen als bekannt voraussetzen darf, ohne sie eigens in der Kommunikation einführen und begründen zu müssen."[171] Die Medien stellen gleichsam eine „Hintergrundrealität" bereit,[172] die Habermas Lebenswelt genannt

166 Frank Böckelmann, *Theorie der Massenkommunikation*, Frankfurt/M. 1975, S. 20 f.
167 Luhmann, *Die Realität der Massenmedien*, S. 198.
168 Vgl. zu dieser Selbstexemption in der Massenmedienkritik Christina Bartz, *Massenmedium Fernsehen. Die Semantik der Masse in der Medienbeschreibung*, Bielefeld 2007,
169 Luhmann, *Die Realität der Massenmedien*, S. 12.
170 Ebd., S. 120.
171 Ebd., S. 121.
172 Ebd., S. 173.

hat. Die Medien erzeugen eine Realität von Objekten, die dann erwartbar „in der weiteren Kommunikation vorausgesetzt werden können. Es wäre viel zu riskant, sich primär auf Verträge oder auf normativ einforderbare Konsense zu stützen."[173] Selektionsofferten können von der Erwartung ausgehen, daß eine Kommunikation gelingt, die auf massenmedial erzeugtes und verbreitetes Wissen zurückgreift.[174] Luhmanns Beobachtung einer „Isomorphie" zwischen Systemtheorie und „Philosophie" trifft auch in diesem Fall. Die Frage der alltäglichen Sinnkonstitution, für die bei Habermas die Lebenswelt zuständig ist, wird von Luhmann übernommen, doch völlig anders beantwortet: Es sind die Massenmedien, die genau das leisten, was bei Habermas die lebensweltlich verankerten Geltungsansprüche tun: sie machen es wahrscheinlich, daß wechselseitige Unterstellungen zu anschlußfähiger Kommunikation führen. Die Situation der doppelten Kontingenz wird von den Massenmedien zwar nicht mit einem Konsens aufgelöst, aber daran ist Luhmann ja auch nie interessiert gewesen. Um zu kommunizieren, genügt es, zu einer Offerte anzumerken, „So have I heard, and do in part believe it."[175]

---

173 Ebd., S. 178.
174 Luhmann, *Die Gesellschaft der Gesellschaft*, S. 1104.
175 Luhmann, *Die Realität der Massenmedien*, S. 9.

MARTIN STINGELIN

Telephon für Friedrich Nietzsche

Bei Gelegenheit klingelt im Metaphernhaushalt von Friedrich Nietzsche ein Telephon:

„Mit dieser ausserordentlichen Werthsteigerung der Musik, wie sie aus der Schopenhauer'schen Philosophie zu erwachsen schien, stieg mit Einem Male auch der Musiker selbst unerhört im Preise: er wurde nunmehr ein Orakel, ein Priester, ja mehr als ein Priester, eine Art Mundstück des ‚An-sich' der Dinge, ein Telephon des Jenseits, – er redete fürderhin nicht nur Musik, dieser Bauchredner Gottes, – er redete Metaphysik; was Wunder, dass er endlich eines Tages asketische Ideale redete?…"[1]

Im Kontext ist ausdrücklich auch von „Medium" die Rede;[2] aus seinem Gebrauch erhellt allerdings, daß Nietzsche zwar onomasiologisch für dasjenige, was wir heute in einem erweiterten Sinn unter ‚Medium' verstehen,[3] durchaus annähernde Umschreibungen wie „Mittel der Mittheilbarkeit"[4] beziehungsweise „Überreichthum von Mittheilungsmitteln"[5] verwandte; semasiolo-

1 Friedrich Nietzsche, *Zur Genealogie der Moral. Eine Streitschrift* (1887) (= GM, Abhandlung, Aphorismus und Seitenzahlen), in: ders., *Sämtliche Werke. Kritische Studienausgabe in 15 Bänden*, hg. von Giorgio Colli/Mazzino Montinari, München/Berlin/New York 1980 (= KSA, Band – gegebenenfalls Fragmentgruppe, -nummer – und Seitenzahl), hier KSA 5, S. 245-412, S. 346 (GM III, § 4).

2 „In Sonderheit änderte Wagner, was vielleicht am meisten befremdet, von da an rücksichtslos sein Urtheil über Werth und Stellung der Musik selbst: was lag ihm daran, dass er bisher aus ihr ein Mittel, ein Medium, ein ‚Weib' gemacht hatte, das schlechterdings eines Zweckes, eines Manns bedürfe um zu gedeihn – nämlich des Drama's!". Ebd., S. 345-346.

3 Vgl. etwa Christoph Hubig, *Mittel*, Bielefeld 2002 (= *Bibliothek dialektischer Grundbegriffe* 1), zu Nietzsche S. 6-7; eingegangen in: Christoph Hubig, *Die Kunst der Möglichen. Grundlinien einer dialektischen Philosophie der Technik, Band 1: Technikphilosophie als Reflexion der Medialität*, Bielefeld 2006, zu Nietzsche S. 145-147.

4 KSA 13, 11[145], S. 67-68, S. 68: „Gewöhnlich nimmt man das Bewußtsein selbst als Gesammt-Sensorium und oberste Instanz: indessen es ist nur ein Mittel der Mittheilbarkeit: es ist im Verkehr entwickelt, und in Hinsicht auf Verkehrs-Interessen…"

5 KSA 13, 14[119], S. 296-299, S. 296: „Der aesthetische Zustand hat einen Überreichthum von Mittheilungsmitteln, zugleich mit einer extremen Empfänglichkeit für Reize und Zeichen. Er ist der Höhepunkt der Mittheilsamkeit und Übertragbarkeit zwischen lebenden Wesen, – er ist die Quelle der Sprachen."

gisch aber war ihm der Begriff ‚Medium' in einem engeren Sinne nur aus dem Okkultismus und Spiritismus vertraut.[6] So berichtet er Heinrich Köselitz am 2. beziehungsweise 3. Oktober 1882 vom Besuch einer ebenso viel versprechenden – „Das beste ‚Medium', aber hochschwanger"[7] – wie enttäuschenden Séance: „Lieber Freund, der Spiritism ist eine erbärmliche Betrügerei, welche nach der ersten halben Stunde langweilt. Und dieser Prof. Zöllner hatte sich von diesem Medium täuschen lassen!"[8] Wo Nietzsche etwa im Briefwechsel mit August Strindberg ausdrücklich die technische Vermittlung des Verbrecherbildes durch die Photographie als Quelle weitreichender Täuschungen über dessen ‚Identität' bzw. ‚Natur' kritisiert und reflektiert[9] oder sich bei der im Anschluß daran vorsätzlich

6 Zur Begriffsgeschichte von ‚Medium' im allgemeinen vgl. die semasiologisch „auf die Kontinuität des Wortes *Medium* als Terminus und Metapher" fokussierte bzw. im Ergebnis auf „die Unentscheidbarkeit zwischen Metapher und Terminus" konzentrierte Untersuchung von Stefan Hoffmann, *Geschichte des Medienbegriffs*, Hamburg 2002 (= *Archiv für Begriffsgeschichte*, Sonderheft 2002), Zitate auf S. 21; zur Geschichte der spiritistischen Bedeutung im besonderen ebd., S. 108-136, v. a. S. 134-136 („Gemeinsame Aspekte der Begriffsentwicklung im Spiritismus, im Mesmerismus und in der Physik").

7 Friedrich Nietzsche an Heinrich Köselitz, [Leipzig, 2. Oktober 1882], in: Friedrich Nietzsche, *Sämtliche Briefe. Kritische Studienausgabe in 8 Bänden*, hg. von Giorgio Colli/Mazzino Montinari, München/Berlin/New York 1986 (= KSB, Band, Briefnummer und Seitenzahlen), hier: KSB 6, Nr. 315, S. 268-269.

8 Friedrich Nietzsche an Heinrich Köselitz, [Leipzig, 3. Oktober 1882], KSB 6, Nr. 316, S. 269. Zum wissenschaftshistorischen Kontext, in dem sich auch Nietzsches Interesse an Fragen des Okkultismus und Spiritismus bewegt, vgl. im allgemeinen Wolfgang Hagen, *Radio Schreber. Der ‚moderne Spiritismus' und die Sprache der Medien*, Weimar 2001, zu Johann Carl Friedrich Zöllner als Grenzgänger zwischen den sich berührenden Disziplinen der Naturwissenschaften und des Spiritismus im besonderen S. 29-47, Nietzsches Besuch der Leipziger Séance S. 42-43. Das Okkulte berührt sich mit dem Medialen im technischen Wortsinn denn auch bei Nietzsche, wo er Erwin Rohde schreibt: „aber immer wenn solche Zeiten und schwellende Stimmungen kommen, werfe ich einen ganzen Brief mit guten Gedanken und Wünschen für Dich in den blauen Himmel, in der Hoffnung, daß der elektrische Draht zwischen unsern Seelen (oder, nach Reichenbach die odische Lohe) diese Schnellschrift zu Dir befördert", Nietzsche an Erwin Rohde, [Basel,] am 3ten Sept. 1869, KSB 3, Nr. 28, S. 51-53, S. 51. Zu Carl Ludwig Freiherr von Reichenbachs Experimenten mit der magnetistischen Strahlungskraft des von ihm sogenannten „Ods" vgl. etwa Christoph Asendorf, *Ströme und Strahlen. Das langsame Verschwinden der Materie um 1900*, Gießen 1989 (= *Werkbund-Archiv* 18), S. 143-144. Dreizehn Jahre später findet sich in Nietzsches Notizbüchern eine Elektrizitätslehre „Zur Erklärung der sogenannten ‚spiritistischen Erscheinungen'", KSA 10, 1[31], S. 16-17; vgl. auch dazu Hagen, *Radio Schreber*, S. 43.

9 Auf Strindbergs Aufforderung, sich von der ‚anschaulichen Evidenz' des photographischen Verbrecheralbums zu Cesare Lombrosos *L'uomo delinquente* (1884) überzeugen zu lassen – „Regardez ces centaines de photographies accompagnant l'homme criminel de Lombroso, et avouez que le fourbe est un animal inférieur, un degénéré, un faible depossédé des facultés nécessaires pour éluder les paragraphes de la loi, obstacles trop puissants à sa volonté au pouvoir", August Strindberg an Nietzsche, [Holte, Anfang Dezember 1888], in: Friedrich Nietzsche, *Briefwechsel. Kritische Gesamtausgabe*, hg. von Giorgio Colli/Mazzino Montina-

betriebenen Multiplizierung der eigenen Persönlichkeiten gar in die literaturgeschichtliche Tradition der satirischen Kritik von technisch fixierten Menschenbildern einreiht,[10] fehlt der Begriff des ‚Mediums'. Folgerichtig steht das Telephon im angeführten Zitat als ‚Medium' einerseits stellvertretend für Okkultistisches und Spiritistisches im Sinne von metaphysischem Schwindel; andrerseits steht das ‚Medium' des Telephons hier als Metapher für eine bzw. die Übertragung.[11] Als Metapher vermittelt das ‚Medium' bei Nietzsche als Begriff seine eigene, zwischen Medialität und Metaphorizität schwankende Unvermittelbarkeit.

Tatsächlich hallen in diesem Telephonanruf in seiner Streitschrift *Zur Genealogie der Moral* alle drei erkenntniskritischen Momente nach, durch die sich die Medienphilosophie von Nietzsche herausgefordert sieht: die Sprachkritik (I.), die aufs engste mit ihr verschwisterte physiologische Kritik (II.) und die genealogische Kritik (III.).

I. Einer der meistzitierten philosophischen Schlüsseltexte des 20. Jahrhunderts, der die Philosophie an die Vergessenheit ihrer medialen Voraussetzungen erinnert, ist

---

ri, Berlin/New York 1974 ff. (= KGB, Band, Briefnummer und Seitenzahlen), hier: KGB III/6, Nr. 621, S. 376 –, antwortet Nietzsche am Beispiel des durch Prado verkörperten Typus des ‚starken' Verbrechers, der nur durch die Übermacht sozialer Konventionen gebrochen werden kann, medienkritisch durch den Hinweis, was Photographien gerade nicht oder nur im Vergleich mit älteren Porträts zu zeigen vermögen: „Prado war seinen Richtern, seinen Advokaten selbst durch Selbstbeherrschung, esprit und Übermuth überlegen; trotzdem hatte ihn der D r u c k der Anklage physiologisch schon so heruntergebracht, daß einige Zeugen ihn erst nach alten Porträts wiedererkannten", Friedrich Nietzsche an August Strindberg, Torino, den 8. Dezember 1888, KSB 8, Nr. 1176, S. 507-509, S. 508. Vgl. dazu Vf., „Verbrechen als Lebenskunst. Das Problem der Identität, die Identifizierung von Verbrechern und die Identifikation mit Verbrechern bei Friedrich Nietzsche", in: *Verbrechen – Justiz – Medien. Konstellationen in Deutschland von 1900 bis zur Gegenwart*, hg. von Joachim Linder und Claus-Michael Ort in Zusammenarbeit mit Jörg Schönert und Marianne Wünsch, Tübingen 1999 (= *Studien und Texte zur Sozialgeschichte der Literatur* 70), S. 135-154, insbes. S. 144-148.

10 Vgl. dazu Vf., „Überstürztes und träges Sehen: Zum historischen Spannungsverhältnis zwischen aktuellen und virtuellen Verbrecherbildern in ihrer satirischen Brechung durch Georg Christoph Lichtenberg, Friedrich Nietzsche, Karl Kraus und Friedrich Glauser (1782-1936)", in: Achim Barsch und Peter M. Hejl (Hg.), *Menschenbilder. Zur Pluralisierung der Vorstellung von der menschlichen Natur (1850-1914)*, Frankfurt/M. 2000, S. 423-453.

11 Zu Nietzsches im Kontext seiner metaphorologischen Reflexionen schon früh einsetzenden experimentellen Erprobung der (medialen) Übertragbarkeit des ‚Begriffs' ‚Übertragung' und ihrer Reichweite vgl. Andrea Orsucci, „Unbewußte Schlüsse, Anticipationen, Übertragungen. Über Nietzsches Verhältnis zu Karl Friedrich Zöllner und Gustav Geber", in: Tilman Borsche/Federico Gerratana/Aldo Venturelli (Hg.), *‚Centauren-Geburten'. Wissenschaft, Kunst und Philosophie beim jungen Nietzsche*, Berlin/New York 1994 (= *Monographien und Texte zur Nietzsche-Forschung* 27), S. 193-207, und Detlef Otto, „(Kon-)Figurationen der Philosophie. Eine metaphorologische Lektüre von Nietzsches Darstellung der vorplatonischen Philosophen", in: *Nietzsche-Studien. Internationales Jahrbuch für die Nietzsche-Forschung* 27 (1998), S. 119-152.

von seinem Autor zeitlebens unter Verschluß gehalten worden, ohne daß er aus dem Geheimnis ein Geheimnis gemacht hätte. In der nachträglichen Vorrede zum zweiten Band von *Menschliches, Allzumenschliches* (1880), die von der Verspätetheit seiner zum Zeitpunkt ihrer Veröffentlichung bereits überwundenen Frühschriften handelt, zählte Friedrich Nietzsche im September 1886 darunter auch die dritte seiner *Unzeitgemäßen Betrachtungen* über *Schopenhauer als Erzieher* (1874), denn bei ihrer Niederschrift glaubte er „bereits ‚an gar nichts mehr', wie das Volk sagt, auch an Schopenhauer nicht: eben in jener Zeit entstand ein geheim gehaltenes Schriftstück ‚über Wahrheit und Lüge im aussermoralischen Sinne'."[12] Nietzsche sah sich im Zeitalter der hochöfenbefeuerten Fortschrittseuphorie und Zivilisationsfreude durch die Radikalität seiner Moralkritik „zu langem Stillschweigen verurtheilt", selbst engsten Freunden gegenüber. Doch warum hielt er das im Alter von 24 Jahren verfaßte private „pro memoria"[13] noch zurück, als er in seinen Zwillingsschriften *Jenseits von Gut und Böse* (1886) und *Zur Geneaologie der Moral* (1887) die Entstehung und Festigung der Moral auch öffentlich schon auf die rationalisierte Kränkung der Schwachen und Besiegten, das Ressentiment zurückgeführt und die unausweichliche Heraufkunft des Nihilismus verkündet hatte?

Eine mögliche Erklärung: Nietzsche, der „die Täuschung, das Schmeicheln, Lügen und Trügen, das Hinter-dem-Rücken-Reden, das Repräsentiren, das im erborgten Glanze Leben, das Maskirtsein, die verhüllende Convention, das Bühnenspiel vor Anderen und vor sich selbst"[14] gerne zur Schau stellte, um es zu entlarven, liebte die Selbstverrätselung. In den Entwürfen zu einer schließlich nicht publizierten *Unzeitgemäßen Betrachtung* unter dem ironischen Titel „Wir Philologen" notierte er sich zwischen Sommer 1872 und Anfang 1873 ihr vorsätzlich ästhetisches Programm: „Denen, welche nur eine g e l e h r t e Befriedigung dabei empfinden wollen, habe ich es nicht leicht gemacht, weil ich auf sie zuletzt gar nicht rechnete. Die Citate fehlen."[15] Tatsächlich hat die jüngste Nietzscheforschung von der Quellenkritik, die nicht müde wird, in Nietzsches Schriften die fehlenden Anführungszeichen nachzutragen, ihre wichtigsten Anstöße erhalten.[16] Das gilt vor allem für die 1903 erstmals veröffentlichte Abhandlung „Ueber Wahrheit und Lüge

12 Friedrich Nietzsche, *Menschliches, Allzumenschliches. Ein Buch für freie Geister*, Zweiter Band (1880, 1886) (= MAM II, Abschnitt bzw. Aphorismus), hier: MA II, Vorrede 1, KSA 2, S. 367-704, S. 370.

13 KSA 11, 26[372], S. 248-249.

14 Friedrich Nietzsche, „Ueber Wahrheit und Lüge im aussermoralischen Sinne" (= WL, Abschnitt), KSA 1, S. 873-890, S. 876. Es handelt sich in den Augen der Medientheorie um „die konziseste Medienschrift Nietzsches"; Dieter Mersch, *Medientheorien zur Einführung*, Hamburg 2006, S. 48. Hinweise zu Nietzsches „Medienphilosophie *avant la lettre*" auch bei Reinhard Margreiter, *Medienphilosophie. Eine Einführung*, Berlin 2007, S. 41-44.

15 KSA 7, 19[55], S. 437.

16 Vgl. grundsätzlich Andreas Urs Sommer, „Vom Nutzen und Nachteil kritischer Quellenforschung", in: *Nietzsche-Studien* 29 (2000), S. 302-316; dort S. 313 die aus der Retorsion gewonnene, sehr anregende These: „Quellenforschung ist *exemplarische Genealogie*."

im aussermoralischen Sinne".[17] So ist erst mit der Abhängigkeit von Gustav Gerbers Buch *Die Sprache als Kunst* (1871) erkennbar geworden, wie sehr Nietzsche in der Tradition der spätaufklärerischen Sprachphilosophie steht, wenn er ihre Sprachkritik auch radikalisierte: Für Nietzsche ist Erkenntnis jene Illusion, die dem Vergessen entspringt, daß sie sich einer trügerischen, auf rhetorischen Konventionen beruhenden Sprache verdankt – also dem Vergessen ihres ‚Mediums'. Wahrscheinlich findet die Erkenntnis in der Natur nur die Gesetze ihrer sprachlichen Voraussetzungen wieder, die der Mensch in sie hineinprojiziert, etwa in der willkürlichen Unterscheidung zwischen Individuum und Gattung: „Denn auch unser Gegensatz von Individuum und Gattung ist anthropomorphisch und entstammt nicht dem Wesen der Dinge, wenn wir auch nicht zu sagen wagen, dass er ihm nicht entspricht: das wäre nämlich eine dogmatische Behauptung und als solche ebenso unerweislich wie ihr Gegentheil."[18] Diese radikale Skepsis, die sich noch gegen sich selbst richtet, ist der eigentliche Beweggrund von Nietzsches Denken. Sie ist durch die Bestimmung der Philosophie als Gesetzgebung, die den Wert des Wertes in Frage stellen und neue Werte schaffen soll, zum Zeitpunkt, als Nietzsche seine Moralkritik veröffentlicht, scheinbar überwunden, die Veröffentlichung der skeptischen Frühschrift damit hinfällig. Doch als Aktualität von Nietzsches Denken erweist sich zusehends mehr der sprach- und erkenntniskritische Vorbehalt, der seit der Abhandlung „Ueber Wahrheit und Lüge im aussermoralischen Sinne" seine Schriften gegen die Versuchung des Dogmatismus imprägniert. Darin ist Friedrich Nietzsche der Aufklärung verpflichtet.[19] Der vermeintliche Obskurantismus seines Werks erschöpft sich in der Geheimhaltung jener Abhandlung, in der diese Verpflichtung ihren radikalsten Ausdruck findet. Geschützt hat Nietzsche mit dieser Geste den kreativen Impuls seines Denkens und Schreibens, denn jenseits der Skepsis gegen die Skepsis herrscht nur noch das sich selbst verzehrende Schweigen, das in der Postmoderne beredt geworden ist bis zur Geschwätzigkeit.

II. Der Beweggrund für Nietzsches folgenreiche Sprachkritik – und hier, durch die Setzung eines neuen Ausgangspunkts seines Ausgangspunkts, trifft er gewissermaßen die Entscheidung zum Dezisionismus seines ‚Spätwerks'[20] – ist physiologischer

17 Die Forschungsergebnisse faßt ausgesprochen anregend zusammen: Hans Gerald Hödl, *Nietzsches frühe Sprachkritik. Lektüren zu „Ueber Wahrheit und Lüge im aussermoralischen Sinne"*, Wien 1997.

18 WL 1, KSA 1, S. 880.

19 Zu Nietzsches Verhältnis zur Aufklärung vgl. u. a. Bernhard Lypp, „Nietzsche – Die Selbsterzeugung der Aufklärung", in: *Merkur. Deutsche Zeitschrift für europäisches Denken* 436 (Juni 1985), S. 474-483; Karl Heinz Bohrer, „Nietzsches Aufklärung als Theorie der Ironie", in: *Sinn und Form. Beiträge zur Literatur*, 46. Jg., 5. Heft (1994), S. 713-730, und David E. Wellbery, „Die Strategie des Paradoxons – Nietzsches Verhältnis zur Aufklärung", in: Helmut Schmiedt/Helmut J. Schneider (Hg.), *Aufklärung als Form. Beiträge zu einem historischen und aktuellen Problem*, Würzburg 1997, S. 161-172.

20 KSA 11, 40[21], S. 638-639, S. 638: „Ausgangspunkt vom L e i b e und der Physiologie".

‚Natur': Das Telos seines unablässigen Bemühens, in vielfältiger Weise kritisch Aufschub gegen die Erfüllung vermeintlicher Erkenntnis zu erwirken, erschöpft sich nicht in einer vitalistischen Feier des ‚Lebens' als Ziel der zu überwindenden Widerstände; es versäumt im Gegenteil nie, kritisch gleichzeitig an die organisch bedingten, also nur vermeintlich heteronomen Voraussetzungen jeglicher Erkenntnis zu erinnern. Beide Bemühungen werden gleichermaßen durch das Gedächtnis und seine Speichertechniken verkörpert: Nietzsches genealogische Kritik dieses ‚Organs'[21] ist denn durchaus auch eine Kritik seiner Mnemo-Techniken, deren Mediengeschichte bei Nietzsche schon impliziert ist. In – durch Bewußtsein erschlossenen – Speichern häuft sich mehr an als nur ‚Informationen'; ‚Bewußtsein' entsteht erst durch ihre perspektivische Verkürzung in einem Zeichenprozeß, der passiv der Filtrierung durch physiologisch bedingte Formen-Schemata, von Nietzsche sogenannten ‚regulativen Fiktionen', etwa der grammatikalisch verfestigten Abfolge von Subjekt, Prädikat und Objekt, entspricht,[22] aktiv der Interpretation als Bemächtigung.[23] Unser Denken wird nur dadurch „in Zeichen faßbar, merkbar, mittheilbar" – das ist Nietzsches Definition eines ‚Mediums' beziehungsweise dessen, was seine Übertragung (gewähr)leisten muß: Faßbarkeit, Merkbarkeit, Mitteilbarkeit in Zeichen –, daß es sich der „vollständigen Fiktion" einer ihm ursprünglich eigenen Logik anvertraut, indem es deren physiologische, mithin mediale Bedingtheit vergißt: „Also: das geistige Geschehen so zu betrachten, wie also ob es jenem regulativem Schema eines fingierten Denkens wirklich entspräche, das ist das Kunststück von Fälschung vermöge deren es etwas wie ‚Erkenntniß' und ‚Erfahrung' giebt. Erfahrung ist nur möglich mit Hülfe von Gedächtniß; Gedächtniß ist nur möglich mittels einer Abkürzung eines geistigen Vorgangs zum Zeichen. ‚Erkenntniß': das ist der Ausdruck eines neuen Dings durch die Zeichen von schon ‚bekannten', schon erfahrenen Dingen."[24]

In jedem Fall erweist sich dabei der Körper als Schauplatz von Geschichte und Ort der Inszenierung von Historie im allgemeinen,[25] der Wirkungsgeschichte von

---

21 Vgl. dazu v. a. GM II, § 3, KSA 5, S. 294-297, und grundsätzlich Hubert Thüring, *Geschichte des Gedächtnisses. Friedrich Nietzsche und das 19. Jahrhundert*, München 2001, insbes. S. 211-343.

22 Vgl. KSA 11, 35[35], S. 526.

23 Vgl. Vf., „Historie als ‚Versuch das Heraklitische Werden [...] in Zeichen abzukürzen'. Zeichen und Geschichte in Nietzsches Spätwerk", in: *Nietzsche-Studien* 22 (1993), S. 28-41.

24 KSA 11, 38[3], S. 597.

25 Vgl. dazu – neben dem Schlüsseltext von Michel Foucault, „Nietzsche, die Genealogie, die Historie" (1971), aus dem Französischen übersetzt von Michael Bischoff, in: Michel Foucault, *Schriften in vier Bänden (Dits et Écrits). Band II: 1970-1975* (1994), hg. von Daniel Defert und François Ewald unter Mitarbeit von Jacques Lagrange, Frankfurt/M. 2002, Nr. 84, S. 166-191 – Vf., „Der Körper als Schauplatz der Historie. Albert Hermann Post, Friedrich Nietzsche, Michel Foucault", in: *FRAGMENTE. Schriftenreihe zur Psychoanalyse* Nr. 31 (Okt. 1989), „Schnittstelle Körper – Versuche über Psyche und Soma", S. 119-131, und ders., „Zur Genealogie der Genealogie. Josef Kohler, Albert Hermann Post, Friedrich Nietzsche und Michel Foucault: Vergleichend-ethnologische Strafrechtsgeschichte als Pa-

Medien und der Mediengeschichtsschreibung im besonderen. Hier zeigt sich ein Engagement[26] des Körpers durch Medien und ein Engagement des Körpers im Umgang mit Medien,[27] die diesen im spannungsvollen Wechselverhältnis des Ringens um Vorherrschaft ebenso interpretieren,[28] wie der Körper sich ihrer im Dienst der Steigerung seiner perzeptiven, affektiven und intellektuellen Vermögen zu bemächtigen versucht, und Walter Benjamin wird mit Friedrich Nietzsche die Erkenntnis teilen, wie stark unsere „Merkwelt" physiologisch von Medien geprägt ist,[29] wenn Nietzsche selbst sich bei seiner genealogischen Kritik auch weitgehend

---

radigma method(olog)ischer Instrumentalisierungen", in: Kurt Seelmann (Hg.), *Nietzsche und das Recht*, Vorträge der Tagung der Schweizer Sektion der Internationalen Vereinigung für Rechts- und Sozialphilosophie, 9. bis 12. April 1999 in Basel, Stuttgart 2001 (= *Archiv für Rechts- und Sozialphilosophie*, Beiheft Nr. 77), S. 169-179.

26 Zu diesem – dort innerhalb der Schreibszene erörterten – Begriff vgl. Vf., „‚Schreiben'. Einleitung", in: ders. (Hg.), *„Mir ekelt vor diesem tintenklecksenden Säkulum". Schreibszenen im Zeitalter der Manuskripte*, hg. in Zusammenarbeit mit Davide Giuriato und Sandro Zanetti, München 2004 (= *Zur Genealogie des Schreibens* 1), S. 7-21, insbes. S. 12.

27 Andreas Reckwitz hat daraus für eine Soziologie des Subjekts und seiner Geschichte aus praxeologischer Perspektive ebenso weitreichende wie anregende, method(olog)isch reflektierte Schlußfolgerungen gezogen. Aus der zentralen Voraussetzung, „niemals nach der Technologie ‚an sich' zu fragen, sondern immer nach dem wissensabhängigen, kulturell spezifischen Umgang mit diesen Medien, nach den *medialen Praktiken:* Also nicht der Fernseher interessiert, sondern die spezifischen Praktiken des Fernsehens, nicht die Schrift, sondern die Praktiken des Lesens und Schreibens, nicht der Computer, sondern die Umgangsweisen mit dem Computer", ergibt sich methodisch die Konsequenz: „Wenn die Materialität der Artefakte eine notwendige Komponente von Praktiken darstellt, dann die Materialität der Körper die andere notwendige Komponente." Andreas Reckwitz, „Die historische Transformation der Medien und die Geschichte des Subjekts", in: Andreas Ziemann (Hg.), *Medien der Gesellschaft – Gesellschaft der Medien*, Konstanz 2006, S. 89-197, S. 94-95.

28 Zu diesem Schlüsselbegriff, ohne dessen richtiges – und das heißt neben einem sprachkritischen auch unter einem physiologischen Vorbehalt stehenden – Verständnis sich Nietzsches Projekt genealogischer Kritik nicht erschließt, vgl. die method(olog)ische Reflexion in GM II, § 12, KSA 5, S. 313-316, S. 313-314: „vielmehr giebt es für alle Art Historie gar keinen wichtigeren Satz als jenen, der mit solcher Mühe errungen ist, aber auch wirklich errungen s e i n s o l l t e , – dass nämlich die Ursache der Entstehung eines Dings und dessen schliessliche Nützlichkeit, dessen thatsächliche Verwendung und Einordnung in ein System von Zwecken toto coelo auseinander liegen; dass etwas Vorhandenes, irgendwie Zu-Stande-Gekommenes immer wieder von einer ihm überlegenen Macht auf neue Ansichten ausgelegt, neu in Beschlag genommen, zu einem neuen Nutzen umgebildet und umgerichtet wird; dass alles Geschehen in der organischen Welt ein Ü b e r w ä l t i g e n , H e r r w e r d e n und dass wiederum alles Überwältigen und Herrwerden ein Neu-Interpretieren, ein Zurechtmachen ist, bei dem der bisherige ‚Sinn' und ‚Zweck' nothwendig verdunkelt oder ganz ausgelöscht werden muss." Zu Nietzsches ‚Begriff' der Interpretation vgl. grundsätzlich Johann Figl, *Interpretation als philosophisches Prinzip*, Berlin/New York 1982 (= *Monographien und Texte zur Nietzsche-Forschung* 7).

29 Walter Benjamin, „Das Kunstwerk im Zeitalter seiner technischen Reproduzierbarkeit [Zweite Fassung]" (1936/1939), in: ders., *Gesammelte Schriften. Werkausgabe*, Bd. 2, hg. von Rolf Tiedemann/Hermann Schweppenhäuser, Frankfurt/M. 1980, S. 471-508, S. 478:

auf die Rhetorik und ihre Übertragungsdynamik, ihre Wirkungskraft bzw. -macht als mediales Wesen der Sprache beschränkt,[30] wie es technisch in der Schrift[31] und ihrer Nötigung zum Denken in grammatikalisch verfestigten Satzgefügen zum Ausdruck kommt.

Nietzsche hat seine Reflexionen zur (medien-)historisch bedingten Historizität unseres Wahrnehmungsapparates aber vor dem Hintergrund der Geschichte optischer Medien auch auf den Farbensinn und das Traumgeschehen ausgedehnt. Er erweist sich hier, wo er den Menschen als „das noch nicht festgestellte Thier",[32] seine ‚eigentliche' Natur als Veränderlichkeit, ja Interpretationsbedürfigkeit bestimmt, als Vorläufer der ‚Historischen Anthropologie'.[33] Die vom Sprachforscher Lazarus Geiger 1871 zur Diskussion gestellte Frage: „Hat das menschliche Empfinden, hat die Sinneswahrnehmung eine Geschichte?"[34] beantwortete Nietzsche im Aphorismus 426 der *Morgenröthe* mit dem Hinweis darauf, daß das Auge der antiken Griechen „für Blau und Grün" noch „blind" gewesen sein soll, „und sie statt des ersteren ein tieferes Braun, statt des zweiten ein Gelb

---

„Innerhalb großer geschichtlicher Zeiträume verändert sich mit der gesamten Daseinsweise der menschlichen Kollektiva auch die Art und Weise ihrer Sinneswahrnehmung. Die Art und Weise, in der die menschliche Sinneswahrnehmung sich organisiert – das Medium, in dem sie erfolgt – ist nicht nur natürlich sondern auch geschichtlich bedingt." Zu Walter Benjamins Nietzsche-Rezeption im Spannungsfeld zwischen Décadence und Rebarbarisierung vgl. Renate Reschke, „Barbaren, Kult und Katastrophen. Nietzsche bei Benjamin. Unzusammenhängendes im Zusammenhang gelesen", in: Michael Opitz/Erdmut Wizisla (Hg.), *Aber ein Sturm weht vom Paradiese her. Texte zu Walter Benjamin*, Leipzig 1992, S. 303-339.

30 Diesen Zusammenhang untersucht Christian J. Emden, *Nietzsche on Language, Consciousness, and the Body*, Urbana/Chicago 2005; vgl. zur physiologischen Akzentuierung von Nietzsches gleichzeitig metaphorologisch reflektiertem Begriff der ‚Übertragung' v. a. S. 88-123: „The Nervous Systems of Modern Consciousness: Metaphor, Physiology, and the Self". Zur Rhetorik bei Nietzsche vgl. grundsätzlich Vf., „Nietzsches Rhetorik: Figuration und Performanz", in: Jürgen Fohrmann (Hg.), *Rhetorik: Figuration und Performanz*, DFG-Symposion 2002, Stuttgart und Weimar 2004 (= *Germanistische Symposien, Berichtsbände* 25), S. 295-312.

31 Zur medienphilosophischen These, daß schon die Erfindung des Mediums Schrift unsere Wahrnehmungsweise historisch verändert hat (und nicht umgekehrt von unserer Wahrnehmungsweise bedingt worden wäre), vgl. Sybille Krämer, „Kann das ‚geistige Auge' sehen? Visualisierung und die Konstitution epistemischer Gegenstände", in: Bettina Heintz/Jörg Huber (Hg.), *Mit dem Auge denken. Strategien der Sichtbarmachung in wissenschaftlichen und virtuellen Welten*, Zürich 2001 (= *Theorie: Gestaltung* 1), S. 347-364.

32 Friedrich Nietzsche, *Jenseits von Gut und Böse. Vorspiel einer Philosophie der Zukunft* (1886) (= JGB, Aphorismus), KSA 5, S. 9-243, hier JGB 63, KSA 5, S. 81-83, S. 81.

33 Vgl. Jakob Tanner, *Historische Anthropologie zur Einführung*, Hamburg 2004.

34 Zit. nach der hier herangezogenen Studie von Andrea Orsucci, „Die geschichtliche Entwicklung des Farbensinns und die ‚linguistische Archäologie' von L. Geiger und H. Magnus: Ein Kommentar zum Aphorismus 426 von *Morgenröthe*", in: *Nietzsche-Studien. Internationales Jahrbuch für die Nietzsche-Forschung* 22 (1993), S. 243-256, S. 243.

sahen".[35] Wo uns aber schon die Art und Weise unzugänglich wäre, wie die Griechen ihre Welt wahrgenommen haben, wie verschlossen müßte uns erst ihr Wesen sein?

Am Beispiel des – für die sogenannte ‚Apparatustheorie' von Film und Kino[36] aufschlußreichen – Traums kann hier gleichzeitig dokumentiert werden, wie tief Nietzsches für die Medienphilosophie so fruchtbare method(olog)ische Reflexionen in der physiologischen Forschungsliteratur seiner Zeit verwurzelt sind,[37] zählt der Traum als Simulakrum doch zu den bevorzugten, medienphilosophisch unterfütterten erkenntniskritischen Prüfsteinen des 19. Jahrhunderts, denn „wir glauben im Traume" nicht nur „an den Traum, als sei er Realität";[38] durch diese Eigenschaft, uns „eine zweite reale Welt" hinter der Realität vorzuspiegeln, erweist sich der Traum gleichzeitig als „Ursprung aller Metaphysik",[39] wie Nietzsche in den Aphorismen 5, 12 und 13 des ersten Teils von *Menschliches, Allzumenschliches* ausgeführt hat, die zusammen eine veritable, entwicklungsgeschichtlich begründete Traumtheorie bilden.[40] Die kulturkritischen Konsequenzen, die Nietzsche aus dieser Traumtheorie gezogen hat, erinnern an die zweite biogenetische Grundregel des Zoologen Ernst Haeckel, die besagt, daß der Einzelorganismus in seiner embryonalen Entwicklung ontogenetisch die Phylogenese der Gattung nachvollzieht: „im Schlaf und Traum machen wir das Pensum früheren Menschenthums noch einmal durch";[41] ein Zustand, in dem wir ziemlich die Hälfte unseres Lebens verharren. Er zeichnet sich durch den logischen Umkehr- und Fehlschluß aus, die Wirkung mit ihrer Ursache zu verwechseln, findet der Traum seinen Anlaß doch in zahlreichen äußeren Nerven- und inneren Leibreizen: „So

35 Friedrich Nietzsche, *Morgenröthe. Gedanken über die moralischen Vorurtheile* (1881, 1887) (= M, Aphorismus), KSA 3, S. 9-331, hier M 426, KSA 3, S. 261-262.

36 Vgl. im Anschluß an Christian Metz, „Der fiktionale Film und seine Zuschauer. Eine metapsychologische Untersuchung" (1975), aus dem Französischen übersetzt von Max Looser, in: *Psyche. Zeitschrift für Psychoanalyse und ihre Anwendungen*, 48. Jg., Heft 11 (November 1994), S. 1004-1046, Jean-Louis Baudry, „Das Dispositiv: Metapsychologische Betrachtungen des Realitätseindrucks" (1975), aus dem Französischen übersetzt von von Max Looser, in: *Psyche. Zeitschrift für Psychoanalyse und ihre Anwendungen*, 48. Jg., Heft 11 (November 1994), S. 1047-1074.

37 Vgl. dazu exemplarisch im Umgang mit Nietzsches Quelle Julius Robert Mayer, „Ueber Auslösung" (1876), in: ders., *Die Mechanik der Wärme: Sämtliche Schriften*, hg. von Hans Peter Münzenmayer, Heilbronn 1978, S. 411-416 (photomechanische Wiedergabe des Erstdrucks vom 22. März 1876, in: *Staatsanzeiger für Würtemberg 1876*, Besondere Beilage, S. 104-107), Bernhard Siegert, *Passage des Digitalen. Zeichenpraktiken der neuzeitlichen Wissenschaften 1500-1900*, Berlin 2003, S. 369-383 („III. Elektrische Schaltungen, Signal Intelligence: Das Relaisprinzip"), und im Anschluß daran auch Armin Schäfer und Joseph Vogl, „Feuer und Flamme. Über ein Ereignis des 19. Jahrhunderts", in: Henning Schmidgen/Peter Geimer/Sven Dierig (Hg.), *Kultur im Experiment*, Berlin 2004, S. 191-211.

38 MAM I, 13, KSA 2, S. 32-35, S. 33.

39 MAM I, 5, KSA 2, S. 27.

40 MAM I, 5, 12 und 13, KSA 2, S. 27, S. 31-32 und S. 32-35.

41 MAM I, 12, KSA 2, S. 31-32, S. 32.

weiss Jeder aus Erfahrung, wie schnell der Träumende einen starken an ihn dringenden Ton, zum Beispiel Glockenläuten, Kanonenschüsse in seinen Traum verflicht, das heisst aus ihm h i n t e r d r e i n erklärt, so dass er zuerst die veranlassenden Umstände, dann jenen Ton zu erleben m e i n t ."[42] Dieser Logik soll die Menschheit auch im Wachen viele Jahrtausende hindurch verpflichtet gewesen sein, und Nietzsche beruft sich auf Erzählungen von Reisenden, die bezeugen, daß „die Wilden heute noch" dieser Logik gehorchen. Sie bildet die halluzinatorische Grundlage, auf der sich „das schärfere logische Denken, das Strengnehmen von Ursache und Wirkung" erst vergleichsweise spät entwickelt hat.[43] Nun sind die Elemente von Nietzsches Traumtheorie alles andere als originell,[44] was sich aber nicht auf den ersten Blick erschließt, da Nietzsches theoretischer Verschärfung des Begriffs ‚Interpretation' als „Ü b e r w ä l t i g e n , H e r r w e r d e n" und „Zurechtmachen" seine Strategie zu argumentieren entspricht: Um sich eines Gedankens oder eines Belegs zu einem neuen Zweck zu bedienen, tilgt der Philosoph jeden Hinweis auf dessen Herkunft, indem er durch Fragmentarisierung die Verbindungen zum ursprünglichen Kontext kappt. Auf diese Weise hat er ganze Deutungskomplexe umgeschmolzen und neu geschmiedet, im Falle seiner ‚Traumtheorie' die junge Tradition des physiologischen Neukantianismus. So kann man von den zahlreichen Begriffen aus dem wahrnehmungs- und erkenntnistheoretischen Diskurs seiner Zeit, die Nietzsche verwendet, um das „Bilderleben" des Traumes zu analysieren – allen voran Ähnlichkeit, Assoziation, (Ab-)Bild, Empfindung, Gedächtnis, Nachahmung, Reiz, Trieb, Verstand, Vorstellung, Wahrnehmung und Zeichen –, nicht direkt auf die von ihm benützten Quellen schließen: Der Vergleich der bildlich-symbolischen Darstellungsweise des Traums mit der hieroglyphischen Bilderschrift etwa ist ein Topos der Traumliteratur, dessen Verwendung sich in der zweiten Hälfte des 19. Jahrhunderts geradezu inflationär häufte[45]

---

42 MAM I, 13, KSA 2, S. 32-35, S. 33.

43 Ebd., S. 34.

44 Die Nachweise führt Hubert Treiber, „Zur ‚Logik des Traumes' bei Nietzsche. Anmerkungen zu den Traum-Aphorismen aus *Menschliches, Allztumenschliches*", in: *Nietzsche-Studien. Internationales Jahrbuch für die Nietzsche-Forschung* 23 (1994), S. 1-41. Nietzsches entwicklungsgeschichtliche Herleitung der Metaphysik aus dem Traum etwa stützt sich nachweislich auf Edward B. Tylors zweibändiges Werk über *Die Anfänge der Cultur. Untersuchungen über die Entwicklung der Mythologie, Philosophie, Religion, Kunst und Sitte* (Leipzig 1873). Für das Folgende ebenso anregend: Hubert Treiber, „Zur Genealogie einer ‚science positive de la morale en Allemagne'. Die Geburt der ‚r(é)ealistischen Moralwissenschaft' aus der Idee einer monistischen Naturkonzeption", in: *Nietzsche-Studien. Internationales Jahrbuch für die Nietzsche-Forschung* 22 (1993), S. 165-221, und ders., „‚Das Ausland' – die ‚reichste und gediegenste Registratur' naturwissenschaftlich-philosophischer Titel in Nietzsches ‚idealer Bibliothek'", in: *Nietzsche-Studien. Internationales Jahrbuch für die Nietzsche-Forschung* 25 (1996), S. 394-412.

45 Vgl. dazu grundsätzlich auch Stefan Goldmann, *Via regia zum Unbewußten. Freud und die Traumforschung im 19. Jahrhundert*, Gießen 2003.

(weist also höchstens indirekt voraus auf Freud).[46] Das Schlüsselwort „Hieroglyphe“ erschließt also *keine Quelle*, sondern *ein Problem* von weittragender kulturgeschichtlicher Bedeutung. Die Indizien für die Herkunft solcher Schlüsselbegriffe verdichten sich allenfalls, wo Nietzsche nachweislich Anregungen seiner wichtigsten Gesprächspartner aufnimmt. Im März 1883 etwa schenkte ihm ein Freund von Sigmund Freud, der Physiologe Joseph Paneth,[47] in Nizza Francis Galtons Buch *Inquiries into Human Faculty and its Devolpment* (London 1883),[48] das während mehrerer Wochen ihr bevorzugter Gesprächsgegenstand gewesen war und Nietzsche medientechnisch nicht zuletzt im Hinblick auf Galtons Konstruktion von Kompositphotographien interessierte, wie Resa von Schirnhofer sich erinnert.[49] Nietzsche entnahm dem Kapitel über das „Vorzimmer des Bewußtseins“ unter anderem Hinweise auf die unbewußte Herkunft der Gedanken, die einem „Kampf der Affekte“ entspringen,[50] eine Bestätigung seiner Philosophie am „Leitfaden des Leibes“,[51] in der dieser der Vernunft übergeordnet ist.[52] Während Nietzsches Beschreibung der sogenannten Nervenreiz- und Leibreizträume bis hin zur Wahl der Beispiele mit den meisten physiologischen Untersuchungen seiner Zeit übereinstimmt, ist seine Erklärung, daß ihre „vermeintliche Ursache [...] aus der Wirkung erschlossen und n a c h der Wirkung vorgestellt“ wird, vergleichsweise originell. Sie findet sich in dieser Form nur in Helmholtz’ „Lehre von den

46 Zu Nietzsches Freud-Rezeption vgl. (hier stellvertretend für weitere Monographien und Studien von Paul-Laurent Assoun, Günter Gödde und Renate Schlesier) Reinhard Gasser, *Nietzsche und Freud*, Berlin/New York 1997 (= *Monographien und Texte zur Nietzsche-Forschung* 38).

47 Zur möglichen Mittlerrolle Paneths vgl. die umfassende Dokumentation: Josef Paneth, *Vita Nouva. Ein Gelehrtenleben zwischen Nietzsche und Freud. Autobiographie, Essays, Briefe*, hg. und kommentiert von Wilhelm W. Hemecker, Graz 2007 (= *Bibliothek Gutenberg* 6).

48 Zu Nietzsches Galton-Rezeption vgl. grundsätzlich Marie-Luise Haase, „Friedrich Nietzsche liest Francis Galton“, in: *Nietzsche-Studien. Internationales Jahrbuch für die Nietzsche-Forschung* 18 (1989), S. 633-658.

49 Vgl. Hans Lohberger, „Friedrich Nietzsche und Resa von Schirnhofer“, in: *Zeitschrift für philosophische Forschung* 22 (1969), S. 250-260 und S. 441-458, zit. nach Sander L. Gilman (Hg.), *Begegnungen mit Nietzsche*, Bonn 1987 (Nachdruck der 2. Aufl.) (= *Studien zur Germanistik, Anglistik und Komparatistik* 98), S. 473-485, zu Galten S. 479-480.

50 Vgl. Francis Galton, *Inquiries into Human Faculty and its Development*, London 1883, S. 203-207 („Antechamber of Consciousness“).

51 KSA 11, 27[27], S. 282.

52 Ausführlich dokumentiert Treiber, „Zur ‚Logik des Traumes‘ bei Nietzsche“, aufgrund einer Liste der Bücher, die Nietzsches Mitbewohner in der Basler „Baumannshöhle“ (Spalenberg 45), Heinrich Romundt, zwischen 1872 und 1875 auf der Basler Universitätsbibliothek ausgeliehen hat, wie aufschlußreich der Versuch ist, einen solchen Gedankentausch zu rekonstruieren. Romundts Anregungen bewegen sich im Umfeld seiner Habilitationsschrift über *Die menschliche Erkenntniß und das Wesen der Dinge* (Basel 1872), in der mehrfach die Traumthematik angesprochen wird. Doppel-Ausleihen, bei denen Nietzsche den Anregungen von Romundt folgt, finden sich in diesem Zusammenhang im Fall der Autoren Gustav Gerber, Johann Georg Hamann, G. Hartenstein (über Locke und Leibniz), George Henry Lewes, Michel Montaigne, Edward B. Tylor und Hermann v. Helmholtz.

Gesichtswahrnehmungen" aus seiner *Physiologischen Optik* (Leipzig 1867), von Romundt zuerst am 10. Juli und 29. Oktober 1872 auf der Basler Universitätsbibliothek ausgeliehen, worin ihm Nietzsche am 5. April 1874 gefolgt ist. Nach dem von Helmholtz vorgegebenen Modell parallelisiert Nietzsche die „Logik der Wahrnehmung", die „Logik des Traumes" und die „Logik des wilden Denkens". Die Konsequenzen, die er in *Menschliches, Allzumenschliches* 1878 aus dieser Gleichsetzung zieht, werden als entwicklungsgeschichtliche Folgerungen durch ihre Historisierung neutralisiert. Einmal mehr bestätigt sich auch im Fall von Nietzsches ‚Traumtheorie', daß der Philosoph in seiner geheim gehaltenen erkenntniskritischen Schrift „Ueber Wahrheit und Lüge im aussermoralischen Sinne" von 1872/73 eine weitaus radikalere Position bezieht als in den publizierten Werken der siebziger Jahre, entlarvt er doch darin selbst das spätere logische „Strengnehmen von Ursache und Wirkung" als bloße Erkenntnismetapher.

Akzentuiert worden ist durch Friedrich Nietzsche dabei nachdrücklich die Unhintergehbarkeit, ja Widerständigkeit der Materialität, die physiologische ‚Spürbarkeit'[53] der Zeichen in ihrer medialen Vermitteltheit.

Im Hinblick auf die sich daraus ergebenden medialen Selbstimplikationen der eigenen Philosophie hat Nietzsche aus diesen Voraussetzungen zwei radikale Konsequenzen gezogen: Als Zeichen der Zeichen hat Nietzsche seine eigene Philosophie einerseits konsequenterweise zusehends mehr dadurch zu erkennen gegeben, daß er ihre Ausdrucksweise im Medium des Aphorismus selbst aphoristisch reflektiert hat, ohne dadurch mehr akzentuieren zu wollen beziehungsweise zu können als die eigene Zeichenhaftigkeit.[54]

53 Die Schlüsselstelle dieses Innehaltens bei sich selbst, mit dem die semiotisch reflektierte Kommunikationstheorie gänzlich ihren Halt verloren hat, findet sich bei Roman Jakobson, „Linguistik und Poetik" (1960), aus dem Englischen übersetzt von Tarcisius Schelbert, in: Roman Jakobson, *Poetik. Ausgewählte Aufsätze 1921-1971*, hg. von Elmar Holenstein/Tarcisius Schelbert, Frankfurt/M. 1979, S. 83-121, S. 92-92: „Die *Einstellung* auf die BOTSCHAFT als solche, die Ausrichtung auf die Botschaft um ihrer selbst willen, stellt die POETISCHE Funktion der Sprache dar. Diese Funktion kann nur nutzbringend untersucht werden, wenn sie einerseits zusammen mit den allgemeinen, sprachlichen Problemen behandelt wird. Anderseits verlangt die Erforschung der Sprache eine gründliche Berücksichtigung der poetischen Funktion. Jeder Versuch, die Sphäre der poetischen Funktion auf Dichtung zu reduzieren oder Dichtung auf die poetische Funktion einzuschränken, wäre eine trügerische Vereinfachung. Die poetische Funktion stellt nicht die einzige Funktion der Wortkunst dar, sondern nur eine vorherrschende und strukturbestimmende und spielt in allen andern sprachlichen Tätigkeiten eine untergeordnete, zusätzliche, konstitutive Rolle. Indem sie das Augenmerk auf die Spürbarkeit der Zeichen richtet, vertieft diese Funktion die fundamentale Dichotomie der Zeichen und Objekte. Aus diesem Grunde darf sich die Linguistik, wenn sie die poetische Funktion untersucht, nicht nur auf das Gebiet der Dichtung beschränken." (Dasselbe gilt im Hinblick auf die Medienphilosophie, wo sie die ästhetische Funktion untersucht.)

54 Vgl. dazu Vf., „Aphorismus" (III. Begriffe, Theorien, Metaphern), in: Henning Ottmann (Hg.), *Nietzsche-Handbuch. Leben – Werk – Wirkung*, Stuttgart/Weimar 2000, S. 185-187. Hier knüpft die dritte Leitmaxime an von Mike Sandbothe, *Pragmatische Medienphiloso-*

Hier trifft sich Nietzsches Semiotik[55] nicht zuletzt medienphilosophisch mit derjenigen von Charles Sanders Peirce,[56] wo beide die Rhetorik über die Sprache hinaus zum dritten Hauptaspekt einer allgemeinen Kultursemiotik erweitern, wie Peirce sie insbesondere in seinem schönen, zu Lebzeiten nicht publizierten Aufsatz über „Einige verstreute oder gestohlene Ideen über das wissenschaftliche Schreiben Nr. 1" von 1904 unter dem Terminus einer „*spekulativen Rhetorik*" entwickelt hat. Beide teilen dabei eine betont theoretische Perspektive, wählt Peirce die Bezeichnung „‚spekulativ'" doch lediglich als „die entsprechende lateinische Form des griechischen Wortes für theoretisch, und es soll hier nur andeuten, daß die Untersuchung *rein* wissenschaftlicher Art ist, keine praktische Wissenschaft, noch viel weniger eine Technik",[57] wobei Nietzsche in seinem Spätwerk aus der Einsicht, daß die Rhetorik ein Ausdruck der Interpretationsbedürftigkeit der menschlichen Natur ist, durchaus die praktische Konsequenz zieht, sich ihrer als Technik zu bedienen, „wie man mit dem Hammer philosophirt".[58] Peirce teilt mit Nietzsche den Ausgangspunkt: Er entdeckt, daß die Frage des ‚Stils einer wissenschaftlichen Abhandlung' nicht „dem Reden vom moralischen Charakter eines Fischs" ähnelt, sondern im Gegenteil, „die Verknüpfung rhetorischer und wissenschaftlicher Ideen"[59] eine unabdingbare Voraussetzung jeder wissenschaftlichen Reflexion ist. Er zieht daraus allerdings den umgekehrten Schluß als Nietzsche: „Unsere Auffas-

---

phie. Grundlegung einer neuen Disziplin im Zeitalter des Internet, Weilerswist 2001, S. 116: „In Umsetzung dieser Leitmaxime versucht Nietzsche nicht nur deskriptiv, sondern auch performativ Wege aufzuzeigen, wie die spezifischen Medienpraktiken des philosophischen Schreibens und Lesens derart transformiert werden könnten, daß der pragmatische Charakter unseres Zeichengebrauchs darin wieder deutlich wird."

55 Vgl. dazu Werner Stegmaier, „Nietzsches Zeichen", in: *Nietzsche-Studien. Internationales Jahrbuch für die Nietzsche-Forschung* 29 (2000), S. 41-69.

56 Ohne Einflußphilologie betreiben zu wollen, sei hier der Hinweis gestattet, daß Nietzsche als begeisterter Leser der *Revue philosophique* – vgl. Nietzsche an Paul Rée in Stibbe, Rosenlaui [Anfang August 1877], KSB 5, Nr. 643, S. 265-267, S. 266, und Nietzsche an Malwida von Meysenbug in Faulensee, [Rosenlauibad, den 4. August 1877], KSB 5, Nr. 644, S. 267-269, S. 268 – zwei Gründungstexte des Peirceschen (Medien-)Pragmatismus, „The Fixation of Belief" (1877) und „How to Make Our Ideas Clear" (1878), auf Französisch gekannt haben kann: Vgl. Charles Sanders Peirce, »La logique de la Science. Premère partie: Comment se fixe la croyance«, in: *Revue philosophique de la France et de l'étranger* 3, VI (juillet à décembre 1878), S. 553-569, und ders., »La logique de la Science. Deuxième partie: Comment rendre nos idées claires«, in: *Revue philosophique de la France et de l'étranger* 4, VII (janvier à juin 1879), S. 39-57. Diesen Nachweis führt Stefan Brotbeck, „Nietzsche erraten", in: *Nietzsche-Studien. Internationales Jahrbuch für die Nietzsche-Forschung* 19 (1990), S. 143-175, S. 146.

57 Charles Sanders Peirce, „Einige verstreute oder gestohlene Ideen über das wissenschaftliche Schreiben Nr. 1" (MS 774, 1904), in: ders., *Semiotische Schriften. Band II: 1903-1906*, hg. und übersetzt von Christian J. W. Kloesel und Helmut Pape, Frankfurt/M. 1990, 2000, S. 238-245, S. 242.

58 Friedrich Nietzsche, *Götzen-Dämmerung oder Wie man mit dem Hammer philosophirt* (1889), KSA 6, S. 55-161.

59 Peirce, „Einige verstreute oder gestohlene Ideen über das wissenschaftliche Schreiben Nr. 1", S. 238.

sung von Rhetorik muß offensichtlich verallgemeinert werden; und wenn wir schon dabei sind, warum nicht auch die Einschränkung der Rhetorik auf die Sprache beseitigen?" Peirce erweitert die Rhetorik über die Sprache hinaus, indem er sie unter der Bezeichnung „*spekulative Rhetorik*" als „die Wissenschaft von den wesentlichen Bedingungen" faßt, „unter denen ein Zeichen ein interpretierendes Zeichen seiner selbst und von allem, was es bezeichnet, bestimmen kann oder als Zeichen eine physische Wirkung hervorbringen kann":[60] Von hier ließen sich u. a. spannende Fluchtlinien zur aktuellen Medientheorie ziehen,[61] betont Peirce doch die „physische Wirkung" von Zeichen, deren Untersuchung der Gegenstand der „*spekulativen Rhetorik*" sein soll, „weil Ideen überhaupt nur durch ihre physischen Wirkungen mitgeteilt werden können. Unsere Fotografien, Telefone und drahtlosen Telegrafen, sowie sämtliche jemals durch Dampfmaschinen geleistete Arbeit, sind, dem nüchtern praktischen Sinne und der buchstäblichen Wahrheit nach, das Ergebnis der allgemeinen Ideen, die im ersten Buch des *Novum Organum* ausgedrückt sind." Als „*spekulative*" tritt die Rhetorik an die Seite der „*spekulativen Grammatik*", die untersucht, „auf welche Art und Weise ein Objekt ein Zeichen sein kann", und an die Seite der „*spekulativen Kritik*", die untersucht, „auf welche Art und Weise ein Zeichen sich auf das von ihm unabhängige Objekt beziehen kann, das es darstellt".[62]

Nietzsche hat andrerseits – als zweite radikale Konsequenz aus dem Umstand der Unhintergehbarkeit, ja Widerständigkeit der Materialität, der physiologischen ‚Spürbarkeit' der Zeichen in ihrer medialen Vermitteltheit[63] – die Schreibszenen, denen seine Philosophie entsprungen ist, medial zusehends mehr in den Vordergrund gerückt, akzentuiert, thematisiert, reflektiert und problematisiert. Friedrich Kittler hat als eine der Gründungsszenen seiner eigenen Medientheorie dort am nachdrücklichsten darauf aufmerksam gemacht, wo er Nietzsches Diktum „UNSER SCHREIBZEUG ARBEITET MIT AN UNSEREN GEDANKEN"[64] auf

60 Ebd., S. 239.

61 Vgl. dazu auch den Beitrag von Alexander Roesler, „Medienphilosophie und Zeichentheorie", in: Stefan Münker/Alexander Roesler/Mike Sandbothe (Hg.), *Medienphilosophie. Beiträge zur Klärung eines Begriffs*, Frankfurt/M. 2003, S. 34-52, und den Beitrag von Alexander Roesler und Bernd Stiegler über „Charles Peirce in der Medientheorie" im vorliegenden Band.

62 Peirce, „Einige verstreute oder gestohlene Ideen über das wissenschaftliche Schreiben Nr. 1", S. 240.

63 Vgl. dazu die – nicht nur – im vorliegenden Kontext anregungsreiche Monographie von Rudolf Fietz, *Medienphilosophie. Musik, Sprache und Schrift bei Friedrich Nietzsche*, Würzburg 1992, die, S. 174, im Hinblick auf Nietzsches metaphor(olog)ischen Reflexionen zum Schluß kommt: „Das Wie der Vermittlung erlangt Dominanz über sein Was. Metaphorik ist sichtbar gemachte Medialität, sie verdichtet das Medium, sie trübt seine Transparenz. Die unmittelbare Durchsicht auf Bedeutung wird verstellt zugunsten der Offenbarung der medialen Konstitutionsbedingungen von Bedeutung."

64 Friedrich Nietzsche an Heinrich Köselitz, [Genua, 24. Februar 1882], hier zitiert nach Friedrich Nietzsche, *Schreibmaschinentexte. Vollständige Edition, Faksimiles und kritischer Kommentar*, aus dem Nachlaß hg. von Stephan Günzel/Rüdiger Schmidt-Grépály, Weimar

dessen Begegnung mit der Schreibmaschine zurückgeführt und dadurch einen unvergänglichen Topos der Medientheorie geprägt hat.[65]

Tatsächlich lassen sich im Zusammenspiel von Mensch, Maschine und Sprache, Geste, Technik und Ausdruckskraft keine anderen Szenen von Nietzsches Schreiben genauer datieren und eindringlicher vergegenwärtigen als das Tippen auf der sogenannten ‚Schreibkugel' von Hans Rasmus Johan Malling Hansen (1835-1890), die der erste „mechanisierte Philosoph" (Friedrich Kittler) zwischen dem 11. Februar und dem 24. März 1882 in Genua mit wenigen, durch Reparaturen und eine Reise nach Monaco bedingten Unterbrechungen an insgesamt 37 Tagen benützt hat.[66] Im Gegensatz zu Friedrich Dürrenmatt, der nach seinem Herzinfarkt 1969 vom Arzt zur Abstinenz von der Schreibmaschine angehalten worden ist und dessen Sekretärinnen jedes nächtliche Manuskript beim Abtippen am nächsten Tag auf der Rückseite akribisch datiert haben, erfordern die Indizien im Fall von Friedrich Nietzsche allerdings indirekte Schlüsse, also Kriminalistik oder „Maschinenschriftenphilologie", wie der forensische Schriftsachverständige Peter Frensel und der wissenschaftshistorisch geschulte Literaturwissenschaftler Christoph Hoffmann diese Disziplin genannt haben.[67] ‚Schrift in Bewegung' kommt hier nicht zuletzt im Transport des 3,5 Meter langen, 25 Milimeter breiten und 0,16 Millimeter dik-

2003 (2., verbesserte Aufl.), S. 18, und datiert nach Dieter Eberwein, *Nietzsches Schreibkugel. Ein Blick auf Nietzsches Schreibmaschinenzeit durch die Restauration der Schreibkugel*, Schauenburg 2005 (2., überarbeitete und erweiterte Aufl.), S. 123; vgl. KSB 6, Nr. 202, S. 172.

65 Vgl. Friedrich Kittler, „nietzsche, der mechanisierte philosoph", in: *kultuRRevolution* 9 (Juni 1985), S. 25-29; ders., *Aufschreibesysteme 1800/1900*, München 1985, S. 197-202; ders., *Grammophon – Film – Typewriter*, Berlin 1986, S. 293-311, und ders., „Unser Schreibzeug, unsere Liebe – im Nachhinein", in: *Nietzsche, Schreibmaschinentexte*, S. 102-104. Nietzsches Schreibmaschine ist allerdings gleichzeitig der Ort, an dem sich Friedrich Kittler von der Medienwissenschaft ausdrücklich wieder verabschieden sollte, weil sie sich als unhistorisch erwiesen habe und: „Das zweite Problem mit der Medienwissenschaft, so wie sie jetzt betrieben wird, ist ihre Verwissenschaftlichung selbst, ihre Professionalisierung, ihre deutschlandweite Ausdehnung und damit eben ihre Spezialisierung auf Einzelheiten und Details." Auf die Rückfrage von Antje Wegwerth: „An welche Details denken Sie?" antwortete Kittler: „Ich möchte jetzt keine Namen nennen, aber ich kenne einen jungen Menschen, der hat sein ganzes Leben lang damit Karriere gemacht, dass er die Nietzsche-Schreibmaschine, die in meiner Habilitationsschrift stand, ausgeschlachtet hat." Antje Wegwerth, „Rock Me, Aphrodite. Wahnsinnig schöne Gedanken, das Glücksgefühl in der Mathematik, kulturelle Katastrophen und Lustfeindlichkeit. Ein Interview mit Friedrich Kittler" (24. 05. 2006), in: *Telepolis* (24. 05. 2006), unter: < http://www.heise.de/tp/r4/artikel/22/22695/1.html> (18. Mai 2008). Gemeint ist möglicherweise Vf., „Kugeläußerungen. Nietzsches Spiel auf der Schreibmaschine", in: Hans Ulrich Gumbrecht/K. Ludwig Pfeiffer (Hg.), *Materialität der Kommunikation*, Frankfurt/M. 1988, S. 326-341.

66 Zum Folgenden vgl. grundsätzlich die unverzichtbare Untersuchung von Eberwein, *Nietzsches Schreibkugel.*

67 Vgl. Peter Frensel/Christoph Hoffmann, „Maschinenschriftenphilologie. Zur Datierung von Typoskripten mit Hilfe der Maschinenschriftenuntersuchung an einem Beispiel aus dem Nachlaß Robert Musils", in: *Text. Kritische Beiträge* 4 (1998), S. 33-60.

ken anilinblaugetränkten Baumwollfarbbandes zum Ausdruck, das sich im Original erhalten hat und das Nietzsche, wie sein Maschinenschriftenphilologe und Restaurator seiner Schreibkugel Dieter Eberwein schlüssig nachweist, mit insgesamt 33'610 Anschlägen rund drei und ein Viertel Mal durchlaufen hat: Daraus errechnet sich unter Berücksichtigung des Übungseffektes eine Schreibgeschwindigkeit zwischen anfänglich 15 bis schließlich gut 100 Anschlägen pro Minute. Bei der nachweislichen täglichen Schreibzeit von einer ‚guten Viertelstunde' lassen sich alle 57 erhaltenen Typoskripte, die durch Nietzsches vergleichsweise schwache Anschlagskraft und die mechanische Abnützung seiner Schreibkugel gezeichnet sind, chronologisch ordnen und den einzelnen Schreibtagen zuweisen.

Im Anschluß daran läßt sich medienphilosophisch am Beispiel des Schreibens[68] exemplarisch eine Genealogie der Medien entwerfen, deren Gegenstand nicht nur jene Szenen sind, die sich aus dem heterogenen Ensemble einer kombinatorisch denkbar vielfältigen Begegnung zwischen Sprache (Semantik des Schreibens), Instrumentalität (Medientechnologie des Schreibens) und Körperlichkeit (Gesten bzw. Disziplin und Training des Schreibens) zusammensetzen,[69] sondern vor allem auch jenes Ringen zwischen dem Widerstand bzw. Eigensinn von Medien auf der einen und den mehr oder weniger erfolgreichen Strategien zu ihrer Überwältigung und Bemächtigung auf der anderen Seite, das sich auf diesem Schauplatz abspielt.[70] Denn Widerstand zeichnet nach Nietzsches Streitschrift *Zur Genealogie der Moral* eine eigenständige Kraft aus. Folgerichtig interpretiert die historische Methode der Genealogie nicht nur „die ganze Geschichte eines ‚Dings', eines Organs, eines Brauchs", etwa eines Mediums und seines Gebrauchs, als „eine fortgesetzte Zeichen-Kette von immer neuen Interpretationen und Zurechtmachungen [...], de-

68 ‚Schreiben' in einem wesentlich weniger metaphorischen Sinne, als es sich im Artikel von Christian Schärf, „Nietzsches Schreiben. Eine medienphilosophische Skizze", in: Christoph Ernst/Petra Gropp/Karl Anton Sprengard (Hg.), *Perspektiven interdisziplinärer Medienphilosophie*, Bielefeld 2003, S. 139-153, findet. Vgl. zum Folgenden die in der Reihe *Zur Genealogie des Schreibens* erschienenen Bände von Vf. (Hg.), *„Mir ekelt vor diesem tintenklecksenden Säkulum". Schreibszenen im Zeitalter der Manuskripte;* Davide Giuriato/Martin Stingelin/Sandro Zanetti (Hg.), *„SCHREIBKUGEL IST EIN DING GLEICH MIR: VON EISEN". Schreibszenen im Zeitalter der Typoskripte*, München 2005 (= *Zur Genealogie des Schreibens* 2); dies. (Hg.), *„System ohne General". Schreibszenen im digitalen Zeitalter*, München 2006 (= *Zur Genealogie des Schreibens* 3), und dies., *„Schreiben heißt: sich selber lesen". Schreibszenen als Selbstlektüren*, München 2008 (= *Zur Genealogie des Schreibens* 9) (im Druck).

69 Vgl. Rüdiger Campe, „Die Schreibszene, Schreiben", in: Hans Ulrich Gumbrecht/K. Ludwig Pfeiffer (Hg.), *Paradoxien, Dissonanzen, Zusammenbrüche. Situationen offener Epistemologie*, Frankfurt/M. 1991, S. 759-772.

70 Entscheidende Impulse des Forschungsprojektes „Zur Genealogie des Schreibens" hat hier im Hinblick auf Friedrich Nietzsche und im Anschluß an Friedrich Kittler Christoph Windgätter aufgenommen; vgl. ders., „‚Und dabei kann immer noch etwas verloren gehen! –' Eine Typologie feder- und maschinenschriftlicher Störungen bei Friedrich Nietzsche", in: Giuriato/Stingelin/Zanetti (Hg.), *„SCHREIBKUGEL IST EIN DING GLEICH MIR: VON EISEN"*, S. 49-74, und ders., *Medienwechsel. Vom Nutzen und Nachteil der Sprache für die Schrift*, Berlin 2006, insbes. S. 227-375.

ren Ursachen selbst unter sich nicht im Zusammenhange zu sein brauchen, vielmehr unter Umständen sich bloss zufällig hinter einander folgen und ablösen", sondern rechnet auch die gegen diese Überwältigungsprozesse „jedes Mal aufgewendeten Widerstände" hinzu.[71] Als Schlüsselbegriff zur konzeptuellen Erschließung dieses heterogenen Ensembles wie zur Geschichtskonzeption seiner historiographischen Darstellung erweist sich in der Medienphilosophie zusehends mehr der von Michel Foucault und Gilles Deleuze im Anschluß an Nietzsches Genealogie geprägte Begriff des ‚Dispositivs'.[72]

III. Doch kein ‚Mittel' ohne Zweck. Der Einsatz von Nietzsches Medienphilosophie, wie er in seiner semiotischen beziehungsweise physiologischen Erkenntniskritik zum Ausdruck kommt, bleibt als Genealogie selbst unhintergehbar strategischer Natur. Die anfänglich affirmative Medienästhetik Nietzsches, in der im Hinblick auf Wagners Gesamtkunstwerk das ‚Apollinische' das Moment der Formgebung und Begrenzung, das ‚Dionysische' das Moment der Rauscherfahrung und Entgrenzung reflektiert, wird von Nietzsche im Spätwerk gegen Wagner in Anschlag gebracht,[73] indem er die Sprachkritik stilkritisch, die physiologische Kritik medienkritisch wendet. Durch mediale Übertragung greift die Nervenerregung, die in Nietzsches Stilkritik Wagners *décadence*-Stil auszeichnet,[74] physiologisch meßbar

---

71 GM II, § 12, KSA 5, S. 313-316, hier S. 314.

72 Michel Foucault, „Das Spiel des Michel Foucault" (1977), aus dem Französischen übersetzt von Hans-Dieter Gondek, in: Michel Foucault, *Schriften in vier Bänden (Dits et Écrits). Band III: 1976-1979* (1994), hg. von Daniel Defert und François Ewald unter Mitarbeit von Jacques Lagrange, Frankfurt/M. 2003, Nr. 206, S. 391-429, S. 392-393: „Das, was ich mit diesem Begriff zu bestimmen versuche, ist erstens eine entschieden heterogene Gesamtheit, bestehend aus Diskursen, Institutionen, architektonischen Einrichtungen, reglementierenden Entscheidungen, Gesetzen, administrativen Maßnahmen, wissenschaftlichen Aussagen, philosophischen, moralischen und philanthropischen Lehrsätzen, kurz, Gesagtes ebenso wie Ungesagtes, das sind die Elemente des Dispositivs. Das Dispositiv selbst ist das Netz, das man zwischen diesen Elementen herstellen kann./Zweitens ist das, was ich im Dispositiv festhalten möchte, gerade die Natur der Verbindung, die zwischen diesen heterogenen Elementen bestehen kann. [...]/Drittens verstehe ich unter Dispositiv eine Art – sagen wir – Gebilde, das zu einem historisch gegebenen Zeitpunkt vor allem die Funktion hat, einer dringenden Anforderung nachzukommen." Vgl. dazu grundsätzlich Gilles Deleuzes, „Was ist ein Dispositiv?" (1989), aus dem Französischen übersetzt von Hans-Dieter Gondek, in: François Ewald/Bernhard Waldenfels (Hg.), *Spiele der Wahrheit. Michel Foucaults Denken*, Frankfurt/M. 1991, S. 153-162, und Christoph Hubig, „‚Dispositiv' als Kategorie", in: *Internationale Zeitschrift für Philosophie* 1/2000, S. 34-47. In eine andere, die theologiekritische Richtung der Profanierung weist Giorgio Agamben, *Was ist ein Dispositiv?* (2006), aus dem Italienischen übersetzt von Andreas Hiepko, Zürich/Berlin 2008.

73 Vgl. grundsätzlich Friedrich Kittler, „Nietzsche (1844-1900)", in: Horst Turk (Hg.), *Klassiker der Literaturtheorie. Von Boileau bis Barthes*, München 1979, S. 191-205, insbes. S. 194-197, und im Anschluß daran Norbert Bolz, „PROGRAMM: Nietzsche und Wagner", in: ders., *Theorie der neuen Medien*, München 1990, S. 9-65.

74 Vgl. Friedrich Nietzsche, *Der Fall Wagner. Ein Musikanten-Problem* (1888) (= WA, Aphorismus), hier WA 7, KSA 6, S. 26-29, S. 27: „Ich halte mich dies Mal nur bei der Frage des

auf sein Publikum über: „vagues-nerfs" spotteten in einem Wortspiel mit Wagners Eigennamen auf französisch schon die Zeitgenossen sowohl über die Symptome wie ihre Ursachen.[75] Hier übte Nietzsche als Remedium eine physiologisch akzentuierte Aisthesis am ‚Leitfaden des Leibes' gegen ihre ästhetische Überhöhung, kurz: er führte die sinnlichen Niederungen wahrnehmungsphysiologischer Immanenz gegen die sinnhafte Überhöhung ästhetizistischer Transzendenz ins Feld. Hier wird der ‚spiritistische', das heißt seiner eigenen Medialität nicht bewußte Geisterverkehr Wagners durch physiologistisch – im Bewußtsein ihrer eigenen unabdingbaren Metaphorizität – verkürzte Argumente unterbunden.

Was damit anhebt, ist die – dreifache (sprachkritische, physiologische und genealogische) – strategisch-kritische Verschärfung des Bewußtseins philosophischer Argumente um ihre eigene Medialität. Dafür mag hier als Abkürzung exemplarisch der Eigenname Friedrich Nietzsche stehen.

S t i l s auf. [...] Aber das ist das Gleichniss für jeden Stil der décadence: jedes Mal Anarchie der Atime, Disgregation des Willens".

75 Vgl. Erwin Koppen, *Dekadenter Wagnerismus. Studien zur europäischen Literatur des Fin de siècle*, Berlin/New York 1973 (= *Komparatistische Studien* 2), S. 315-328 („Wagner als ‚Fall'"), S. 315.

Alexander Roesler und Bernd Stiegler

Charles Peirce in der Medientheorie

Da die eigentümliche und für einen Philosophen höchst ungewöhnliche Vita auch seine ihrerseits besondere Rezeption mitbestimmte, seien einige biographische Anmerkungen vorangestellt. Charles Peirce wurde 1839 als Sohn des Harvard-Professors für Mathematik und Naturphilosophie, Benjamin Peirce, geboren. Als Lieblingskind seines Vaters ist er früh von ihm gefördert und mit den Wissenschaften vertraut gemacht worden. Im Alter von zwölf Jahren zum Beispiel hatte er eigenes Chemie-Labor und verfaßte eine Geschichte dieser Wissenschaft. Nur ein Jahr später beschäftigte er sich mit Logik, eine Beschäftigung, die sein ganzes Leben lang anhalten sollte. Sein Vater gab ihm auch Kants *Kritik der reinen Vernunft* zu lesen, mit der sich der inzwischen Sechzehnjährige jahrelang auseinandersetzte. Mit sechzehn nahm er auch das Studium der Mathematik an der Harvard-Universität auf, später studierte er Chemie, worin er den Grad eines Bachelors erwarb. Im Alter von zwanzig begann er für die United States Coast and Geodetic Survey zu arbeiten. Neben diesem Broterwerb beschäftigte er sich mit Logik und Philosophie und begann auch zu publizieren. Nachdem die erste Ehe scheiterte, ließ er sich scheiden und verlor seine halbe Stelle als Lecturer für Logik an der Johns Hopkins Universität vermutlich aus dem Grund, daß er schon vor der Scheidung mit einer anderen Frau zusammenlebte. Seitdem gelang es ihm nicht mehr, an einer Universität Fuß zu fassen. Als ein Bericht für die Coast and Geodetic Survey abgelehnt wurde, an dem er lange gearbeitet hatte, gab er auch diese Stelle auf. Von nun an lebte er von Artikeln und Beiträgen für Zeitschriften und Lexika. Als er zunehmend verarmte, organisierte sein Freund, der Philosoph und Psychologe William James, Vorlesungsreihen, für die er wenigstens etwas Geld erhielt und in denen er vom jeweiligen Stand seiner philosophischen Forschungen berichtete. Schließlich erkrankt er an Krebs und starb 1914 in seinem Haus in Milford, Pennsylvania.

Peirce hat gewichtige Beiträge zu Mathematik, Geodäsie, Philosophie, Logik und Wissenschaftstheorie geliefert. Bekannt wurde er als einer der Väter des Pragmatismus, als einer der Begründer der modernen Semiotik, als einer der ersten, die eine Graphen-Logik entwickelt haben, und als Wissenschaftstheoretiker, der unter anderem die Schlußweise der Abduktion einführte als dritte Schlußfolgerung neben der Induktion und der Deduktion.

Aufgrund seiner – oben skizzierten – schwierigen Lebenssituation ist von ihm nie so etwas wie ein Hauptwerk erschienen, sondern einzig sehr zahlreiche und häufig kurze und nicht selten dem Anlaß verpflichtete Artikel. Zudem blieb ein Nachlaß von ungefähr 100 000 Manuskriptseiten erhalten, der in verschiedenen Ausgaben zugänglich ist: in den *Collected Papers* aus den 30er Jahren des letzten

Jahrhunderts, die jedoch die zeitliche Entwicklung des Denkens und die Einheit der verschiedenen Texte nicht berücksichtigen und eine Art Themen-Collage von Peirces Philosophie darstellen, und nun sukzessive und sehr langsam in den *Writings*, die eine chronologische und philologisch zuverlässige Ausgabe anstreben, aber noch längst nicht abgeschlossen sind. In Deutschland sind dank der Rezeption erst durch Max Bense, dann besonders durch Karl-Otto Apel und Jürgen Habermas die wichtigsten Schriften in verschiedenen Bänden übersetzt und herausgegeben worden. Auch wenn Peirces Denken sich im Laufe seines Lebens und daher auch im Laufe seiner verschiedenen Manuskripte ständig weiterentwickelt und verändert hat, bleiben die Grundpfeiler dennoch erhalten.

I. Peirces Grundgedanken

Obwohl Peirce keine eigene Medientheorie entwickelt hat, geben seine Kategorienlehre und seine Zeichentheorie vielfältige Anregungen in dieser Richtung – und wurden auch so rezipiert. Die Bedeutung und Stellung der einzelnen Relata ergibt sich nach Peirce stets aus ihrem Verhältnis zueinander, das – ab einer Zahl von 3 – immer auch eine Vermittlungsleistung beinhaltet. Die Semiose wird dabei als ein Zeichenprozeß verstanden, bei dem das Zeichen zwischen einem Objekt und einem sogenannten Interpretanten vermittelt. Gleichzeitig erlaubt sie eine differenzierte Unterteilung verschiedener Zeichentypen, die für unterschiedliche Klassifizierungsversuche aufschlußreich sein können. Berühmt geworden ist die Unterscheidung zwischen Ikon, Index und Symbol.

Kategorienlehre

Die Kategorien sind bei Peirce als Relationen gedacht: Ihre Benennung *Erstheit*, *Zweitheit* und *Drittheit* nach den Ordinalzahlen zeigt die Anzahl von Elementen an, mit denen sie sich jeweils in Beziehung setzen können. Die Erstheit steht für sich allein, da sie dasjenige ist, „was so ist, wie es eindeutig und ohne Beziehung auf irgend etwas anderes ist".[1] Ihre Beziehungslosigkeit besteht darin, daß Elemente der Erstheit nichts anderes brauchen, um so zu sein, wie sie sind. Sie sind eindeutig, weil nicht vermischt, da eine Vermischung nur durch einen Vergleich festgestellt werden könnte, und dieser zerstört die Beziehungslosigkeit der Erstheit. „Zweitheit ist das, was so ist, wie es ist, weil eine zweite Entität so ist, wie sie ist, ohne Beziehung auf etwas Drittes".[2] Hier treten zwei Elemente in eine Relation, die ohne die Relation nicht das wären, was sie sind. Die Beziehung zu dem anderen ist konstitutiv. Die Drittheit „finden wir überall dort, wo ein Ding eine Zweitheit

1 Charles Peirce, *Phänomen und Logik der Zeichen*, Frankfurt/M. 1983, S. 45.
2 Ebd., S. 55.

zwischen zwei Dingen erzeugt",[3] und zwar wo dieses Dritte dafür ausschlaggebend ist, daß die Zweitheit erzeugt wird. Ein Beispiel dafür ist die „Repräsentation", die ein Zeichen und ein Objekt in Beziehung setzt, und zwar in Beziehung auf den Interpretanten, der die vermittelnde Vorstellung zwischen beiden ist. Wenn das Prädikat „x ist rot" als Zeichen für die rote Farbe eines Gegenstandes dient, dann nur, weil es etwas Drittes gibt, die Bedeutung des Prädikates, in der Prädikat und Farbe aufeinander bezogen werden. Die Benennung der Kategorien mit Ordinalzahlen spiegelt nicht nur die Zahl der freien Elemente für die jeweilige Relation, sondern auch eine Ordnung der Kategorien untereinander. Drittheit ist ohne Zweitheit und Erstheit nicht denkbar, Zweitheit nicht ohne Erstheit, aber ohne Drittheit, und Erstheit schließlich ohne die beiden anderen Kategorien. Darüber hinaus kann man die Kategorien auf sich selbst anwenden, so daß es eine Erstheit der Zweitheit und eine Erst- und Zweitheit der Drittheit gibt. Durch die Hierarchie allerdings verläuft diese Unterteilung nicht von der Drittheit zur Erstheit. Diese kategorialen Abstufungen bilden den Hintergrund für Peirces Zeichenverständnis.

Zeichendefinition

Ganz allgemein formuliert Peirce 1873: „Ein Zeichen ist etwas, das für einen Geist für ein anders Ding steht".[4] 30 Jahre später heißt es dann genauer: „Ein *Zeichen* oder *Repräsentamen* ist alles, was in einer solchen Beziehung zu einem Zweiten steht, das sein *Objekt* genannt wird, daß es fähig ist, ein Drittes, das sein *Interpretant* genannt wird, dahingehend zu bestimmen, in derselben triadischen Relation zu jener Relation auf das Objekt zu stehen, in der es selbst steht".[5]

Zunächst folgt diese Bestimmung in der Relation des Zeichens zu einem Objekt der traditionellen Auffassung von einem Zeichen, wonach es etwas ist, das sich auf etwas anderes bezieht und somit zu dessen Stellvertreter wird. Peirce fügt nun dieser zweistelligen Relation einen dritten Pol hinzu, den Interpretanten, und die Leistung des Zeichens besteht jetzt darin, den Interpretanten seinerseits in eine Beziehung zu setzen. In dem hier angeführten Zitat ist das Objekt des Interpretanten die Relation des Zeichens zu seinem Objekt. Das Zeichen steht also in Beziehung zu einem Objekt und bestimmt einen Interpretanten, sich auf diese Relation zu beziehen. Dadurch handelt es sich nicht um eine direkte Beziehung von Interpretant zum Objekt, sondern eine, die über das Zeichen vermittelt wird, und zwar in zweifacher Weise, indem einmal der Interpretant vom Zeichen *bestimmt* wird, und dann dadurch, daß das Objekt des Interpretanten die Relation des Zeichens zu seinem Objekt ist, mithin nicht das Objekt alleine, sondern in Verbindung mit dem Zeichen. Daß der Interpretant selbst wieder als Zeichen verstanden werden

3 Ebd., S. 57.
4 Ders., *Semiotische Schriften*, Band 1, Frankfurt/M. 1986, S. 188.
5 Ders., *Phänomen und Logik der Zeichen*, S. 64.

kann liegt daran, daß er ja, wie das Zeichen auch, eine Relation zu einem Objekt unterhält, der Relation Zeichen-Objekt, somit also die gleiche Funktion wie das Zeichen ausübt und dementsprechend ebenfalls in der Lage sein muß, einen Interpretanten zu bestimmen, der sich seinerseits wieder auf diesen vorherigen Interpretanten als Zeichen und damit als Objekt bezieht und so weiter.

Objekt – Zeichen – Interpretant

Grundlage der Zeichendefinition ist die Drittheit. Jedoch ließe sich Drittheit ja weiter analysieren: bei der Zeichendefinition könnte man sich etwa die einzelnen Relata genauer ansehen. Zwar erhalten sie erst im Verbund mit den anderen Relata ihre volle Bedeutung, doch läßt sich davon abstrahieren, und es können Merkmale angegeben werden, die jeweils für Zeichen, Objekt und Interpretant allein relevant sind. Man betrachtet dann gewissermaßen die Elemente eines Tripels als Monaden.

Für das Zeichen selbst besteht ein solches Merkmal zunächst in der Tatsache, daß es vom Objekt verschieden sein muß, um es repräsentieren zu können: „Da ein Zeichen nicht mit dem bezeichneten Objekt identisch ist, sondern von dem letzteren in verschiedener Hinsicht differiert, muß es selbstverständlich einige Merkmale besitzen, die an sich zu ihm gehören und nichts mit seiner repräsentativen Funktion zu tun haben. Diese nenne ich die *materiellen* Qualitäten eines Zeichens".[6] Beim Objekt trifft Peirce eine Unterscheidung zwischen dem Objekt, wie es durch ein Zeichen dargestellt wird, und dem Objekt, das von dieser Darstellung durch das Zeichen unabhängig ist. Das erste nennt er *unmittelbares Objekt,* „welches das Objekt ist, wie es das Zeichen selbst darstellt und dessen Sein also von seiner Darstellung im Zeichen abhängig ist",[7] das andere hingegen *dynamisches Objekt,* „das die Realität ist, die Mittel und Wege findet, das Zeichen zu bestimmen, ihre Darstellung zu sein",[8] also ein Objekt „als unabhängig Wirkendes, das das Zeichen bestimmt".[9] Der Interpretant schließlich ist ja in der Zeichendefinition bereits als Zeichen bestimmt worden, als „eine Darstellung, welche darstellt, daß etwas eine Darstellung von etwas anderem ist, wovon es selbst eine Darstellung ist",[10] oder genauer eine „vermittelnde Darstellung", „denn sie erfüllt das Amt eines Dolmetschers, der sagt, daß ein Ausländer dasselbe sagt wie er selbst".[11] Aus anderen Definitionen kann man ganz allgemein sagen, daß der Interpretant „das eigentliche

6 Ders., *Schriften zum Pragmatismus und Pragmatizismus*, Frankfurt/M. 1991, S. 56.
7 Ders., *Semiotische Schriften,* Band 3, Frankfurt/M. 1993, S. 145.
8 Ebd.
9 Ebd., S. 82.
10 Ders., *Semiotische Schriften,* Band 1, S. 111.
11 Ebd., S. 152.

Bedeutungsprodukt eines Zeichens“[12] ist, also kurz dasjenige, was das Zeichen bewirkt.

Die einzelnen Zeichenrelationen

Peirce ist nicht bei der Benennung der einzelnen Pole der Zeichenrelation stehen geblieben, sondern hat die verschiedenen Relationen selbst wieder unterteilt, wobei auch hier die Kategorien die Grundlage bilden. „Zeichen sind durch drei Trichotomien aufteilbar; erstens unter dem Gesichtspunkt, ob das Zeichen selbst eine bloße Qualität, ein aktual Existierendes oder ein allgemeines Gesetz ist; zweitens danach, ob die Relation des Zeichens zu seinem Objekt darin besteht, daß das Zeichen an sich selbst eine bestimmte Beschaffenheit hat oder ob sie ob sie in einer existentiellen Relation des Zeichens zu jenem Objekt besteht oder in seiner Relation zu einem Interpretanten; drittens danach, ob sein Interpretant es als ein Zeichen der Möglichkeit oder als ein Zeichen des Tatsächlichen oder als ein Zeichen der Vernunft darstellt“.[13] Das Zeichen selbst in diesem Zitat entspricht der Erstheit, seine Relation zu einem Objekt der Zweitheit und die Relation zum Interpretanten der Drittheit. Indem Peirce diese Verhältnisse spezifiziert, gewinnt er seine Zeichenklassifikation.

Jeder der drei Pole kann also noch einmal in drei Klassen unterteilt werden. Das Zeichen, unter Absehung seiner Relationen zu Objekt und Interpretant, kann dann ein *Qualizeichen* sein, wenn seine Qualität dasjenige ist, was es als Zeichen fungieren läßt. Es ist ein *Sinzeichen*, wenn diese Funktion durch ein einmaliges Vorkommnis erreicht wird, durch ein individuelles Objekt oder Ereignis, und schließlich ist es ein *Legizeichen*, wenn die Zeichenhaftigkeit durch ein Gesetz oder eine Vereinbarung zustande kommt.

Die Beziehung des Zeichens zu seinem Objekt ist ein *Ikon*, wenn es eine Qualität am Zeichen selbst ist, die es zum Zeichen des Objektes macht. Sie ist ein *Index*, wenn das Zeichen mit seinem Objekt in einer realen, physischen oder existentiellen Verbindung steht und ein *Symbol*, wenn sie sich einer Konvention verdankt.

Unter Einbeziehung des Interpretanten ist das Zeichen ein *Rhema*, wenn es so verstanden wird, daß es die bestimmte Art eines möglichen Objekts repräsentiert (Peirces Beispiel ist ein Prädikat wie „x ist rot“). Es ist ein *Dicizeichen*, wenn es selbständig anzeigt, welches Objekt es zu repräsentieren beabsichtigt, wie zum Beispiel ein Aussagesatz, und schließlich ist es ein *Argument*, wenn es am Zeichen selbst liegt, welcher Interpretant bestimmt wird, wie zum Beispiel in einer Schlußfolgerung als ganze betrachtet.

12 Ders., *Schriften zum Pragmatismus und Pragmatizismus*, S. 510.

13 Ders., *Phänomen und Logik der Zeichen*, S. 123.

II. Rezeption

Deleuze

Die prominenteste Rezeption Peirces im Bereich der Medien ist sicherlich Gilles Deleuzes zweibändiges Werk über das Kino.[14] Band 1 handelt vom *Bewegungs-Bild*, Band 2 vom *Zeit-Bild*. Deleuze geht es jedoch weniger darum, eine Geschichte des Kinos zu schreiben, als vielmehr um „eine Taxinomie, ein Klassifizierungsversuch der Bilder und Zeichen".[15] Die beiden wichtigsten theoretischen Gewährsleute dieses Unternehmens sind Henri Bergson und eben Charles Peirce, „weil er eine allgemeine Klassifizierung von Bildern und Zeichen erstellt hat, ohne Zweifel die vollständigste und vielgestaltigste".[16] Von ihr läßt sich Deleuze inspirieren, ohne sie jedoch in allen Einzelheit umzusetzen oder gar eine detaillierte philologische wie philosophische Lektüre des umfangreichen Nachlasses zu unternehmen. Deleuze bezieht sich vielmehr auf bereits bestehende Auswahlbände von Peirces Werk und überträgt zentrale Ideen auf höchst originelle wie innovative Weise auf den Film, der jedoch für ihn ein philosophischer Gegenstand par excellence ist. Er macht einen freien Gebrauch von Peirce Theoremen, achtet nicht auf Vollständigkeit und erfindet gelegentlich auch neue Namen für Zeichenrelationen hinzu, die bei Peirce so nicht vorkommen. Deleuze philosophische Analyse des Kinos ist – unter konsequentem wie beharrlichem Rückgriff auf Peirce – auch der Versuch, eigene Begriffe und Konzepte zu entwickeln, um so bestimmte Phänomene nicht nur sichtbar zu machen – denn das sind sie ja im Kino bereits –, sondern im Sinne seines späteren Buchs *Was ist Philosophie?* das zu tun, was Philosophie eben auszeichnet: Begriffe zu prägen und so etwas denkbar zu machen, was in dieser Gestalt noch nicht existierte und eben nicht denkbar war. Daß Deleuze dabei auf Peirce zurückgreift, ist auch Zeichen einer Verwandtschaft beider Ansätze, besteht doch Peirce Theorie in einem permanenten Neuprägen von Unterscheidungen und Begriffen, in einem fortlaufenden Wandel seiner Konzepte und einer Neujustierung des gesamten begrifflichen Apparats: Philosophie als konsequentes und unaufhörliches begriffliches *work in progress*. Und auch die Begriffe sind keine feststehenden Entitäten, sondern eben ihrerseits nur provisorische Pfeiler einer fragilen, mobilen wie auch luziden Theoriearchitektur.

Besonders in seiner Unterscheidung verschiedener Bildtypen greift Deleuze auf Peirces Kategorienlehre zurück: Das *Affektbild*, das nicht unmittelbar auf ein anderes Bild bezogen ist, läßt sich als Erstheit verstehen und konkretisiert sich z. B. in einer Großaufnahme. Das *Triebbild*, das sich auf ein anderes Bild bezieht, wäre Zweitheit, das *Aktionsbild* als Relation zwischen zwei Bildern Drittheit, z. B. wie eine Sequenz von Schnitt und Gegenschnitt. Auch das *mentale Bild* als eine Varian-

14 Gilles Deleuze, *Kino 1. Das Bewegungs-Bild.* und *Kino 2. Das Zeit-Bild*, Frankfurt/M. 1989/1991.

15 Ders., *Kino 1*, S. 11.

16 Ebd.

te des Aktionsbildes läßt sich der Drittheit zuordnen, es ist „ein Bild, das sich Relationen zum Gegenstand nimmt, symbolische Akte, intellektuelle Gefühle“ und das „in ein neues Verhältnis zum Denken treten [muß], in ein direktes Verhältnis, das von dem der anderen Bilder ganz und gar verschieden ist“.[17] Beispiele für das mentale Bild sind die Filme der Marx-Brothers, wo insbesondere Groucho, „der Mann der Deutungen, der symbolischen Akte und der abstrakten Beziehungen“,[18] Drittheit verkörpert, oder Hitchcock, dessen Filme eine Handlung immer von einem Geflecht von Beziehungen umgeben, „die Thema, Wesen, Ziel usw. der Handlung variieren läßt“.[19] So wie die Kategorien aufeinander aufbauen und auch Drittheit Zweitheit und Erstheit involviert, so können auch die Bildtypen in absteigender Rangfolge andere Bildtypen beinhalten; insoweit folgt Deleuze der Peirceschen Vorgabe. Bei seinen weiteren Bildtypen allerdings geht er über dieses Schema hinaus, weil er der Meinung ist, daß – entgegen Peirces Überzeugung – Drittheit noch nicht das letzte Wort bei den Bildtypen darstellt. Indem er die Drittheit hinter sich läßt, kommt er zu weiteren Bildtypen, die zwar auch noch Eigenschaften der Kategorien aufweisen, sich aber nicht mehr unmittelbar an Peirce anschließen lassen.

So frei wie mit den Kategorien geht Deleuze auch mit den Zeichenklassen von Peirce um. In der feineren Analyse der Bildtypen verwendet er sie zwar, benennt sie jedoch auch um oder erfindet weitere. Auch sein Verständnis eines Zeichens weicht von demjenigen Peirces ab, signalisiert dies aber auch: „Wir fassen also den Begriff ‚Zeichen‘ ganz anders als Peirce: es handelt sich um ein besonderes Bild, das, entweder von seiner bipolaren Komposition oder seiner Genese ausgehend, auf einen Bildtypus verweist.“[20] Dementsprechend sporadisch tauchen die Peirceschen Zeichen bei ihm auf: Das Wahrnehmungsbild in seinem Status als „freies, indirektes, subjektives“ Bild, das nicht mehr zwischen den Polen objektiv oder subjektiv pendelt, sondern „gemäß einer höheren ästhetischen Form“ fixiert ist,[21] nennt Deleuze *Dicizeichen*. Beim Affektbild spielt das *Ikon* eine Rolle: Da der Affekt nicht unabhängig von etwas ist, das ihn ausdrückt (ein Gesicht, ein Satz), nennt Deleuze „Ikon“ „das Ensemble von etwas Ausgedrücktem und seinem Ausdruck, von Affekt und Gesicht“.[22] *Qualizeichen* nennt Deleuze ein weiteres Zeichen des Affektbildes, z. B. das Auftreten des Gesichts in irgendeinem Raum.[23]

Beim Aktionsbild unterscheidet Deleuze zwischen einem „Synzeichen“, das er von Peirce entlehnt, aber umbenennt, und worunter er „ein Ganzes von Potentialqualitäten“ versteht, „sofern sie von einem Milieu, einem Zustand oder einem raumzeitlichen Zusammenhang aktualisiert sind“,[24] und – als Neuerfindung –

17 Ebd., S. 266.
18 Ebd., S. 267.
19 Ebd., S. 268
20 Ders., *Kino 2*, S. 50.
21 Ders., *Kino 1*, S. 109.
22 Ebd., S. 137.
23 Ebd., S. 154.
24 Ebd., S. 195.

einem „Binom", dessen exemplarische Fälle Verstellungen, Paraden oder Fallenstellen sind. Ebenfalls beim Aktionsbild spielt der *Index* eine Rolle, der das Zeichen für jenes Bild ist, das sich z. B. von dem Verhalten der Personen zu einer teilweise enthüllten Situation bewegt.[25] Und beim mentalen Bild schließlich spielt das *Symbol* eine Rolle, das einen konkreten Gegenstand bezeichnet, „der Träger verschiedener Relationen oder verschiedener Variationen einer Relation einer Person zu anderen oder sich selbst ist".[26] Deleuzes Klassifikation der Bildtypen folgt Peirces Systematik, um sie dann allerdings ebenso souverän hinter sich zu lassen und am Leitfaden des Films Peirce mit und gegen Peirce weiterzudenken.

Peirce in der Photographietheorie

Wenn man die Rezeption von Peirce in der Photographietheorie betrachtet, so findet sich ein etwas anderes Bild, aber auch eine etwas breiter – und auch „orthodoxer" – angelegte Debatte, die nicht ohne polemische Spitzen war. Der französische Photographiehistoriker André Rouillé publizierte vor wenigen Jahren bei Gallimard in der berühmten Reihe *folio essais* ein fast 700 Seiten starkes Buch mit dem wenig bescheidenen Titel *La photographie*, das sich wie eine Kampfschrift gegen eine peircianische Tradition in der Photographietheorie liest, die seines Erachtens nach die Debatten der letzten zwei Jahrzehnte maßgeblich bestimmt und dominiert habe. Rouillé nennt auch Roß und Reiter: auf dem Pferd der peirceianischen Zeichentheorie reiten Rosalind Krauss, Philippe Dubois und dann vor allem Roland Barthes, dessen Buch *Die helle Kammer* in der Deutung Rouillés zu einer theoretischen „Monokultur"[27] geführt habe. Rouillés eigener Entwurf ist eine Art theoretischer Exorzismus, der in der Photographietheorie das Gespenst des Realen auszutreiben sucht. Dieses habe seiner Ansicht nach insbesondere durch Peirces Theorie des Index Einzug gehalten und zu vermeintlichen Gewißheiten geführt, die den Blick auf die Photographie verstellt hätten. Rouillé setzt dieser Tradition die Trias »historicité, pluralité, devenirs» entgegen. Es geht ihm, mit anderen Worten, nicht um eine Ontologie der Photographie, sondern um eine kulturtheoretisch grundierte Geschichte der Photographie, die in permanentem Wandel begriffen sei. Es geht ihm um kulturelle Praktiken, um historische Kontexte und – auch wenn er diesen Begriff kaum verwendet – um Diskurse der Photographie. Der *cultural turn* entwirft sich als radikale Abkehr von einer Ontologie des photographischen Bildes, die in der französischen Photographie seit André Bazins Aufsatz „Ontologie des fotografischen Bildes"[28] als theoretische Dominante ausgemacht und eigentümlicherweise mit Peirce assoziiert wird.

25 Ebd., S. 217.

26 Ebd., S. 273.

27 André Rouillé, *La photographie*, Paris 2005, S. 14.

28 André Bazin, „Ontologie des fotografischen Bildes", in: Wolfgang Kemp (Hg.), *Theorie der Fotografie III*, München 1979, S. 58-64.

Rouillés Kritik zielt auf eine Deutungstradition, die, in der Terminologie von Peirce, die Photographie als Index identifiziert hatte, was, wie Rouillé zu betonen nicht müde wird, dazu führte, daß Singularität durch eine allgemeine Bestimmung „der" Photographie ersetzt und so historische Praktiken durch metaphysische Fragen nach dem Sein und der Existenz, Fragen nach der Form durch solche nach der Substanz und schließlich historische Bildforschung durch eine philosophisch abstrakte Ontologie abgelöst wurden.[29] Nun ist der Wandel einer Zeichentheorie in eine Ontologie und Metaphysik durchaus erklärungsbedürftig, zeichnete sich doch insbesondere gerade die Tradition der Semiologie in Frankreich, deren Protagonist Roland Barthes fraglos war, dadurch aus, daß sie sich als ideologie- und kulturkritische (man denke etwa an die *Mythen des Alltags* oder seine programmatische Antrittsvorlesung *Lektion* am Collège de France), antiessentialistische und antimetaphysische Theorie entwarf.

Rouillé macht fünf Deutungsstrategien aus, die seines Erachtens zu dem Umschlag von Zeichentheorie in eine philosophische Ontologie und Metaphysik führten. Er nennt diese „Reduzierungen". Die erste bestehe darin, daß die Theorien weder Photographen noch Photographien, sondern vielmehr „die" Photographie in den Blick genommen und aus der Photographie das „theoretische Dispositiv" des „Photographischen" – Rouillé zitiert hier süffisant den Titel des Buchs von Rosalind Krauss[30] – gemacht hätten. Die zweite komme durch die Abwertung des ikonischen zugunsten des indexikalischen Zeichens zustande. Dadurch trete an die Stelle der Nachahmung die Aufzeichnung und an die der Ähnlichkeit die Spur. So werde die historisch zu konstatierende Spannung zwischen Index, Ikon und Symbol und mit ihr die Ambivalenz der Photographie ausgeblendet. Drittens führe die Privilegierung des Index dazu, daß die chemische Übertragung und Aufzeichnung gegenüber der photographischen Optik favorisiert werde. Daher rücke viertens der Bildträger, nicht aber etwa die soziale Praxis in den Fokus der theoretischen Neugierde. Diese technizistische Reduzierung neutralisiere die Geschichte zugunsten einer überzeitlichen Ontologie. Damit wendet Rouillé die Deutungsfigur Barthes' aus den *Mythen des Alltags*, aber auch aus seinen frühen Texten zur Photographie, wie etwa „Rhetorik des Bildes" gegen Barthes selbst und bezichtigt ihn der Ideologie. Fünftens und letztens schließlich werde die Photographie durch die Konzentration auf den „photographischen Akt", auf den Moment der Aufnahme von der Kultur abgetrennt und ins Reich der Natur überführt. Barthes hatte in der Tat in der Photographie eine „message sans code" ausgemacht, ein rein analoges Zeichen, das sich einer kulturellen Codierung entzieht und daher seine besondere historische wie kulturelle Bedeutung beziehe. „La matière et la technique viennent ainsi soutenir une posture qui associe l'essentialisme de la démarche ontologique et les

29 Vgl. zu seiner Peirce-Kritik S. 78 ff., 168 ff. und 248 ff.

30 Rosalind Krauss, *Das Photographische. Eine Theorie der Abstände*, München 1998; frz. Erstausgabe *Le Photographique*, Paris 1990.

incantations pragmatiques – curieuse association qui s'autorise de Peirce dont la pragmatique, elle, se veut résolument antimétaphysique."[31]

Nun ist es mit den Exorzismen so eine Sache, und mitunter werden Gespenster ausgetrieben, die erst im Akt der Austreibung erscheinen. In der Tat hatte Roland Barthes zusammen mit Jean-Marie Schaeffer,[32] Henri van Lier[33] und Philippe Dubois[34] wohl am konsequentesten und nachhaltigsten die Photographietheorie als Zeichentheorie etabliert.[35] Insbesondere Dubois bezieht sich dabei auf eine zeichentheoretische Deutung der Photographie, die Charles Sanders Peirce in seinem Text „Die Kunst des Räsonierens" unternimmt, die in den ersten Band der *Semiotischen Schriften* aufgenommen wurde. „Photographien", heißt es dort, „insbesondere Momentphotographien, sind sehr lehrreich, denn wir wissen, daß sie in gewisser Hinsicht den von ihnen dargestellten Gegenständen genau gleichen. Aber diese Ähnlichkeit ist davon abhängig, daß Photographien unter Bedingungen entstehen, die sie physisch dazu zwingen, Punkt für Punkt dem Original zu entsprechen. In dieser Hinsicht gehören sie also zu der zweiten Zeichenklasse, die Zeichen aufgrund ihrer physischen Verbindung sind."[36] Photographien gehören nach Peirce vor allem dieser letzten Klasse von Zeichen an, wobei er unterstreicht, daß die Zeichen vor allem Funktionen sind, in der Regel nicht in Reinform vorkommen und ihre Signifikation erst durch die konkreten Anwendungen erhalten. Die Semantik ist Effekt einer Pragmatik.

Entscheidend für die Theorietradition, in der auch Barthes steht, ist, wie Dubois nachdrücklich betont, die Ablösung von einem Mimesis-Modell einerseits, das die Photographie vor allem über Ähnlichkeit zu fassen versucht hatte, und die Konzentration auf ihre Entstehung und auch deren Umstände andererseits. An die Stelle

---

31 Rouillé, *La photographie*, S. 256.

32 Vgl. Jean-Marie Schaeffer, *L'Image précaire. Du dispositif photographique*, Paris 1987.

33 Henri van Lier, *Philosophy of Photography*, Neuausgabe Leuven 2007. Dort auch ein Anhang zu „Peirce and Photography". Vgl. dazu auch die Rezension von Ulrike Matzer, in: *Fotogeschichte*, Nr. 106, 2007.

34 Philippe Dubois, *Der fotografische Akt. Versuch über ein theoretisches Dispositiv*, Amsterdam/Dresden 1998.

35 Die Überlegungen René Lindekens, Miriams Schütts und Karl Aigners, die versuchten, die Photographie als Code zu deuten, blieben ohne große Resonanz. Vgl. Karl Aigner, „Die Blicke im Zeitalter ihrer technischen (Re-)Produzierbarkeit. Zum photographischen Verhältnis von Vor-Bild und Ab-Bild", in: Georg Schmid (Hg.), *Die Zeichen der Historie*, Wien/Köln 1986, S. 163-171; René Lindekens, *Dans l'espace de l'image*, Paris 1986; Miriam Schütt, „Äthetische Semiotik der Fotografie (nach Charles W. Morris)", in: *Fotogeschichte*, 5. Jg., Heft 18, 1985, S. 57-61. Umgekehrt gibt es gleichwohl Versuche, seitens der Zeichentheorie die Photographie in komplexe Theoriemodelle zu integrieren. Vgl. etwa den großangelegten Theorieentwurf: Groupe µ, *Traité du signe visuel. Pour une rhétorique de l'image*, Paris 1992. Dies gilt auch für Umberto Eco, der verschiedentlich auf die Photographie zu sprechen kommt. Auch finden sich semiotische Analysen einzelner Photographien; vgl. etwa expl. Jean-Marie Floch, „Die Fotografie inflagranti ertappt. Semiotische Analyse einer Fotografie von Henri Cartier-Bresson", in: *Fotogeschichte*, 6. Jg., Heft 20, 1986, S. 59-64.

36 Peirce, *Semiotische Schriften,* Band 1, S. 193.

der Ähnlichkeit der Mimesis tritt nun die Natürlichkeit der indexikalischen Referentialität; und an die Stelle einer dem Bild inhärenten Bedeutung eine Semantik der und als Pragmatik. „Man kann“, resümiert Philippe Dubois, „die Fotografie nicht denken, wenn man von ihrer referentiellen Einschreibung und von ihrer pragmatischen Effizienz absieht“.[37] Die Photographie ist in dieser Deutung „Spur des Realen“ und eingebunden in ein Zeichenhandeln. In der Deutung Rouillés hingegen wird der pragmatische Aspekt dieses Theorieansatzes konsequent ausgeblendet. Dubois und auch Barthes unternehmen eine konsequente Assoziation beider Aspekte. Das gilt auch für die von Rouillé scharf kritisierte Natürlichkeit des photographischen Zeichens, die bei Barthes eben nur ein Aspekt der Photographie ist. Wenn er etwa in „Rhetorik des Bildes“ eine Panzani-Reklame untersucht, so geht es ihm darum, einerseits die besondere Qualität der Photographie als indexikalisches Zeichen „ohne Code“ zu unterstreichen, andererseits aber auch dessen Einbindung in Inszenierungsstrategien zu analysieren, die die Photographie codieren. Auch seine berühmte Unterscheidung von „studium“ und „punctum“ in *Die helle Kammer* basiert auf einer Differenzierung von kultureller Codierung einerseits und einem radikal subjektivem Bezug, der sich gerade dieser Codierung entziehe, andererseits. Die Photographie nimmt gewissermaßen jene strategische Position ein, die für Barthes Zeit seines Lebens theorieleitend war: eine Utopie des Individuellen, des Singulären, des Kontingenten, eine Utopie desjenigen, was sich gesellschaftlicher Codierung und mit ihr gesellschaftlichem Zwang und gesellschaftlicher Normierung wie Unterwerfung entzieht.

Barthes Buch liest sich wie eine Apotheose der analogen Photographie an der Schwelle des digitalen Zeitalters und wie eine Rettung der Indexikalität als Evidenz des „Es-ist-so-gewesen“,[38] die in der subtilen Theoriearchitektur Barthes mit der fragilen Evidenz des „punctums“ als jener radikal subjektiven Verankerung im Bild, die den affektiven Konnex zwischen Bild und Betrachter herstellt, verknüpft wird. Diese Evidenz wie auch diese Assoziation ist mit Aufkommen der digitalen Photographie hinfällig geworden. Peter Lunenfeld hat diese Veränderung im Begriff des „dubitativen Bildes“ gefaßt und dabei auch betont, daß die digitale Photographie zeichentheoretisch nicht länger als Index im Sinn von Peirce, sondern eher „wie ein geschriebener Text“[39] gefaßt werden müsse. Die Photographie ist nicht länger Lichtschrift, sondern Schrift. Ob sie nun hingegen in der peirceschen Terminologie dann eher als ikonisches oder symbolisches Zeichen interpretiert werden müsse, bleibt hingegen offen.

---

37 Dubois, *Der fotografische Akt*, S. 67.

38 „Der Name des Noemas der Photographie sei also: ‚Es-ist-so-gewesen‘ oder auch: das Unveränderliche.“ Roland Barthes, *Die helle Kammer*, Frankfurt/M. 1989, S. 87.

39 Peter Lunenfeld, „Das dubitative Bild“, in: Herta Wolf (Hg.), *Paradigma Fotografie*, Frankfurt/M. 2003, S. 158-177, S. 167. Dieser Text ist eine etwas ausführlichere Variante von: ders., „Die Kunst der Posthistoire. Digitale Fotografie und elektronische Semiotik“, in: Hubertus von Amelunxen u. a. (Hg.), *Fotografie nach der Fotografie*, Dresden 1996, S. 93-99.

Zeichen und Medien

Nicht nur der Film- und der Photographietheorie, sondern auch einer allgemeiner einsetzenden philosophischen Medientheorie hat Peirce Zeichentheorie wichtige Impulse gegeben. Besonders aus der Semiotik heraus sind Überlegungen entstanden, eine Medientheorie von Peirces Zeichentheorie her zu denken. Unterstützung findet dieses Vorhaben bei Peirce selbst, der einmal meinte: „Instead of signs, ought I not say Medium?“[40]

Die ersten Versuche in diese Richtung unternahmen Gérard Délledalle, der französische Peirce-Herausgeber, der in einem Text über McLuhan und Peirce das Medium als Peircesches Sinzeichen denkt: „Media are vehicles of sinsigns“,[41] sowie Elisabeth Walter. Unter Rückgriff auf Max Benses Weiterentwicklung der Peirceschen Terminologie versteht sie das Zeichen als Vermittlung zwischen Bewußtsein und Welt. Daher kann es als Medium verstanden werden, wobei der Akzent auf der Übertragungs- oder Vermittlungsleistung beruht und das Medium in die Nähe eines Signals rückt, wie sie selbst schreibt. Genauer faßt sie wie Délledalle das Medium als ein Sinzeichen auf: „Only the sinsign, the realized, existent medium, ‚here and now‘, the sign as ‚object or event‘ will be transmitted.“[42]

Andere Vorschläge gehen einen Schritt weiter und suchen in der Peirceschen Zeichendefinition die Grundlage für eine Definition des „Mediums“ als solches.[43] Hier nun lautet die Idee, das Zeichen, das in Peirces Theorie zwischen dem Objekt und dem Interpretanten vermittelt, als Medium aufzufassen; das Sinzeichen wäre demnach nur ein Aspekt des Mediums, genauso wie Quali- oder Legizeichen. Ein Medium ist damit Teil eines Prozesses aus drei Momenten, der analytisch so getrennt werden kann, daß eines dieser Momente seine Funktion als ein „Dazwischen“ erhält, das die beiden anderen Momente in spezifischer Weise aufeinander bezieht. Diese Trennung jedoch ist eine rein theoretische; die Isolierung der einzelnen Momente ergibt sich aus dem Untersuchungsinteresse und behauptet nicht, daß sich in einem Moment allein das Medium schon erschöpft oder auch nur isolieren ließe. Das Medium ist also ein „Dazwischen“ nur dort, wo diejenigen Momente, zwischen denen es steht, ebenfalls vorhanden sind. Das Zeichenmittel „Medium“ zu nennen, bedeutet dann eine Akzentverschiebung; wo der Zeichenmittelbegriff in der Peirce-

40 Zitiert nach Richard J. Parmentier, *Signs in Society. Studies in Semiotic Anthropology*, Bloomington 1994, S. 23.

41 Gérard Délledalle, „Media between Balmibarbi and Plato's Cave“, in: Winfried Nöth (Hg.), *Semiotics of the Media. State of the Arts, Projects, and Perspectives*, Berlin/New York 1997, S. 49-60, hier S. 57.

42 Elisabeth Walter, „The Sign as Medium, the Medium Relation as the Foundation of the Sign“, in: Winfried Nöth (Hg.), *Semiotics of the Media*, S. 79-85, S. 82.

43 Alexander Roesler, „Mediale Wahrnehmung und Wirklichkeit, in: ders./Stefan Münker (Hg.), *Televisionen*, Frankfurt/M. 1999, S. 203-219, „Medienphilosophie und Zeichentheorie“, in: Stefan Münker/Mike Sandbothe/ders. (Hg.), *Medienphilosophie. Beiträge zur Klärung eines Begriffs*, Frankfurt/M. 2003, S. 34-52, „Das Medium zwischen Transport und Interferenz“, in: *Journal Phänomenologie* 22/2004, S. 39-48.

schen Definition lediglich eine formale Charakterisierung, nämlich die Beschreibung einer Funktion ist, liegt der Schwerpunkt beim Medienbegriff darauf, daß es nicht gleichgültig ist, *von welcher Art* das Zeichenmittel ist. Die Zeichenklassen geben dann Hinweise für die weitere Analyse des Medialen am Medium, ohne daß gesagt werden kann, ein Medium sei lediglich ein Sinzeichen. Diese Betonung der inhaltlichen Dimension und ihrer fundamentalen Bedeutung für die Zeichenrelation insgesamt ist eine Umverteilung und Uminterpretation der Schwerpunkte innerhalb der Zeichendefinition von Peirce und geht damit über die bloße Zeichentheorie hinaus. Sie stellt eine Erweiterung dar und versucht, aus der Zeichentheorie die Grundlage einer Medienphilosophie zu gewinnen.

In eine ähnliche Richtung geht Uwe Wirth, der in seinem Text „Die Frage nach dem Medium als Frage nach der Vermittlung“ jedoch die Betonung auf den Peirceschen Begriff des „tone“ legt, der die qualitativen Eigenschaften des Zeichens betrifft. Zentral ist hier der Begriff der „medialen Modulation“, die „den zwischen Objekt und Zeichen gelegenen Raum der Vermittlung (*Medium*) [betrifft], der als gemeinsamer Grund durch ein *tonales Dispositiv* konfiguriert ist und im Vollzug seiner interpretativen Vermittlung (*Mediation*) eine re-konfigurierende Modulation erfährt.“[44]

In ihrer Flexibilität und ihrem Differenzierungsreichtum bieten die Peircesche Kategorien- und Zeichentheorie und seine Philosophie insgesamt viele Anknüpfungspunkte für eine Medientheorie. Die Rezeption durch Deleuze, in der Photographietheorie und durch eine Medientheorie, die sich um eine neue Definition des Medienbegriffs bemüht, zeigt die Möglichkeiten, die in diesem Weg liegen. Trotzdem macht Peirces sperriges Werk, das voller Neuanfänge, Uminterpretationen, Weiterentwicklungen und Brüche ist, diesen Weg nicht einfach. Er könnte allerdings dazu führen, daß bestimmte Erkenntnisse, die in der Diskussion um den Zeichenbegriff gewonnen worden sind, in den medientheoretischen Debatten nicht wieder neu erfunden werden müssen. Das wäre kein geringer Vorteil.

44 Uwe Wirth, „Die Frage nach dem Medium als Frage nach der Vermittlung“, in: Stefan Münker/Alexander Roesler (Hg.), *Was ist ein Medium?*, Frankfurt/M. 2008 [im Erscheinen].

Josef Rauscher

Platon

I. Platonische Philosophie – Reflexion auf die Strukturen der Medialität

Der Medienphilosoph Platon. Solche Etikettierung sähe, trotz der berühmt-berüchtigten Schriftkritik Platons im Dialog *Phaidros* nach Etikettenschwindel aus, nach einer Einbindung in und einer Anbiederung an modische Fragestellungen unserer Zeit. Doch bei und mit einer kleinen Akzentverschiebung läßt sich der eigentliche Kern des platonischen Philosophierens aus der Medienfrage gewinnen und bestimmen. Wollte man nämlich formulieren: ‚Medialität: die Schlüsselfrage des platonischen Philosophierens', so würde man eher noch zu wenig sagen, zu wenig im Hinblick darauf, wie bestimmend für Platon die Frage nach den medialen Vermittlungs-Strukturen als ontologische Figuration wie als Kommunikationstechnik und Wissensverarbeitung oder auch Methode des Erkenntnisgewinns war.

Es kann, wenn man die Medialität als eigentliches Schlüsselproblem und Hauptthema Platons erst einmal klar erkannt hat, nicht verwundern, daß Platon die Aufgipfelung der ethischen Frage hin zur beeindruckenden Grundmaxime ‚Unrechttun ist (immer) schlimmer als Unrechtleiden' (*Gorgias*) aus einer Diskussion der Rhetorik und deren medialer Strategien gewinnt.

Bevor ich aber nun im folgenden an einigen ausgewählten Beispielen verdeutliche, inwiefern die Frage nach der Medialität das platonische Werk in von Platon selbst indikativ angelegten Einzelmotiven wie auch in der dem Ganzen zugrundeliegenden Ratio prägt, schicke ich eine knappe Erklärung voraus zu Medium, Medien und Medialität.

Medium, Vermittlungsinstanz, ist zunächst einmal schlichtweg alles, zumindest der Möglichkeit nach, und das verweist weniger auf die ungeheure Bedeutung einer Beschäftigung mit Medienphilosophie, Medientheorie, Medienpädagogik, Medienwissenschaft und was auch immer, sondern auf die Untauglichkeit einer Bestimmung des Gegenstandsbereichs irgendeiner der genannten Disziplinen über den Begriff des Mediums. Doch wie Aristoteles eine Wissenschaft erfand, die sich das Sein, welches an schillernder Vielfalt dem Begriff Medium nur wenig nachsteht, qua Sein zu einem Gegenstand, der in seinen Strukturen und Prinzipien bestimmt werden kann, macht, so kann statt einer Medienphilosophie als gegenstandsorientierter Wissenschaft von allem und überhaupt, die Frage nach den Strukturen der Medialität zur Ausgangsfrage genommen werden, die dann auch wiederum systematisch fruchtbare Fragen nach etablierten, handhabbaren Medien als Objekten, vornehmlich als institutionalisierten Vermittlungsinstanzen zu stellen erlaubt. Auch kann eine solche Medialitätsreflexion die konkreten Wirkungen des Gebrauchs unterschiedlicher Medien genauso wie deren inhärente Wirkmechanismen in den Blick nehmen. Sind wir bei solchen Medien angelangt: Sprache und Bild, Schrift und Druck, bis hin zum Internet, dann sind wir von den Strukturfragen der Medialität übergegangen zu den Medien als institutionalisierten Systemen, die unsere soziale Organisation, uns selbst und natürlich unsere Lebensform prägen. Wir betrachten dann Medien in ihrer Relation zueinander als Einrichtungen, mit denen wir Kommunikation bewerkstelligen, Information generieren und speichern und uns technische Mittel verschaffen, diese kommunikativen, informationsverarbeitenden und symbolstrukturierenden Systeme in der einen oder anderen Hinsicht zu verbessern, Nicht die Frage, ob und unter welchen Umständen, mit welchem Erfolg und in welcher Weise etwas als Medium fungiert, ist dann relevant, sondern die Frage nach der Organisation und Wirkweise von Medien als institutionalisierten Systemen. Das beinhaltet die Frage nach technischer Verbesserung und deren Auswirkung auf das System genauso, wie die Frage nach medialen Grundalternativen – wie z. B. gesprochene Sprache oder Bild – in der Ausbildung von solchen Mediensystemen.

Etliche Fragen nach Medien in diesem Sinne und deren Wechselverhältnis entwickelt Platon in seinen Dialogen, seit er im *Kratylos* mit der Frage nach der Natur der Sprache, das Grundmedium ‚Sprache', man könnte fast von einem Nullmedium als Standardfall eines institutionalisierten Systems sprechen, zum Gegenstand seiner Überlegungen gemacht hat. Die Weiterführung und den Transfer des Mediums (gesprochene) ‚Sprache' in das Medium ‚Schrift' macht Platon im *Phaidros* zum Gegenstand einer dezidiert medienkritischen Reflexion auf Leistung und Auswirkungen ebendieses Mediums. Und auch zum Bild als problematischem Medium der Verführung, das unter permanentem ontologischen Verdacht steht, finden sich in Platons *Politeia* und im Spätdialog *Sophistes,* wie verstreut im übrigen Werk (z. B. den *Nomoi*), Aussagen. Ähnlich können wir, wenn wir Dichtung als eigenständiges Medium oder Teilbereich eines Mediums Kunst begreifen wollen, im *Ion* eine der raffiniertesten Kennzeichnungen eines medialen Transfers und eines Remix' über verschiedene Stufen der Performanz vom Dichter als Darsteller einer göttlichen Vorgabe, über die Rhapsoden bis hin zur performativen Medienwirkungsanalyse beim Rezipienten finden.

Doch es soll im folgenden gar nicht in erster Linie um Platons Stellungnahmen zu mehr oder weniger etablierten Medien wie Sprache, Schrift, Bild oder Musik und Kunst gehen. Hingewiesen habe ich darauf nur, um zu illustrieren, daß sich Platon mit etablierten Medien beschäftigt hat und der Frage nach der Medialität, eben jener, seine Philosophie von Grund auf bestimmenden Frage, auch in der Form einer Frage nach verschiedenen Medien als Kommunikations- und Speichersystemen und deren unterschiedlicher Wirkung und Leistung eine konventionelle Fassung gegeben hat.

Doch Medialität als Strukturvorgabe erlaubt, über die Fragestellung nach einzelnen Medien hinaus, die unterschiedlichsten Fragen nach dem Medium qua Medium, nach einzelnen Formaten eines Mediums, aber auch nach einer Struktur, die ganz unabhängig von menschlichen Nutzern irgendwelcher ‚Medien' ist, Fragen eben, die weit über Mediennutzung in den Bedingungsraum medialer Einschreibung hinausreichen.

Solche Fragen stellen sich hinsichtlich der Beteiligten am medialen Prozeß, hinsichtlich der Medialisierungs-Leistung, hinsichtlich medialer Vorgaben für Leben und Wissen – wie etwa platonische Ideen oder Mythen – und hinsichtlich von Rechtfertigung und Ziel medialer Prozesse und Einrichtungen.

Eben diese Strukturfragen der Medialität stellte sich Platon als Grundfrage, bei der sich die konkreten Fragen nach einzelnen Medien und Formaten als natürliche Folgerung ergeben. Behandeln wir Platon als Medienphilosoph, dann bringt er zwar auch einige – und gar nicht so wenige – Beiträge zu einer Philosophie der Medien, ausgehend von der ersten ausdifferenzierten Sprachphilosophie im *Kratylos*, über die verstreuten Thematisierungen des sprachlichen wie malerischen Bildes und der poetischen Kunst, bis hin zur großen medienkritischen Reflexion anhand der Schrift im *Phaidros*. Doch trotz der beeindruckenden Detaileinsichten in Funktionsweise und Wirkmechanismen einzelner Medien wie ‚Schrift' als institutionalisierter Vermittlungssysteme, liegt Platons eigentliches Verdienst in seinem Blick auf die strukturelle Etablierung medialer Strukturen im Allgemeinen und deren Auswirkungen, sowie in seiner Spekulation über mediale Vorgaben für das menschliche Bemühen um Selbsterkenntnis, Weltwissen und Tugend.

Ein wenig erschwert Platon den Zugang zu seiner Schlüsselfrage der Medialität und der bewußten Fokussierung auf die im Hintergrund immer virulente mediale Frage dadurch, daß er zwar gelegentlich die Frage unmittelbar thematisiert, beispielsweise in Gleichnissen wie insbesondere dem Höhlen-Gleichnis der *Politeia*, doch häufiger noch, sie weder als direkte Frage nach dem Medium oder den medialen Strukturen und Formaten, noch als indirekten Verweis in der Diskussion der Medienwirkung oder der Implikationen der medialen Organisationsformen artikuliert, sondern dem Leser buchstäblich zum Entdecken aufgibt, sei es als zu findende Präsupposition oder als zu erarbeitende Folgerung. Verstärkt wird diese indirekte Thematisierung noch dadurch, daß er gelegentlich das Thema buchstäblich versteckt und uns ansinnt an Exemplifikationen, deren Status bewußt völlig ungeklärt bleibt, seine medientheoretischen – im weiteren Sinne – Überlegungen nachzuvollziehen.

Der Rätseldialog *Parmenides*, der Einstiegsdialog in Platons Spätwerk, kann als Beispiel dienen. Über dessen grundsätzliche Bedeutung ist sich die Platonforschung völlig einig, über dessen Grundanliegen aber, das eigentliche Thema – und damit a fortiori dessen Thesen! – gehen die Meinungen jedoch fundamental auseinander. Franz von Kutschera arbeitete in einer jüngst vorgelegten Interpretation des Dialogs[1] überzeugend heraus, daß er gelesen werden kann – und sollte – als die erste anspruchsvolle Logik, eine Mereologie mit umfassendem Anspruch. Philosophie-

1 Franz von Kutschera, *Platons ‚Parmenides'*, Berlin 1995.

geschichtlich und medientheoretisch müßte man, sofern wir die formalisierte Logik als eigenes Medium begreifen, die Geschichte, die Aristoteles dank seiner Syllogistik als ‚Erfinder' des Mediums formale Logik ehrt, völlig neu schreiben. Wenn man bedenkt, daß unter der Annahme der richtigen Interpretation durch Kutschera dieser Entwurf einer Logik von Platon so indirekt dargeboten wird, daß nicht nur über zweieinhalb Jahrtausende dieses Anliegen nicht deutlich hervorgetreten ist, sondern auch nach Entdeckung der Struktur umstritten bleiben muß, dann läßt sich begreifen, wie schwierig die Einschätzung platonischer Medienreflexion zumeist ist.

Mit diesem Hinweis auf die kryptische Präsenz des Themas Medialität bei Platon soll im übrigen nicht der These von einer ungeschriebenen Lehre Platons das Wort geredet werden. Auch wenn diese Einschätzung gerade in den offensichtlich Medien und Medialität betonenden Dialogen *Phaidros* und *Parmenides* eine gewisse Stütze finden könnte. Eine Pointe des *Parmenides* liegt im übrigen darin, daß auch bei der einer Logikdeutung entgegengesetzten Interpretation des Dialogs, die ihn in neuplatonischem Sinn als Spekulation über die Natur des Einen und den emanativen Fortgang zum Logos als Vermittlung zur Welt hin begreift, die Medialität und die Vermittlungsstruktur, hier allerdings dann als generatives ontologisches Prinzip verstanden, im Vordergrund stehen würde.

Natürlich läßt sich in einem Essay zu Platon als Philosoph der Medialität nicht aufweisen wie Platon im Einzelnen an den verschiedenen Stellen die Fragen der Medialität behandelt hat. Gerade wenn man die Auffassung vertritt, daß die Fragen der Medialität und der Medialisierungsprozesse auf den unterschiedlichsten Stufen den Schlüssel zu Platons gesamtem Philosophieren bereitstellen, stellt dies ein Ding der Unmöglichkeit dar.

Ich werde daher im folgenden zum Einen die klassischer Mediendiskussion gewidmeten platonischen Dialoge wie *Phaidros* und *Kratylos* knapp charakterisieren, zum Anderen einige der Stellen, an denen Platon Medien in einem weiten Sinn als Formate, institutionalisierte Devices und Fallstricke der medialen Struktur diskutiert, benennen und zum Dritten einsichtig zu machen suchen, inwiefern tatsächlich die Platonische Ideen- und Seelenlehre, der Kern seiner Überlegungen, so etwas wie eine mediale Überstruktur entwirft, dergestalt, daß auch noch die Kosmogonie des Dialogs *Timaios* von der Frage nach der Medialität durchdrungen ist.

Wer Platon als Medienphilosoph betrachtet, denkt natürlich in erster Linie an seine Kritik der Schrift als Medium im *Phaidros,* an die Sprachphilosophie im *Kratylos,* vielleicht noch an seine Verwerfung der sprachlichen wie künstlerischen Bilder in der *Politeia,* die ich oben erinnert habe. Im thematisch auf Medialität im allgemeinen erweiterten Focus aber, in dem Medien generell als die unterschiedlichsten Einrichtungen und Inszenierungen medialen Transfers von Bedeutung sind, ist in erster Linie zuvorderst an den Platonischen Dialog als solchen zu denken.

II. Der platonische Dialog – theatrales Medium, Exempel und rezpientenorientierte Strukturvorgabe

Der platonische *Dialog* als Beispiel für Medien im weiteren Sinn ist ein etwas arg spezialisiertes Medium,[2] das aber, wenn wir es zum allgemeinen ‚Dialog' und zur Dialogik erweitern, als transversales Medium Sprache und Schrift, vielleicht sogar das Bild – zumindest das sprachliche Bild der Gleichnisse und Mythen – durchziehend, eine feste Vermittlungsform mit eigenen Regeln und einer spezifischen Vermittlungsleistung etabliert. Daß die sokratischen Dialoge ein poetisches Medium darstellen, können wir Aristoteles entnehmen, der uns versichert, daß der sokratische Dialog eine sprachliche Gattung der Poetik sei.[3] Platon pries darüber hinaus den lebendigen Dialog als eine mediale Einrichtung, die es erlaubt, sich der Wahrheit über eine Sache anzunähern, was beim sokratischen Elenchos, der prüfenden Widerlegung, die eine Spezialform des Dialogs darstellt, zu Tage tritt. Jedenfalls gilt für Platon, daß nur in der medialen Sonderform ‚Dialog' wahrhaft die Seele, sich der Sprache bedienend, zu der Seele redet.[4] Die ausgeformte, vorformulierte Rede und erst recht die verschriftlichte Rede ist davon nur ein Schattenbild, wie er im *Phaidros* konstatiert. Doch auf dieser Basis stellt der platonische Dialog, in der uns überkommenen literarischen Form, für Platon – und uns – auch ein mediales Problem dar. Das Medium des Dialogs, das Sokrates, gemäß Platon, so beispielhaft nutzt, wird im platonischen Dialog ja als mediale Form nicht kommunikativ in den von Platon gepriesenen Dynamisierungs- und Korrekturaspekten realisiert, sondern schriftlich fixiert und somit gleichsam nur im theatralen Bild geboten.

In den platonischen Dialogen finden wir ohnehin häufig die Einbettung des dialogischen Gesprächs in eine Erzählung, sei es des Sokrates' oder eines anderen, die somit den Dialog aufhebt. Der tiefsten Einbettungs- und Zitatstruktur begegnen wir im *Symposion.* Der Schlüsselabschnitt, die berühmte Rede der Diotima über den Eros, ist ein – erzählter und aufgeführter – Dialog, ein Prüfgespräch zwischen Sokrates und der Seherin, das Sokrates erzählerisch darbietet. Dabei operiert er häufig zitathaft und führt so szenisch-mimetisch das Wechselgespräch auf. Zumindest berichtet Apollodoros, daß Aristodemos dies von Sokrates als dessen Darlegung des Diotima-Dialogs erzählt habe.

Fragt man nun aber nach dem Sinn der ganzen komplizierten und komplexen Einbettung, so zeigt sich als im Grunde einzige Möglichkeit: Der Medientransfer von lebendiger Rede zu Schrift und zurück wird re-inszeniert! In Frage steht und geleistet werden soll der Rückgewinn dialogischer Verschränkung und somit die partielle Etablierung dialogischer Medienleistung jenseits eines tatsächlichen Dialogs und auch jenseits der abbildenden Darstellung eines Dialogs. Ein Metadialog

2 Vgl. Bernd Manuwald, „Der platonische Dialog als Kommunikationsform", in: Henner von Hesberg/Wolfgang Thiel (Hg.), *Medien in der Antike. Kommunikative Qualität und normative Wirkung*, Köln 2003, S. 123-144.

3 Aristoteles, *Poetik*, 1447 b11.

4 Alkibiades I 130d

zwischen Autor und Rezipientem, ein virtueller Dialog, der vom Text erzwungen wird, ist das Ziel. Die im *Symposion* etablierte tiefreichende Einbettung, die den Autor (Platon) als ‚Sprecher' praktisch eliminiert, invalidiert zugleich die Erzähler und fordert den Leser heraus, über seine Lektüre den Ursprung nachzuholen.[5] Nicht nur durch die Iteration der Einbettung als einer Bewegung hin zur gesteigerten Uneigentlichkeit, dank Erzählung der erzählten Erzählung also, wird dies propagiert. Der Bericht vom Bericht wird nämlich auch noch zusätzlich begleitet von prinzipiellen Verunsicherungen des Lesers hinsichtlich der Gewähr, welche die Vermittler[6] denn bieten können. Und eben dies *erzwingt* geradezu den abstrakten Dialog zwischen Verfasser und Rezipienten, um den es Platon in seinen Dialogen geht.

Der Anfang des Dialogs *Theaitetos* (142d – 143c), in dem Eukleides berichtet, daß er die Erzählungen des Sokrates' aufgeschrieben und ausgearbeitet habe, liefert eine Darstellung und Rechtfertigung des Verfahrens, wobei die verschriftlichte Dialogform in ihrer theatralen Präsentation gerechtfertigt wird. In medialer Hinsicht ist bemerkenswert, daß der Verfasser/Sender sich auslöscht, so wie er formal die berichtende Situierung des Gesprächs zugunsten der lebendigen Rede und Gegenrede eliminiert. Das eigentliche Telos ist jedoch nicht die (schein-)lebendige Aufführung, sondern die Verlebendigung der Schrift in Relation zum Empfänger, der zur Infragestellung, wie das *Symposion* in besonders hohem Maße demonstriert und der *Theaitetos* im weiteren Verlauf inhaltlich herausfordernd zeigt, gezwungen wird. Es geht um die Frage des Archivs, die zur generellen Frage nach der Übermittlung von Wissen (Information) durch im Prinzip fiktive – oder durch die Zeit fiktionalisierte – Sender gewendet wird.[7]

5 Diesen Ursprung gibt es nur als solcherart ‚verzögerten' (i. e. medialisierten), wie die Schrift „den Sinn hervorbringt, indem sie ihn verzeichnet", meint Jacques Derrida, *Die Schrift und die Differenz*, Frankfurt/M. 1976, S. 25. Und wenn das Anwesen des Anderen, das die „Arbeit zwischen Schrift und Lektüre bewacht" (S. 23), einen gewissen Antiplatonismus vorauszusetzen scheint, so schließt der, wie Derrida kurz zuvor bemerkt, ein „tiefes Einverständnis mit Platon, über den ‚arglos verstandenen' Platonismus hinaus, nicht aus".

6 Nicht nur, daß die – fingierte! – Tradierungskette zahlreiche Vermittlungsinstanzen mit einem natürlichen Informationsschwund kennt, vom Haupterzähler Aristodemos wird selbst immer wieder betont, daß er Etliches ausläßt, vergessen und verschlafen hat. Zudem sorgt allgemeine Trunkenheit in der mediatisierten Ursprungs-Situation schon für jene Verunsicherung, die aus dem Lauf der Zeit und dem medialen Verlust der kopierenden Wiederholung erst zu erwachsen scheint.

7 Wenn Edward C. Halper in seinem Aufsatz „Dialog und Argument in Platons *Protagoras*" (in: Marcel van Ackeren (Hg.), *Platon verstehen*, Darmstadt 2004, S. 39-56) sagt, daß Platon „den Dialog gewählt hat, um diese Wahrheiten vorzustellen, weil sie selbst intrinsisch dialektisch sind" (S. 56), dann ist ihm nicht zu widersprechen. Doch der tiefere Grund für die Dialogform ist nicht, daß die ausgedrückte Wahrheit „eine Vereinigung von Widersprüchen ist, die sich auf sich selbst bezieht" (S. 56), sondern die vom Medium selbst induzierte Remedialisierung durch den Rezipienten. Das übersteigt die bloße, von Gregory Vlastos immer wieder unterstrichene Anregung zum Denken, da in spezifischer Weise, in einer medialen Form eben, der zur Schau gestellte Dialog des Sokrates' mit seinen Gesprächspartnern,

Boris Groys kluge Bemerkung vom Verdacht als dem ‚eigentlichen Medium'[8] erhält so eine verblüffende Volte, auch wenn die Rede vom „Verdacht als Medium" zutiefst problematisch ist und bleibt. Die Ermöglichung, ja Ernötigung der Speicherung des Relevanten und die Erhebung bzw. Erfindung dieses Relevanten unter dem unaufhebbaren Verdacht der Irrelevanz, der Aberration, der Korruption stellt die mediale Realisierung des Mediums ‚Dialog' unter einen Verdacht, den der Empfänger selbst situationell zu realisieren *wie* zugleich zu beheben hat. Die Inszenierung der Kommunikationssituation im Werk, dem platonischen Dialog, erzwingt den Verdacht, den das Medium – zumindest bei Platon! – deklarativ mittransportiert. Damit verschiebt sich die im Werk dargestellte dialogische Situation zum Dialog zwischen Leser (Rezipient) und Text. Hätte Platon nichts anderes geleistet als die beiläufige theoretische Auszeichnung des Dialogs als Annäherungsmedium an eine geteilte Wahrheit unter Bedingungen der Endlichkeit – *Protagoras*, *Gorgias*, *Phaidros*, *Alkibiades*, *Theaitetos* mögen als Auflistung von Dialogen mit entsprechenden Theoriebruchstücken genügen – und hätte er ansonsten lediglich die praktische Umsetzung dieser theoretischen Einsichten in transmedialer Form in seinen Schriften (praktisch ausschließlich Dialoge) demonstriert, ein Platz unter den Theoretikern der Medialität, wenn nicht sogar bereits unter den Medientheoretikern, wäre ihm sicher gewesen. Doch in engem Zusammenhang mit dieser propagierten Dialogik entwarf er auch eine generelle Methodik der vermittelnden Ermittlung von Wahrheit. Diese propagiert, exemplifiziert und demonstriert der sokratischende Elenchos und dessen Weiterführung, die platonische Dialektik – die in Gegenstellung zur Rhetorik als alternativem konstruktiven Medialisierungs-Verfahren auch dekonstruktiv zu bestimmen wären. Rhetorik muß in ihrem Formeninventar, wie in ihrer Würdigung der Materialität als Wirkgröße, als konkurrierendes Medium zu den sokratisch/platonischen Methoden verstanden werden. Die Rhetorik etabliert sich wie der sokratische Elenchos und die platonische Dialektik als mediales Format im Rahmen des Mediums der natürlichen Sprache, wobei die alternative Zielsetzung einer vermittelnden Erzeugung von Schein der Wahrheit qua Geltung es erlaubt, das vorgegebene Medium Sprache in spezifischer Form zu nutzen, wenn auch, wie Platon immer wieder betont, nicht mit derselben Medialisierungsleistung wie die analysierenden Prüfverfahren.

---

zum Dialog des Lesers mit Platon – zwei nicht gegenwärtige Instanzen – gewendet werden muß.

8 Boris Groys, *Unter Verdacht. Eine Phänomenologie der Medien*, München 2000. Wenn Groys schreibt: „Der Verdacht ist das Medium aller Medien, weil er durch die von ihm inspirierte […] Kritik am Archiv das Umkopieren des Archivs auf immer neue Medien erfordert und ermöglicht" (S. 110), dann handelt er nicht von Platon, doch ersetzen wir ‚ermöglicht' durch ‚ernötigt', dann charakterisiert das perfekt die sokratisch/platonische mediale Einrichtung des Dialogs als einer Form, die unter der Annahme von Nicht-Wissen, vorläufiges Wissen als prinzipiell weiter ‚unter Verdacht' stehende Basis vermittelt.

III. Der sokratische Elenchos als mediale Einrichtung

Im Grunde ist mit obigen Bemerkungen, die auf Platons Etablierung und Verwendung des sokratischen Dialogs als gewähltes, erkämpftes und vom anderen her, dem Empfänger der Nachricht, zu rechtfertigendes, gerechtfertigtes Medium abheben, fast alles gesagt. Doch, weil möglicherweise nicht in unmittelbarer Evidenz zutage tritt, wie Ideenschau, Rhetorikkampf und die unsichtbare Grenze von Logos und Mythos und deren unbestimmbarer Ort (Chora) im Dialog bedeutend werden und medial von Bedeutung sind,[9] charakterisiere ich die spezifische Medialisierungsform des sokratischen Gesprächs, in seinem Bemühen, die Wahrheit in unendlicher Annäherung und unaufhebbarer Differenz zu prüfen, zu verhandeln und zu ver-mitteln in knappen Zügen.

„Und von welchen bin ich einer?" fragt Sokrates, und erklärt, daß er einer von denen sei, die sich gern widerlegen lassen, wenn sie etwas Unrichtiges sagen und auch gern widerlegen (*Gorgias* 458a). Es braucht keinen Hinweis darauf, daß Platon Sokrates selbst als Medium für die Philosophie nutzt, und daß Sokrates mit seiner Hebammenkunst sich selbst als eine Medialisierungsinstanz begreift, der es darum geht, den Gesprächspartner zu sich selbst kommen zu lassen. Dies ist triviale, je nach Auffassung interessante oder auch nur amüsante Konkretisierung medialer Strukturen in der Einführung einer virtuellen Sprecher- Frage- und Prüf-Instanz. Doch im sokratischen Verfahren der Prüfung selbst, wird die Wahrheit, die den letztlich unwiderlegbaren Horizont des Seins vorgibt – nach dem späteren Platon in den Ideen in dialektischer Annäherung zu fassen, doch im Grunde unabhängig von jeder ‚Ideenschau' als Seinsvorgabe gedacht – vermittelt. Der sokratische Elenchos, das Prüfgespräch, besagt nichts anderes, als daß jede beliebige Annahme in Form eines Aussagesatzes gebracht, zusammen mit ihren Implikationen vor dem Hintergrund des individuellen, geistig-seelischen Annahmenhorizonts auf Übereinstimmung zu prüfen sei und bei einem Widerspruch versucht werden muß, durch Modifikationen innerhalb der Annahmenmenge, diesen Widerspruch zu beseitigen. In Wiederholungen der Prüfung auf logische Widerspruchsfreiheit wird eine permanent verbesserte Annäherung des Wissenshorizonts einer Person an die Wahrheit erreicht. Es ist evident, daß bei geschickter Wahl der zu prüfenden Sätze das Verfahren erheblich verkürzt werden kann und Grundeinsichten herausgearbeitet werden können. Solche zielführende Verkürzung der Wahrheitsvermittlung leistet die von Sokrates im *Theaitetos* und im *Menon* beschworene Mäeutik.

Hinsichtlich der im Vermittlungsprozeß involvierten *Personen* bedeutet diese Annäherung an Wahrheit, daß sie über das elenktische Verfahren zu sich selbst, d. h. zu ihrem wahren Selbst als Telos gelangen. Hinsichtlich der, wie auch immer vorläufigen, Erkenntnis einer *Sache* bedeutet es, daß diese Sache auf ihren idealen Grund hin vermittelnd angenähert wird; hinsichtlich des ethisch *Guten* oder Ge-

---

9 Vgl. Jacques Derrida, *Chora*, Wien 1990, der ‚chora' als ‚weder dieses/noch jenes und zugleich dieses und jenes', jenseits der Widerspruchslogik bestimmt, und als utopischen Ort aller Medialisierung versteht.

rechten bedeutet das prozedurale Verfahren der Annäherung an Wahrheit, daß dieses ‚Gute' in seiner normativen Struktur ermittelt und in der Folge der Medialisierungsschritte, also im Procedere des Prüfungsverfahrens, immer besser realisiert wird. Der sokratische Elenchos ist so als Medialisierungsinstanz ein prozedurales Instrument zur Vermittlung der Wahrheit, zur Vermittlung des Guten und zur Vermittlung des Selbst. Es ist eine Vermittlung aus einem transzendent gedachten Seinsraum in den Raum der Phänomenwelt.[10] Die in der Vermittlung angezielte Selbstübereinstimmung hinsichtlich Handlungsvorgaben und Erkenntnisannahmen zeigt, wie Platon das, wir würden sagen, personale Selbst, nur als medial vermitteltes ‚Selbst selbst'[11] – das ist der Sinn der Maxime des ‚Erkenne Dich selbst' – begreift. Der prüfende Elenchos ist also das Verfahren, das als etabliertes methodisches Format, das Selbst dem Selbst vermittelt. Dabei wird als Nebenertrag gleichsam mittels desselben Mediums Sachwissen erworben.

Die platonische Dialektik erwächst aus dem Elenchos und ist mit diesem dementsprechend vereinbar, ob wir in der Form der Hypothesensetzung im Bereich des Denkbaren aufsteigen zum nicht mehr Hypothetischen oder im Verfahren der sachgemäß ordnenden Aufteilung der Begriffe (Dihairesis) zugleich mit der Sprachdie Seins-Struktur ermittelnd vermitteln. Natürlich würde allein die Betrachtung der Dialektik eine eigene Untersuchung verlangen, doch mir geht es hier lediglich um sokratisch/platonische Mediatisierungsverfahren bezüglich der Wahrheit.[12]

Das Medium Rhetorik andererseits, wenn wir in unserem weiten, auf Medialisierungsstrukturen abzielenden Medienbegriff so einfach von Medium sprechen wollen, ist Gegenbegriff und Kontrastierungsfolie zu den Methoden des sokratischen Elenchos und der Dialektik, die Platon allerdings im *Phaidros* auch als eine Art ‚wahrer Rhetorik'[13] – in direkter und bewußter Gegenstellung zur landläufigen Rhetorik – kennzeichnet. Die normale Rhetorik ist nach Platons *Gorgias*[14] ein Schattenbild einer wahren Kunst, der Kochkunst analog. Immer wieder attackiert Platon diese Rhetorik. Die eigentliche Stoßrichtung dieser Attacken liegt darin, daß das Medium ‚Rhetorik' nicht lediglich die an begrifflicher Strenge ausgerichtete Sprache in formalen Leerlauf mit raffinierten Effekten auflöst und gar materiale Reizwirkungen durch Reime, Metrum und Bilder auslöst, sondern daß die Rhetorik ‚alles' auf ‚nichts' hin vermittelt und aus ‚nichts' ‚alles' konstruiert. Kein Ursprung und kein Ziel, nicht verzögert und nicht einmal ausständig. Das Medium

10 Vgl. die metaphysische Annahme der Idee des Guten, jenseits noch des Seins (epekeina tēs ousias), *Politeia* 509b. Die transzendent verstandene Idee des Guten ist Seins- und Erkenntnisgrund des ethisch Guten wie der wissenschaftlichen Wahrheit.

11 Die Aufstufung vom Selbst und dem Zugehörigen zu einem ‚Selbst selbst' findet sich im *Alkibiades* I.

12 Den Zusammenhang und die Vereinbarkeit von Elenchos und Dialektik unterstreicht Peter Stemmer, *Platons Dialektik*, Berlin/New York 1992.

13 Man kann dies zumindest deduzieren, wenn man *Phaidros* 266b-c mit 269d ff. und 271d ff. zusammenliest.

14 Der Dialog ist der klassische Referenzort für die Auseinandersetzung um das Medialisierungsformat ‚Rhetorik'.

Sprache verliert im medienvermittelnden Medium Rhetorik seine Erschließungskraft. Platon scheint auf die Gorgiasschrift *Über das Nichtseiende* zu antworten, ohne sie je zu erwähnen.[15]

Die das Medium Sprache platonisch vermittelnden und verhandelnden Medienformate des Elenchos und der Dialektik haben im Gegensatz zur Rhetorik eine horizontale Vermittlungsebene, von der Seele hin zur Seele, und eine vertikale, von der ideenverwandten Seele zu den Ideen selbst. Eros wird uns im *Symposion* als die Mittlerfigur schlechthin über die Körper zur Seele und von der Seele und deren Empfindungen und Erkenntnissen zur Idee selbst von Platon angesonnen. Eros, Dichterfreund und Philosoph, changierend zwischen medialem Abbild und Vorbild des Sokrates, symbolisiert und realisiert Vermittlung horizontal und vertikal.

Alles aber scheint in der Gigantomachie zwischen Körper- und Ideenliebhabern, Rhetorik und Dialektik, daran zu hängen, wie das vermittelte Medium Sprache selbst verstanden wird.

Das Medium Sprache kann in systematischer Perspektive als eine Art Nullmedium im Sinne von Grundmedium verstanden werden, insofern die mediale Leistung von Dialektik und Elenktik, aber natürlich auch der Rhetorik, auf die natürliche Sprache Bezug nimmt. Das Verhältnis zu anderen Grundmedien wie Bild und Klang, das bei Platon in verschiedenster Form behandelt wird, kann ich an dieser Stelle nicht weiter ausführen. In meiner Schlußbemerkung zum Mythos werde ich jedoch noch kurz auf die Bildproblematik eingehen.[16]

Die Sprache nun behandelt Platon im Dialog *Kratylos*, der die Gründungsurkunde zugleich für Sprachwissenschaft und Philosophie der Sprache ist. Nicht nur wird darin erstmals das Bild von der Sprache als Instrument entwickelt, der Gedanke der Etymologie ausgelotet – und dabei die konkrete Bezugnahme auf Etymologien ins Paradoxon getrieben –, der Dialog diskutiert auch die Optionen und die Tauglichkeit der Sprache, bedeutungsvolle Rede und gelingende Kommunikation zu bewerkstelligen. Zwei Thesen werden hinsichtlich der Bedeutung untersucht: die von Kratylos vertretene physei-These der natürlichen Motiviertheit der Bedeutung der Wörter und die von Hermogenes hochgehaltene thesei-Position, bei der hinsichtlich der Zuordnung von Bedeutung und Laut das bloße Wirken von Konvention angenommen wird. Der sicher nicht zu den Frühdialogen zählende Dialog *Kratylos* endet letztlich in einer Aporie, wir können aber annehmen, daß Platon hier tatsächlich zwei, aus seiner Sicht gleichermaßen unzulängliche Positionen gegeneinanderstehen ließ. Sowohl bei der reinen Konvention, wie erst recht bei der physischen Motiviertheit, bleibt die Medialisierungsleistung der Sprache im Blick

15 Möglicherweise kennt Platon diese Schrift aber auch gar nicht.

16 Es ist bekannt, daß Platon das Bilderdenken, Reden in Bildern und die abbildende Bezugnahme auf Sinneswahrnehmungen weitestgehend verwarf. Er selbst macht ironisch darauf aufmerksam, wenn er Adeimantos auf Sokrates' Anmerkung, daß bei einer schwierigen Frage eine Antwort durch ein Bild ernötigt sei, sagen läßt, daß Sokrates doch nicht durch Bilder zu reden pflegt, und Sokrates antworten läßt: „Höre mein Bild, damit du besser siehst"; *Politeia* 488a.

auf Wahrheit und Sein unverständlich. Daher fordert Platon einen Nomothetes, einen Gesetzgeber, der in göttlicher Weisheit Festsetzungen trifft, die eine Adäquatheit der Sprache sicherstellen.[17] Diesem Gesetzgeber aber will Sokrates einen dialektischen Mann zur Seite gestellt wissen, und am Schluß des Dialogs (435d ff.) wird klar, daß, gewissermaßen in einer Gegenvolte zu einem ‚linguistic turn' in einer Orientierung an der Sache die Wörter in ihrer medialen Leistung als Bilder der Gegenstände (eikonai tōn pragmatōn) betrachtet werden müssen. Wie so oft hält Sokrates fest, daß die Aufgabe, die wahre Erkenntnis der Dinge zu erarbeiten, eine – im Moment zumindest – nicht zu leistende Aufgabe darstellt (439b).

Die methodische Volte, daß daraus folgt, daß man sich weiter in der gemäßen Weise mit Wahrheitsorientierung und in vernunftorientierter Erschließungsperspektive dialektisch bemühen müsse, scheint zunächst nur den Standardtopos des sokratischen Fragens zu bemühen, eröffnet aber an dieser Stelle eine äußerst interessante Perspektive auf Sprache als das Medium der Medien. Nicht in der Sprache selbst ist der Grund der Sprache zu suchen, sondern über die Sprache hinweg und durch die Sprache hindurch ist ein Wesen der Dinge zu ermitteln, ein Sprachursprung, der *immer* erst nachträglich und – wie sowohl Elenchos wie Dialektik zeigen – in unabschließbarer Offenheit bestimmt werden muß. Selbst dort, wo der Grund gefunden wäre, kann er nicht dogmatisch vertreten, sondern muß im Konstitutionsspiel der Weltphänomene als kommunikative Grundlage ausgemittelt werden. Dies ist der eigentliche Hintergrund des Höhlengleichnisses der *Politeia* und erweist die Schwierigkeiten bei der Rückkehr in die Höhle als konstitutionelle, nicht als akzidentelle. Daß Platon ein Bild in Anwendung bringen muß, macht dies am Besten deutlich.

Am klarsten tritt dieser Aspekt der nur partiellen Durchdringung des Mediums und der permanenten medialen Verhaftetheit dort zu Tage, wo nicht das Nullmedium Sprache im Verhältnis zur ‚wirklichen' Wirklichkeit Thema wird, sondern das sekundäre Medium Schrift im Verhältnis zur lebendigen Rede betrachtet wird. Im *Phaidros* kritisiert Sokrates in vehementer Form die Schrift,[18] der die eigentlich vom Medium zu fordernde Fähigkeit der Vermittlung zwischen lebendigen Seelen in horizontaler und der Vermittlung der idealen Wesensgehalte für den Einzelnen und die Gemeinschaft in vertikaler Hinsicht – erinnert sei an die Mittlerrolle des Eros als wahren Philosophen im *Symposion* und die elenktische und dialektische Suchmethode als Ausfluß des Begehrens nach dem Wahren – ermangelt. Keineswegs ist es ein Zufall, daß im *Phaidros* Liebe, Rhetorik und Schrift nacheinander zum Thema werden, und daß in raffinierter Weise die ganze Diskussion von My-

17 *Kratylos* 389d ff.; die zeitliche Einordnung des *Kratylos* in das platonische Schaffen macht noch größere Schwierigkeiten als der *Phaidros*, doch sollte man ihn in jedem Fall in der Nähe der sogenannten Meisterwerke der mittleren Phase situieren.

18 *Phaidros* 274b-277a.

then durchdrungen wird, die so in der charakteristischen Verfahrensweise Platons mehr noch als in der *Politeia* zu einem verdeckten Schlüssel-Thema werden.[19]

Die Schriftkritik Platons im *Phaidros* wird oft als der eigentliche Beitrag Platons zu einer Medienphilosophie verstanden, eben in der Form einer grundsätzlichen Kritik des Mediums Schrift. Doch das ist nur die halbe Wahrheit. Die Schriftkritik muß – und kann eigentlich nur – als exemplarische Auseinandersetzung mit der Rhetorik und den Reden gesehen werden. Sie wird ja auch entwickelt aus einer Betrachtung der Logographen, der Redenschreiber. Zum anderen aber ist die platonische Auseinandersetzung mit der Schrift, von einer tiefen Ambivalenz geprägt, die niemand besser herausgearbeitet hat als Jacques Derrida in der Studie „Platons Pharmazie".[20] Derrida macht die Ambivalenz des Mediums am Ausdruck ‚Pharmakon' fest, das sowohl Heilmittel wie Gift sein kann und weist auf, daß Platon diese Ambivalenz notwendigerweise immer im Spiel hält und halten muß. Die Tatsache, daß Platon seine Dialoge *schrieb*, ist davon nur äußerliches Indiz. Platon hält die Schrift zwar einerseits für ein bloßes, belangloses Spiel, der Seele ermangelnd, die dem lebendigen Logos zuzukommen scheint, doch er muß selbst ein Spiel auf Zeit spielen, um zum Ernst der Wahrheit und der Bedeutung zu gelangen. Zurecht erinnert Derrida an die in Platons *Gesetzen*, seinem letzten Werk, angesprochene Hilfe für die Gesetzgeber durch die schriftlich niedergelegten Vorschriften.[21]

Die unaufhebbare Defizienz des Mediums, die eigentlich keine Defizienz darstellt, sondern nur die ‚virtuelle' Grenze zwischen Bedeutendem und Bedeutung, ob als Laut/Vorstellung oder Buchstabe (grammata)/Gehalt, benennt, ernötigt je neu das ‚zu Hilfe kommen'. Gerade daß Platon der Schrift bestreitet, daß sie als lebendiges Gedächtnis (mnēmē), als wirkmächtiges Archiv, dienen kann und im Mythos von der Erfindung der Schrift als entscheidenden Einwand artikuliert (274e-275a), daß sie nur als evokatives Erinnerungszeichen (pharmakon hypomnēseōs) für unabhängig von ihr in die Seele Eingeschriebenes lebendiges Wissen – und damit als Schattenbild – angesehen werden kann, bringt die mediale Leistung der Schrift neu ins Spiel. Es gilt, der Schrift, den toten Buchstaben, in der lebendigen Auslegung zu Hilfe zu kommen. Das steht in Analogie dazu, daß es notwendig ist, den nomothetischen Festsetzungen der Sprache durch den Dialektiker aufzuhelfen (cf. *Kratylos* 390d). Wenn Platon so stark betont, daß die Schrift im Gegensatz zu den Einschreibungen in die Seele, die sich selbst zu helfen imstande sind (*Phaidros* 276e-277a), notwendig nur Spiel sein kann, dann tritt zu stark zurück, daß die Schrift als Anstoß zur wiederholten Auslegung in wiederholender und widerlegender Situierung, zugleich nachträglich strukturell den Ursprung

19 Vgl. auch den in systematischer Hinsicht für das Verhältnis Logos/Philosophie – Mythos/Rhetorik bedeutsamen ‚Wahrheitsmythos' – Mythos der als Logos geglaubt wird – des *Gorgias* (s. u.).

20 Vgl. Jacques Derrida, *Dissemination*, Wien 1995, S. 69-190.

21 Derrida, *Dissemination*, S. 126 (vgl. *Nomoi* 891a, wobei die vorangehende Diskussion 890 c-d den Gesetzgeber in der prinzipiell analogen Situation zur rhetorischen Vermittlung und zum dialektischen Aufweis zeigt).

setzt, den Elenchos und Dialektik einzuholen suchen. Nur die alleingelassene Schrift versagt als Medium. Solches aber wird von der Sprache im *Kratylos* ebenfalls angedeutet. Das Medium der Sprache, vor allem in der Form des Gesprächs – die ausgearbeiteten Reden nämlich sind Vorstufen der Schrift –, arbeitet prinzipiell mit derselben Durchklärung und deutenden Hilfeleistung, die der Schrift nötig ist. Die Situation stellt sich beim Gespräch im Blick auf das Vermittlungsziel lediglich günstiger dar, insofern der Logos dank des Gesprächspartners lebendig ist. Erinnern wir uns wie und mit welch raffinierten Mitteln Platon in seinen Dialogen um solche Verlebendigung und Infragestellung des Bedeutungskorpus – bei ‚unbeweglicher' Ebene des materiellen Signifikanten ‚Schrift' – für und dank des Rezipienten kämpft. Die Auslöschung des Autors Platon in seinen Dialogen scheint der Preis dafür zu sein, vielleicht aber ist die Eliminierung des Autors lediglich Zeichen dafür, wie die richtige Mediennutzung und Bedeutungsetablierung zu denken ist.

Ich will darauf verzichten, zu zeigen, daß Platon die Frage der Medialität auch über den Bereich der etablierten Mediensysteme und Formate als Medien zwischen und für Menschen ausgedehnt hat. Der bloße Hinweis auf den *Timaios* und die Orientierung des weltschaffenden Demiurgen am Denkbaren statt am Sichtbaren, die der grundsätzlichen Ausrichtung des Dialektikers wie des wahren Nomothetes für die Sprache entspricht,[22] mag genügen. Die Ausweitung der Medialität auf jene im *Timaios* angesprochene Vermittlung zwischen Sein und Werden soll daher nur indiziert sein.[23] Jedenfalls vermittelt diese Gattungen als dritte Größe, Medium im wahrsten Sinne des Wortes, die ‚chōra', der unbestimmte Raum jeder Einschreibung, der selbst weder dies noch das ist, und erst ermöglicht, daß etwas als etwas erscheint.

Bezüglich des Platzes oder der Stätte des Austausches, der Verschiebung, der Substitution, eben der ‚chōra' als allumfassendem (pandeches) Medialisierungs- und Transferraum, weist Derrida auch auf den Mythos hin. Dieser erscheint in zwangsläufiger Doppelfunktion, diesseits und jenseits der Grenze von Spiel – der uneigentlichen, wechselnden Form – und Ernst – der Seinsform, die jene Vorgaben setzt, die ‚un-verwechselbar' sind und unverzichtbar scheinen.[24]

Mit einem Blick auf den Mythos als Medium bei Platon, möchte ich somit schließen, weil der Mythos als ein Medium von transmedialem Status und grundsätzlicher Ambivalenz durchweg präsent ist und zugleich in charakteristischer Weise philosophisch aufgehoben wird – wie das Medium qua Medium auf Anderes hin

22 Vgl. Platon *Timaios* 28a-b.

23 Platon *Timaios* 31b ff. in der Frage nach einem prinzipiellen Dritten als bestimmtes und bestimmendes Band thematisiert diese Grundstruktur. Vgl. insbes. *Timaios* 52d zu Sein (on) und Werden (genesis) mit dem Raum/Umgrenzung (chōra) als Drittem, zusammen mit 48e-49a. Den Transfer von solch ontologisch situierter Medialität zu sokratischer Methode, zu Mythos und Logos und zu Fragen der Medien und Medialität zwischen Menschen, sucht Jacques Derrida *Chora*; vgl. „Sokrates ist nicht chōra, aber wenn sie jemand oder wenn sie etwas wäre, so würde er ihr sehr ähnlich sein" (S. 46) – wie Sokrates auch dem paradigmatischen Medium Eros im *Symposion* nahezu bis zur Gleichsetzung ähnelt.

24 Derrida, *Chora*, S. 47.

transparent werden muß. Transmedialer Status ist dem Mythos zuzuschreiben, da er, wie Platon unterstreicht, dem von ihm kritisierten Bilderdenken zugehört, vornehmlich seinen Ausdruck aber in der narrativen Rede findet. Der Mythos ist in einer Hinsicht Vorgabe für den Einzelnen wie die Sprache selbst, kann andererseits aber – und wird vielfach von Sokrates – als Mythos vom Einzelnen erfunden werden. Der Mythos ist zunächst und zuerst bei Platon jenes Medium, das vor der Folie des Mediums ‚Logos' und angesichts von dessen Gründungs- und Begründungsfunktion destruiert oder zumindest dekonstruiert werden muß. Dies hat jedoch nicht zu erfolgen, indem der Mythos rationalistisch entmythologisiert wird,[25] sondern dadurch, daß die fraglose Übernahme des Mythos in eine problembewußte Vertretung der Rede geführt wird. Deshalb kann der Mythos, wie auch die Bezugnahme auf Dichterzitate, Sokrates so häufig als Ausgangspunkt für die Prüfung des geteilten Hintergrunds von Annahmen dienen. Entscheidender noch ist jedoch ein anderer Punkt. Kaum jemand übergeht oder übersieht, daß Platon sich auch selbst der Mythen bedient. Aber in den großen eigenen Mythen erfolgt dieser Bezug auf den Mythos nicht als Ausgangspunkt einer medialen oder inhaltlichen Analyse, sondern wird gerade umgekehrt geboten als Endpunkt und Übersteigung nach einer Analyse. Die *Politeia* ist dafür Zeugnis. Verknüpft mit Sokrates Rechtfertigung des Redens in Bildern im Gegensatz zu seinem dialektischen Verdikt über Bilderreden[26] gewinnt dies grundsätzliche Bedeutung. Nicht, daß Platon auf das Medium des Mythos, ob als selbst ersonnenen oder vorgefundenen, regredierte. Platon eröffnet vielmehr eine neue Dialektik, die das Verhältnis von Mythos und Logos selbst einem je neuen Prüfverfahren unterwirft. Das ist der Sinn jener Rede im Dialog *Gorgias* von einem Mythos, den Sokrates für einen Logos hält und in bewußter Anerkennung des Märchencharakters dennoch mit Wahrheitsanspruch erzählt (523a). Das Medium ‚Mythos' wird nicht einfach gerechtfertigt, doch es ist unabweisbar.

Ähnliches gilt für die Kunst. Der eigentliche platonische Vorbehalt gegenüber der Kunst ist, daß ihre mediale Leistung nicht im Medium des Logos und der logischen Analyse wiederholt oder auch nur eingeholt werden kann. Man muß Platons Anmerkung zum Medium der Kunst (Dichtung) unmittelbar nach deren Verwerfung, daß ihr nämlich durchaus ein Platz in der Organisation der Gesellschaft offen stehe,[27] gerade angesichts des Dialogs *Ion* und der dort skizzierten Medialisierung des Göttlichen,[28] ernstnehmen. Während Platon selbst nicht mehr aufzuwei-

25 Vgl. Platon *Phaidros* 229c ff zur Medialität des Mythos und zur Ironisierung der rationalistischen Entmythologisierung.

26 *Phaidros* 267c zusammen mit 269a-b ridikülisiert die Bilderreden, die Sokrates in *Politeia* 487e als eine Art Notwendigkeit: „Höre also mein Bild" erweist.

27 Politeia 607b. In gewisser Weise erfüllt Aristoteles in seiner Poetik, was Platon (607d) fordert: ‚einen Logos anzubieten', daß die Dichtung für die Gesellschaft und das menschliche Leben nützlich sei.

28 Der *Ion* (535a-536c) entwickelt die Lehre vom Enthusiasmos als Gottdurchwirktheit der Dichter und deren, mit ihnen wie durch einen Magnet verbundenen Medialisierungsinstan-

sen imstande war, daß die Kunst auch jenseits des programmatischen Erfüllungswerts im Dienste der Gesetzgeber (*Nomoi*) ihren Wert hat, leistete genau dies die platonische Reflexion der Kunst in der Renaissance. Das aber übersteigt als Wirkungsgeschichte der platonischen Philosophie der Medialität den Skopus der gegenwärtigen Aufgabe weit.

zen (hermēneōn hermēnēs), als mediales Grundmoment nahezu bis hin zu einer Rezeptionsästhetik.

Stefan Münker

Wittgenstein als Medienphilosoph

„Ich denke tatsächlich mit der Feder"

LW

I.

Ludwig Wittgenstein war vieles, aber eines war er nicht: ein Medienphilosoph. Wittgenstein war u. a. Flugzeugingenieur, Soldat, Architekt, Eremit, Krankenhauspförtner, Gärtner, Volks- und Hochschullehrer; seine philosophischen Arbeiten behandeln neben Problemen der Sprache ein weites Spektrum mathematischer, logischer, psychologischer, ethischer und ästhetischer Fragen. Doch so weit sich sein philosophisches Interesse auch ausweitete – bis zu den Medien reichte es, von einzelnen, verstreuten Bemerkungen abgesehen, nicht. Dabei fällt der Aufbruch ins moderne Medienzeitalter durchaus mit seiner Biographie zusammen – den Ausbau der Telefonnetze hat er ebenso miterlebt wie die Erfindung von Radio, Fernsehen und Kino, die plötzliche Allgegenwart der Photographie oder die zunehmende Verbreitung von Grammophonen. Und so hätte der Westernfan Wittgenstein zum Beispiel die Entstehung der immersiven Welten der Lichtspieltheater nicht nur, wie seine ausgiebigen Krimilektüren, zur Zerstreuung genießen, sondern darüber hinaus auch theoretisch kommentieren können. Was er allerdings, soweit wir wissen, nicht getan hat. So wie auch seine Auseinandersetzung mit Alan Turing über Grundlagenprobleme der Mathematik nicht hinausging;[1] weswegen der historisch denkbare Streit über die Möglichkeit einer computergenerierten Künstlichen Intelligenz auch leider nur als literarische Fiktion existiert.[2]

Und doch: Auch wenn beim besten Willen keine explizit medienphilosophischen Aussagen in Wittgensteins Werk zu finden sind, so lassen sich doch einige seiner zentralen Überlegungen in den Kontexten gegenwärtiger medienphilosophischer Debatten konstruktiv aufgreifen – und als Hinweise auf so grundlegende Fragen verstehen wie: Was ist ein Medium? Was sind medienphilosophische Probleme – und was heißt es, darüber nachzudenken? Und ergo auch: Was ist „Medienphilosophie"? Wittgenstein läßt sich mithin zwar nicht mit gutem Gewissen als Medien-

1 Zu dieser Auseinandersetzung siehe: Ray Monk, *Wittgenstein: The Duty of Genius*, London 1991, S. 417-422.

2 Im Roman *Das Cambridge Quintett* von John L. Casti, Berlin 1998.

philosoph avant la lettre deklarieren; er läßt sich aber mit guten Gründen, wenn auch ein wenig gegen den Strich, als Medienphilosoph lesen.

II.

Die Rechtfertigung einer solchen Lektüre ergibt sich aus dem ebenso engen wie problematischen Verhältnis, welches das Phänomen der Sprache mit dem der Medien verbindet: Eng ist dieses Verhältnis, weil Sprache selbst zweifellos mediale Züge trägt; problematisch, weil es strittig ist, ob – und wenn ja, in welchem Sinn – Sprache deswegen schon als ein Medium gelten kann. So kann Dieter Mersch einen Text über die „Medienphilosophie der Sprache"[3] anheben lassen mit der These: „Alle Theorien des Medialen kulminieren in der Betrachtung von Sprache"[4] – und doch am Ende folgern, daß „die Sprache selber nicht als Medium expliziert werden kann".[5] Konträr dazu liest sich das „Plädoyer für das Medium Sprache", als welches Ludwig Jäger seinen Text über *Die Sprachvergessenheit der Medientheorie*[6] verstanden haben will, und in dem er so weit geht zu fragen, ob die Sprache nicht „vielleicht sogar als ein Medium, das gleichsam als letztes meta-mediales Bezugssystem symbolischer und nichtsprachlicher Medien fungiert",[7] interpretiert werden müsse.

Ich werde die problematische Frage nach der Bestimmung von Sprache als Medium hier lediglich streifen und nicht abschließend zu beantworten versuchen; ich werde jedoch im Laufe meines Textes ausführlich darauf zu sprechen kommen, welche Idee der Medialität von Sprache sich m. E. mit Wittgensteins Philosophie verbindet – und wie sich diese wiederum in eine Erörterung über die Medialität von Medien sinnvoll überführen läßt. Zunächst jedoch will ich im Zuge einer kritischen Diskussion einer zumindest im Ansatz verwandten Lektüre Wittgensteins erste Elemente seiner medienphilosophisch relevanten Überlegungen zusammentragen.

3 Dieter Mersch, „Medienphilosophie der Sprache", in: Ludwig Nagl/Mike Sandbothe (Hg.), *Systematische Medienphilosophie*, Berlin 2005, S. 114-127.

4 Ebd., S. 114.

5 Ebd., S. 123.

6 Ludwig Jäger, „Die Sprachvergessenheit der Medientheorie. Ein Plädoyer für das Medium Sprache", in: Werner Kallmeyer (Hg.), *Sprache und Neue Medien*, Berlin/New York 2000, S. 9-30.

7 Ebd., S. 10.

III.

In seinem Versuch zur Grundlegung einer *Pragmatischen Medienphilosophie* kommt Mike Sandbothe an verschiedenen Stellen auf Wittgenstein zu sprechen.[8] Dieser gilt ihm, neben Nietzsche, als philosophischer Gewährsmann für den Versuch, „die konkrete Praxis einer dezidiert pragmatischen Sprach- und Medienkritik zu etablieren."[9] Den entsprechenden Beleg findet Sandbothe in der Gebrauchstheorie sprachlicher Bedeutung, die Wittgenstein in den *Philosophischen Untersuchungen* bekanntlich in selbstkritischer Abkehr von der Abbildtheorie der Sprache, wie er sie noch im *Tractatus* vertrat, entwickelt hat. Der radikale Perspektivenwechsel, der Wittgensteins Früh- und Spätwerk unterscheidet, fokussiert sich für Sandbothe auf die Verschiebung des philosophischen Erkenntnisinteresses von der Frage „Was bedeutet dieses Zeichen?" zu den Fragen „Wie wird dieses Zeichen verwendet? Was wird damit gemacht?"[10] – und er folgert: „Wittgenstein schlägt also vor, Zeichen nicht in erster Linie als Medien im Sinne reiner Mittelwesen [...] zu verstehen. Statt dessen gelte es, sie als Mittel im Sinn von Werkzeugen [...] aufzufassen."[11] Und natürlich bezieht sich Sandbothe hier auf den berühmten Paragraph 11 der *Philosophischen Untersuchungen*: „Denk an die Werkzeuge in einem Werkzeugkasten; es ist da ein Hammer, eine Zange, eine Säge, ein Schraubenzieher, ein Maßstab, ein Leimtopf, Leim, Nägel und Schrauben. – So verschieden die Funktionen dieser Gegenstände, so verschieden sind die Funktionen der Wörter."[12]

Die Pointe seiner Argumentation – und der Grund, sie hier zu zitieren – ist nun die Tatsache, daß Sandbothe in dieser Rekonstruktion zentraler Gedanken der *Philosophischen Untersuchungen* eine „implizite Medienphilosophie"[13] identifiziert und den Vorschlag Wittgensteins, Sprache in Analogie zum Werkzeugkasten zu denken, zugleich im Sinne einer „ersten Leitmaxime" als „Ratschlag" liest, „dass die pragmatische Medienphilosophie es vermeiden soll, die Wörter ‚Medium' und ‚Medien' als epistemologische Schlüsselbegriffe aufzubauen, mit denen sich die Rätsel der erkenntnistheoretischen bzw. sprachphilosophischen Tradition nun endlich doch noch lösen lassen, und statt dessen auf den konkreten Gebrauch zu achten, den wir von Medien in bestimmten Handlungskontexten machen oder nicht machen".[14]

---

8 Mike Sandbothe, *Pragmatische Medienphilosophie. Grundlegung einer neuen Disziplin im Zeitalter des Internet*, Weilerswist 2001.

9 Ebd., S. 112.

10 Ebd., S. 113.

11 Ebd.

12 Ludwig Wittgenstein, *Philosophische Untersuchungen*, in: ders., *Werkausgabe*, Band 1, Frankfurt/M. 1984, S. 225-618, hier: S. 243. (Diese Ausgabe der *Philosophischen Untersuchungen* wird im folgenden im Text zitiert mit dem Sigel PU, gefolgt von der Nummer des Paragraphen; längere Zitate werden zugleich in den Fußnoten durch Angabe der Seitenzahl nachgewiesen.)

13 Sandbothe, *Pragmatische Medienphilosophie*, S. 112.

14 Ebd.

Dieser Argumentation gegenüber nun sind Vorbehalte angebracht. So kann man sich bereits fragen, ob Sandbothe Wittgensteins pragmatische Sprachtheorie nicht gewissermaßen *allzu* pragmatisch liest, wenn er sie als radikale Zurückweisung der Frage nach der Bedeutung sprachlicher Zeichen versteht – denn die will der späte Wittgenstein schließlich immer noch, wenn auch anders als der frühe zu erklären versuchen. Entscheidender hier aber ist die Tatsache, daß Sandbothes Folgerung nur schlüssig ist, wenn man die implizite Prämisse der Gleichsetzung von sprachlichen Zeichen und Medien teilt. Sicher wäre es im Sinne der *Philosophischen Untersuchungen* folgerichtig, den Versuch zurückzuweisen, die Frage „Was ist ein Medium?" als die platonische Frage: „Was ist die Idee des Begriffs ‚Medium'?" zu stellen – der Gegenvorschlag Wittgensteins aber müßte zunächst wohl lauten: „Schau Dir an, wie das Wort ‚Medium' verwendet wird!" Das aber ist schließlich keineswegs bereits dasselbe wie: „Schau Dir an, wie Medien verwendet werden!" (Es sei denn, man unterstellt eben, daß Medien sich genau wie sprachliche Zeichen verstehen und deuten lassen.)

Daß Sandbothe diese Differenz ignoriert, weckt seiner Argumentation gegenüber ein gewisses Unbehagen; es bedeutet jedoch nicht zugleich, daß seine Grundintuition zurückzuweisen wäre – und daß man bei Wittgenstein keine Ansätze zu einer pragmatischen Medientheorie fände.

IV.

An einer der seltenen Stellen, an denen sich Wittgenstein doch einmal explizit zu einem Medium äußert, schreibt er: „Die zeichnerische Darstellung des Innern eines Radioempfängers wird für den, der keine Kunde von solchen Dingen hat, ein Gewirr sinnloser Striche sein. Hat er aber den Apparat und seine Funktionen kennengelernt, so wird jene Zeichnung für ihn ein sinnvolles Bild sein."[15]

Offensichtlich will Wittgenstein hier darauf aufmerksam machen, daß sich der Sinn von Gegenständen nur dem erschließt, der ihren Zweck kennt – und also nur dem, der weiß, wozu sie zu gebrauchen sind. So wenig sich dabei mit dem Beispiel des Radios ein genuin medientheoretisches Interesse verbindet, so sehr gilt diese Feststellung *als* eine These über (Gebrauchs-)Gegenstände im Allgemeinen logischerweise *auch* für Medien (wenn man davon ausgeht, daß es sich bei diesen eben auch um eine solche Art von Gegenständen handelt). Das aber bedeutet prima facie, daß Wittgenstein gar nicht anders könnte, als konsequenterweise eine pragmatische Medientheorie zu vertreten – eine Medientheorie, in der Medien als gebrauchsbestimmt und zweckorientiert definiert wären. Medien, so verstanden, sind immer Medien zu etwas; und dieses ‚zu etwas', ihr Zweck, läßt sie zunächst scheinbar tatsächlich als Werkzeuge erscheinen. Die allgemeine Frage: „Was ist ein Medi-

15 Wittgenstein, „Zettel", in: *Werkausgabe*, Band 8, S. 315.

um?" wiederum erschiene im Rahmen einer solchen Theorie, wenn sie radikal genug angelegt wäre, schlicht sinnlos.

Die instrumentelle Bestimmung von Medien über ihren Werkzeugcharakter ist dann allerdings keine Konsequenz ihrer Sprachähnlichkeit, sondern eine Folge der Tatsache, daß es sich bei ihnen um Gegenstände handelt, die man gebrauchen kann. Ob aber der Sinn, der sich über die bekannte Gebrauchsmöglichkeit eines Mediums erschließt, auch schon dessen einzige Bedeutung ist; ob also die Frage: „Was ist dieses Medium?" bereits mit dem Verweis auf seine Verwendungsweisen abschließend beantwortet werden kann, ist damit noch nicht gesagt.

V.

Die Frage, ob Medien sinnvollerweise als Werkzeuge beschrieben und über ihren Gebrauch erklärt werden können, gehört zu den umstrittenen medientheoretischen Topoi. In einem der wenigen kanonisch gewordenen Bezugstexte der modernen Medientheorie greift Marshall McLuhan die Vertreter einer solchen Position auf die ihm eigene, direkte Art an: Medien über ihren Gebrauch verstehen zu wollen, so schreibt er in *Understanding Media*, zeige „die befangene Haltung des technischen Dummkopfs".[16] Die Alternative, die seine eigene Theorie vorschlägt, ist hinlänglich bekannt. Für McLuhan geht es nicht darum, wie wir Medien verwenden – es geht darum, was Medien mit uns machen. Dahinter steckt ein Bild von Medien als einer Form von Gegenständen, die aufgrund ihrer technischen Eigenschaften sowohl die Menschen, die sie benutzen, als auch die Inhalte, die sie transportieren, entscheidend prägen. Auf diese doppelte Konstitutionsleistung anzuspielen, ist die Pointe der wohl berühmtesten These McLuhans: „The medium is the message".[17] Aus dieser Perspektive aber lassen sich Medien schon deshalb nicht als Werkzeuge, die wir zu einem vorweg bestimmten und bekannten Zweck gebrauchen, verstehen, weil sie selbst es sind, die diesen ‚Zweck' im Vollzug ihrer Verwendung gewissermaßen erst generieren – einfacher formuliert: „Menschen können mit den Medien nur genau das machen, was die Medien ihnen [...] zu machen erlauben. Insofern sind Medien Bedingungen von Möglichkeiten und in diesem Sinne Aprioris, die jeder Nutzung vorausliegen und sie bestimmen".[18] In diesem technischen Apriori besteht die Botschaft, die jedes Medium gleichermaßen *ist* – und der gegenüber McLuhan die Botschaft, die Medien *vermitteln*, als sekundär erscheint: Als transzendentale Bedingungen ihres eigenen Gebrauchs sind Medien weder dem Sinn, den sie prozessieren, noch der Situation, in der wir sie

16 Marshall McLuhan, *Die magischen Kanäle. Understanding Media*, Dresden/Basel 1994, S. 38.

17 Ebd., S. 21.

18 Siegfried J. Schmidt, „Furien des Verschwindens: Medien und/oder Wirklichkeit?", in: Günter Kruck/Veronika Schlör (Hg.), *Medienphilosophie. Medienethik*, Frankfurt/M. 2003, S. 63-77; S. 65.

verwenden gegenüber neutral; sie sind vielmehr ebenso bedeutungskonstitutiv wie welterschließend.

Man muß McLuhans weitreichende anthropomorphe Beschreibung der Medien als Extensionen des Menschen und seiner sinnlichen Wahrnehmungsorgane nicht teilen, um der These des technischen Apriori der Medien vor ihrer Verwendung zustimmen zu können.[19] Ein Einspruch gegen Konzeptionen einer pragmatischen Medientheorie ergibt sich hieraus dann, aber auch nur dann, wenn diese Konzeptionen die umgekehrte These implizieren, nach der Medien ihrem Gebrauch gegenüber als nachgeordnet, sekundär zu verstehen seien. Den Gegensatz, der hier aufscheint, hat Sybille Krämer als „Gretchenfrage einer Medientheorie" beschrieben. Krämer bringt die zugrundeliegende Frage „Vermitteln oder erzeugen Medien Sinn?"[20] auf die Formel der Gegenüberstellung von „Medienmarginalismus" vs. „Mediengenerativismus" – wobei sie zugleich und zu Recht darauf hinweist, daß der seit McLuhan „sich entfaltende Diskurs über Medien der Seite des Mediengenerativismus zuneigt".[21] Der entscheidende Punkt an dieser Stelle ist die Tatsache, daß der Falle einer Marginalisierung der Medien kaum entgehen kann, wer den Begriff des Medium instrumentell deutet und ihn über die Metapher des Werkzeugs beschreiben will, die ja zumindest Sandbothe im Anschluß an Wittgenstein ins Zentrum seines Theorieentwurfs gerückt hat. Das Problem, auf das wir hier stoßen, aber hat wiederum Krämer mit einem geradezu Wittgenstein'schen Blick auf unseren alltagsprachlichen Gebrauch der Worte „Medium" und „Werkzeug" konzise zusammengefaßt: „Auf ein Instrument findet man sich verwiesen, seiner bedient man sich; und was mit ihm bearbeitet wird, hat eine vom Werkzeug durchaus ablösbare Existenz. An ein Medium hingegen ist man gebunden, in ihm bewegt

19 Für eine kritische Auseinandersetzung mit McLuhans anthropomorpher Begründung der Konstitutionsleistung der Medien vgl. Sybille Krämer, „Das Medium als Spur und als Apparat", in: dies. (Hg.), *Medien. Computer. Realität. Wirklichkeitsvorstellungen und Neue Medien*, Frankfurt/M. 1998, S. 73-94; S. 75 ff.; für eine grundlegende Kritik der anthropo- wie technozentristischen Medienbegriffe (u. a. von McLuhan) vgl. bereits Georg Christoph Tholen, „Platzverweis. Unmögliche Zwischenspiele von Mensch und Maschine", in: ders./Norbert Bolz/Friedrich A. Kittler (Hg.), *Computer als Medium*, München 1994, S. 111-135.

20 Sybille Krämer, „Erfüllen Medien eine Konstitutionsleistung? Thesen über die Rolle medientheoretischer Erwägungen beim Philosophieren", in: Stefan Münker/Alexander Roesler/Mike Sandbothe (Hg.), *Medienphilosophie. Beiträge zur Klärung eines Begriffs*, Frankfurt/M. 2003, S. 78-90, S. 84.

21 Sybille Krämer, „Was haben ‚Performativität' und ‚Medialität' miteinander zu tun? Plädoyer für eine in der ‚Aisthetisierung gründende Konzeption des Performativen", in: dies. (Hg.), *Performativität und Medialität*, München 2004, S. 13-32, S. 22 f. – Krämer selbst versucht in jüngster Zeit im Rahmen einer „Metaphysik der Medialität" über die klassische Figur vom Medium als „Boten" eine Position jenseits dieser Alternative zu begründen; vgl. Sybille Krämer, „Die Heteronomie der Medien. Versuch einer Metaphysik der Medialität im Ausgang einer Reflexion des Boten", in: *Journal Phänomenologie* 22/2004, S. 18-38.

man sich; und was in einem Medium vorliegt, kann vielleicht in einem anderen Medium, aber nicht gänzlich ohne Medium gegeben sein.“[22]

Medien sind, mit anderen Worten, ihrem Gehalt gegenüber nicht äußerlich; wir können sie – anders als die meisten Werkzeuge – nicht nutzen, um einen Zweck zu erreichen, den wir auch anders erreichen könnten.

Mit diesem Gedanken tritt neben die These des technischen Apriori der Hinweis auf die praktische Unhintergehbarkeit von Medien: Während wir einerseits mit Medien nur machen können, was ihre Technik uns ermöglicht, können wir anderseits ohne Medien gar nicht machen, wofür wir sie benutzen. Vor diesem Hintergrund aber liegt ein erneuter Blick auf das Verhältnis von Medien und Sprache nahe – und mit ihm ein differenzierterer Rekurs auf Wittgensteins pragmatische Bedeutungstheorie.

VI.

Die skizzierte Kritik des instrumentellen Medienbegriffs verhält sich in einem spezifischen Sinne analog zu der Kritik am repräsentationalistischen Sprachbegriff, wie sie unter anderem Wittgensteins Spätphilosophie in selbstkritischer Abkehr von der Abbildtheorie des *Tractatus* zugrunde liegt. Die Analogie aber besteht eben in der Zurückweisung der Idee, es handele sich im Fall der Medien respektive der Sprache um reine Vermittlungsinstanzen von medien- bzw. sprachunabhängigen Inhalten. In Ludwig Jägers zitiertem *Plädoyer für das Medium Sprache* lautet die Gegenthese wie folgt: „Die im Zuge ihrer Prozessierung in Zeichenhandlungen material erscheinende Medialität von Sprachzeichen fungiert nicht lediglich als *Transportmittel* sprachunabhängiger, medienindifferenter Entitäten, sondern gleichsam als *Möglichkeitsbedingung* solcher Entitäten.“[23] Mir scheint, Jäger hätte sich für diese These durchaus auf Wittgenstein berufen können, denn im Paragraphen 329 der *Philosophischen Untersuchungen* heißt es: „Wenn ich in der Sprache denke, so schweben mir nicht neben dem sprachlichen Ausdruck noch ‚Bedeutungen‘ vor; sondern die Sprache selbst ist das Vehikel des Denkens.“[24]

22 Sybille Krämer, „Das Medium als Spur und als Apparat“, S. 83 f. Um die spezifische, nichtinstrumentelle Konstitutionsleistung von Medien in den Blick zu bekommen, schlägt Krämer im Anschluß vor, zur Beschreibung von Medientechniken an die Stelle des zweckorientierten Werkzeugbegriffs den Begriff des ‚Apparats‘ zu setzen: „Die Technik als Werkzeug erspart Arbeit; die Technik als Apparat aber bringt künstliche Welten hervor, sie eröffnet Erfahrungen und ermöglicht Verfahren, die es ohne Apparaturen nicht etwa abgeschwächt, sondern überhaupt nicht gibt. Nicht Leistungssteigerung, sondern Welterzeugung ist der produktive Sinn von Medientechnologien“ (S. 84).

23 Ludwig Jäger, „Die Sprachvergessenheit der Medientheorie. Ein Plädoyer für das Medium Sprache“, S. 12.

24 Wittgenstein, PU, S. 384.

Worauf Wittgenstein hier hinweisen will, ist, daß Bedeutung ein Teil der Sprache ist – und Sprache mithin bedeutungskonstitutiv, weshalb es außerhalb sprachlicher Zusammenhänge keinen Sinn macht, von Bedeutung zu reden (daher auch die Anführungszeichen). In diesem Zusammenhang allerdings ist die Metapher des „Vehikels", darauf hat bereits Eike von Savigny in seinem Kommentar zu diesem Paragraphen aufmerksam gemacht, von Wittgenstein nicht „[ü]bermäßig glücklich"[25] gewählt, legt sie doch – deutet man sie im herkömmlichen Sinne als Bild eines „Fahrzeugs" – eine instrumentalistische Lesart zumindest nahe, in der „das Denken der Passagier der Sprache [wäre]"; und der „ist mit dem Fahrzeug nur zufällig verbunden, kann ohne es und ohne jeden Ersatz existieren (und zum Ziel der Fahrt kommen)".[26] Besser, so Savigny, ist es, „‚Vehikel' im chemischen Sinne zu verstehen [...], in dem es die Flüssigkeit bezeichnet, in der die wichtigsten Stoffe gelöst oder verteilt sind. Das Bild drückt dann die Nichtablösbarkeit aus."[27] Noch besser wäre es allerdings, Wittgenstein hätte an dieser Stelle von vornherein eine andere Metapher gewählt – und statt vom „Vehikel" vom „Medium" gesprochen. Die These der Nichtablösbarkeit des Denkens vom Sprechen wäre dann als Wittgensteins eigene These über die Medialität der Sprache zu lesen.

Und ganz so abwegig wäre diese Metaphernwahl nicht gewesen. Schließlich verwendet Wittgenstein tatsächlich, wenn auch selten, selbst den Begriff „Medium". So schreibt er im Kontext seiner ausführlichen Dekonstruktion der idealisierenden Vorstellung, der Sprache liege eine „vollkommene Ordnung"[28] zugrunde, im Paragraphen 102 der *Untersuchungen*: „Die strengen und klaren Regeln des logischen Satzbaus erscheinen uns als etwas im Hintergrund, – im Medium des Verstehens versteckt. Ich sehe sie schon jetzt (wenn auch durch ein Medium hindurch), da ich ja das Zeichen verstehe, etwas mit ihm meine."[29]

Diese kurze Passage zeigt Wittgenstein als Meister der Ironie. Natürlich interessieren ihn zu diesem Zeitpunkt die „strengen und klaren Regeln des logischen Satzbaus" nicht (mehr) – und schon gar nicht als Ordnungssystem „im Hintergrund". Was er meint, ist – soweit man die literarische Figur überhaupt literal auflösen darf[30] – wohl ungefähr dies: Daß ich verstehe, was ich meine, zeigt genau so viel sprachliche Kompetenz, wie ich brauche, um am (allerdings nicht beliebigen, sondern sehr wohl regelgeleiteten) Spiel des Sprechens erfolgreich zu partizipieren. Das Medium, durch das mir die Regeln „erscheinen", aber ist nicht das einzelne sprachliche Zeichen, sondern vielmehr die Sprache als solche – oder besser: als ganze,

25 Eike von Savigny, *Wittgensteins „Philosophische Untersuchungen". Ein Kommentar für Leser. Band II. Abschnitte 316-693*, Frankfurt/M. 1989, S. 16.

26 Ebd.

27 Ebd.

28 Wittgenstein, PU § 98.

29 Wittgenstein, PU, S. 296.

30 Für eine diesbezügliche Auseinandersetzung mit Wittgensteins literarischer Technik des Philosophierens erlaube ich mir, auf meine Arbeit *Ästhetische Perspektiven philosophischer Praxis. Adorno, Derrida, Wittgenstein* (Berlin: Freie Universität, Dissertation 1994) zu verweisen.

nämlich in jenem umfassenden Sinn, den Wittgenstein im Blick hat, wenn er die Sprache als „Lebensform" (vgl. PU 19; 23) beschreibt.

Die Metapher der Lebensform dient Wittgenstein vor allem als Hinweis auf die Situierung von Sprache im Rahmen einer umfassenden, sozialen und kulturellen Praxis – einer Praxis, die als regelleitende eben, darauf hat Albrecht Wellmer verwiesen, „wesentlich normativ strukturiert [ist]".[31] Eine Sprache sprechen und verstehen zu können, setzt dann eine pragmatische Kompetenz im Umgang mit der normativen Struktur dieser Praxis voraus. Auf dieses „konstitutive Moment des praktischen Wissens, des Könnens"[32] spielt Wittgensteins These an: „Eine Sprache verstehen, heißt, eine Technik beherrschen" (PU § 199). In unserem Zusammenhang ergibt dies nun zunächst folgendes Bild: Sowenig sich die Bedeutung vom konkreten sprachlichen Ausdruck in seiner Materialität ablösen läßt, sowenig läßt sich das Sprechen aus den sinnstiftenden Kontexten der soziokulturellen Praxis lösen, die jedem einzelnen Sprechakt immer schon vorausgehen. Und das kann man in Analogie zur obigen Bestimmung von Medien auch so formulieren: Während wir einerseits Sprache sinnvoll überhaupt nur verwenden können, weil wir die zugrundeliegende „Technik" hinlänglich beherrschen, könnten wir ohne die Verwendung konkreter, sprachlicher Zeichen nichts von dem tun, was erst Sprache uns ermöglicht, zum Beispiel über Sinn und Bedeutung von Sprache und Medien zu reflektieren.

VII.

Die unauflösbare Verschränkung der bedeutungskonstitutiven Ebenen der Materialität der sprachlichen Zeichen einerseits und der Kontextualität ihrer Verwendung anderseits läßt sich in unserem Zusammenhang als eine etwas anspruchsvollere Idee der Medialität der Sprache reformulieren. Sprache nämlich trägt einen historischen Index, der sich nicht nur in Lautverschiebungen, grammatikalischen und orthographischen Veränderungen oder Varianzen des Vokabulars äußert, sondern der als *technik*historischer Index seinerseits die je verfügbaren medialen Ausdrucksformen prägt – oder anders gesagt: Die Medialität der Sprache zeigt sich auch in der irreduziblen Angewiesenheit der Sprecher auf die Verwendung historisch gewachsener Techniken ihrer medialen Realisierung. Und das sind natürlich vor allem die unterschiedlichen Formen der Verschriftlichung der Sprache, die, mit Friedrich A. Kittlers Terminus: „Aufschreibesysteme", weswegen man auch sagen könnte: Der mediale Eigensinn der Sprache zeigt sich am ehesten in der Schrift (wobei „Schrift" hier stellvertretend für jegliche Form der materiellen Fixierung von Sprache steht – von der Keilschrift zum digitalen Code). Eine pragmatische Bedeutungstheorie der Sprache, die diesen Aspekt der sprachlichen Medialität reflektiert, ist vor dem McLuhan'schen Verdikt der technischen Naivität gefeit, weil

31 Albrecht Wellmer, *Sprachphilosophie. Eine Vorlesung*, Frankfurt/M. 2004, S. 28.

32 Ebd.

sie die Konsequenzen der Tatsache, daß wir im Gebrauch von Sprache auf die Verwendung von Medien angewiesen sind, bereits mitdenkt: Der Gebrauch, der die Bedeutung bestimmt, meint dann nämlich sowohl die soziale Praxis der intersubjektiven Kommunikation als auch die mediale Praxis ihres schriftlichen Ausdrucks.

Die Idee, die Medialität der Sprache über ihren Schriftcharakter zu erläutern, ist natürlich inspiriert von Jacques Derrida – dessen „Grammatologie“ bekanntlich für den prinzipiellen Primat der Schrift vor ihrer Verwendung argumentiert.[33] In Wittgensteins sprachphilosophischen Überlegungen wird man entsprechende Thesen kaum finden. Aber die Philosophie besteht ja nicht nur aus Thesen.

VIII.

Die Philosophie besteht, für den jungen Wittgenstein, aus Sätzen, die unsinnig aber hilfreich sind: Unsinnig, weil die positivistische Perspektive des *Tractatus* nur naturwissenschaftliche Sätze als sinnvoll anerkennt; hilfreich, weil sie die therapeutische Funktion erfüllen, „die Welt richtig“[34] zu sehen. Ausführlich heißt es an der zitierten Stelle: „Meine Sätze erläutern dadurch, daß sie der, welcher mich versteht, am Ende als unsinnig erkennt, wenn er durch sie – auf ihnen – über sie hinausgestiegen ist. (Er muß sozusagen die Leiter wegwerfen, nachdem er auf ihr hinaufgestiegen ist.)“

Die Metapher der (wegzuwerfenden) Leiter als Umschreibung des eigenen Textes macht deutlich, daß der Wittgenstein des *Tractatus* tatsächlich Medien – zumindest die des philosophischen Textes – als reine Transportmittel denkt. Und das entspricht ja auch, mitsamt dem impliziten, platonischen Affekt gegen die Schriftlichkeit des Denkens, seiner damaligen, repräsentationalistischen Auffassung von Sprache. Im Zuge der kritischen Revision seiner eigenen Theorie greift Wittgenstein Jahre später die Metapher der Leiter noch einmal auf. Im Entwurf zu einem Vorwort für die *Philosophischen Bemerkungen* schreibt er: „Was auf einer Leiter erreichbar ist, interessiert mich nicht.“[35] Und das kann man doppelt verstehen, nämlich als Zurückweisung des allzu hohen Anspruchs des *Tractatus*, „die Probleme im wesentlichen endgültig gelöst zu haben“[36] und als Distanzierung von seiner damaligen methodischen Auffassung von Philosophie (inklusive ihrer medientheoretischen Implikationen). Wenngleich Wittgenstein die Grundidee einer therapeutischen Funktion der Philosophie nie aufgegeben hat (und auch beim späten Wittgenstein das Ideal des Verschwindens aller philosophischen Probleme

33 Siehe hierzu: Mersch, „Medienphilosophie der Sprache“, S. 117 f.

34 Ludwig Wittgenstein, *Tractatus logico-philosophicus*, in: ders., *Werkausgabe*, Band 1, Paragraph 6.54, S. 85. (Diese Ausgabe des „Tractatus“ wird im folgenden im Text mit dem Sigel TLP zitiert, gefolgt von der Nummer des Paragraphen.)

35 Ludwig Wittgenstein, *Vermischte Bemerkungen*, in: ders., *Werkausgabe*, Band 8, S. 460.

36 Wittgenstein, TLP, S. 10.

ab und an noch durchscheint),[37] so lautet doch der reduzierte Anspruch der *Philosophischen Untersuchungen* nur mehr, „jemand zu eigenem Gedanken anregen".[38] Der Unterschied in der Methode aber ist derart, daß man von einem „medial turn" im eigenen Werk reden könnte: Bestand der „Tractatus" aus einer logisch gedachten Abfolge von streng aufeinander aufbauenden Thesen, so sind die späten Arbeiten Wittgensteins demgegenüber geradezu chaotisch wirkende Sammlungen fragmentarischer Textstellen – und doch allesamt hoch artifizielle, literarische Konstruktionen, in denen fiktive Dialogpartner einander vielfach widersprechen, Argumente entwerfen und widerrufen, Fragen und Mutmaßungen an die Stelle von klaren Behauptungen treten, die den Leser dazu zwingen, der Denkbewegung des Autors in die verschiedenen Richtungen zu folgen, ohne immer sicher sein zu können, mit seiner Interpretation die Intention Wittgensteins tatsächlich zu treffen.

Der literarische Stil des späten Wittgensteins ist Gegenstand verschiedener Untersuchungen;[39] medientheoretisch entscheidend dabei ist, daß so nur schreiben kann, wer den eigenen Text *als* Text ernst nimmt, und d. h., wem die schriftliche Medialität des Philosophierens kein sekundäres Merkmal ist. Wie wichtig Wittgenstein die Darstellungsweise seiner Texte war, zeigt sich an der langwierigen und mühseligen Praxis ihrer Konstruktion – bekanntlich hat er seine Überlegungen über Jahre immer wieder neu geordnet, fertige Texte zerschnitten und zu neuen zusammengefügt, um sich am Ende – im Vorwort der *Philosophischen Untersuchungen* nämlich – einzugestehen: „Nach manchen mißglückten Versuchen, meine Ergebnisse zu einem [...] Ganzen zusammenzuschweißen, sah ich ein, daß mir dies nie gelingen würde. [...] Und dies hing freilich mit der Natur der Untersuchung selbst zusammen. Sie nämlich zwingt uns, ein weites Gedankengebiet, kreuz und quer, nach allen Richtungen hin zu durchreisen."[40]

Man kann diese Stelle nun in einen aktuellen, medientechnischen Kontext rücken. So hat Sandbothe darauf aufmerksam gemacht, daß sich die „komplexe Räumlichkeit des Gedankengebiets", von der Wittgenstein spricht, „unter Hypertextbedingungen medial rekonstruieren [lässt]".[41] Sandbothe argumentiert weiter: „Dem Autor der *Philosophischen Untersuchungen* ging es darum, [...] die pluralen Linearitäten, vielfältigen Pfade und komplexen Verzweigungen, die uns im Denken voranbringen, auch im Schreiben realisierbar zu machen. Der Buchdruck setzt der Realisierung dieses Vorhabens technische Grenzen. Intelligent programmierte Hypertexte aber eröffnen einem solchen Anliegen neue technische Möglichkeiten."[42] Und tatsächlich lassen sich die derzeit avanciertesten, digitalen Schreibtechnologien

37 Vgl. Wittgenstein, PU § 133, in dem Wittgenstein als Telos wiederholt, „daß die philosophischen Probleme vollkommen verschwinden sollen".

38 Ebd., § 233.

39 Vgl. beispielsweise Manfred Frank, „Wittgensteins Gang in die Dichtung", in: ders./Gianfranco Soldati, *Wittgenstein. Literat und Philosoph*, Pfullingen 1989, S. 7-72.

40 Wittgenstein, PU, S. 231.

41 Sandbothe, *Pragmatische Medienphilosophie*, S. 204.

42 Ebd.

als Medien beschreiben, die es erlauben, der starren Linearität gedruckter Texte zu entgehen. Für Wittgensteins eigene mediale Praxis ist m. E. gerade der destruktive Gestus entscheidend, mit dem er angesichts der verfügbaren technischen Mittel seine Texte komponiert – ein Gestus, der ihn schließlich dazu bringt, die medialen Grenzen unter Zuhilfenahme medienfremder Techniken (Schere, Klebstoff) aufzusprengen. Es wäre interessant, wie dieser destruktive Gestus unter Hypertextbedingungen erscheinen – oder aber nicht mehr erscheinen – würde; mit anderen Worten: Die offenbleibende Frage ist, ob die digitalen Schreibtechnologien tatsächlich bereits die mediale Antwort auf Wittgensteins zugrundeliegende, kritische Intention wären.

IX.

Wittgenstein selbst kommt an verschiedenen Stellen immer wieder auf das Phänomen der Schrift zu sprechen. In unserem Zusammenhang lassen sich zwei Aspekte systematisch gegenüberstellen. Die Schrift ist zunächst jene Erscheinungsform von Sprache, in der ihre Konventionalität am deutlichsten zum Ausdruck kommt. In einem längeren Abschnitt der *Philosophischen Untersuchungen*, in dem Wittgenstein die Frage des intentionalen Verstehens von Sprache am Beispiel des Vorgangs des Lesens erörtert, heißt es: „Denn schon der bloße Anblick einer gedruckten Zeile ist ja ungemein charakteristisch, d. h. ein ganz spezielles Bild: Die Buchstaben alle von ungefähr der gleichen Größe, auch der Gestalt nach verwandt, immer wiederkehrend; die Wörter, die zum großen Teil sich ständig wiederholen und uns unendlich vertraut sind, ganz wie wohlvertraute Gesichter. – Denke an das Unbehagen, das wir empfinden, wenn die Rechtschreibung eines Wortes geändert wird."[43]

Beim Lesen vollzieht sich – vorausgesetzt, wir besitzen die entsprechende Sprachkompetenz – das Verstehen des Geschriebenen gewissermaßen „automatisch, ja gegen meinen Willen".[44] Wir werden, mit anderen Worten, im Lesen vom Medium der Schrift „geführt".[45]

Doch nicht nur beim Lesen, auch beim Schreiben kann die Schrift die Kontrolle übernehmen; Wittgenstein dazu: „Das Schreiben ist gewiß eine willkürliche Bewegung, und doch eine automatische. Und von einem Fühlen jeder Schreibbewegung ist natürlich nicht die Rede. Man fühlt etwas, aber könnte das Gefühl unmöglich zergliedern. Die Hand schreibt; sie schreibt nicht, weil man will, sondern man will, was sie schreibt."[46]

Damit aber tritt neben die normative Konventionalität der Schrift der Aspekt ihrer generativen Eigendynamik; jener Aspekt, den die zeitgenössische Sprachfor-

43 Wittgenstein, PU, § 167.
44 Ebd., § 169.
45 Ebd., §§ 170 ff.
46 Wittgenstein, „Zettel", S. 411.

schung unter dem Begriff des „epistemischen Schreibens“ thematisiert – als Hinweis auf die Tatsache, daß wir oftmals erst durch den Prozeß der schriftlichen Notation unserer Gedanken erfahren, was wir mit ihnen eigentlich meinen:[47] ja, mehr noch, daß wir manchmal tatsächlich beim Schreiben erst denken: „Ich denke tatsächlich mit der Feder, denn mein Kopf weiß oft nichts von dem, was meine Hand schreibt“.[48] In beiden Fällen nun, bezüglich des je automatischen Lesens oder Schreibens, konfrontiert uns die Schriftlichkeit der Sprache über den Moment des Kontrollverlusts mit einer Fremdheitserfahrung. Mit anderen Worten: Im Medium der Schrift spricht die Sprache zu uns – den Lesenden – als Gesamtheit der anderen; zugleich sprechen wir – als Schreibende – im Medium der Schrift zu uns selbst wie ein anderer.

Diese Eigenständigkeit der Sprache als Schrift ihren Sprechern gegenüber ist der letzte Aspekt der Medialität der Sprache, den ich mit Wittgenstein hier hervorheben will. Philosophiehistorisch verweist dies wiederum in die Nähe (post-)strukturalistischer Argumentationsfiguren über die Vorgängigkeit von Schrift und Text – und deren Konsequenz, daß es „immer einen Un-Sinn des Sinnes [gibt], aus dem der Sinn selbst erst resultiert“.[49] Medienphilosophisch läßt sich die Konsequenz mit Krämer so formulieren: „Medien sind an der Entstehung von Sinn und Bedeutung […] auf eine Weise beteiligt, die von den Sprechenden weder intendiert, noch von ihnen völlig kontrollierbar ist und als eine nicht-diskursive Macht sich ‚im Rücken der Kommunizierenden‘ zur Geltung bringt. Es ist die Medialität der Sprache, die alle Vorstellungen, das Sprechen sei ein intentionales, intersubjektiv kontrollierbares Zeichenhandeln, zu kurz greifen lässt.“[50]

Doch wenn die Sprache in ihrem medialen Eigensinn sich der Kontrolle der Sprechenden zu entziehen vermag oder ihr gar immer schon entzogen ist, müßte eine avancierte, medienphilosophische Erörterung sich dann nicht ganz im Sinne des radikalen Mediengenerativismus, wie ihn vor allem Friedrich A. Kittler propagiert hat, auf die Untersuchung dessen konzentrieren, was sich uns entzieht – und sich zur Erforschung der Frage, was denn nun eigentlich Sinn produziert, in letzter Konsequenz ausschließlich den technischen Prozessen der digitalen Informations-

---

47 Vgl. hierzu Wolfgang Raible, „Über das Entstehen der Gedanken beim Schreiben“, in: Sybille Krämer (Hg.), *Performativität und Medialität*, 2004 S. 191-214.

48 Wittgenstein, *Vermischte Bemerkungen*, S. 473.

49 So Gilles Deleuze in: *Woran erkennt man den Strukturalismus?*, Berlin 1992, S. 18; ähnlich heißt es in Jacques Derridas Auseinandersetzung mit Hegel: „Der Sinn ist eine Funktion des Spiels, er ist an einem Ort in die Konfiguration eines Spiels, das keinen Sinn hat, *eingeschrieben*.“ (Derrida, „Von der beschränkten zur allgemeinen Ökonomie. Ein rückhaltloser Hegelianismus“, in: ders., *Schrift und Differenz*, Frankfurt/M. 1976, S. 394; Herv. S.M.) – Für eine ausführliche Darstellung der poststrukturalistischen Theorien siehe Stefan Münker/Alexander Roesler, *Poststrukturalismus*, Stuttgart 2000.

50 Sybille Krämer, „Sprache – Stimme – Schrift: Sieben Gedanken über Performativität als Medialität“, in: Uwe Wirth (Hg.), *Performanz. Zwischen Sprachphilosophie und Kulturwissenschaft*, Frankfurt/M. 2002, S. 323-346, S. 332.

verarbeitung der Computer widmen?[51] Die wittgensteinsche Antwort aber müßte hier lauten: Nein, muß man nicht – man kann sich auch damit zufrieden geben zu erklären, was man auch verstehen kann.

X.

Sinn ist uns nur medial gegeben, nur vermittelt über symbolische Medien (wie die Sprache) oder technische Medien (wie beispielsweise den Computer), deren medialer Eigensinn unserer Kontrolle entzogen bleibt. Anders formuliert: Ohne, daß wir Medien verwenden, die wir nie ganz verstehen, könnten wir am Ende nicht einmal uns selbst verstehen. Zugleich freilich gilt: Ohne uns und die Art und Weise, wie wir Medien verwenden, macht die Rede vom Sinn keinen Sinn. Nun setzt nur dort, wo der Sinn bestimmter Begriffe, die für unser Selbst- und Weltverhältnis grundlegend sind, fragwürdig wird, die philosophische Reflexion ein – d. h., nur und erst dann, wenn die herkömmliche mediale Praxis gewissermaßen unterbrochen ist, beginnt Philosophie: „Denn die philosophischen Probleme entstehen, wenn die Sprache feiert." (PU 260). Aus diesem Grund ist eine reflexive Distanz zur Praxis des Mediengebrauchs für das Unternehmen der (Medien-)Philosophie – auch, wenn man sie pragmatisch verstehen will – geradezu konstitutiv. Lapidar heißt es bei Wittgenstein: „Philosophische Untersuchungen: begriffliche Untersuchungen".[52] Für die Medienphilosophie heißt das gleichermaßen, daß sie es eben nicht (primär) mit den Medien (ihrer Technik oder ihrem Gebrauch) selbst zu tun hat, sondern – will sie philosophische Sinnfragen bearbeiten – mit den *begrifflichen* Implikationen von Medien.[53] Und doch gilt zugleich, daß eine Erörterung von Sinnfragen nur aus der Perspektive unserer Verwendungsweise von Medien sinnvoll ist – und was sich aus dieser Perspektive nicht klären läßt, läßt sich eben nicht klären. Diesen Hiatus, diese Spannung auszuhalten aber ist, m. E., die eigentliche Pointe einer pragmatischen Medienphilosophie, die sich aus Wittgensteins Denken ableiten läßt.

Wittgenstein selbst hat bekanntlich immer wieder davor gewarnt, nach Gründen und Erklärungen zu suchen, wo es keine mehr gibt. So schreibt er in den *Philosophischen Untersuchungen* im Kontext seiner Reflexionen über die Frage, was es heißt, einer sprachlichen Regel zu folgen: „Habe ich die Begründungen erschöpft,

---

51 Vgl. hierzu grundlegend: Friedrich A. Kittler, „Farben und/oder Maschinen denken", in: Wolfgang Coy/Georg Christoph Tholen/Martin Warnke (Hg.), *Hyperkult*, Basel/Frankfurt/M. 1996, S. 83-97, und ders., „Geschichte der Kommunikationsmedien", in: Jörg Huber/Alois Martin Müller (Hg.), *Raum und Verfahren*, Basel/Frankfurt/M. 2003, S. 169-189.

52 Ludwig Wittgenstein, *Bemerkungen über die Philosophie der Psychologie*, Band 1, in: ders., *Werkausgabe*, Band 7, S. 173 (§ 949).

53 Siehe hierzu ausführlicher meinen Text „After the ‚medial turn'", in: Münker/Roesler/Sandbothe (Hg.), *Medienphilosophie*, S. 16-25.

so bin ich auf dem harten Felsen angelangt, und mein Spaten biegt sich zurück."[54]

Der harte Felsen, das ist in unserem Kontext dann die Ebene der bedeutungskonstitutiven Verweisungszusammenhänge einer medialen Praxis, die durch normative Regeln des sozialen Gebrauchs ebenso wie durch generative Bedingungen der technischen Prozesse bestimmt ist. Der Spaten, der sich zurückbiegt, aber wäre jede Theorie, die im Versuch, einen Sinn hinter dem Sinn zu finden, unweigerlich selbstreflexiv würde – und die Suche nach einem Sinn, der mit uns zu tun hat, damit aufgegeben hätte.

54 Wittgenstein, PU, § 217.

Slavoj Žižek

Bekenntnisse eines unmoralischen Ethikers

Wenn man gebeten wird, ein Selbstporträt zu schreiben, besteht die naheliegende Lösung darin, sich auf eine ironische Selbstkritik einzulassen. Sie paßt dazuhin noch perfekt zur postmodernen Verfügung, bescheiden zu akzeptieren, daß alle unsere Positionen relativ und durch kontingente historische Konstellationen bedingt sind, so daß es keine definitiven Lösungen gibt, sondern lediglich pragmatische und temporäre... Die Falschheit dieser Haltung ist schon vor langer Zeit von Gilbert K. Chesterton verurteilt worden: „An jeder Straßenecke trifft man auf Menschen, die so verrückt und blasphemisch sind, zu erklären, sie seien vielleicht im Irrtum. Tag für Tag stößt man auf Leute, die einräumen, sie hätten mit ihren Ansichten möglicherweise unrecht. Dabei muß ihre Ansicht selbstverständlich die richtige sein, sonst wäre es nicht ihre Ansicht."[1]

Läßt sich dieselbe Falschheit nicht in der Rhetorik vieler postmoderner Dekonstruktivisten erkennen? Chesterton hat völlig recht, hier den starken Begriff „blasphemisch" zu verwenden, dem er sein volles Gewicht verleiht: Die offenkundig bescheidene Relativierung der eigenen Position ist der Erscheinungsmodus ihres genauen Gegenteils, der Privilegierung der eigenen Sprecherposition. Man vergleiche den Kampf und den Schmerz des „Fundamentalisten" mit dem gelassenen Frieden des liberalen Demokraten, der von seiner sicheren subjektiven Position aus jedes sich vollständig verpflichtende Engagement, jede „dogmatische" Parteinahme ironisch abtut. Chesterton geht sogar einen Schritt weiter und besteht auf einem festen Dogma als Bedingung (der Forderung nach) realer Freiheit. Er erfaßt ganz klar das antidemokratische Potential des Prinzips der Gedankenfreiheit: „Generell läßt sich sagen: Freies Denken ist der beste Schutz vor Freiheit. Die Emanzipation des Sklaven verhindert man am ehesten, wenn man sich in moderner Manier der Emanzipation seines Denkens widmet. Man lehre ihn, sich zu fragen, ob er frei sein will oder nicht, und er wird sich nicht befreien."[2]

Gilt das, noch einmal, nicht ausdrücklich für unsere „postmodernen" Zeiten mit ihrer Freiheit, sich selbst zu dekonstruieren, in Zweifel zu ziehen, von sich zu distanzieren? Man sollte nicht vergessen, daß Chesterton genau dieselbe Behauptung wie Kant in *Was ist Aufklärung?* macht: „Denke soviel du willst und so frei wie du willst, aber gehorche!" Der einzige Unterschied besteht darin, daß Chesterton viel konsequenter ist und das implizite Paradox in Kants Argumentation ausbuch-

1 Gilbert K. Chesterton, *Orthodoxie. Eine Handreichung für die Ungläubigen*, Frankfurt/M. 2000, S. 71.

2 Ebd., S. 206.

stabiert: Gedankenfreiheit unterminiert nicht nur die reale gesellschaftliche Knechtschaft, sie hält sie förmlich aufrecht. Das alte Motto „denke nicht, sondern gehorche", auf das Kant reagiert, ist kontraproduktiv: Es erzeugt gewissermaßen Rebellion. Der einzige Weg, um gesellschaftliche Knechtschaft abzusichern, besteht in der Gedankenfreiheit. Chesterton ist ebenfalls konsequent genug, die Kehrseite von Kants Motto festzustellen: Der Freiheitskampf braucht als Referenz ein unbestreitbares Dogma.

Um die Blockierung zu vermeiden, entweder mich selbst dogmatisch zu verteidigen oder heuchlerisch mir zu widersprechen, möchte ich etwas viel Geradlinigeres und Ehrlicheres tun: mich verteidigen, indem ich dem Bild widerspreche, das von mir und meinem Werk in den Medien gezeichnet wird. Damit meine ich nicht so sehr konkrete Vorwürfe gegen meine Theorien, sondern die allgemeinen Charakterisierungen meines Stils.

Der erste Befund, der zumindest wahrgenommen werden sollte, ist die häufige Brutalität der Angriffe auf mich – *anything goes* ist das Motto, von Hinweisen auf meine persönliche Pathologie und Behauptungen, daß meine Texte noch nicht einmal den Anforderungen an eine Proseminarsarbeit genügten, bis zu reinen Lügen über mein politisches Engagement. Einige späte Vertreter der Frankfurter Schule werfen mich mit den „Postmodernen" in einen Topf, die – so lautet die Sage – den Weg zum protofaschistischen Irrationalismus öffnen, wenn nicht sogar für den intellektuellen Hintergrund zur Leugnung des Holocausts sorgen. Diese brutale Intoleranz, die sich als hochmoralische Angelegenheit maskiert, findet ihren jüngsten Vertreter in Richard Wolin, dessen Buch *The Seduction of Unreason* ein würdiger Nachfolger von Lukacs' stalinistischstem Werk ist, der berüchtigten „Zerstörung der Vernunft" aus den frühen 1950er Jahren. Wolin packt mich gemeinsam mit Baudrillard bombastisch zu denjenigen, die behauptet hätten, daß die USA am 11. September bekommen hätten, was sie verdienten: „Traditionell gehörten antiutopische Ansichten über Amerika zum Bestand konterrevolutionärer Autoren wie de Maistre, Arthur Gobineau und Oswald Spengler. In letzter Zeit gab es Angriffe von Champions der postmodernen Linken wie Jean Baudrillard und Slavoj Žižek."[3]

De Maistre, Gobineau, Spengler, Baudrillard, Žižek – jetzt weiß ich, wohin ich gehöre: zu den protofaschistischen Irrationalisten. Hier bin ich immerhin mit Leuten wie Nietzsche und Adorno in guter Gesellschaft. Dieser Angriff wurde von Jörg Lau auf die Spitze getrieben, der – nach der bizarren Behauptung, ich feierte den 11. September als Lacanianischen politischen Akt, als Intervention des Realen, die die Fessel der kapitalistischen ideologischen Halluzination sprengen würde – damit endet, mich als pathologisch zu charakterisieren: Es gebe bei mir „etwas Verkom-

3 Siehe Richard Wolin, *The Seduction of Unreason: the Intellectual Romance with Fascism from Nietzsche to Postmodernism*, Princeton 2004.

menes, geistig Verwahrlostes".[4] Ist es notwendig hinzuzufügen, daß es mir nicht gelang, auf diese Diffamierung in irgendeiner deutschen Zeitung zu antworten?

Warum werde ich so oft als Zielscheibe ausgewählt, über die man Dinge schreiben kann, die andernfalls sofort eine politisch korrekte und entrüstete Zurechtweisung provozieren würden? Ich amüsiere mich dabei mir vorzustellen, daß ich es wagen würde, eine andere öffentliche Figur der Geistes- und Sozialwissenschaften in derselben Weise und mit denselben Begriffen zu behandeln – kann man sich zum Beispiel ernsthaft die Reaktion vorstellen, wenn ich Hypothesen über Judith Butlers persönliche Pathologie als Teil einer theoretischen Auseinandersetzung mit ihrem Werk aufstellen würde (sie ist meine persönliche Freundin und selbstverständlich eine sehr bescheidene Person)?

Ich glaube, daß dieser Befund drei Ursachen hat: Zuerst zeigt er – im Gegensatz zur Doxa, daß heutzutage in der Theorie alles erlaubt sei –, daß es immer noch viele Tabuthemen in der westlichen akademischen Welt gibt: Marx ja, aber Lenin... Zweitens spiegelt er meinen Ausschluß aus den akademischen Machtstrukturen wider. In der heutigen akademischen Welt ist das Hauptkennzeichen des eigenen Status der Einfluß, den man auf die Fachbereichspolitik und die Forschungsstipendien ausübt: wer wird eingestellt usw. In diesem Bereich ist mein Einfluß nicht nur minimal, sondern oft sogar negativ (einige Male habe ich hinterher erfahren, daß die Leute, die mich um eine Empfehlung gebeten hatten, genau deshalb nicht eingestellt worden sind, weil mein Name mit ihrem in Verbindung gebracht war). Im Vergleich zu andern „radikalen" oder „kritischen" Richtungen (Dekonstuktivisten, Foucaulianer, Deleuzeianer, Habermasianer...) ist die institutionelle Macht der Lacanianer minimal – nach meiner Kenntnis gibt es in der gesamten englischsprachigen akademischen Welt keinen Fachbereich, der von Lacanianern dominiert würde. Und was Forschungsstipendien betrifft: In meinem ganzen Leben habe ich kein Stipendium bekommen (noch gelang es mir, einem Kollegen dazu zu verhelfen). Und sogar was den Zugang zu öffentlichen Medien und die Kontakte mit Kollegen betrifft, kostete mich meine „leninistische Wende" Lehrgeld (es reicht, hier das De-facto-Verbot zu erwähnen, nach meiner Lenin-Konferenz in Essen im Jahr 2001 in deutschen Zeitungen zu veröffentlichen).

Wenn man also über institutionelle Macht spricht, dann kann man ehrlicherweise nur meine extreme Marginalisierung erwähnen. Sicher genieße ich eine gewisse Sichtbarkeit und halte häufig öffentliche Vorträge, *weil das alles ist, was ich habe* – es gibt keine institutionelle Macht dahinter. Man riskiert daher auch nichts, wenn man mich brutal angreift, keine Karriereschwierigkeiten... Die dritte Ursache ist impliziter Rassismus. Da der Balkan geographisch ein Teil von Europa ist und von Weißen bevölkert wird, kann das rassistische Klischee – das niemand in unseren politisch korrekten Zeiten wagen würde, auf afrikanische oder asiatische Bevölkerungen anzuwenden – ungehindert den Balkanvölkern zugeschrieben werden: Die politischen Kämpfe auf dem Balkan werden mit lächerlichen Opernhand-

4 Jörg Lau, „Auf der Suche nach dem guten Terror: Über Slavoj Žižek", in: *Merkur* 2/2003, S. 158-163.

lungen gleichgesetzt, Ceauşescu wurde als zeitgenössische Verkörperung des Grafen Dracula dargestellt… Des weiteren ist es innerhalb des Balkans selbst so, als wäre Slowenien diesem verschobenen Rassismus am stärksten ausgesetzt, da es Westeuropa am nächsten ist. Als Emir Kustorica anläßlich eines Interviews zu seinem Film „Underground" die Slowenen als eine Nation österreichischer Knechte abtat, hat niemand auf den offenen Rassismus in seiner Behauptung reagiert – das war in Ordnung, da ja ein „authentischer" exotischer Künstler aus dem weniger entwickelten Teil von Ex-Jugoslawien den am weitesten entwickelten Teil angriff. Der Balkan ist eine Ausnahme, in bezug auf die der tolerante Multikulturalist seinen/ihren unterdrückten Rassismus ausagieren darf.

Die zweite allgemeine Beobachtung: Es kommt regelmäßig vor, daß mich verschiedene Kritiker für *gegensätzliche* Positionen anklagen. Yannis Stavrakakis' Vorwurf zum Beispiel lautet, daß ich die Negativität vergesse (in meinem Werk würde die Negativität auf magische Weise in der Positivität des Akts verschwinden), und das ist das genaue Gegenteil der Kritik von Peter Hallward, der meine angebliche morbide Faszination für Negativität, Todestrieb usw. zurückweist, die die Positivität des Wahrheits-Ereignisses verfehlt. Ist das nicht bizarr: Zwei kritische Lektüren desselben Werks von mir schreiben mir exakt gegensätzliche Positionen zu? Stellt sich da nicht die Schlußfolgerung ein, daß beide Kritiker meine Theorie nur als eine Art Spielstein verwenden, um einen vorher festgelegten Platz in ihrer Matrix „falscher" Positionen zu besetzen? (Zufällig gilt das auch für die politischen Reaktionen auf mein Werk: *Willkommen in der Wüste des Realen* wurde von pro-palästinensischer Seite als zionistische Propaganda und von einigen israelischen Zeitungen als offen antisemitisch kritisiert…) Ich gebe zu, daß das ein gutes Zeichen ist: daß ich einen symptomatischen empfindlichen Punkt getroffen habe, der beide Seiten verstört.

Es ist richtig, daß solche gegensätzlichen Interpretationen auch der Tatsache entspringen, daß viele Leser eine einzelne Argumentationslinie nicht in ihrem ganzen Kontext betrachten. Um meine Leser zu testen, habe ich einmal die gleiche Passage in demselben Buch wiederholt, um meinen theoretischen Punkt klarer zu machen. In der Einleitung zur englischen Ausgabe meines Buchs *Die Angst vor echten Tränen* berichte ich von einer persönlichen Erfahrung, um den traurigen Zustand der gegenwärtigen Kulturwissenschaft zu illustrieren: „Vor einigen Monaten wurde ich bei einem Round-Table-Gespräch über Kunst gebeten, ein Gemälde zu kommentieren, das ich dort zum ersten Mal sah. Ich hatte *keinerlei* Idee dazu, also ließ ich mich auf einen totalen Bluff ein, der in etwa so lautete: Der Rahmen des Gemäldes vor uns ist nicht sein wahrer Rahmen; es gibt einen anderen, unsichtbaren Rahmen, der in der Struktur des Gemäldes impliziert ist, dieser Rahmen rahmt unsere Wahrnehmung des Gemäldes und diese beiden Rahmen überlappen sich nicht – zwischen ihnen gibt eine unsichtbare Kluft, die beide trennt. Der entscheidende Gehalt des Gemäldes wird nicht in dem sichtbaren Teil wiedergegeben, sondern liegt in der Verschiebung der beiden Rahmen, in der Kluft, die sie trennt. Sind wir heute in unserem postmodernen Wahnsinn immer noch in der Lage, die Spuren dieser Kluft zu erkennen? Vielleicht hängt davon mehr als die bloße Lesart eines Bildes ab; vielleicht geht die entscheidende Dimension unserer Menschlichkeit verloren, wenn wir die Fähigkeit verlieren, diese Kluft wahrzunehmen … Zu meiner Überraschung war diese kurze Intervention ein Riesenerfolg, und viele Teilnehmer bezogen sich auf diese Dimension ‚zwischen-zwei-Rahmen' und erhoben sie in den Rang eines Begriffs. Dieser Erfolg hat mich traurig gemacht, sehr traurig. Hier begegnete mir nicht nur die Wirksamkeit eines Bluffs, sondern eine viel radikalere Apathie im Zentrum der heutigen Kulturwissenschaften."

150 Seiten später bringe ich im letzten Kapitel das gleiche Beispiel der „zwei Rahmen", diesmal ohne Ironie als direktes theoretisches Konzept:

„Eine der Minimaldefinitionen eines modernen Gemäldes betrifft die Funktion seines Rahmens. Der Rahmen des Gemäldes vor uns ist nicht sein wahrer Rahmen; es gibt einen anderen, unsichtbaren Rahmen, der in der Struktur des Gemäldes impliziert ist, dieser Rahmen rahmt unsere Wahrnehmung des Gemäldes und diese beiden Rahmen überlappen sich per definitionem nie – zwischen ihnen gibt eine unsichtbare Kluft, die beide trennt. Der entscheidende Gehalt des Gemäldes wird nicht in dem sichtbaren Teil wiedergegeben, sondern liegt in der Verschiebung der beiden Rahmen, in der Kluft, die sie trennt."

Selbst einige meiner Freude und Anhänger haben das Wesentliche nicht begriffen; die meisten, denen die Wiederholung aufgefallen ist, haben sie als selbstparodierenden Hinweis gelesen, daß ich meine eigenen Theorien nicht ernstnehme, oder als Zeichen meiner wachsenden Senilität (ich hätte einfach am Ende des Buchs vergessen, worüber ich mich in der Einleitung lustig gemacht habe). War es wirklich so schwer wahrzunehmen, wie mein Vorgehen hier perfekt den Punkt illustriert, den ich in bezug auf die heutzutage vorherrschende Haltung des Zynismus und des Sich-nicht-ernst-Nehmens immer wieder zu machen versuche? Selbst wenn das Subjekt sich über einen bestimmten Glauben lustig macht, unterläuft das keineswegs die symbolische Wirksamkeit dieses Glaubens – der Glaube bestimmt weiterhin die Aktivitäten des Subjekts. Wenn wir uns über eine Haltung lustig machen, liegt die Wahrheit oft in dieser Haltung und nicht in unserer Distanz zu ihr. Ich mache mich über sie lustig, um die Tatsache über mich zu verstehen, daß diese Haltung tatsächlich meine Aktivitäten bestimmt. (Zum Beispiel drückt jemand, der sich über seine Liebe zu einer Frau lustig macht, damit häufig sein Unbehagen gegenüber der Tatsache aus, daß er sich zutiefst zu ihr hingezogen fühlt.) In dieser Hinsicht muß Ironie dem Zynismus entgegengesetzt werden. Wenn ein Zyniker, um stark zu vereinfachen, den Glauben vortäuscht, über den er sich im Privaten lustig macht (öffentlich predigt man Opfer für das Vaterland, privat häuft man Geld an…), dann nimmt er in der Ironie die Dinge ernster als es scheint – er glaubt insgeheim, was er öffentlich vortäuscht. Ironie konfrontiert uns mit der peinlichen Tatsache, daß wir – nicht in unserem Innern, sondern in den Akten selbst, in unserer sozialen Praxis – sehr viel mehr glauben, als uns bewußt ist.

Der dritte Befund: Schlimmer als meine Kritiker sind solche wohlmeinenden und mitfühlenden Leser, die durch meine übertriebenen Formulierungen verstört werden und mich zu retten versuchen, indem sie mir die traditionelle Rolle des „intellektuellen Störenfrieds" zuschreiben, des „Provokateurs", der uns aus unserem dogmatischen Schlummer reißen und kein positives Wissen aufdrängen möchte. Diese Rolle wurde kürzlich von Wendy Brown entwickelt, die bemerkte, daß schon mit Spinoza und Tocqueville klargeworden sei, daß die Demokratie in sich selbst unfertig und leer sei und ihr ein festes Prinzip fehle – sie brauche antidemokratischen Gehalt, um ihre Form zu füllen; als solche ist sie geradezu grundlegend „formal". Dieser antidemokratische Gehalt wird von der Philosophie, der Ideologie, der Theorie bereitgestellt – kein Wunder, daß die meisten der großen Philosophen von Platon bis Heidegger der Demokratie mißtrauten, wenn sie nicht gar direkt antidemokratisch waren: „Was wäre, wenn die demokratische Politik, die untheoretischste aller politischen Formen, paradoxerweise Theorie erforderte, eine Antithese zu sich selbst sowohl in Form wie Substanz einer Theorie, um ihren Ehrgeiz zu befriedigen, eine freie und gleiche Ordnung herzustellen?"[5]

Brown entfaltet all die Paradoxa aus der Tatsache, daß „Demokratie für ihre Gesundheit ein nichtdemokratisches Element benötigt": Eine Demokratie braucht den permanenten Zufluß einer antidemokratischen Selbstbefragung, *um eine lebendige Demokratie zu bleiben* – die Kur für die Krankheiten der Demokratie ist homöopathisch: „Wenn Demokratien, wie die Gedanken von Spinoza und Tocqueville nahelegen, zur Bindung psychischer Energien an Prinzipien neigen, die der Demokratie entgegengesetzt sind, dann ist ein kritisches Hinterfragen dieser Prinzipien und der politischen Formationen, die durch sie belebt werden, für das Projekt einer Neubegründung oder einer Wiederbelebung der Demokratie ganz wesentlich."[6]

Theoretische Analysen, die die kontingente und inkonsistente Natur sowie das Fehlen einer Letztbegründung aller normativen Konstruktionen und politischen Projekte aufdecken, sind daher „insofern antipolitische Versuche, als jede die Bedeutung destabilisiert, ohne alternative Kodes oder Institutionen vorzuschlagen. Und doch kann jede auch ein existierendes demokratisches Regime stützen, indem sie es verjüngt." Es ist so, als ob Brown eine Art kantische „Kritik der dekonstruktiven (antidemokratischen) Vernunft" vorschlagen würde, indem sie zwischen ihrem legitimen und illegitimen Gebrauch unterscheidet: Es ist legitim, sie als ein negativ-regulatives Korrektiv zu verwenden, als Provokation usw., aber es ist illegitim, sie als konstitutives Prinzip zu verwenden, das direkt auf die Realität als ein politisches Programm oder Projekt angewendet werden darf.

Ist Brown jedoch nicht allzu unnietzscheanisch in ihrer Reduktion, ja Domestizierung von „Nietzsche" auf eine provokative Korrektur der Demokratie, die durch Übertreibung die Inkonsistenz und Schwäche des demokratischen Projekts sichtbar macht? Wenn sie Nietzsches implizites (und auch explizites) antidemokratisches Projekt als „nicht lebbar" proklamiert, erreicht sie damit nicht eine *Domestizierung* von Nietzsche, die Transformation seiner Theorie in eine Übung in „inhärenter Transgression": Provokationen, die nicht wirklich „ernst gemeint" sind, aber durch ihren „provokativen" Charakter darauf abzielen, uns aus unserem demokratisch-

5 Wendy Brown, *Politics out of History*, Princeton 2001, S. 122.
6 Ebd.

dogmatischen Schlummer zu wecken und damit zur Revitalisierung der Demokratie beizutragen? So liebt das Establishment „subversive" Theoretiker: in harmlose Störenfriede verwandelt, die uns beißen und damit die Inkonsistenzen und Unvollkommenheiten unseres demokratischen Unternehmens klarmachen – Gott behüte, ihr Projekt ernst zu nehmen und zu versuchen, es zu *leben*... Wer mich auf diese Weise liest, tut mir keinen Gefallen: Bei solchen Freunden, wer braucht da Feinde?

Wo stehe ich nun also? Die Formel meiner Position lautet kurz und bündig: *Ethik ohne Moral* – doch nicht in Nietzsches Sinn einer unmoralischen Ethik, die uns vorschreibt, uns selbst treu zu bleiben und auf unserem einmal gewählten Weg jenseits von gut und böse zu beharren. Wir sollten uns immer daran erinnern, daß der Titel von Nietzsches Meisterwerk *Genealogie der Moral* heißt und *nicht* „der Ethik"; die beiden sind nicht dasselbe. Moral betrifft die Symmetrie meiner Beziehungen zu anderen Menschen; ihre Nullinien-Definition lautet „füge mir nicht zu, was ich dir nicht zufügen soll". Ethik hat im Gegenteil mit meiner Konsistenz mit mir selbst zu tun, mit meiner Treue meinem eigenen Begehren gegenüber.

Auf der Rückseite des Einbands von Lenins *Materialismus und Empiriokritizismus* in der Ausgabe von 1939 hat Stalin folgende Notiz in rotem Bleistift gemacht:

„1) Schwäche
2) Faulheit
3) Dummheit

Das sind die einzigen Dinge, die man Laster nennen kann. Alles andere, in Abwesenheit des oben genannten, ist zweifellos *Tugend*.

NB! Wenn ein Mensch 1) stark ist (geistig), 2) aktiv, 3) schlau (oder fähig), dann ist er gut, ungeachtet jedes anderen ‚Lasters'!

1) und 3) macht 2)."[7]

Dies ist so prägnant wie möglich eine Formulierung *unmoralischer Ethik*. Im Gegensatz dazu steht ein Schwächling, der den moralischen Regeln gehorcht und sich um seine Schuld sorgt, für *unethische Moral*, das Ziel von Nietzsches Kritik am Ressentiment. Es gibt jedoch eine völlig andere Art, Ethik und Moral zu unterscheiden: entlang Schillers Gegenüberstellung von naiv und sentimentalisch. Moral ist „sentimentalisch", sie bezieht andere (nur) in dem Sinn ein, daß ich es mag, gut zu sein, wenn ich mich durch die Augen der anderen betrachte. Ethik ist im Gegenteil naiv – ich tue, was ich tun muß, weil es getan werden muß, nicht wegen meiner Güte. Diese Naivität schließt Reflexivität nicht aus – sie ermöglicht sie sogar durch eine kalte, grausame Distanz gegenüber dem, was man tut.

Das beste literarische Beispiel einer solchen ethischen Haltung ist *Das große Heft*, der erste Band von Agota Kristofs Trilogie *Das große Heft*, *Der Beweis* und *Die dritte Lüge*. Es erzählt die Geschichte junger Zwillinge, die während des Zweiten

---

7 Zuerst auf Russisch in der *Prawda* vom 21. Dezember 1994 erschienen. Darunter fügte Stalin in blauer Schrift hinzu: „Ach, was sehen wir, was sehen wir?" Die englische Übersetzung stammt aus Donjald Raykfield, *Stalin and His Hangmen*, London 2004, S. 22.

Weltkrieges und den ersten Jahren des Kommunismus mit ihrer Großmutter in einem kleinen ungarischen Dorf leben. Die Zwillinge sind durch und durch unmoralisch – sie lügen, erpressen, töten... – und dennoch stehen sie für die reinste authentische ethische Naivität. Einige wenige Beispiele sollen genügen.

Eines Tages treffen sie im Wald auf einen Deserteur und bringen ihm ein paar Dinge, um die er gebeten hat: „Als wir mit dem Essen und der Decke wiederkommen, sagt er: ‚Ihr seid nett.' Wir sagen: ‚Wir wollten nicht nett sein. Wir haben Ihnen diese Sachen gebracht, weil Sie sie unbedingt brauchen. Das ist alles.'"(40)[8]

Wenn es je eine christliche ethische Haltung gab, dann diese: Egal wie bizarr die Wünsche ihrer Nächsten sind, die Zwillinge versuchen, sie zu erfüllen. Eines Nachts schlafen sie im gleichen Bett wie ein deutscher Offizier, ein gequälter schwuler Masochist. Am frühen Morgen wachen sie auf und wollen das Bett verlassen, aber der Offizier hält sie zurück: „‚Bleibt. Bleibt nur.' Er zieht sich aus und legt sich zwischen uns. Er schlingt seine Arme um uns, er flüstert uns ins Ohr: ‚Schlaft. Ich liebe euch. Schlaft ruhig.' Wir schlafen wieder ein. Später, gegen Morgen, wollen wir aufstehen, aber der Offizier hält uns zurück: ‚Bewegt euch nicht. Schlaft weiter.' ‚Wir müssen urinieren, wir müssen raus.' ‚Geht nicht raus. Macht es hier.' Wir fragen: ‚Wo?' ‚Auf mir. Ja. Habt keine Angst. Pißt! Auf mein Gesicht.' Wir tun es, dann gehen wir hinaus in den Garten, denn das Bett ist ganz naß." (85)

Ein wahres Werk der Liebe, wenn es je ein solches gegeben hat. Die engste Freundin der Zwillinge ist die Haushälterin des Priesters, eine junge lüsterne Frau, die sie und ihre Kleider wäscht und erotische Spielchen mit ihnen spielt. Als eines Tages ein Zug verhungernder Juden auf dem Weg ins Lager durch ihr Städtchen geführt wird, passiert plötzlich etwas: „Genau vor uns ragt ein magerer Arm aus der Menge, eine schmutzige Hand streckt sich aus, eine Stimme bittet: ‚Brot.' Lächelnd macht die Magd eine Geste, wie um den Rest ihres Butterbrots herzugeben; sie nähert es der ausgestreckten Hand, dann, laut lachend, zieht sie das Stück Brot zurück, zu ihrem Mund, beißt hinein und sagt: ‚Auch ich habe Hunger!'" (99)

Die Jungen beschließen, sie zu bestrafen: Sie plazieren Munition in ihrem Küchenofen, und als sie am Morgen das Feuer anwerfen will, explodiert der Ofen und entstellt sie. – Die Brüder erpressen auch den Priester: Sie drohen ihm, jedem zu erzählen, daß der Priester ‚Hasenscharte' sexuell belästigt, ein Mädchen, das zum Überleben Hilfe braucht. Sie verlangen eine regelmäßige wöchentliche Summe Geldes von ihm, und der schockierte Priester fragt sie: „‚Das ist ungeheuerlich. Wißt ihr überhaupt, was ihr da tut?' ‚Ja, Herr Pfarrer. Erpressung.' ‚In eurem Alter...Es ist traurig.' ‚Ja, es ist traurig, daß wir dazu gezwungen sind. Aber Hasenscharte und ihre Mutter brauchen unbedingt Geld.'" (65)

An dieser Erpressung gibt es nichts Persönliches: Später werden sie sogar enge Freunde des Priesters. Als Hasenscharte und ihre Mutter auf eigenen Füßen stehen können, lehnen sie weiteres Geld vom Priester ab: „Behalten Sie es. Sie haben ge-

8 Agota Kristof, *Das große Heft*, München 2007. Die Ziffern in Klammern verweisen auf die Seitenzahl des Buchs.

nug gegeben. Wir haben Ihr Geld genommen, als es unbedingt notwendig war. Jetzt verdienen wir genügend Geld, um Hasenscharte welches zu geben. Wir haben ihr auch beigebracht, wie man arbeitet.“ (125)

Ihr kaltes Versorgen anderer schließt sogar das Töten ein, wenn sie danach gefragt werden; als ihre Großmutter sie darum bittet, Gift in ihre Milchtasse zu tun, antworten sie: „Hören Sie auf zu weinen, Großmutter. Wir werden es tun; wenn Sie es wirklich wollen, werden wir es tun.“ (154)

So naiv das ist, eine solche subjektive Haltung verhindert in keiner Weise eine monströs-kalte reflexive Distanz: Eines Tages ziehen die Zwillinge zerrissene Kleider an und gehen betteln. Die vorbeiziehenden Frauen geben ihnen Äpfel, Kekse usw., und eine streicht ihnen sogar über das Haar. Eine Frau bietet ihnen an, zu ihr nach Hause zu kommen und zu arbeiten, wofür sie ihnen Essen geben will.

„Wir antworten: ‚Wir haben keine Lust, für Sie zu arbeiten, gnädige Frau. Wir haben keine Lust, Ihre Suppe und Ihr Brot zu essen. Wir haben keinen Hunger.‘ Sie fragt: ‚Warum bettelt ihr dann?‘ ‚Um zu wissen, wie das ist, und um die Reaktion der Leute zu beobachten.‘ Weggehend schreit sie: ‚Dreckige kleine Lausebengel! Und frech dazu!‘ Auf dem Heimweg werfen wir die Äpfel, die Kekse, die Schokolade und die Münzen ins hohe Gras, das die Straße säumt. Die Liebkosung auf unseren Haaren läßt sich nicht wegwerfen.“ (34)

Hier stehe ich – wie ich gerne sein möchte: ein ethisches Monster ohne Einfühlungsvermögen, das seine Aufgabe, anderen zu helfen, in blinder Spontaneität tut und ihre abscheuliche Nähe zu meiden sucht. Mit mehr Menschen dieser Art wäre die Welt ein angenehmerer Ort, wo Sentimentalität durch eine kalte und grausame Leidenschaft ersetzt würde.

Deutsch von Alexander Roesler

Hinweise zu der Autorin und den Autoren

JÖRG BRAUNS ist Mitarbeiter am Lehrstuhl für Medienphilosophie der Bauhaus-Universität in Weimar.

BERNHARD J. DOTZLER ist Professor für Medienwissenschaft an der Universität Regensburg.

LORENZ ENGELL ist Professor für Medienphilosophie an der Bauhaus-Universität in Weimar.

OLIVER FAHLE ist Juniorprofessur für Geschichte und Theorie der Bildmedien an der Bauhaus-Universität in Weimar.

ANNE VON DER HEIDEN ist wissenschaftliche Koordinatorin des Graduiertenprogramms Pro*Doc „Art & Science“ an der Universität Zürich.

FRIEDRICH KITTLER ist Professor für Ästhetik und Geschichte der Medien an der Humboldt-Universität zu Berlin.

STEFAN MÜLLER-DOOHM ist Professor für Soziologie an der Carl von Ossietzky-Universität Oldenburg.

STEFAN MÜNKER ist Privatdozent am Institut für Medienwissenschaften der Universität Basel und Mitarbeiter eines großen deutschen Medienunternehmens.

NICOLAS PETHES ist Professor für Europäische Literatur und Mediengeschichte an der Fernuniversität Hagen.

JOSEF RAUSCHER ist Professor am Philosophischen Seminar der Johannes-Gutenberg-Universität Mainz.

ALEXANDER ROESLER ist Wissenschaftslektor in Frankfurt am Main.

DETLEV SCHÖTTKER ist Hochschuldozent für Neuere Deutsche Literatur und Kulturgeschichte an der Technischen Universität Dresden.

BERND STIEGLER ist Professor für Neuere deutsche Literatur mit Schwerpunkt 20. Jahrhundert im medialen Kontext an der Universität Konstanz.

MARTIN STINGELIN ist Professor am Institut für Deutsche Sprache und Literatur der Universität Dortmund.

NIELS WERBER lehrt als Privatdozent am Institut für Germanistik der Ruhr-Universität Bochum.

LAMBERT WIESING ist Professor für vergleichende Bildtheorie an der Universität Jena.

SLAVOJ ŽIŽEK lehrt an der Universität von Ljubljana in Slowenien und ist derzeit International Director am Birkbeck Institute for the Humanities in London.